徐
复
观
全
集

徐复观全集

论智识分子

九州出版社

图书在版编目（CIP）数据

论智识分子 / 徐复观著. -- 北京 ：九州出版社，
2013.12（2019.1重印）
（徐复观全集）
ISBN 978-7-5108-2549-1

Ⅰ．①论… Ⅱ．①徐… Ⅲ．①作家－人物研究－中国
Ⅳ．①K825.6

中国版本图书馆CIP数据核字(2013)第304322号

论智识分子

作　　者	徐复观　著
出版发行	九州出版社
地　　址	北京市西城区阜外大街甲35号（100037）
发行电话	(010)68992190/3/5/6
网　　址	www.jiuzhoupress.com
电子信箱	jiuzhou@jiuzhoupress.com
印　　刷	三河市九洲财鑫印刷有限公司
开　　本	650毫米×950毫米　16开
插页印张	0.5
印　　张	29.5
字　　数	336千字
版　　次	2014年4月第1版
印　　次	2019年1月第3次印刷
书　　号	ISBN 978-7-5108-2549-1
定　　价	69.00元

从左至右依次为徐复观、钱穆、严灵峰，于民主评论社前门

湖北留日同郷會第一屆執行委員撮影

徐复观先生（前排左二）

出版前言

徐复观先生的著作散见于海内外多家出版社，选录文章、编辑体例不尽相同。现将他的著作重新编辑校订整理，名为《徐复观全集》出版。

《全集》共二十六册，书目如下：

一至十二册为徐复观先生译著、专著，过去已出版单行本，《全集》基本按原定稿成书时间顺序排列如下：

一、《中国人之思维方法》与《诗的原理》

二、《学术与政治之间》

三、《中国思想史论集》

四、《中国人性论史·先秦篇》

五、《中国艺术精神》与《石涛之一研究》

六、《中国文学论集》

七、《两汉思想史》（一）

八、《两汉思想史》（二）

九、《两汉思想史》（三）

十、《中国文学论集续篇》

十一、《中国经学史的基础》与《周官成立之时代及其思想性格》

十二、《中国思想史论集续篇》。编辑《全集》时，编者补入若干文章，并将原单行本《公孙龙子讲疏》一书收入其中。

十三至二十五册，将徐复观先生散篇文章分类拟题编辑成书：

十三、《儒家思想与现代社会》

十四、《论智识分子》

十五、《论文化》（一）

十六、《论文化》（二）

十七、《青年与教育》

十八、《论文学》

十九、《论艺术》。并将原单行本《黄大痴两山水长卷的真伪问题》一书收入其中。

二十、《偶思与随笔》

二十一、《学术与政治之间续篇》（一）

二十二、《学术与政治之间续篇》（二）

二十三、《学术与政治之间续篇》（三）

（二十一至二十三册是按《学术与政治之间》的题意，将作者关于中外时政的文论汇编成册，拟名为《学术与政治之间续篇》。）

二十四、《无惭尺布裹头归·生平》。并将原单行本《无惭尺布裹头归——徐复观最后日记》收入其中。

二十五、《无惭尺布裹头归·交往集》

二十六、《追怀》。编入亲友学生及各界对徐复观先生的追思怀念以及后学私淑对他治学理念、人格精神的阐明与发挥。

徐复观先生的著作，以前有各种编辑版本，其中原编者加入的注释，在《全集》中依然保留的，以"原编者注"标明；编辑《全集》时，编者另外加入注释的，以"编者注"标明。

为更完整体现徐复观先生的思想脉络，编者将个别文章，在不同分类的卷中，酌情少量选取重复收入。

《全集》的编辑由徐复观先生哲嗣、台湾东海大学徐武军教授，台湾大学王晓波教授，武汉大学郭齐勇教授，台湾东海大学薛顺雄教授协力完成。

九州出版社

二〇一三年十二月

编者前言

徐复观教授，始名秉常，字佛观，于一九〇三年元月卅一日出生于湖北省浠水县徐家坳凤形塆。八岁从父执中公启蒙，续在武昌高等师范及国学馆接受中国传统经典训练。一九二八年赴日，大量接触社会主义思潮，后入日本士官学校，因九一八事件返国。授身军职，参与娘子关战役及武汉保卫战。一九四三年任军令部派驻延安联络参谋，与共产党高层多次直接接触。返重庆后，参与决策内层，同时拜入熊十力先生门下。在熊先生的开导下，重启对中国传统文化的信心，并从自身的实际经验中，体会出结合中国儒家思想及民主政治以救中国的理念。年近五十而志不遂，一九五一年转而致力于教育，择菁去芜地阐扬中国文化，并秉持理念评论时事。一九七〇年后迁居香港，诲人笔耕不辍。徐教授于一九八二年四月一日辞世。他是新儒学的大家之一，亦是台、港最具社会影响力的政论家，是二十世纪中国智识分子的典范。

我们参与《徐复观全集》的选编工作，是以诚敬的态度，完整地呈现徐复观教授对中华民族的热爱和执著，对理念的坚持，以及独特的人生轨迹。

九州出版社出版《徐复观全集》，使得徐复观教授累积的智慧，能完整地呈现给世人，我们相信徐复观教授是会感到非常欣慰的。

王晓波　郭齐勇

薛顺雄　徐武军　　谨志

目 录

一统与国防——为读王芸生之《一统与均权》而作 *1*

中国科学事业的另一危机 *12*

中国民族精神之坠落 *17*

学问的方法 *21*

中国知识分子的历史性格及其历史的命运 *28*

懒惰才是妨碍中国科学化的最大原因 *50*

按语:《论联合国人权法案》 *54*

钱大昕论梁武帝——保天下必自纳谏始 *56*

古人在危难中的智慧 *61*

袁绍与曹操 *66*

方望溪论清议 *70*

反极权主义与反殖民主义 *73*

研究中国思想史的方法与态度问题 *90*

从"外来语"看日本知识分子的性格——东京旅行通讯之四 ... *102*

立言的态度问题 *111*

当前思想家的任务 *116*

一个中国人文主义者所了解的当前宗教（基督教）问题 *120*

简答毛子水先生 *128*

中国文化的伏流 ……………………………………… 131

提倡一种新"正名"运动 ……………………………… 135

对学人的尊重 ………………………………………… 138

言论的责任问题 ……………………………………… 141

聪明·知识·思想 …………………………………… 145

如何读马浮先生的书？………………………………… 152

吴稚晖先生的思想 …………………………………… 156

纪念吴稚晖先生的真实意义 ………………………… 163

自由主义的变种 ……………………………………… 169

悼念新亚书院 ………………………………………… 176

我们在现代化中缺少了点什么——职业道德………… 180

文化上的家与国 ……………………………………… 184

回答我的一位学生的信并附记 ……………………… 188

历史与民族 …………………………………………… 197

国家的两重性格 ……………………………………… 201

一个伟大知识分子的发现 …………………………… 205

个人与社会 …………………………………………… 215

知识分子与共产党 …………………………………… 219

明代内阁制度与张江陵（居正）的权、奸问题 ……… 223

"三贱"与"三狗" …………………………………… 242

"现在"与"未来"中的"人"的问题 ……………… 246

写给中央研究院王院长世杰先生的一封公开信 …… 250

略谈民主社会主义 …………………………………… 260

中国知识分子的责任 ………………………………… 264

没有"精神属籍"的人们 …………………………… 268

论智识分子

人文研究方面的两大障蔽——以李霖灿先生一文为例............ 271

悲鲁迅... 281

中国人对于国家问题的心态.................................... 285

从唐君毅先生论翻译文章中的"厚古弃今"及"自相矛

　　盾"说起——请教张裕民先生.................................... 290

辛亥革命的意义与教训

　　——在联合书院史学会辛亥革命六十周年纪念会上讲辞...... 295

请大家原谅这位"吹不响喇叭的号手"吧！................... 303

人民及大专学生的判断能力问题................................... 305

政党立场和国家立场不能完全一致（答问记录）............... 309

概念政治？人民政治？... 315

有关周公问题之商讨... 319

关于中国当前问题与海外知识分子的态度（答问记录）.......... 323

现代中国知识分子的特性——悼念章士钊先生.................... 327

什么是人生究极的意义？... 331

五十年来的中国——为《华侨日报》创办五十周年纪念而作...335

辩证法下的人类前途... 347

汤恩比对中国的待望... 351

知识良心的归结——以汤恩比为例................................ 355

读顾亭林《生员论》及其他....................................... 359

一段往事.. 363

中共文化界中的"风派人物"....................................... 367

多为国家学术前途着想... 371

面对我们国家若干问题的思考.................................... 375

国族无穷愿无极，江山辽阔立多时——答翟君志成书............ 380

良知的迷惘——钱穆先生的史学 ……………………………… 390

文化卖国贼——看上海四人帮余孽 ……………………… 402

烈士暮年忧国之心 ……………………………… 417

保持这颗"不容自已之心"——对另一位老友的答复 ……… 421

来的是哪一位"王先生" ……………………………… 425

"精神参与者"之声 ……………………………… 430

答邓文先生"论国是"书 ……………………………… 434

思辨、实践、良心等问题——答×××博士书 …………… 438

听其"衔"而观其言 ……………………………… 442

辛亥革命成功的两大要素及其伟大的精神传统 ………………… 447

从"哈哈亭"向"真人"的呼唤

　　——读韩道诚先生《儒林新传》………………… 459

独立舆论的待望 ……………………………… 463

一统与国防

——为读王芸生之《一统与均权》而作

一

上海《大公报》在十二月三、四两日的第二版上，发表了王芸生先生《一统与均权》的大作。我读了以后，心中总感觉不安。王船山在《读通鉴论》中，尝慨叹地说："古无不学之天子，而今有不学之相臣。"船山以此觇世运之升降。今日则不仅有不学之相臣，而更有不学之智识分子。不学之智识分子，偏要拿出学人的面目以文饰而张皇。此其得失，不在一二人之本身，而在虚伪不学、欺世盗名之风尚所给与国家民族的影响。所以情不自已地把读王先生大作后的感想写作出来，与他作一商榷。同时因为王先生大作的目的在政治，而政治的论据则在国防，所以我也偏重在国防一面。

二

王先生对一统的高见，是由王船山《宋论》所提出的"历史线索"导出来的，所以他的宏论，无形中可以得到王船山地下的支持，而益显其言之有物。他所引的《宋论》是：

自辽海以西，迄于夏、朔，自贺兰以南，垂于洮、岷，其外之逐水草，工骑射，好战乐杀，以睥睨中土者，地犹是地，族犹是族，自古迄今，岂有异哉？三代之治，千有余载，天子不以为忧，其制之之道，无所考矣。自春秋以及战国，中国自相争战，而燕、赵独以二国之力，控制北陲。秦人外虑关东，而以余力捍卫西圉。……及秦灭燕代，并六合，率天下之力以防胡，而匈奴始大。汉竭力以御之，而终莫之能抑。至于灵、献之世，中国复分，而刘虞、公孙瓒、袁绍不闻有北塞之忧。曹操起而抚之，鲜卑、匈奴皆内徙焉，吴、蜀不相闻也。晋兼三国，而五胡竞起。垂及于唐，突厥、奚、契丹相仍内扰。及安、史之乱，河北叛臣各据数州之土，以抗天子，而蓟、云之烽燧不闻者百年。

他引了上面这一段文章后，便为他大作上一个结论说："当国家分裂，中央无能时，中国少有外患。而到国家一统，中央强大时，则外患大起，甚至亡国。"于是便认定一统为国防上之大禁。但我首先要说明王船山对于历史上这一现象所得的结论，与王先生的结论，决无相同之点。假使把船山的文章，斩头削足，断章取义，以壮自己的声势，而使这位在生时历尽艰屯，死后姓名亦沉没百余年之久的伟大民族思想家，还要在地下接受旁人所栽诬给他的一条尾巴，这真要算是一件残酷之事。

　　船山的《读通鉴论》，是以"其事则史，其义则丘窃取之"的精神，来表达他内圣外王的政治思想。至于《宋论》，除了与《读通鉴论》同一出发点以外，还多一层更深切的隐痛。顾亭林说：

论智识分子

"有亡国，有亡天下。"明代之亡，是亡天下，这点与赵宋相同。船山对明代之亡，特别感到痛切，特别觉得非要想办法不可，所以《宋论》的主要精神，多是以宋例明，而特着重在民族大防这一点上。王先生所引的一段文章，可以说是《宋论》的结论。文章的开始便说：

> 汉、唐之亡，皆自亡也。宋亡，则举黄帝、尧、舜以来道法相传之天下而亡之也。

这与顾亭林所说的亡天下完全符合。为要守住民族大防，遂不能不从历史中，检讨出一个国防上的教训，他检讨的结论是要"觌文匿武"。所以谓"匿武"者，是"藏之也固，用之也密"。如加以解释，便是就国防的需要，因人因地，步步为营，中央不加以猜忌掣肘；即他所谓"以其地，任其人。以其人，守其地。金粟自赡也，士马自简也，险隘自固也，甲仗自营也。无巡边之大使以督其簿责，无遥制之廷臣以掣其进止，虽寡而众矣，虽弱而强矣。"其理由是"用之专者物莫能胜，守之壹者寇莫能侵"。历史上有边地狭小，如燕、赵等国，而能抵御外患者，并不是因为分裂得好，而是因为他与外夷接壤，故能"专"能"壹"。宋以一统之局，反不能抵御外患者，只是因为"猜忌之私"，"姑息之逸"，"厚疑攘臂之仍"，"深怀尾大之惧"，不能"因地设防"，"因人仕事"。换句话说，就是不能在边境上切实讲边防。

> 于是关南、河北数千里阒其无人。迨及勍敌介马而驰，乃驱南方不教之兵，震惊海内，而与相枝距，未战而耳目

先迷于向往，一溃而奔保其乡曲。无可匿也，斯亦无能竞也。

可见这非一统之过，乃一统而不善讲边防之过。一统而能不能讲边防呢？据这一文章里说：

> 东汉之强，不敌西汉，而无北顾之忧者，有黎阳之屯在也。天宝以后，内乱方兴，不敌开元以前，而无山后之警者，有魏博之牙兵在也。
>
> 向令宋当削平僭伪之日，宿重兵于河北，择人以任之，君释其猜嫌，众宽其指摘，临三关以扼契丹，即不能席卷燕、云，而契丹已亡，女真不能内蹂，亦何至弃中州为完颜归死之穴，而召蒙古以临淮、泗哉？

可见一统并非与边防势不两立。且船山在这一文的结尾说：

> 天地之气，五百余年而必复。周亡而天下一，宋兴而割据绝。后有起者，鉴于斯以立国，庶有待乎！

这分明是摒割据而贵一统意思，岂有认一统与国防有势不两立之理？宋代军制，全系召募。其主力军为禁军，集于京师，其厢军等地方性之军，则有军之名，无军之实。所以变成京城有兵，地方无兵。一旦有事，必须调京师骄卒，以驰赴千百里之外，违反在边境设防的大原则。加以在行政上，亦重内轻外，无有力之将帅，亦无有力之州县，与汉、唐异其趣，所以一统中以宋为最弱。

　　　　　　　　　　　　　　　　　　　　　论智识分子

明代末叶，亦复类是。可见船山之论，是含有历史的具体内容的。近代国家实行义务兵制，人人皆兵，根本解决了船山所谓"以其地，任其人"的问题。而军事营区的划分，全系根据国防的需要，以别择其轻重，更根本解决了船山所谓"以其人，守其地"的问题。凡此，都只有在一统的国家内所能讲求的措施。船山并不曾因一统未讲国防，而主张倒走向分裂割据上去。历史也是在一统的进程中，来解决国防的问题。我把船山这篇文章仔细体认，并发现不出以分裂来解决国防的意义。王先生却说"王船山所指出的分裂则无外患，一统则外患大起"，不可以此厚诬船山，不可以此厚诬历史。

三

其次我要说的，王先生由他的结论所敷陈的中国一贯的历史事实，是毫无其真实性的。船山所引燕、赵之例，是证明"专"与"壹"之效，而非证明分裂割据之效。历史上，有不专不壹之一统，亦有不专不壹之割据；有能专能壹之割据，亦有能专能壹之一统；而能专能壹之一统所蓄积之力量，必大过于能专能壹之割据所蓄积之力量。中华民族，立国数千年，中间经过无数灾难，而仍能屹立及今，其中主要原因之一，便是我们的祖先，不断为我们留下了广大的生存空间。而生存空间的扩大，都只有在一统的时代才有可能。这是历史上铁的事实。假使中国没有几个一统的时代，去向外争取生存空间，则我们民族能不能保持现在的岗位，会使人发生疑问。所以就国防一端而论，一统在历史上所发生的作用，远超过分裂在历史上所发生的作用，这是一条起码的常识。中国历史，对外夷的关系，决定于几种因素。有一种是我们正在纷乱，而外夷也正在纷乱，如春秋战国时候者是。有一种是我们前代所给予外夷的打击，而后代受其功，如西汉末年，及东汉末年者是。有一种是前代所种的祸根，所留下的积弱之势，而后代受其害，如宋承五代之后，国民政府承满清及北洋军阀之后者是。还有最多的一种，是外夷并不很强，但因中国分崩离析，引其觊觎之心，如晋有八王之乱，而五胡乱华；明有流寇之乱，而满清入关者是。综合上列各种因素，再加上其国防之措置是否得宜，以衡量王先生所引述的许多历史的现象，判断其何者为主要因素，何者为副次因素，乃能切近历史事实。而王先生一口断定说"分裂则无外患，一统则外患大起"，古今中外论史者，均找不出这种魄力。王先生引"民国的例"说："一统规模，在北伐之后，越三年，九一八事变爆发。"可见九一八事变爆发，乃北伐统一之罪，而非日寇蓄意侵略之罪。假使中国继续北洋分裂割据之局，则照王先生"分裂则无外患"的逻辑，日本决不敢发动九一八事变的。纵使发动在分裂之下，也不消要八年苦战，早就把日本降服了。这种妙论高见，除了王先生"常想了这个问题"才想得出以外，恐怕再找不出第二人。

四

当然，王先生的本意，不是在谈历史上的国防，而是在借此以反对秦始皇式的一统，要以均权来救秦始皇式的一统之病。但一统与分裂作对比，均权应与集权作对比。王先生文章的内容，本来是将一统与分裂割据对比的。他所引的史例，都是封建割据

　　　　　　　　　　　　　　　　　　论智识分子

的史例。可是王先生却把封建的割据，说成是均权。而又把这种均权说成民主，所以他认为只要把春秋时代诸侯并立的局面，"各邦议定若干条办法，大家永不打仗，有了问题便以政治方式法律条文解决"，那末，"中国在两千多年前，便有了一个实施宪政的联邦。""相信均权的理论，必然产生于东亚，而不会导源于西方；而中国为民主联邦，大致也略等于北美与瑞士。可惜历史滑过了这个阶段。"在这里，很可以看出在王先生的史学眼光中，我国春秋的列国，其本质是等于瑞士和美国的联邦。可惜者，乃向戌的弭兵运动没有成功，所以较之瑞士、美国，只差一个弭兵的联邦宪法。其实，欧洲也有同样的例子。欧洲中世纪，相同于我国春秋时代的各国林立。因各国林立所造成互相砍杀的惨剧，也曾引起过几次教会的弭兵的运动。但欧洲中世纪的弭兵运动也一样的不曾成功，也一样的没有因此产生民主的联邦宪法，也一样的经过一个一统的专制王朝以达到现代国家的阶段。而欧、美的历史家，从未如王先生为"滑过了这个阶段"而深长太息，也从无一人会想到中世纪的欧洲，假使只有了一部弭兵的联邦宪法，其社会性质便同于现代的瑞、美。这其中，还是因为只有王先生才目光如炬，烛照千古，所以旁人都看不到？而或者还有其他的重大因素，使一般历史家不敢于发此奇想？大概要靠历史常识来解答这一问题了。

同时，在一个单位之内，视其权力分配的状况如何，于是有集权与均权之说。权力集中于中央一点者，谓之集权。权力散于地方四肢者，谓之均权。只有在一个单位内，才能作比较。所以有集权的一统，也有分权的一统。若王先生所引的历史分裂割据之例，则在一个空间之内，已分为许多单位，便根本无从比较，根本说不上均权与集权，因为比较的大前提已不存在了。所以历史上的割据，在本质上不能混同于近代的均权，不容以均权的名词来掩饰割据。而在逻辑上，也不能把近代的均权，和一统来作对比。因为只有一统才能集权，也只有一统才能均权。谁能说瑞士和美国是分裂割据的国家呢？

其次，王先生说秦始皇式的一统有毛病，这当然不对。但历史上的利害得失，应从历史的演进过程来比较。把秦始皇式的一统，来和近代式的一统作比较，不仅有毛病，而且根本要不得。但王先生把它来和春秋时代的分裂状况作比较，而认春秋时代"人才之盛"，是我国历史的黄金时代，"犹觉心向往之"；及秦统一六国是"绝对是私的，坏的；在客观上，也全无好处"，所以中国历史，因一统而"停顿了两千多年"；顶好是继续春秋分裂之局。这种看法，也是超出历史常识以外。王船山的《读通鉴论》的第一篇文章论秦改封建为郡县的结果说：

> 秦汉以降，天子孤立无辅，祚不永于商、周。而若东迁以后，交兵毒民，异政殊俗，横敛繁刑，艾削其民，迄之数百年而不息者亦革焉，则后世生民之祸亦轻矣。郡县者，非天子之利也。国祚所以不长也，而为天下计利害，不如封建之滋也多矣。呜呼！秦以私天下之心，而罢侯置守。而天假其私以行其大公，存乎神者之不测，有如是夫！

船山的意思是说，秦始皇的一统是出于私，是不好的。但以之与分裂割据的春秋战国相比，则又是较好的，是进步的。欧洲十七、十八世纪统一王国的出现，难说不较中世纪的分崩离析，前进了一步，而为欧洲近代的文明，准备了一个前提条件吗？即就学术发展这一点而论欧洲文艺复兴，引导了意大利半岛本身的逐渐统一，引导了欧洲民族国家的兴起。同样，秦代的一统，从另一方面看，可以说是春秋战国学术发展的必然结果，严格的身份限制被摧毁了，知识的范围被扩大了，于是人与人、地方与地方的界线，也自然一天比一天淡漠，而要求有一个更大的空间生活。所以大一统的观念，几乎是诸子百家的共同愿望（老子的小国寡民，是对于氏族社会的憧憬，而不是主张封建制度的保持）。王先生认为割据便有"人才之盛"，而一统便学术衰微，我想原因不会这样简单的。

假定王先生这一大文里混杂不清的许多观念，例如是均权与割据同科，民主与封建同类等混杂观念，只是由于强不知以为知，或者是词不达意的结果，而其本意，不是在真的反对一统（因为只要称之为国家，则国家这个名词的基本涵义，便是表示一群人共同生活的统一体。所以春秋战国，对各国称国，对各国之总和称天下。称国便一定是一统的，称天下则范围广泛，可以不一统。王先生未反对国家，所以在逻辑上，也无从反对一统），而是反对一统里的集权，所以要"用均权的药医治之"，这在逻辑上倒可以说得通。但集权、均权是政治上的问题；即使在政治上，也不是那一方面便能代表绝对的真理。因为均权既不能同于割据，所以集权也不能混于独裁。均权的例子，王先生举了瑞士、美国。但除瑞士、美国以外，还有其他民主国家，王先生既不能概括名之曰均权，想亦不能一概抹煞为秦始皇式的一统。集权有集权的各个具体内容，均权有均权的各个具体内容，任何国家，不能仅以这样一个空洞名词来解决他的一切。中国假定是须要均权，但均权有何前提条件，有何特殊内容，都应该有进一步的研究。民国初年以来，均权之局，并不算少，但无人能在这种场合中，画出中国的远景。我并不是反对均权，而是发现不了"均权"两字在政治上有这样大的神秘意义，在过去，在现在，竟可以包治百病。

尤其重要的，政治上尽可主张均权，但站在国防的观点，并不能以政治的均权来否定军事上统一集团的需要。而王先生全文的精神，恰是以军事渊源，为其均权的骨干的。王先生所以这样看，当然有他的原因。但即使瑞士和美国，在军事上，无不要求统一，无不要求集权。在二次大战以后，这种倾向更为明显。举苏联、英国、法国，凡是可以称谓一个国家的，无不如是。第一，要有统一的军制。第二，要有统一的教育。第三，要有统一（标准化）的武器。第四，要有统一的策划机构和行政机构。最后，要有集中到中央的指挥大权。其所以如此，乃军事本身发展的结果。现代战争的规模，不仅不是一个地方的力量所能应付，而且因为现代交通武器的发展，军事机动性的加大，动员的迟速，指挥的巧拙，补充的适否，立刻影响到战局的安危。假定不谈国防则已，若尚谈国防，则谁能儿戏国家的生命，来抹煞血的教训？至于军事独裁，主要是政治条件造成的，而不是军事制度本身造成的。只要政治民主，则军事的统一集团，决不会走上军事独裁的路，且也决不妨碍政治上的均权。

年来政治无能，民生痛苦，需要大家，尤其是有力的舆论机关，起来对现局加以批评，加以推动，加以督责。但我们需要守住国家民族的大防，在这个大防内来批评，甚至于来革命。可是近来许多倾向，许多事实，是想在各种口实之下，以达到支解国家民族的目的，冲破国家民族的大防，而来谈国家民族问题，认为国家分裂以后才可以得救。吾为此惧，并非敢有所厚责于王先生。

一九四六年十二月二十六日南京《中央日报》

中国科学事业的另一危机

八月廿二日，《大公报》的星期论文，发表了李春昱先生《中国科学的危机》一文。在当前发出这种呼声，可谓能见其大。文内所提出的七种危机，及所开的七种药方，也都值得同情。不过，我读完这一论文以后，觉得除李先生所举的七种危机以外，另外还有藏在科学工作者自己身上的一种危机。此一危机，到处流露，而李先生论文的本身，就是一个最显明的例证。所以在药方上，恐怕要再加上一味。

中国的传统文化，有一个很大的弱点。这个弱点，若允许借用黑格尔的名词来说，就是在主观精神方面的成就较多；而将主观精神，加以客观化，使其发展为客观精神，则有所不足。此一事实，从两方面表现出来。一方面是个人道德的修持，未能转化为国家社会共同的规范，于是中国智识分子，常缺乏具体的国家意识，不能通过理性的自觉，主动地走上建国之途。另一方面，是学术上的成就，缺乏一种严密的思辩过程，与论理的表达形式。对于各种问题，常常挟着感情的看法，而出之以笼统的语言。问题的客观性，常为感情所歪曲。问题的客观尺度，常为笼统所模糊。于是中国智识分子，便缺乏以实证方法与合理主义为骨干的科学精神，不能产生近代真正的科学。

各国科学的进步，固然多靠政府与社会，对科学事业，能作积极的推动，与适当的安排。但稍一研究科学发展的历史，便可明了并非先安排好了环境，才有科学工作。而主要的是由若干把自己沉浸于求知之乐的人士，很冷静地、客观地，运用实证的方法，筚路蓝缕地探出一线曙光，然后再得到外缘的助力，而遂发扬光大。科学者这种内在的力，及由这种内在的力所形成的工作态度，总括地称之为科学精神。科学者的科学精神，好比植物的种子。而工作环境，则好比水土日光。没有适当的水土日光，种子会或枯或烂以死。有适当的水土日光，而根本没有选得好的种子，也只好听其荒烟蔓草，一无所成。中国科学的前途，关系于科学工作环境的改良，同时也关系于科学精神的接种。

可是，抗战以来，因为智识分子生活的艰难，而大多数的人，又缺乏一种自制自反的气力。于是感情的激动，与概念的笼统模糊，以及工夫的苟简粗放，常在所提出的问题上，加倍地发挥了传统精神的弱点。因大时代的反映，也经常能提出应当提出的问题。但涉及内容，则多捕风捉影，似是而非，甚至诡诞浮嚣、歪曲事实。只求感情暂时的发泄，却不肯因此而多费半点工夫，感到丝毫责任。问题是提出了，而提出的内容，却又自己把自己取消。一言以蔽之，抗战以来，本来在中国尚未生好的科学精神，弄得愈离愈远，遂形成了今日言论界浮嚣混乱的风气。报章杂志上的文字，多半是属于此一类型。《大公报》则可称为此一风气中的旗手。

李先生这篇文章，决不像上面所说的严重。并且他的动机和着眼点，也可以说是大体不差。但不幸的是，他也一样地受了目前言论风气的感染。因之他本是在为中国科学打算，而使人读了他的文章，却不觉为中国科学的前途捏一把汗。

他首先举出"研究机关的穷困",这当然是一个事实,但他说:"中央地质调查所……现时总所有研究员和职员一共一百一十人。而它的经常费,直到今天,每月仅有七千六百万元,抵不过一个普通工人一个月的工资。"一百一十人的机关,就李先生的文章看来,在民国三十七年的八月,只有七千六百万元的经常费,仿佛除此以外,再没有其他的经费,这叫人如何可以相信?一个机关的经常费,抵不到普通工人一个月的工资。而这个机关和普通工人,都是在一个国度里同时存在,又怎样是常识所能许可?也许这个数字确有根据,而只是构成全部预算的一部分,则仅仅举出这个数字,显然不能表示一个机关的真实收入情形,把它拿来和工人一月的工资比较,可说毫无意义。但这确是谈科学的人所写的文章,而且是《大公报》的星期社论。这只有在今日感情的、笼统的言论风气之下,才可得到解答。又如说:"甚至外国朋友赠送仪器,也有无力接收之苦。"苦到这种程度,那真可以成为历史故事中的奇谈。本来政府不够重视科学事业,科学事业机关的穷等等,都是事实,而且是值得提出来,也有适当的材料可以提出来,呼号责难,以求解决的事实。但时下风气,以为不在事实上与以夸张渲染,便不足以发泄感情,且对读者不能发生拍案惊奇的作用。所以穷既是真的,则穷的分量,形容得越厉害越好。形容词不够用,更以数目字补充之。至于数目字正确不正确,完全不完全,横直是五十步与百步之差,在中国人看来是毫无所谓的。殊不知横在这种想法的后面,完全是与科学精神相反的传统精神的弱点在作祟。以这种态度来提科学问题,等于在自己本身上先取消了科学问题。这种作祟的东西不能克制,则形成科学命脉的科学精神,便无法在中国脑子里生根,于是科学工作的环

　　　　　　　　　　　　　　　　　　　　论智识分子

境坏，固然没有成绩。就是环境好，也不过多点表面文章，一样的不会有真正的成绩。中国的科学工作者，应首先以自己的科学精神，主动地站起来，在最低的条件下，发挥最高的效能，以争取环境的改善，适应环境的改善。许多伟大科学家的成就，大半是通过此一历程得来的。中国有一部分科学工作者，也确是和这样一样地干。科学精神是一种内在的力量，而工作环境则仅系外缘。目前许多智识分子，对于每一问题，多半是只注意外缘，一切都推到外缘上去，因为只有这样，他才感到自己没有什么责任，自己也不须有所作为。这正是暴露智识分子本身的没有气力。所以他除了随着环境转、等待环境变以外，自己决不能，甚至也决不想，首先从环境中竖立起来。于是一切问题，谈来谈去，找不出一个解决问题的起点。这是时代的悲剧，也是智识分子本身的悲剧。

或许有人觉得李先生所提出的是政治性的问题，而不是科学本身的问题，所以立言无须那样的严格。但政治也是一种科学，谈政治性的问题也一样地要以科学的精神、科学的态度去谈，把是非得失，弄得真切恰当，不夹杂私人情感意气于其间，然后能形成一个客观的尺度，发生真实的影响。社会科学之所以能成立，以及社会科学之所以能发生作用，其基本条件，还是由于科学精神的发挥。在这一点上，它与自然科学是完全一致的。离开这个出发点，而以偏激的感情、笼统的概念，去谈政治问题、社会问题；甚至本来目的，不是真要谈什么问题，而只系借题发一己的牢骚，或标榜个人的姓字，在"聊以快意"及迎合社会趣味的心理之下，觉得不妨信口开河、诪张为幻，而不知这种以糊涂骂糊涂，以混蛋骂混蛋，以其昏昏使人昭昭的方式，是最没有效、最没有出息的方式。年来舆论的不发生作用，当然主要是因政府的颟顸，但现时舆论的本身，也应该有反省的余地。所以我认为今日大胆地提出问题，是智识分子的责任。而根据科学精神，很严密地、合理地提出问题，更是智识分子的责任。这是偶由李先生的小小缺点，而追索时下言论界的风气所连带写出的，决非对李先生有什么恶意。

一九四八年八月三十一日南京《中央日报》

中国民族精神之坠落

我初来到台湾的时候，有位极有智慧的台湾朋友向我叹息地说："在日本五十年的统治之下，我们在各种委曲中想象故国的衣冠，追慕祖国的文化。一旦日本投降了，我们顿时觉到从今以后，可以堂皇地接触祖国的文化，深切地沉浸于祖国文化之中，使我们成为一个有五千年文化历史的深厚背景的支持之人，以此而增加无限的自尊心和气力，俯仰于欧风美雨之中，而无所愧怍。哪知接收大员来了，光复的设施开始了；他们几乎没有一个人肯谈中国文化，他们都自命为现代化的进步人物，中国文化之在他们，已经是一种不屑不洁的落后的东西，要我们从他们的现代化中去接近祖国。但实际，他们所代表的是个平面的无祖之国，而他们的现代化，我们拿来和日本比较，觉得相差还远。这样一来，只有更增加我们台湾人的迷惘了。"这位台湾朋友的话，一直到现在还不断打动我的心弦。现在的智识分子，正以自己是一平面的存在而自高自大。动物正是平面的存在，因为动物不能有历史意识。因之，当然也不能产生对历史的感情。

大韩民国的国旗画的是八卦，地名多是沿用中国的旧名词，书刊中十分之九是中国字。这说明韩国依然是中国文化的空间。安南亡国后，文字被法国人推行拉丁化，汉字被淘汰了；但安南的民间，还富有中国文化的气息。盟国占领日本，限制汉字，引起日本人士极大的反感。中国文化，在日本仍为文化势力中的一支有力军。去岁九月份的《文艺春秋》上发表了一位名作家（不幸，我把他的名字忘记了）的文章，说明明治维新后，中国文化，犹一直作为日本人的精神修养；此风至大正而忽告消歇，所以昭和以来的军政实业家，失去维新以来的敦朴之风，由浮薄而日趋狂妄，这是日本灾难之所由来。因之，唤醒日本人不要忘记了此一精神的资具。此文发表后，在新闻上反映出很多的同情。社会党右翼的领袖西尾末广先生，曾以正在读《论语》而向我自豪。战后第一任驻美大使新木荣吉的行箧中，以携带《论语》、《孟子》而自慰。我因此常常想，现虽偏处台湾，但祖先所留下的文化空间尚非逼窄，也多少可以增加我们一点精神的宽裕。但这类话最好不要向流亡的智识分子说，有人会认为《中庸》、《大学》或许土酉可以一读；而更进步的人，立刻可以把"国粹"、"冬烘"等帽子戴上你的头上，暗中正在为你定罪了。

台湾年来宗教气运高张，除二百万佛教信徒之外，天主教、基督教正以各种方式，扩大他们的信仰圈。青年以及社会的中层分子，加入教堂听道，以求精神安慰的，风起云涌。但假定有一批人也这样地宣扬中国文化，使浮浪的人们抓上点祖国的根荄，加强点做人的理解，则必群起指摘非笑，甚至要大骂逆流泛滥，妨碍了向外"认错"请罪的吃饭前途。

爱因斯坦发明了相对论，成为二十世纪的伟大科学家。但他不仅承认不能以科学去概括道德，在科学以外还需要道德；并且他向往摩西的智慧，歌颂犹太教对人类的伟大启示。此无他，因为他是犹太人，他知道他在科学上的成就，并不是告诉他要忘本。

但今日对于相对论无所知，而口头上又喜欢说相对论的人，他瞧不起道德，瞧不起道德性的中国文化。他可以说中国文化只有"吃"的这一道，或者把中国文化划在时间进度表中若干世纪以前，已再不值一顾了。他们以为这样便比爱因斯坦之流还科学，而中国在他们这样的科学中会现代化。

我们谈五四运动，是把它作一段文化运动史去看，一面承认它在文化进展中所发生的作用，一面指出它若干缺点，以求今日能再转进一步。这正如启蒙时代之视欧洲中世纪为黑暗时代，视人的情、意作用为知性的低级状态；今日则不能不承认中世纪文化所作的贡献，未可概以"黑暗"两字抹煞，而康德《三批判书》将知、情、意各与以适当安排，未可执一而废其二。

这都是说明启蒙运动在评判中转向进前，何伤于启蒙运动本身的价值？但在中国，则有人会要因此而愤慨了。他表示他正在为守护五四的大旗而战斗。奇怪的是，在这种五四守护之神的身上，并嗅不出五四时代一往直前的精神，更数不出他对民主与科学的丝毫贡献。这也无怪其然，五四运动，在民主与科学之外，还产生了更现实的果实，可能还要产生这类的果实。有些人，是在五四大旗之下，为保护自己的果实，争取更好的果实而战。

谁不需要民主？谁不需要科学？假定反中国文化的反面，即是一片民主与科学，则我们也乐于两眼向前，何必在忙迫中来抒怀古之幽情，好像今日摩登才子之对香冢而生情制作呢？可惜的是，由反中国文化所成就的民主，我不敢轻置一词；由反中国文化所成就的科学，则在自由中国一百多种刊物中，连一种像样的传播科学思想的刊物也没有。

西方人说"知识就是道德"，这在西方已证明其错误，因为西方知识的进步，今日的西方也没有能证明这便是他们道德的增加。但拿到中国来，我觉得倒可以用得上。有人骂宋儒理学是似是而非的道德，但我立刻发现说这种话的人对宋儒是一无所知；我更因此而发现许多现代化的人，可以凭一无所知而说话。知识已是赘瘤，更何有于道德？做官所不要的，便一切可以不要。

以上一切，我归纳下来，是说明中国的民族精神，已经在智识分子之自己否定中完全坠落了。所以我希望美国于军援、经援之外，更来一套"美魂"的援助，一如苏联之把"苏魂"安放在中共的脑子中一样，否则我们岂不成为现代化的机器人吗？若"美魂"不能由援助而安放进去，甚至有些人自命已经安放好了，而在美国人看来总觉不像，因为依然找不出科学与民主来，则我们的悲剧将是无穷无尽了。

一九五二年七月十二日《自由人》第一四二期

　　　　　　　　　　　　　　　　　　　　　　论智识分子

学问的方法

这是日本哲学家西田几多郎氏于一九三五年秋在东京日比谷公园的一篇讲演稿。西田是近代日本代表性的哲学家，"西田哲学"在相当长的时间成为日本哲学的主流，他生于一八七〇年，卒于一九四五年。当西田发表此讲演时，正是日本法西斯思想鼎盛，高唱日本精神的时代，故其立言系针对这种情形来说的。其中谈到"时"的这一点，译者并不十分了解。但我之所以将其译出，因为这里所谈的问题，正是自由中国目前争论的问题。我深望读者一面了解他说话的时代背景，一面将不能十分了解的一小部分暂存而不论，而虚心地研究一个真正有哲学素养的日本学者，是如何来看和我们今日所遇相同的问题，对于我们的思考，总有相当的帮助。原文收录于日本文部省教学局的教学丛书中，转录作《岩波新书》的《日本文化问题》（西田氏之讲录）的附录。文内引号，是译者所加，以减少读者的困难。

——译者

明治以来，我们因输入西洋文化，学习西洋文化，而在东洋完成了伟大的发展。我们今后还有许多应该学的东西，不论如何，不可不吸收世界文化以求发展。然而我们不仅应吸收西洋文化，消化西洋文化，更应该以几千年来孕育我们的东洋文化为背景，创造新底世界底文化。锁国很久的日本，在明治之初，一与近代的世界文化接触，急于学习吸收，乃事势之所不容已。近来常听到排斥明治时代之声，可见吸收西洋文化，也或许有了流弊；但我们不能不深深考虑到明治时代的意义。今日徒大声排斥明治时代的人，这和明治之始，徒大声破坏我国古来文化的人，同样是没有思虑的人。

以我们的历史文化为背景，创造新底世界文化，怎样才有可能呢？

"时"这种东西不是仅由过去走向未来的直线活动。若仅如此，则没有时的"自己同一"。时是直线底，同时又不能不是圆环底。时的后面，一定有空间。时是由"现在"去限定现在自身而成立的。所谓限定现在自身者，是由现在结合过去与未来（绝对不连接的东西，连接着的原故），作为矛盾底自己同一，从"被造"的东西，活动向"造"的东西。在这里，才有所谓时者。可以说，先把这种变而不变的矛盾底自己同一，看作是历史底精神。

离开世界历史的舞台，几千年孤独发展的日本，也是作为这样矛盾底自己同一而生之发展来的。其间，大概会有许多矛盾或对立，从一个时代移向一个时代，或许有许多的变化，但都是以皇室为中心以保持自己同一的，这里便有所谓日本精神。然而今日的日本，已经不是从世界历史舞台孤立的日本。我们正站在世界历史的舞台。我们的现在，是世界历史底现在。可以说，在这以前的日本精神，比较是直线底。然而从此以后，什么地方，也不能不是空间底。从我们历史精神的深处（从我们心的深处）必须生出"世界底原理"。今日许多人认为好多流弊是由输入外来思想而来的。然而防止外来思想，不是以"特殊"对"一般"所能做到，必须从我们心的深处，创造出世界底原理。

日本精神，必须成为空间底，必须成为世界底空间底，这是怎样一回事呢？这即是，无论如何，不能不成为"学问底"，不能不成为理性底，决不可由感情排斥理性，决不可成为独断底。它必须由严密的学问底方法，概念底加以构成，不能不有理论。所谓学问底方法者，是要把时间底自己，反映在空间底镜子里面去看（死而后生的事）。（译者按：所谓死而后生者，就中国文化说，它在今日世界文化中，我们应先承认其落后性；但同时以学问底方法，发现中国文化原型在世界文化中的意义，以贡献于世界文化，此或即西田氏所谓死而后生之意。）这里，一定需要有自己批判。所谓精神成为学问底者，是把精神客观化出来，什么人也不能不加以承认。但这并非成为世界主义者（Cosmopolitan），此点，常由许多人误解了。

　　近来，常常以东洋文化是"教"，西洋文化是"学"，由此而区别东西文化。西洋文化，不能仅说是学。但是，东洋文化，特别是中国文化，则是教，而没有今日所称为学的东西。我决不轻视教。在东洋文化的根底中，有胜于西洋文化的贵重东西。然而其弱点，我想是在于没有作为"学"而加以发展。今日之所以太被压倒于西洋文化，正因为这种原故。今日许多人提出"智育偏重"的标语，但我认为真的智育，今后不能不更加尊重。从来尚没有真的智育，许多，仅是记忆之学。例如说到历史底教育，也不过是历史事实之暗诵而已。

　　今日许多人都说应吸收消化西洋文化以创造日本独特的文化。同时，日本文化不能不是"学问底"，大概大家也无异辞。然而，学者之中，恐怕也有不真正了解"学问底"意义的人，人往往把精神看作是使用工具的人，把知识看作是人的工具。"和魂汉才"（译者按：此语与中国之"中体西用"略同）这句话，大概即是表示这种想法。然而，学问这种东西，其自身即具有精神底。自然科学也是一样。所谓学问者，是我们的精神，生长于事物之内的事情。这样，才能有所谓日本底学问。不然，则所谓精神者，不过是抽象底概念。精神科学，虽稍异其趣，但这也是要由我们生长于历史底客观事物之中才能成立的。依然如上所说那样，不能不是讲方法底。

例如明治以来，取入了西洋的法律。然而西洋的法律，有其历史底背景，这和具有不同的历史发展的日本精神，会有些地方不相容。因此，便发生各种问题了。我们应以何种态度来应付此一问题呢？若是还原到没有取入西洋法律以前的状态，那倒简单。若是不能够如此，则西洋法律虽具有西洋历史的背景，但它具有一个理论的体系，我们只有将日本底习惯，像接枝样底，接入于此一理论系统之中，或者是超越底从外面加以否定。我们为了真正组织日本底法律，不可不深入于历史哲学的根底，从这里引出独特的法的概念。这不是仅仅举出其特殊性便有可能，也不是仅仅因为过去是如此便有可能，在这里，不可没有理论底斗争。

活生生的精神，不可无理论，像神话这种东西，其有永远的生命者，亦必藏有理论底内容。单纯底特殊性，什么用处也没有。认过去所形成的形态为精神，想由此以应付新底时代，却使生生发展的精神成为死物。特殊，仅仅是应付特殊的。单纯底特殊，不过是作为一般的特殊而加以考虑，创造底东西不能不具有"具体的一般性"，仅仅主张特殊性，却由其他的东西与以理论，这也仅能成为其他理论的特殊。

我们说要从东洋文化的深底根底，找出新底事物之看法想法，给世界历史以新底光辉，这是怎样一种意味呢？我们理论底对应于世界，是怎样的一回事呢？现在要在此处作哲学底解说，相当困难，又恐怕不能得到一般人的理解。所以试以艺术为例。

向来，西洋的美学，把"美"这种东西总是由希腊的艺术去衡量。即是，所谓古典的艺术，成为美的标准。这是以人间为中心的艺术。李普士（Lipps，1851—1914）的感情移入说，最能说明这种艺术。然而李格尔（Riegl，1858—1905）从艺术史的研究立场，认为这便不能说明全部的艺术，例如几何学底埃及的艺术。于是李格尔认为艺术的根源，为绝对底"艺术意欲"。这也可以说是"形成底意志"。而且这与感情移入底冲动相反，而有所谓"抽象作用底冲动"。一是从自然中看取人间的东西的一种喜悦，一是走向否定人间的方向，可以说是解脱的方向。我在这里没有详细说明李格尔艺术论的工夫。但我所要说者，艺术，并不只是所谓古典艺术的一路。在艺术成立的根源上，尚有反对的方向。欧洲人，常常有这样一种倾向，认为只有自己的文化，才是一个进步最高的文化。其他民族若要进步发展，觉得不能不和自己一样。然而，我觉得这是狭量的自负。历史底文化的"原型"，不能不是更丰富底。像李格尔不同艺术的研究而阐明了更深更广的艺术概念一样，我们应当一面深入于西洋文化的根底，十分加以把握；同时更深入于东洋文化之根底，把握其与西洋文化不同的方向；我想，未必不能因此而阐明人类文化更深更广的本质？这不是由西洋文化否定东洋文化，也不是由东洋文化否定西洋文化，也不是将某一文化包入于另一文化之中。却是因为较之从来看出了更深更大的根底，而使两者同被照耀于新底光辉之下。我没有谈艺术的资格，但可以说的是，表现无形之形的东洋艺术，在其根底，未必没有较埃及艺术，藏有更深的东西吗？

为了要使人明了我是在想说什么，所以取艺术为例。对于哲学、宗教，我也想和这同样的说法。我们不能不有新底论理。作为一例，试就"现实"与"绝对"的关系的思考来看吧。东洋大乘佛教的想法，"绝对"不仅看作是超越底，也不看作是我们无限进行的极限，而认"现实即绝对"。这句话，实容易被误解。若是把这认为不须何等努力，和普通人的想法一样，原封原样的现在即是绝对，那是很大的错误。假定这样的想法，不外于对理性的单纯底否定。然而，如开始所说的一样，若是把"时"这种东西，看作是绝对矛盾之自己同一，则在大乘佛教里可以看出深底哲学底宗教底意义。我往日也曾稍稍写过（《哲学之根本问题续篇》），由"时"的样相，觉得好像也能与种种文化以特征。觉得种种的文化，好像能够被配置、关系、统一于时的构造之中。所以说时是绝对矛盾之自己同一者，正如前面所说，时是直线底，同时又是圆环底。这好像很背理，但"时"，它一面是空间底的原故。理智底西洋文化，为主是空间底。中国文化，不是理智底，但在另一意味上，依然能说是空间底（礼教底）。然而，日本的文化，可说是直线底。所以我说日本文化是韵律底（rhythmical）。以皇室作为中心的情底日本国体，我觉得好像韵律的统一。历史总是时间底。假若由时之构造以思考历史底世界的原型，则可以想到，在种种方向有其重心的种种文化，由其互相补足而能构成世界文化。

　　我为要使我所想说的能够明白，作为一例所说的是我一家之言，容或有种种的异论。但是从东洋文化的立场，要与世界文化以新底光辉，贡献于世界文化，则必须是如上所说的那种意思。当然，为明了我们的文化，必须研究自己的历史文化，必须彻底地去学问底，去研究。这会成为我们思考的基础。然而，若由此，

　　　　　　　　　　　　　　　　　　　　　　　论智识分子

使明了其特殊性，则在今日世界历史的舞台上，不能成为生底活动的精神。我们不能不有理论。这里，不能不有今日我国文教的指导精神。仅仅因明治以来的陷于输入外国文化之际，便认为从现在起，应以东洋文化为中心的说法，不过是单纯的反动。口里不说排斥外国文化，而说要由日本精神去消化世界文化，这怎样才成为可能？恐怕也没有经过深的思考。我觉得，在我国，不论哪门学问，深的根本底理论研究，依然是微弱的。

　　文教是百年的大计，不应该仅从政策上去考虑。不论何时，都应以深底、大底指导精神为基础。今日有一种倾向，对理论思考这种事毫无理解，往往便指其为个人主义、自由主义而加以排斥。仅仅以个人自由为基础，去考虑国家社会的这种想法，固应加以排斥。然而，否定自由，则只是单纯底压制主义。合理主义，现在也是粗率底被排斥着，仅仅否定合理主义，不过成为单纯底非合理主义。没有个人的自由，即没有创造。生生发展的具体底原理，不能不包含这些东西。（研究不能不承认自由。一开始便定下结论，这不能说是研究。）今日的思想世界，具有十八世纪末的合理主义、个人主义、自由主义这种思考的，恐怕很少。马克斯主义这类的东西，却极端排斥这些思考。末了，还有一点，我觉得，有人以为研究日本的事物，好像即是日本精神，而忘却了日本精神是在日本底看法想法之中。虽研究外国的事物，日本精神却可在那里表现了出来。相反的，西洋精神，却有时活动于日本底事物之中。不可仅为文字所眩惑。

　　　　　一九五三年元月四日、二月十六日《民主评论》四卷四期

中国知识分子的历史性格及其历史的命运

　　我这里所指的知识分子，是就过去所说的"士"、"士人"、"士大夫"及普通所称为"读书人"的此一集团中的最大多数而言。由今人所看到的此一集团中的特出之士，除非他偶然取得政治上的机遇，否则在当时所占的分量实际是微乎其微。因之中国的历史是由此在历史中只有集体纪录而无各个纪录的绝大多数的士人所塑造的。此绝大多数人的性格并不能完全代表中国历史的性格，因为除了他们外还有更多数的由中国文化所陶冶的善良农民。但他们的性格一直到现在为止，依然可以决定中国历史的命运，因为决定命运的政治与文化还是在这般人手里。于是他们的命运也几乎就是中国历史的命运。这里，我试对此一集团的历史性格作粗略的分析，以追溯其命运之所由来。望能借此作个人的反省、时代的反省之一助。

一

　　知识分子的性格，首先是关系于他所持载的文化的性格。中国文化精神的指向主要是在成就道德而不在成就知识。因此，中国知识分子的成就也是在行为而不在知识。换言之，中国人读书不是为了知识，知识也不是衡量中国知识分子的尺度。这在二千年的历史中是表现得很明白的。所以，中国知识分子缺乏"为知识而知识"的传统，也缺乏对客观知识负责的习性。西方人为求得知识，要从具体的事物上求出抽象的概念。概念不能代表具体事物之全体，但能抽出具体事物之各部分作成一种确切不移的定义。中国人则是就具体事物之本身来看事物，缺乏概念性的思维习性。每一个具体的东西，其内容都是无限的，一草一木都是一个无限。人们对于无限的东西常是想象重于定义，并且也无从下定义，于是中国知识分子缺少对事物确切不移的概念，可以多方立说，并且可以随便做翻案文章。我小的时候父亲告诉我舌头是扁的，可以说得过来，也可以说得过去。这是过去开启青年人思路的一般说法。固然，我们早就承认"是非之心，人皆有之"，但这只能从各人的动机去向内认取，并不能在客观中如二加二等于四样地共同肯定。所以"是非"在中国文化中缺少客观的保证。中国知识分子甚至于因读书而来的才智，只是作为变乱是非的工具。因此，把这一群人称为"知识分子"实在有一点勉强，我觉得最妥当的称呼是"读书人"。因为在教育未普及的情况下，这一群人都或多或少地是读过书，则为不可争的事实。

中国文化所建立的道德性格是"内发"的、"自本自根"而无待于外的道德。由孔子所说的"为仁由己"、"我欲仁，斯仁至矣"的这一精神，发展至宋明儒的言心言性，都是在每一人的自身发掘道德的根源，发掘每一人自身的神性，使人知道都可以外无所待地顶天立地底站起来。这完全是人格主义底人文宗教。所以人类的道德只有在中国文化中才能生稳根，只有在中国文化中才能极其量。在我国的道德文化中，人是真底参天伍地而成为万物之灵。因此，"自天子以至于庶人，壹是皆以修身为本"，人各以其一身挑尽古往今来的担子，以养成涵盖万汇的伟大人格。但是，

"利根"的人、禀赋特别好的人固然可以凭内在的"自力"站起，而"钝根"的人、普通一般的人多半是要靠外在的"他力"才站得起来。宗教是一种他力，法的观念、国家的观念也是一种他力。站在中国文化的立场，所注重的自然是"尽心知性"，其次是"礼防于未然之先"，而归结到茫无畔涘的"平天下"，或者是"与天地参"，于是在中国文化中可以不要宗教，可以不重视法和国家等从外面来规限人生的观念。希腊人的行为规范系要在国家中完成，国家与法是两个不可分的观念。苏格拉底之不肯逃走乃为了尊重"法"，这便形成西方文化除求知以外的另一传统。而这一类的东西最低限度在中国知识分子中不易生稳根。佛教传入中国，中国士大夫之所以能消化它，是从"阐提皆有佛性"开始，而风靡唐宋两代上层社会的则为"见性成佛"的禅宗。我们由此可以了解，自本自根的中国文化是如何的根深蒂固，但在道德上却只能成就少数人，而不易成就多数人。中国文化之深入社会，有待于政治上（他力）的"化民成俗"，这是两汉所完成的任务。而知识分子则常翘出于"民"与"俗"之上，所以所"化"所"成"的，在知识分子身上最缺乏安定性。"礼失而求之野"，因为"野"才有较大的安定性。

　　知识的对象是物，知识的尺度也是物，物在外面是可视的、可量的，其证验是人可共见，其方法是人可共用，而且可在时间空间中予以保存的，所以知识能作有形的积累。自本自根的道德的对象是各人自己的心，其尺度也是各人自己的心。心在内面，可内视而不可外见，可省察而不可计量，其证验只是个人的体验，其方法只是个人的操存，一切都是主观上的。既不可能在客观上摆出来如轻重长短之不可争，也不能如产业传承之不可易。于是

　　　　　　　　　　　　　　　　　　　　　论智识分子

作为中国文化基石的"心"，没有方法作客观的规定，而只靠自验于心之安不安。孔子的学生宰予和孔子争辩三年之丧，孔子问他对自己的主张是否心安，宰予自己承认心安时，孔子便毫无办法，只好说如"汝安，则为之"。这种只能信自己而无法求信于他人，只好看自己而不能看他人的格局，若不向上升起而系向下坠落，便可一转而成为只知有己不知有人的格局，恰合乎作为自然人的自私自利的自然愿望。因之，中国知识分子常是由文化上以道德之心为一切的出发点，一转而为以自利之心为一切的出发点；由以一切为充实个人道德之心之资具，一转而为以一切为满足个人私利之心之工具。于是中国文化在成就人的人格上，常表现为两极的世界。一是唐君毅先生《论中国的人格世界》一文中所叙述的世界，这是文化向上性的少数知识分子的世界；一是我在这篇文字中所要叙述的一般知识分子的纯自私自利的个人主义的世界，这是文化堕性的多数人的世界。西方的自私自利的个人主义，可由"他力"的宗教、法、国家社会等加以限制，而中国的知识分子的自私自利的个人主义，则没有也不接受这些"他力"的限制，只有听其"人欲横流"地"横"下去。

二

以上仅就文化本身之所长所短、所有所无的可能影响来说。但文化落在历史的实践中，必定和历史条件互相影响。这里，应该看看我们历史条件所给予文化的影响，因而所给予知识分子的影响。

希腊的知识分子是由商业蓄积的富裕生活而来的精神闲暇

所形成的。他们解决了自己的生活，乃以其闲暇来从事于知性的思索活动。这里包含了两种意义：第一，他们不是为了求生活而去找知识，这便保障了知识的纯粹性，养成西方为知识而知识的优良学统。第二，希腊的哲人大体都热心政治，但政治对于他们只是一种社会活动，乃至是他们思考之一种对象，他们并非把政治作为个人惟一的出路，因而保证了个人对政治之独立性，养成西方以独立底个人立场、以社会立场而不是以统治者的立场去谈政治的优良治统。中世纪是宗教世纪，知识分子皆吸收在宗教团体之中。宗教团体对于当时的政治及社会，保持了自己独立存在的地位。到了近代，知识分子是和工商业之发展而同时兴起的，其形态是以知识支持了工商业，也以工商业而支持了知识。这样，知识分子有其社会的立足点，也保持了对政治的独立性，并开拓了希腊时代一般哲人所想象不到的广大底活动范围。近代西方文化的多彩性固然有的是来自各种不同文化的接触，而主要的则系来自社会生活的丰富性，因而使文化活动的范围扩大。

中国由贵族没落而开始形成的士大夫阶层，亦即是此处之所谓知识分子，第一，在社会上无物质生活的根基，除政治外亦无自由活动的天地。在战国时代所出现的"游士"、"养士"两个名词，正说明了中国知识分子的特性。"游"是证明他在社会上没有根，"养"是证明他只有当食客才是生存之道。而游的圈子也只限于政治，养的圈子也只限于政治。于是中国的知识分子一开始便是政治的寄生虫，便是统治集团的乞丐。所以历史条件中的政治条件对于中国知识分子性格的形成，有决定性的作用。

不过，我们若以为中国历史中的知识分子的性格，就是和现在的一模一样，那便是很大的错误。现代知识分子的性格可以在唐宋以来的科举制度中去寻找其历史根源。唐宋以前和唐宋以后，知识分子与政治的关系有一个很大的区别，因而知识分子的性格，大概地说，也可分为两个不同的历史阶段。这一点多为现时论史家所忽，所以我特别提了出来。

战国时代的游士，经过秦始皇焚书坑儒的大"整肃"运动而告一结束。西汉开国之始，士人数目似乎不多。在文帝以前，政府与士人尚无正式底制度化底关系。文帝二年十一月诏举贤良方正、能直言极谏的人，这是士人进入政府开辟正常门径之始。汉武帝虽然听董仲舒的话立了太学，但汉代的人才很少是出于太学（王荆公变法，立三舍之法，兴学储才，在理论上是对的，但结果三舍中也不出人才。历代国学中亦皆不出人才。盖人才必出自社会，而绝不会出自天子门生的官学，官学只有败坏人才。这一点，黄梨洲在其《原学》中已看得很清楚），而皆出于由文帝所开始建立的"乡举里选"。选举的科目即是求才的标准，亦即是要求于读书人的标准，大别为贤良方正与孝廉，再加上直言极谏和茂材异能等。贤良重才学，孝廉重"行义"。到了后汉，除贤良、孝廉两科外又增设有敦朴、有道、贤能、直言、独行、高节、质直、清白等等，但主要的还是贤良、孝廉两科。对于这些标准的评定，决于社会的舆论，即所谓"科别行能，必由乡曲"（永元五年三月诏书），亦即当时之所谓"清议"。州郡根据舆论保荐，并在州郡中历练吏事，由掾吏而可上至九卿。通两汉来看，从孝廉方面得的人才多于从贤良方面得的人才。把两汉分别地看，则前汉从贤良方面得的人才比较多，后汉从孝廉方面得的人才比较多。这里我们可以看出几种历史的意义。第一，士入仕途是由于政府的选举征辟，而不是出于士人直接对政治的趋附奔竞，可以养士人的廉耻，并使士人不能不以社会为本位，哪怕是出于勉强。第二，士人的科别行能不是出于以皇帝为中心的灵感，而是出于乡曲的"清议"，是社会与政府共人事进退之权，而且社会是一种原动力，无异于政府把人事权公之于社会。因此，士人要进入政府，首须进入社会；要取得社会的同情，势必须先对社会负责。于是不仅使士人不能脱离社会，而且实在含有真实的民主意义，调剂了大一统的专制气氛。第三，中国文化是道德性的文化，是要成就人的道德行为的，而两汉对士人的要求，主要便在这一方面，这便与中国文化基本精神相一致。"西都止从郡国奏举，未有试文之事"，此一特色更为凸显。士人要取得乡曲的称誉，必须砥砺品节，士人砥砺品节又可以激励乡曲。元凤元年赐郡国所选有行义者五人帛，人五十匹，遣归，诏曰："朕闵劳以职官之事，其务修孝弟以教乡里。"此种在教化上的上下相与之温情厚意，至今犹令人感动。《南史》说："汉世士务修身，故忠孝成俗。至于乘轩服冕，非此莫由。"所以中国文化的精神不仅通过辟举的标准而使其在士人身上生根，并且可由此而下被于社会，深入于社会。我说中国文化的化民成俗是在两汉完成的，我们的民族性是在两汉才凝结起来的，所以一个朝代的名称即成为一个民族的名称，原因正于此。还有，刘邦开始以布衣为天子，终汉之世朝廷和社会的距离并不太大，西都举人贡士多起自畎亩，东都亦屡以"昭岩穴，显幽隐"为言。而乡下儒生一旦举荐登朝，即可慷慨与朝贵辩论国家大政（如《盐铁论》）。因为汉代大一统的皇帝有一个平民风格的传统，不肯把皇帝悬隔起来、神化起来，所以，"直言极谏"便始终成为两汉取士的另一重要科目，有的并明白指出"能

论智识分子

直言朕过失者"（章帝建初五年一月诏）。这不仅在政治上可以通天下之情，而且也可以把皇帝的地位向社会抑平，以伸张士人的气概。因此，汉代的选举制度虽有流弊，但其所表现的基本精神则确是趋向真正民主的这一条路上。大体说，这是中国知识分子和政治关系最为合理的时代，也是中国文化成就最大的时代。

到魏文帝时，尚书陈群立九品官人之法，选择州郡的"贤有识鉴者"立为大小中正，区别所管人物，就其言行定为九等，以作政府用人的标准，此即所谓"九品中正"。南北朝间虽小有损益，但大体沿袭到隋开皇中才与以罢废。此一变革的流弊大约有两点：一是从东汉渐渐兴起的门阀到魏晋而成熟，于是影响到司衡鉴之责的"中正"们，以致如晋刘毅所说的"上品无寒门，下品无世族"。二则一人的品鉴难期周允，正如马端临所说："盖乡举里选者（指汉代），采毁誉于众多之论；而九品中正者，寄雌黄于一人之口。……又必限于九品，专以一人，其法太拘，其意太狭，其迹太露。固不若采之于无心之乡评，以询其履行；试之以可见之职业，而验其才能，一如两汉之法也。"所以自晋刘毅以来加以攻击而想废弃的人很多。但大体地说，中正的品鉴依然是以士人的行谊为标准，此一标准，中正仍须采之于社会，并在理论上可以不为政治权力所左右。不仅当时有的官大而品第甚低，有的并无官位而品第甚高，并且皇帝对于中正的品第亦无从加以干涉。如宋文帝很宠爱舍人王宏，王宏想当士人，列入九品之内，文帝要他去找王球商量，王球不准他"就席"（并坐之意），文帝叹息地说"我便无如此何"。齐世祖很爱幸纪僧真，纪僧真也在帝前"乞为士大夫"，世祖叫他去找江敩，结果未达目的，"丧气而退"。世祖说："士大夫故非天子所命。"由此可以窥见士大夫的尊严非政治权力之所能与夺。而士大夫因内行不谨被清议废黜的，晋宋诸史所载比比皆是。所以顾亭林说："九品中正之设，虽多失实，遗意（按指三代两汉存清议于州里的遗意）未亡。凡被纠弹，付清议者，即废弃终身，同之禁锢。至宋武帝篡位，乃诏有犯乡论清议，赃污淫盗，一皆荡涤洗除，与之更始。自后凡遇非常之恩，赦文有此语。然乡论之污，至烦诏书为之洗刷，岂非三代之直道，尚见于斯民；而畏人之多言，犹见于变风之日乎。"秦蕙田也说："夫流品之清浊，天子不得做主，而取于一二人之口，则当时九等之高下，原有公论。……非尽失实也。"由此可知，九品中正的用意依然是使皇帝不敢私人才予夺之权，士大夫不敢放佚恣肆于社会之上。知识分子依然是站在皇帝与老百姓的中间，发生一种贯串平衡的作用。其自身即在此贯串平衡的作用中，对政治保持了相当的尊严，维持住若干的人格。

这里，我应稍稍提到南北朝的世族问题，亦即所谓门第、阀阅问题。沈约于梁天监中上疏说："顷自汉代，本无士庶之别。……虽名公子孙，还齐布衣之士。……有晋以来，其流稍改；草泽高士，犹厕清涂。降及季年，专称阀阅。"自此士庶分途，南北朝三百年间用人多取之世族。士大夫至此形成社会上的特殊阶级，形成知识分子底贵族。这是社会的一大变局，流弊当然很多，但从知识分子对政治的关系而论，也有许多好的影响。第一，此种门第仍受社会清议约束，如谢惠连因居父丧而做了十余首诗送给他所爱幸的会稽郡吏杜德灵，致干清议，因此"坐废不豫荣伍"。所以六朝士大夫号称旷达，而夷考其实，往往笃孝义之行，严家讳之禁（用陈寅恪语，陈似援引顾亭林语，待查），绝不同于欧洲的贵族。第二，知识分子的门第保证了知识分子对政治的独立性，他们并不随朝局为浮沉。所以马端临说："虽朝代推移，鼎迁物改，（世族们）犹昂然以门第自负。"这对社会而言，在变乱频仍之际，依然是社会文化的一种支撑基点；而他们凭借自己的门第睥睨朝廷，并不变为某一朝廷的寄生物。所以六朝士大夫多带名贵气，与后世龌龊不堪的情形两样。这站在知识分子的本身来说，也算是难能可贵的幸运。

三

科举制度，即今日之所谓考试制度，严格一点地说是始于隋大业中之始建进士科，自此历唐宋元明清而不废。这是知识分子本身命运的一大变局，也是中国历史命运的一大变局。考试制度对南北朝的门第而言自然算是一种开放，但若因此而遂以此为政权的开放，则恐系一大错误。现代的公司行号亦有招考职员，这岂系公司行号股权的开放？自此制实行以来，历代有心之士莫不以它为人才之大敌。这并不关系于考试科目的内容，如诗赋、经义、八股之类。从科目上去求补救，今人想到的古人都曾想到了。问题乃在考试制度的本身，恰恰发展了中国文化的弱点的一面，所以其破坏作用远大于建设作用，流毒至今而不可收拾。

州举里选之法，人才的标准是行义名节，选择的根据是社会舆论，入仕的途辙是公府辟召、郡国推荐，已如前述。科举在事势上只能着眼于文字，文字与一个人的行义名节无关，这便使士大夫和中国文化的基本精神脱节，使知识分子对文化无真正底责任感，使主要以成就人之道德行为的文化精神沉没浮荡而无所附丽。文字的好坏要揣摩朝廷的好恶，与社会清议无关，这便使士大夫一面在精神上乃至在形式上可完全弃置其乡里于不顾，完全与现实的社会脱节，更使其浮游无根；一面使朝廷再无须、亦无法与社会共人才进退之大权，州举里选的一点民主精神因此一变革而扫荡以尽。科举考试都是"投牒自进"，破坏士大夫的廉耻，使士大夫日趋于卑贱，日安于卑贱，把士人与政治的关系简化为一单纯的利禄之门，把读书的事情简化为一单纯的利禄的工具。州举里选的士大夫与政治的关系是由下向上生长，而科举考试下的士大夫与政治的关系则全靠天朝的黄榜向下吊了下来。做皇帝的由此而更存轻视天下之心，更奖借其专横自恣的妄念。但州举里选在过去要有一个安定的社会，要有一种良好的风气，要有健全的地方行政制度，更要做皇帝的人常有一种谦卑自牧、尊重社会、尊重文化因而尊重士大夫的真正良心。而科举考试简便易行，且合于专制者偷惰简慢自私的心理，所以隋祚虽短，后世攻击此一制度的虽多，卒不能改弦易辙。唐代是我们民族生命力很强的一代，其取士之科虽仍隋旧，但其经常的科目有六，而由皇帝"自诏"的"制举"，《登科记》列有五十余种，《困学纪闻》则谓有八十六种，可说把天下各形各色的人才都包罗尽了，所以取士的途径依然是很宽。不过，自然的趋势重点是落在进士一科之上。其弊病当时的人已看得很清楚。薛谦光曾上疏说："古之取士，实异于今。先观名行之源，考其乡邑之誉……人崇劝让之风，士去轻浮之行。……众议已定其高下，郡将难诬其曲直。……今之举人，有乖事实。乡议决小人之笔，行修无长者之论。策第喧竞于州府，祈恩不胜于拜伏。……上启陈诗，唯希咳唾之泽；摩顶至足，冀荷提携之恩。……夫徇己之心切，则至公之理乖；贪仕之性彰，则廉洁之风薄。"宝应二年礼部侍郎杨绾请停明经进士、道举（专试老庄等学说的）。肃宗命由李栖筠等四人研究的结果已指出，"今取士试之小道而不以远大，是犹以蜗蚓之饵垂海，而望吞舟之鱼"，认为"食垂饵者皆小鱼，就科目者皆小道"，一致主张加以改变。事虽不行，而"垂饵"两字再加上世传太宗所说的"天下英雄尽入吾彀中"的"入彀"两字，实已刻画出此种制度的精神与面貌。士大夫与政治的关系成为"垂饵"与"入彀"的关系，这已不是人与人的关系，而是渔猎者与动物的关系。此种关系卡住了政治的大门，士大夫要进此一大门，自己的精神便不能不先磨折得使其下趋于动物之只知衣食、不知是非廉耻之境域，对政治当然成为纯被动的奴妾。此门一经挤入，便志得意满，尽量在彀中享受其"饵"。所以唐代"进士浮薄"、"世所共患"（《新唐书·选举志》语），清流遂随唐社而俱尽。

宋太祖承五代盗贼夷狄交相凌虐之后，本其真正悔祸之诚，与夫歉然有所不足之念，承认"道理最大"，故发为宽容之政，并遗诫子孙不杀士大夫，这是宋代儒学能够复兴的重要条件。但取士之制一依唐旧，而局格更为完备。加以门第之势已尽，印刷之术渐昌，士人的数目便大大地增长。淳化三年，诸道贡举的凡万七千余人。加以平民虽可以读书，但读书后即不复如汉代士人之"耕且读"，而成为社会上游手好闲之徒，生计上毫无自立之道。士庶分途之外，再加上儒吏分途，至宋而更为确定，不仅士大夫少实事磨炼的机会，并少一谋出身衣食的途径。杨龟山《答练子安书》谓"古之为贫者，岂特耕稼陶渔而已。今使吾徒耕稼，能之乎，不能也。使之陶渔，能之乎，不能也。今是数者不能，将坐待为沟中瘠，而可乎。不然，则未免有求于人，如墙间之为也。与其屈己以求人，孰若以义受禄于吾君为安乎"。这是多么寒酸的语调。汉时士人之所能的，自宋以后皆不能，于是只有找"受禄于吾君"的一条路，而其取径惟有去考科举。宋代科举的科目虽比明以后的八股为宽，但任何文化内容一成为射利之工具，其原有之精神即扫地以尽，其作用必与原意相反。所以朱子说"程文是人生一厄"，希望人经此一厄后能做学问。他编《近思录》时本想加一门"说科举坏人心术处"，因吕伯恭反对作罢。由此可知科举本身之成为学问的障碍，固不待八股形成之后。加以大量增加的科举"预备军"拼命向一条窄路中挤去，自媒自货，本无廉耻可言。幸得幸进，奸伪自必随之以起。柯氏《宋史新编》称科目之弊，计有传义、换卷、易号、卷子出外、誊录灭裂等。于是主持衡鉴的"不在于求才，专心于防弊"。唐舒元舆已经说"国朝校试，穷微索隐，无所不至。士至露顶跣足以赴试场，先辈有投策而出者"。此种防奸的措置愈来愈凶，"至于解发祖衣，索及耳鼻"（《日知录》"搜索"条引《金史》）。所以朱子说："今日上之人分明以盗贼遇士，士亦分明以盗贼自处。"这是最坦率的揭发。这种上下以盗贼相遇之局，到明清而更酷。此一盗贼性格的集团，在社会必奸盗社会，在朝廷必奸盗朝廷。古人说"君子居乡善俗"，至此则"今士人所聚多处，风俗便不好"（《吕氏家塾记》）。古人说"上致君，下泽民"，至此则为了士人的患失之念，虽"杀百万生灵，亡数百年社稷，只为士大夫患失之一念"（亦吕伯恭语）。所以黄东发指出宋末危亡之机有四，而主要在于士大夫不负责任、不讲是非之"无耻"（见《戊辰轮对》第一劄子）。宋代便在这"无耻"的一群中被扼杀掉。元代的"十儒九丐"，宋代的知识分子也扼杀了自己。

有明一代的结论，可以顾亭林的《生员论》作说明。《生员论》中说："废天下之生员而官府之政清。废天下之生员而百姓之困苏。废天下之生员而门户之习除。废天下之生员而用世之材出。"他更从正面指出在科举下的生员弄成"士不成士，官不成官，兵不成兵，将不成将"。由此可知明代之亡于盗贼夷狄，可说是必然之势。满族以异族凭陵中夏，威逼利诱并进，八股之外，更创造出读上谕、读圣训等的奴化方法。于是士大夫在"盗贼"的气氛外，再加强"奴才"的气氛，求其如唐宋明三代尚有站在科举中而为真正的人生、社会、民族奋起呼吁之人，亦不可多得。考据学的兴起，开始不过出于聪明才智之士避开正面问题而逃空虚的心情，以后则在既成风气之下互为名高，因而辟出一条门径。而梁任公竟说这是中国的文艺复兴，未免对中西文化的大本大源太皮相耳食了。说到此处，我们应该想到在这种历史条件之下，有程朱陆王这一辈人出来，指出程文之外另有学问，科名之外另有人生，朝廷之外另有立脚地。何者是士人的真事业，何者是士人的真责任，如何才能真正算得一个人，这才是在强盗、奴才的气氛中真正的人底觉醒、知识分子的觉醒，这才是中国的真正文艺复兴。赖有这一辈人，使漫漫长夜中犹见一炬之明，以维系人道于不绝，这是何等的艰难，何等的气魄，何等的伟大。这种人只是多数中的极少数，他们的存在永远是岁寒中的松柏，使人知道春天的颜色，使人相信可以有一个春天的。但亭亭之柏、郁郁之松，其本身并不就是春天。这毕竟是中国文化的制限、中国文化的悲剧。

四

在上述盗贼与奴才的气氛中，中国知识分子的命运只有不自觉的被动的殉葬，而很少能作为一个集团底自觉以挽救历史的命运、自己的命运。南明未尝不可以多支持一两百年，但马士英、阮大铖之流依然是代表当时多数士人的风气而掌握了大势。因之，在那样的惨痛教训中，凡是可以在政治上通声气的士人，连一点真正叹息之声也发不出来，天下焉有心死而身不死之理。而士人中真正的反省，乃常出自立足于社会、未被现实政治折磨蹂躏糟蹋奸污的少数人身上。这是中国历史中为什么每当兴亡之际，总还出得来几个像样的人才；而历代下诏求贤，从不愚蠢到只从自己的侍从之臣中转圈子，而必要注意到岩穴之士。因为这是远离现实政治的社会人士。明末所以能产生顾亭林、黄梨洲、王船山、颜习斋这一批人物，以及这些人物的学问何以或及身而绝，或一传之后精神全变，都可在士人与科举制度下的政治关系上得到真正的解说。顾、黄们在文化的观点上不尽相同，但对政治却有一个共同之点，即是伸张地方、社会以培养民力，制衡朝廷；恢复读书人的人格与自尊心以培养人才，制衡专制。于是他们谈封建之意，谈井田制度，谈选举，谈学校（他们心目中的学校，是主导政治而不受政治控制的学校），谈君道（天下为主，君为客），谈臣道（臣乃为天下，非为君），谈士大夫知耻崇实之道。他们要打掉皇帝是乃圣乃神的观念，他们要打掉只有朝廷而无地方的集权观念，他们要打掉人臣是奔走服役、为君设臣、以臣殉君的奴妾观念，他们要打掉以天子之是非为是非、皇帝包办天下之是非的专断观念。他们要对皇帝而凸显出天下，对

　　　　　　　　　　　　　　　　　　　论智识分子

朝廷而凸显出社会、地方，对科举功名而凸显出人格、学问。他们的精神是伟大的，他们所祈向的方向是正确的。但仅靠中国文化的力量并不能转换中国的历史条件，于是黄梨洲只有希望"持此（《明夷待访录》）以遇明主"，而顾亭林亦惟有"待一治于后王"。以朱子那样的反对科举，依然只能望其二孙"做得依本分举业秀才"；以顾亭林的民族性之强，也只好让自己的外甥去考进士臣事异族，这是说明中国文化在这种既成的历史条件面前的无权。所以单靠中国文化，只能希望一治一乱的循环，并不能解开中国历史的死结。

由孤立而进入东西正式交通以后的中国历史，这确是历史上的一大转机。中国文化应由与西方文化的接触而开一新局面，中国的历史应由与西方文化的接触而得一新生命。代表西方文化的科学与民主一方面可以把中国文化精神从主观状态中迎接出来，使道德客观化而为法治，使动机具体化而为能力，并以可视的可量的知识补不可视不可量的道德文化所缺少的一面。另一方面则由科学民主而提供了我们以新的生活条件与方法，使我们可以解决二千年久悬不决的问题。顾、黄们常常想把当时返之三代两汉。三代的情形多含有想象的成分，暂置不论。即以两汉来说，千余年以后的社会究与千余年以前的社会不同，后人可以吸取其精神，万难取返其事实。汉代人士耕读合一还是消极的，而近代则主宰了科学，即主宰了生活，这里不再有所谓"闲散为乐"、脱离现实生活的问题。由科学所扩大的社会生活，与知识分子以向社会发展的广大可能性，这里不再有非当举业秀才即无立足之地的问题。民主倒转了政府与人民的形势，把州举里选扩大到政治最高权力之所在，清议扩大为推动一国政治的原动力，不再像东汉士人，一旦把清议推及于朝廷时，即有杀身之祸。此种应当发生的改变，就我们固有的人文精神、人格主义而论，可说是一种飞跃的伸长；就科举制度下所养成的士大夫的性格而论，可说是涤旧染之污、昭再生之望。我在这里不能详举此一中西文化接触后所发生的波折乃至阻滞的事实、原因、责任等问题，这都在意料之中，而且也关系到许多方面。我只指出，一旦既与此一伟大文化相接触，便于理于势，不论我们愿意不愿意，始终非由接触而接受不可。由戊戌变法发展为辛亥革命，中国第一次才出现了以孙中山先生为首的知识分子集团的革命，真正出现了秀才造反，不但推翻满清，而且推翻了二千年来的专制。此一惊天动地的事件，若不想到与西方文化接触后所发生的伟大影响，便无法加以解释。这说明了科举下的知识分子的性格已开始了巨大的改变，历史的条件已开始了巨大的改变，我们正面向着新底命运前进。

但我们应得承认：第一，欧洲由中世走向近世的改变，冒险的商人是走在知识分子的先头，而由商人为主干的新兴市民阶级的力量，也远大于作为市民阶级组成分子之一的知识分子的力量。中国则只是由知识分子带头，社会变化的程度远落在后面。这便一面说明知识分子向前冲的力量的有限，一面说明知识分子没有新兴的客观底社会要求以作其向前冲的根源及由此根源而来的规约性。于是既易使之夭折，又可能使之成为泛驾之马，横冲直撞底脱离轨道。第二，由旧社会走到新社会，一定要使政治力量退处于消极地位，以让社会和各个人可以在自由气氛之下根据自己的志愿与力量站了起来，使社会成为有力的社会，个人成为有力的个人。有力的社会与个人逐渐代替了无力的社会与个人，国家的内容也为之改变，于是消极底民主政治实际是培孕着一个强大

论智识分子

的国家。西汉初年黄老之治具备此一雏形，而近代民主政治与强大民族国家之互为表里的过程正是确切不移的例证。民主政治是政府少管事的无为政治。政府少管事，社会和个人便可以不受干涉地多管事。中国过去的专制政治，其由中枢的权力点去控制社会的力量颇弱，且因德治、仁政等观念，亦反对对于社会的控制，这确与欧洲历史的王权专制有其不同。但千余年中的科举制度，在形式上与精神上的控制士人、折磨士人、糟蹋士人，则可谓无微不至。科举下一般士人的品质实在比农民差得多，《儒林外史》、《官场现形记》乃是此一集团所留下来的不很完备的实录。海通以后，因内忧外患暂时软化了中枢政治的压力，因科学民主而启发了士人的胸襟，乃有以辛亥革命为标志的历史大转变。但当时的士人文化意识上的自觉非常浅薄，对于自己这一代所作的前因后果缺乏深切的了解，这也是势所必然。要使辛亥革命的方向站稳脚跟，首先要使士人从政治上得到解放，以完成士人性格上的彻底转变。这并不是说要知识分子脱离政治，而是说知识分子应立足于社会之上，立足于自己的知识之上、人格之上，以左右政治，而再不由政治权力来左右知识分子的人格和知识。换言之，知识分子一鼓作气底敲开了民主政治之门，而知识分子的本身却也要得到民主政治的培养。这便需要国家出现一种较长的和平局面。中山先生为了争取此一条件，便宁愿让出临时大总统；黄克强先生为了争取此一条件，便宁愿取消南京留守。从长远的历史意义看，中山先生民国元年之让出临时大总统，及十三年之联俄容共，都是他天下为公的伟大人格的表现。但民元之退让总统，其意义实远超过民国十三年之改组国民党。不幸，袁世凯帝制的贼心不仅破坏了辛亥新开而尚未站牢之局，并以收买、暗杀、劫持等卑鄙手段，将暂时潜伏而并未根本死去的根深蒂固底由科举所养成的士大夫性格，在过渡社会的解纽状态下复活起来。连所谓汉学大师的刘申叔、洋学大师的严几道都加入筹安会而称为六君子，于此可见洗涤由历史所积累的习性之难，而中国的知识分子又开始在新环境中走上千年来的老路。

袁世凯帝制失败后，中国一直在军阀扰乱及帝国主义侵略的紧张状态中。接着便是北伐、剿匪、抗战的二十年的长期军事行动。军事要求集中权力，要求纪律与服从，这是势所必然，但与民主气息的培养则恰恰相反。加以因联俄容共，使知识分子最大集团的国民党，受共产党及德、意法西斯运动的影响而将组织走向由一个权力中心点去控制一切的组织方向，以配合军事集中的要求及个人权力意志的满足。在此一组织方向之下，人不是站在人格、知识、社会上直接对政治、对国家负责；而是人人由一个权力中心点投射出去，再由此权力中心点将每人系缚着以对此一权力中心点负责。于是人格、知识、社会不复是人的出发点与归结点，只有此一权力中心才是人的出发点与归结点。权力中心对政治、国家才是直接的，其余的都是间接的。这里，大家忽视了中国的文化是重常识的人文主义，所以，中国的知识分子根本缺乏狂热的气质，也不真正相信偶像。于是由此种控制方式所得到的集中效果，不仅未能达到预期的强度，并且在时间上也只是昙花一现，立刻分裂为一个人一个人的权势之争，即所谓派系之争。原则性的控制关系立转而为纯现实利害性的控制关系。这种控制关系，一面是找"群众"，一面是找"奶娘"。谁人侥幸有点政治权力，谁人都可找到一批群众；谁能揩得出一些油水，谁人都可被认作奶娘。由人格来的廉耻，由客观问题上来的是非，由国家民族社会上来的责任感，及由人对事的关涉上来的能力高下等，皆与此种关系所含蕴的内容势不两立，非一步一步地清洗得干干净净不可。于是所谓组织活动简化为"垂饵"与"入彀"的活动。活动的自然结果只实现了人事上恶币驱良币的法则，使千年来的科举精神在政党的组织上借尸还魂，在组织的新瓶中装上过去士大夫的旧酒。但科举只能扼住政治入门的门口，一个人搞开门口以后，便可在精神上得一解放，只要有志气，依然可以做学问、立事功。而玩此种组织则有似玩"江湖"，愈玩愈深，愈玩愈窄，愈离开真正人与人的关系，一往而不可复返。它对人的控制是要求由生到死，由私到公，由肉体到灵魂。概观近二十多年来知识分子的性格，其形态可略举以三：一是以个人小利小害为中心的便宜主义。在便宜主义之下，绝不担当一点天下的公是公非。昨日之所非，不妨为今日之所是。私下里的痛恨，立刻变而为公开时的揄扬。口头上的批评，立刻变而为文字上的歌颂。一是貌为恭顺，刻意揣摩，百说百从，百呼百诺；但实则一事不办，一事无成，当面的色笑承欢，绝不代表背后的尽心竭力。一是捕捉机会，肆行敲诈，获取报酬。此时的群众可奋起以敲诈其平日所奉事的领袖，在野党可奋起以敲诈其平日受御用的在朝党。力之所及，真是"杀百万生灵，亡数百年社稷"亦所不惜，更何有于礼义廉耻。为了表现恭顺，则集权的口号当行；为了实行敲诈，则民主的理论应手。恭顺与敲诈，互为因果循环，逼得政治上既不能集权，更不能民主，真是走投无路。民国三十六年到三十七年大陆上的民主表演，是知识分子发挥由千年来科举制度养成的性格所达到的最高峰。以客观的历史眼光去看，接着此一最高峰的后面，其势不能不是共产党的清算斗争的大流血。共产党推尊张献忠、李自成，而张献忠、李自成在历史上的某一客观意义，乃是向当时的"乡绅"、"生员"的大报复，这是中国历史发展中所无法避免的报复。而共产党则是变本加厉地与中国历史的命运、知识分子的命运，乃至文化的命运以一总的结束。在共产党掌下的千千万万的知识分子的坦白书，我不相信其中便无几分真正痛悔之情含在里面。当然，此一时代中包含有许多其他的重大因素，有非多数人所能负责，等于在科举制度下的士人不能对科举制度的本身负责一样。但我在这里是站在知识分子反省的立场上来看问题，问题便应首先落在知识分子的自身。因为我也正是其中的一分子。

时代毕竟是进步。过去的举子、生员是占全知识分子中的绝对多数，而现在新形态的举子、生员在全知识分子的比率中是渐占少数。但这渐占少数的总是和现实政治胶住在一起，政治制约着他们，他们也制约着政治。而我们是正处在由政治来决定生死命运的大悲剧的时代，这才是真正时代的死结。这一死结在当前是否已经解开，我希望每一个人以平旦之气面对现实问题，一样一样地切实去想。吴稚晖先生是这一代的大聪明人。他的遗嘱要把自己的骨灰抛入海底，我觉得这是象征着他对人类前途无限的悲哀，但我不愿说这就是象征着我们知识分子最后的命运，顺着科举精神的下趋，到今日已经坠落到底了。我这只要把两汉六朝唐宋元明清以及今日对人在政治上所要求的标准作一对比，则其一代不如一代的下趋之势，可说是十分清楚。再由此向下，我认为早已日暮途穷，实再无尺寸之路可走。所以我要乞灵于中国的文化，乞灵于西方的文化，乞灵于每一个人的良知，乞灵于每一个人求生的欲望，让大家来共同打开这一死结。朱子在指出宋代上下是以盗贼相与之后，接着说"只上之人，主张分别善恶，擢用正人，使士子少知趋向，人心自变"。这可说是最低调的说法。我试仿此意以作此文的结论说："只今培养大家的人格，尊重中西的文化，使每一人只对自己的良心负责，对自己的知识负责，对客观问题的是非得失负责，使人人两脚站稳地下，从下向上伸长，而不要两脚倒悬，从空吊下，则人心自转，局势自变。"

三月廿四日于台中

一九五四年四月十六日《民主评论》五卷八期

懒惰才是妨碍中国科学化的最大原因

关于简体字的论战，现在似乎快要收场。两方主张的是非得失，这里无意讨论。我们所想指出的，主张简体字的人，直接间接，总打出科学化的旗号作护符，认为不推行简体字便妨碍了科学化。可是他们所提出的论证，十足证明他们对问题的本身，缺乏起码的思考能力；十足证明他们对于文化的重大问题，缺少真正的责任心；因而他们所叫嚣的，只是他们懒惰成性的自然流露。这种懒惰成性，才真正妨碍了中国的科学化。以妨碍科学化的人偏偏要打科学化的招牌去吓唬人，这便使中国科学化的前途更为辽远。

一般地说，决定文字问题的应该有三种条件：第一是"别"，通过文字而能把各种现象很清楚地纪录出来，使其厘然有别而不相混淆。第二是"通"，通过文字而能把古往今来、东西南北，贯串起来，使其能互相通晓而不相阻隔。第三是"便"，文字本身是一种工具，任何工具性的东西，不管是构造如何精巧，但使用时总要求简便，文字当然也不能例外。如何使这三种条件，能互相调剂，互相补足，而不致抓住这一点，妨碍其他两点，这应该是讨论此种问题时所必不可少的态度。通观主张简体字的先生们，说来说去，只拿着不知从什么地方来的"进化是由繁而简"的一条定律来解决问题的一切，只看到"便"的条件，而抹煞"别"和"通"的条件，这真可谓只知其一，不知其二。

平心而论，罗家伦氏关于简体字的那篇长文章，虽错误百出，但他究竟搜集了不少材料，费了不少功夫；他只没有学好胡适之氏的"缓"字的秘诀，不能责备他是懒惰。但拥护罗家伦氏的一群，不仅没有人能为罗氏提出半点可作补充的论据，而且恰恰是中国社会上游手好闲之徒为人家丧婚葬祭凑热闹的缩影。

有的人说，我以前不赞成简体字，但现在赞成了。理由是因为学校老师对学生写字打红杠，还有自己的孩子拿着难写的字来问自己。试问假使老师在常识问答上打红杠，是不是要"简化"常识？自己的孩子拿着难算的算术题来问，是否要简化算术？一般小学学生，怕认楷字、怕写楷字的绝少，多数是怕算术。若仅用孩子畏难不畏难来作改进教学的标准，则取消算术，多数儿童一定会欢天喜地。用这种幼稚的直感来对这种重大问题作主张，而且这种人据说还是学者，除了说他是懒惰以外，还有什么理由可作解释。

更多数的说法是楷书的笔画多，认和写都费时间，耽搁青年学习科学的光阴，即是妨碍了科学化。事实上识字写字的过程，在六年小学教育中大概完了，初中对此则只是补助的性质。但我国办得好的小学，学生的程度并不比欧美差；越推上去，便越落后。可见识字认字并没有妨碍学生的现代教育，而师资、教材、设备、社会风气与政治条件，才是妨碍科学化的重大因素。再就同样使用汉字的日本人来说，日本明治维新没有人说应先简化汉字才好学科学。日本简化汉字，是在战败之后，而日本科学化的基础，早奠定于三十年之前。站在日本的立场，它可以只用假名而不用汉字，因为假名是它自己的，又较简体汉字更为简单，日本确有许多人是这样的主张。但战后日本虽然减少汉字，而译著的科学书籍，凡是重要处所依然不能不用汉字。为什么？为了在"便"的条件之外，还有"别"的条件。我们的科学不如日本，大家觉得还是楷书妨碍了我们呢？还是因为我们比日本人懒惰呢？

　　况且大家所说的"科学化"，是指的思考训练的逻辑化吗？现在逻辑演算用符号，楷书挡不住逻辑化的路。大家心目中的科学，指的多是数学，自然科学。关于这些，学得好，学不好，主要是靠观察、实验与演算。楷书决不会增加观察、实验与演算的困难；在观察、实验与演算中所遇的困难，也决不是简体字所能为役。并且越是自然科学的部门，须用的汉字越少，假定有勇气学科学，何至为了几个楷书便吓得踌躇不前呢？今日初中和高中的英文课程，其耗费的时间，与国文、算术相等。假定不是继续进大学深造，则完全是等于白费。为什么不学日本的办法，尽量多翻译各种程度的科学著作，使青年只靠本国文字，即可打好科学的基础；如非特别需要，即可不必多人留洋；这对于推动科学化及对于国民精神与物力上的裨补，真不可以道里计。抛着这一类的实际工作不做，不提倡，却拿毫不相干的问题投虚射影，嚷来嚷去；此无他，懒惰成性，总以为是"懒主意"才是最好的主意。

　　当某一个人堕落的时候，当一个团体堕落的时候，当一个民族堕落的时候，对于自己的弱点，总不肯从自己的根源上去找原因，总不肯从自己的根源上挺身站起，而一定把原因投射到外面去，在外面找一个替死鬼来为自己负责。外面的问题不解决，便认为自己的问题也不能解决。外面的问题，牵连不尽；于是自己的责任可以永无着落，永不完成。中国之未能科学化，只是由于

　　　　　　　　　　　　　　　　　　　　　　　论智识分子

中国人的懒惰；尤其是由于口里说科学，实际不懂任何科学，却绕着圈子以不相干的口号去扰乱社会视听的一般读书人的懒惰。在这种因懒惰而向旁向外推卸责任的心理状态之下，假定简体字推行了，还会推到整个的汉字身上。汉字打倒了，还会推到中国人的语言身上。语言消灭了，还会推到中国人的血统身上。归根到底，只有一句，中国人不能科学化，只有把中国人变成非中国人。懒惰而又好为名高的人，只有希望自己站在一切毁灭了的废墟之上，可以一事不做，而能左顾右盼，在一无所有之中称雄。科学科学，只不过是藏在此种漆黑之心的深处，所幻化出的假借以毁灭一切的影子。我们愿正告当代的青年！二十世纪的五十年代，任何科学，都有了相当的成就，都有了既成的途径。只要有志气去学哪一门科学，便直接把自己的生命投进到哪一门科学中去。科学的本身，便会给你以真实的解答。千万不可随着这一群懒惰者们说废话，绕圈子。他们说的废话，绕的圈子，已骗了他们自己的一代，再不让他们来骗你们这一代。

一九五四年六月一日《民主评论》五卷十一期

按语：《论联合国人权法案》^①

文化买办，也和经济买办一样，只拿洋人的招牌来唬吓中国人，但决不像民族资本家一样，把近代生产技术，成套地和中国的人力资源、才智结合起来，以提高本国的生活水准。文化买办者，常常把外人著作，随便找出其中容易歪曲的几句话，以"介绍"为名，大发高论，骗着人说，我所介绍的书，是洋人最新的书（"新"就是他们所能讲出的道理的全部），我所介绍出的几句话，就是这部书的全部意义；而这几句话，经他一解释，使人认为恰与他的变态心理相合，他便觉得自己是坐在洋人所特送给他的尖端之上，可以尽量达到其欺侮中国人的目的。但只要把他所介绍的和原著作一对照，立即可以发现他所介绍的与原著的精神面貌，全是两样。这种人常常要假借各种口号，如"自由民主"之类。实际，完全是由自卑心理所塑造的希特勒的苗裔，不过他缺少希特勒的气概，堂堂皇皇地站了起来。诺斯洛甫，曾为这种人作"自由"口号之下，作为欺压中国历史文化工具之一。赵盾君译出此文，读者不难立刻发现诺斯洛甫对于文化的态度，对于自由的了解，和这种人口里的诺斯洛甫，完全是两样。由此亦可

---

① 赵盾译。

　　　　　　　　　　　　　　　　　　　　　论智识分子

了解这种人口里的西方文化，其程度不过是五十年前所贩卖的东洋"仁丹"和"都の王"肥皂之类而已。我们在文化上急切需要文化的民族资本家，把西方的文化，源源本本地介绍进来，以增加中华民族精神的营养；这是一种艰难工作，这种工作和文化买办玩的把戏，完全是风马牛不相及的。

一九五四年十月十六日《民主评论》第五卷第二十期

钱大昕论梁武帝

——保天下必自纳谏始

钱大昕之所以成为有清一代的大史学家，不仅在于其《廿二史考异》等著作的精勤业绩，尤在于他对史学本身的观点。他在文学上的地位，有似于继黑格尔《历史哲学》以后而兴起的兰克（Ranke），把史学从观念的纠缠中澄清出来，归还到客观事实的忠实叙述之上，使史学得到实证的基础。

并不重视笔削书法

我国史学传统"《春秋》一字褒贬"之说，所给与史学的纠缠与歪曲的影响，殆有类于黑格尔的《历史哲学》。朱元晦虽已认为："欲推求一字之间，以为圣人褒善贬恶，专在于是，窃恐不是圣人之意。"（《语类》八十三）但他作《纲目》，仍落入"书法"、"笔削"等观念的窠臼，而不能自拔。钱氏虽不否定《春秋》褒贬的说法，可是，他根本不相信孔子是以"书法"、"笔削"来实行褒贬，如书崩、书薨、书卒、书死等，与善恶等并无关系。他认为所谓褒贬者，只是"直书其事，使人之善恶无所隐而已"（《潜研堂文集》卷二《春秋论》）。因为他认为"史者纪实之书"（同

论智识分子

上），"纪实"即是史学家的最高任务，犯不着先从预定的观念出发，把观念作叙述时笔削的标准，以致流于武断歪曲，甚至以为历史事实，不过为某种观念实现之一例，致使历史成为不是人自身的历史。

史学上的证实态度

我在这里不能详论钱大昕的史学，而只想指出钱氏在史学上的实证态度，对于历史的了解，常比观念论的史学家，更为深切。他处在异族专制鼎盛的时代，已明白指出："以一人治天下，不若使天下各自治其身，故曰'与国人交'，天子之视庶人，犹友朋也。"（《潜研堂文集》卷二《大学论上》）又说：《大学》论平天下，至于'民之所好好之，民之所恶恶之'，帝王之能事毕矣。"（同上，《大学论下》）他对于我国历史中的政治问题，可谓已探骊得珠，无形中说明了过去的甘苦，同时也指出了将来的方向。真正有史学修养的人，一定能把握历史问题的关键，所以也一定能论史。钱氏文集中的史论，皆精透可读。我这里特提出他《梁武帝论》（同上）一文来作一个例证。

梁亡于拒谏自满

他在这篇文章中说"梁武帝以雄才手定大业，在位四十余年，修礼正乐，祥瑞毕臻。迹其生平，无大失德，而终于国破身亡，为天下僇。史臣以为耄年委事权幸之故"，亦即因听信朱异而纳侯景之故。但钱氏认为"权幸之臣，必乘人主之昏怠淫侈，始得售其奸。武帝博通经史，洞尽物情，不可云昏；三更理事，日昃就食，至于百司，莫不奏事，不可云怠；布衣皂帐，食无鲜腴，五十外便断房室，不可云淫与侈"。这种人因自身健全，一切会自己做主，所以"谓一异足以亡梁，非笃论也"。钱氏根据他丰富的历史知识，而在政治上归纳出一条铁则："讳疾而不慎者，身虽强必夭……拒谏而自矜者，国虽安必亡。"由此而断定"梁之亡，亡于拒谏而自满也"。他指出梁武帝"临御日久，旧臣凋落，以为天下皆莫己若也，而恶人之谠言"。对于当时贺琛之谏，"武帝口授主书，诮让几二千言。曰贪残，曰奸猾，则诘其主名；曰深刻，曰烦费，则穷其条目。必使之谢过不敢复有指斥而后已"。

钱氏觉得这种拒谏的结果，并不仅在于不曾接受进谏者所说的内容；因为进谏者所说的内容，纵如何切当，也不过指的是一件事情、两件事情而已。一件事情、两件事情，即使如何地坏，也不遽致于亡国，亡国乃在于拒谏的这一事实的本身。所以他说："夫琛所谏四事者（贪残、奸猾、深刻、烦费），虽中当时之弊，犹不至于亡也；病在自以为是，而恶人之言。……以四海之大，百司之众，无一人能为朝廷直言，而国不亡者，未之有也。"这种看法，比一般人已深进了一层。

纳谏拒谏的影响

拒谏的本身何以必致亡国？寻绎钱氏之意，可以分两点说明：第一是"谠言不至于前，则所用者皆容悦诐谀之徒，无有为梁任事者"。"无有为梁任事"，以今语释之，即是没有一个人肯站在自己的岗位上，切实负起自己所应负的责任。宰相也等于三等科员，大将军也等于副官差遣；大家在仰承鼻气之下，有如马戏班的动物表演，整个的政治机构完全瘫软，所以钱氏便断定"而梁之亡形成矣"。第二是"正人者，朝廷之元气也。无直言，则正人之气不伸，而夸毗体柔之徒，进而用事，虚美熏心，实祸闭塞"。这便完全变成了鬼混、鬼打架的世界。这种世界，"虽无侯景，亦不免于祸。何也？元气衰，则百病皆得而杀之，不必痈疽之能杀其身也"。所以纳谏与拒谏，不在于谏者所指陈的一二事情的得失是非，而在于由纳谏或拒谏的本身所形成的整个政治的本质。这才算说到了问题的核心，增加我们对历史进一步的了解。

自信太过，拒谏必力

但是，人君必须纳谏，拒谏必致亡国，凡是认上百字以上的中国人，都可以接触到这种道理。古今许多读书人，做官以后，常常匍匐于一人之下，恣睢于万人之上。并不是这类读书人没有明白这些起码的道理，只是因为他们觉得天下不是自己的，亡不亡，与自己无大关系；只好用上谄下傲的方法，固宠希荣，以便在天下未亡之前，好捞些油水，这也情有可原。至于梁武帝，则博通古今，并且做了皇帝，天下是他自己的，为什么连这种起码的道理也不懂吗？钱氏对于这一点也有十分扼要的分析。他说："以武帝之聪明才略，岂不知为其身与国计？特以自信太过，视谏诤之言，皆浮而不切于务，徒足以损己之名，故拒之甚力也。庸讵知祸之一至于斯哉！"用现在的话说，梁武帝认为自己的经验比旁人多，对于事情的内容比旁人清楚，大家不听他皇帝的话，而偏偏要说东说西，说的又多言过其实，这当然是有意与他皇帝为难，有意丢皇帝的国家的丑。这简直是"家贼"，家贼比侯景还可恶，他自然会"拒之甚力"了。

仇恨舆论即仇恨社会

可怜的梁武帝，你把问题完全弄死了局。纳言受善是舜、禹，饰非拒谏是桀、纣；直言极谏是忠贞，阿谀逢迎是奸佞。这是中国几千年历史上的定论，你怎么可以做得了翻案文章？并且如前所述，纳谏不仅在一二事情的是非，主要是培养政治人物的人格与责任心，转移政治风气，且以此来与社会通气，使朝廷能与社会站在一起，以得到政治的力量。因为皇帝自己不会变出什么力量，力量是要从社会来的。仇恨舆论（谏）的朝廷，实际就是仇恨社会。社会不可能与仇恨它的人合作，于是皇帝便会名符其实地成了"寡人"、"独夫"。"寡人"、"独夫"无不亡国之理。所以，钱氏在这篇文章的收尾处沉痛地说："是故有天下而能保之者，必自纳谏始。"

九五五年六月十五日《自由人》第四四七期

论智识分子

古人在危难中的智慧

我们现在处在一个亘古未有的危险与困难的时代。只要稍稍有点头脑心肝的人，必定在内心不断发出"到底应该怎样"的问号。"到底应该怎样"，决不仅仅指谓此一件一件的具体的生活行为，而常常会入到每一具体生活行为背后，作为一个人生整体的基本态度。

实在说，在危险困难中，最难决定的是这种基本态度。更因基本态度的不易决定，便愈增加一个人内心的不安，精神的迷惘，愈不易从危险困难中拔出来，甚至更增加危险困难。古人说："人穷则返本。""返本"的涵义很多，在这里，我把中国最古而又未经秦火之劫的《易经》中，直接有关人们在危险困难中的问题，提了出来，看其对当前的我们，在决定一种基本态度时，能否给与以若干启示，这当然也是一种"返本"。当然，我在这种短文章中，对于此一古典，决不能作全般的、深一层的考虑。但也决不会牵强附会，要古人代讲自己所想讲的话。

从"作《易》者其有忧患"这一句话看来，一整部《易经》，都是在忧患中产生，并教人如何渡过忧患的古典。尤其是六十四卦中，有《坎》、《困》两卦，专门是就危险与困难来说的，所以我便简单提出两卦的大义，来看看在两三千年以前，古人对此一问题的智慧。

《坎卦》是象征着危险。《坎卦》的第一个特点，是《易经》的六十四卦，只有《坎卦》在卦名之上，特别加上一个可作副词用，又可作动词用的"习"字，而称之为"习坎"。古人对于此"习"字，有两层解释。一层解释是危险重重的意思，即是《象辞》所说的"重险"。为什么要说"重险"呢？因为人生到处都是艰辛，但仅仅艰辛并不算危险，只有重险才算是危险。这是告诉人们对于危险，不要发生神经过敏的心理。另一层解释，也是更重要的解释：此一"习"字，乃"练习"与"熟习"之习。这一意思是告诉人们：当遇着危险的时候，不要以为袖手旁观便可以避免，而是要在危险中练习，因而与危险相熟习，好像驾船的人与波涛相熟习一样。用现代的语言说，只有冒险家才能闯过危险。紧接"习坎"两字之后，便是"有孚，维心亨，行有尚"。"孚"的意义是"信"，即下面《象辞》所说的"行险而不失其信"。危险之所以形成，主要是来自个人与社会环境的分离孤立，即是社会环境对我的不信。假定依然以小人行险以侥幸的方法，认为危险是可以诈骗得掉的，这便会更增加人家对自己的不信，其危险将会有增无已。所以在危险中，应努力以自己的信心去争取社会的信任。"维心亨"，"亨"是亨通，也是一种畅顺充实的意思。在危险的当中，外面的环境，到处都会遇到阻碍；但是自己的心、自己的精神，并不可随环境而阻滞萎缩，应当特别顺畅、充实，即是增强内在的生命力。"行有尚"，应当解释为"以行为尚"；意思是说，在危险中，只有勇往直前地去干，才可以成功，即下面《象辞》所说的"往有功也"。以上是《坎卦》的卦辞。而卦辞相传是文王所作的。

　　《困卦》是象征着困难。它的特点，是一开头便是"困亨"。

　　　　　　　　　　　　　　　　　　　　　论智识分子

王弼注之曰：“困必通也。”这是首先告诉人，困难有必会亨通之理，不可一遇困难，便神消气沮。《彖辞》加以解释说：“险以说（悦），困而不失其所，亨。”意思是一个人在危险中，依然能神闲气定，举措不失其常，则心志清明，步骤不乱，所以能够亨通。接着说：“有言不信。”《彖辞》加以解释说：“有言不信，尚口乃穷也。”“言”、“口”，即是现代化的所谓宣传。一般人在困难之中，每每喜欢向人宣传困难的来源，不是因为自己的过失，并进一步宣传自己如何的伟大，是如何的进步，以为这样便可以解决困难。《彖辞》干脆指出“有言不信”，在困难中作自我宣传，社会决不相信。《彖辞》更进一步地指出，在困难中只凭着一张嘴，这是自欺欺人。自欺便忽略了实际的努力，欺人必为人所拆穿，这会更陷于绝境的。此处的“尚口”，和《坎卦》的“行有尚”，恰是互相对照。《坎卦》说“行有尚”，其反面的意思即是不可“尚口”。此处的“尚口乃穷”，其正面的意思还是要“行有尚”，即是“尚行”。总结一句，在危险困难中，为主是要埋头苦干。

更重要的是，在《坎》、《困》两卦的卦辞中，没有现出半点不吉祥的征候，这可以说是树立人在危险困难中的信心，但没有内容的信心，结果还是会落空的，所以《彖辞》中特提出“刚中”两个字，以作信心的内容，即亦作信心的切实根据。《坎卦》的《彖辞》说：“维心亨，乃以刚中也。”《困卦》的《彖辞》说：“贞大人吉，以刚中也。”“以”即“因为”之意。因为“刚中”，所以能“心亨”；因为“刚中”，所以能“贞大人吉”。“无欲则刚”，“刚”是由不自私自利而来的勇健之气。“不偏之谓中”，“中”是不偏于自己的好恶而一本客观原则的大公精神。孔颖达对此的解释是：“刚则正直，所以为贞。中而不偏，所以能大，若正而不大，未能济困。"不自私自利的人，内心正直，所以能守而不失其节（贞），勇往直前。自私自利的人，平时偷惰取容，唯唯否否，一旦有变，便心虚胆怯，靠拢投降，这都与"刚"相反。并且据王弼的解释，《坎卦》的"刚"，是"内刚而外顺"，"顺"是适应环境。这五个字含有最高的策略性、技术性在里面。识量褊浅的人，不能把握一个为多数人所承认的原则，而一任自己的好恶做主，于是对人对事，必有所偏。偏于亲戚，亲戚以外的不会和你合作；偏于同学、同乡，乃至自己的学生，则非同乡、同学、学生，都不会和你合作。结果，肝胆之间，视同胡越，最后会变成为孤王寡人，这都是与"中"相反。只有把握客观原则，对人对事，都能恰如其分内合乎"中"的人，才可以和多数人合作，才能够一天壮大一天。也有一种人自己问心无愧，但局量太窄，不能用人，不能容人，这即是所谓"正而不大"。"反共"，这是"正"，若只觉得自己及和自己有感情关系的人才可以反共；其他的人，便没有平等反共的资格，绝不讲求团结之方，这即是"正而不大"。此在太平时候或者无所谓，但决不能渡过危险、困难。此即是所谓"未能济困"。

相传孔子所作《象辞》，是总结一卦的意思。《坎》的《象辞》说："君子以常德行，习教事。"意思是说君子在危险之中，外面的环境诡幻莫测，但是自己一定要守住一个定盘星做自己所应当做的事。"世人无常，徐公有常"，"梨无主，吾心独无主乎"；狂涛骇浪之中，一座灯塔在海洋中总是屹立不动。此即所谓"常德性"。在危险中，因受环境压迫的限制，不易有所作为；但文化思想的教化教育工作，所以转移人心，开启世运，而又是每一个人可以挺身去作的。一个人不能从政治上尽责，便应从教育上尽责；

　　　　　　　　　　　　　　　　　　论智识分子

有如孔子的杏坛设教，王通的河汾讲学。此即所谓"习教事"。王
弼注之曰："大乱未夷，教不可废。"此即中国历史上少数伟大书
生为延续民族命脉所一贯下来的志业，其成效卓著于天壤之间，
无须多说。《困卦》的《象辞》说："君子以致命遂志。"王弼注之
曰："处困而屈其志者小人也。""道可忘乎？"意思是说，困难之
所以形成，是因为大家失掉了共同的理想目标，更不肯为此共同
的理想目标去献出自己的力量。所以君子的人，在困难之中，不
畏难苟安，一定要竭尽自己的力量乃至生命（致命），以完成自己
的志愿（遂志）。这里之所谓"志"，即王注之谓"道"。以道为志，
其志乃可坚持。偷惰之私，见风转舵，决无能致命遂志之理。

上面只简单把两卦的大概意义揭出。至于其中许多精细的构
想，无法在此一短文中申述。世界一天进步一天，我们也天天谈
进步。但一落到生活的现实，其智慧反常出于二三千年以前的古
人之下，这是值得今人仔细玩味的问题。

一九五五年十月廿五日《人生》第十二卷第一期

古人在危难中的智慧

袁绍与曹操

　　在我国，坐汽车的是一副面孔，坐自用三轮车的是一副面孔，坐雇用三轮车的又是一副面孔，两只脚在地上走的又是一副面孔；甚至由走路而临时雇一汽车时，面孔也随之一变。

　　与少夫兄此次在台相见，他责我久不为《新闻天地》写文章，却不知道我早已江郎才尽，连题目都想不出。有一天，朋友玩得正高兴，他又出我不意地提出此一问题。我被逼无法，只得向他说："请代我出一题目吧。"他想一想后，问我："三国熟不熟？"我直感地知道他所说的三国，即是《三国演义》，这是中国认识字的人大体都读过的书，只好硬着头皮说"熟"。"那末，你写一篇董卓与曹操，怎样？"在我心目中的董卓，是一个太丑恶的东西。人生几何，提起笔来总以少写这种丑恶的东西为妙。所以我只好说，"写袁绍与曹操吧"。少夫点点头。题目是这样逼出来的，文章的内容早可想见。
　　我之所以敢写袁绍与曹操，并不是我对这两位古人特别有兴趣或研究，而是当时的谋士之一的郭嘉，对这两人早有论定，可供我的抄袭。《三国演义》第十八回有这样的一段：

　　　郭嘉……袖出一书白操曰，袁绍使人致书丞相，言欲出兵攻公孙瓒，特来借粮借兵。操……遂拆书观之，见其词意骄慢，乃问嘉曰，袁绍如此无状，我欲攻之，恨力不足，如何？嘉曰……今绍有十败，公有十胜，绍兵虽盛，不足惧也。绍繁礼多仪，公体任自然，此道胜也。……

郭嘉十败十胜的比较，我为节省《新闻天地》的稿费，只抄他所举的第一条。而我觉值得研究的也就是这第一条。

"繁礼多仪"、"体任自然"，这只是就日常生活的仪态上讲。袁绍的家庭是四世三公，繁礼多仪，可说是贵族气质而来的矜持。曹操出身微贱，体任自然，大概是由流氓气质而来的简易。这种生活仪态上的差异，究与一个人的事业的成败何关？郭嘉说这话不久之后，曹操果大败袁绍于官渡。这一条比较，究竟和其他的九条比较，能否占一均衡的位置？这是不应轻易武断的。但从袁绍、曹操推算上去，项羽的气质是贵族，刘邦的气质是流氓。公孙述的生活是矜持，刘秀的生活是简易。其成败之数，都与郭嘉所料的相差不远。由此可知郭嘉的看法，并非仅仅是历史上的巧合，而有值得我们进一步去推寻的地方。

生活的仪态，因生理及环境的关系，会有各种类型，不易有同一的标准，也不必要同一的标准。所以就生活仪态的本身来讲，略无是非得失可言。不过若是一个人太注重了自己的仪态，每天必须在仪态上花一番功夫，这便可能把较仪态更为主要的东西忘掉；或者减轻了对于这一方面的精力支出，因此也可能萎缩了正常心灵的活动及事功上的效能。在仪态上减少一分注意与工夫，便可能在人生更重要的方面去增加一分注意与工夫，这应该是郭嘉立论的根据之一。

但上面仅是就各个人的自身来说。若就人与人的关系上说，则仪态对于功业的成败，会有更深刻的影响。没有人能单枪匹马地成就一个事业，尤其是在群雄逐鹿，挺身出来打天下的时候。中国常常用"肝胆相照"、"推心置腹"这些话来形容人与人的密切关系。这些话是形容人与人间彻底的了解、彻底的信任，不复有一条间隔的鸿沟。只有这样，才能使每个人能尽情倾吐其胸臆，发展其智能，收到群策群力的效果。像袁绍那种繁礼多仪的人，总是想从自己仪容的威光上去摄服人、吸引人，其更深的内心，则是不想从旁人身上得到一点补益，而只是希望人家的葡萄酒，都变成自己的血；自己的言貌举止，都可赋予他人以灵感。这在政治上，的确也可发生一点作用，但这只是瞬时的、群众的、奴才的。真正的英雄豪杰，见了这一套，便知道藏在里面的分量到底有多少，会和马援的离开井底之蛙的公孙述一样，望望然去之。纵然一下子不去，彼此之间也永远保持一条不可逾越的鸿沟，永远保持一个不可互相测度的深潭；大家只能谈谈不相干、不关痛痒的话，遇着真有切肤之痛，关系到生死存亡的大关键时，谁也不能尽情一吐，作认真的、深入的讨论，而只好听个人的宸衷独断。于是在袁绍这种人的底下，一切都显得是庸才，是奴才。而袁绍在这种气氛中，也自然会发生自己是圣明天纵的错觉，一意孤行。其所用的人，便永远只能用到人们的奴才的一面，而决用不到非奴才的一面。完全是奴才的人，只有少数的宦竖。一般人，因为依然保持有生理上的阳性，总潜藏着有非奴性的一面。想通过威光以加强自己在政治中的作用的人，实际是凭着许多外在条件，即是权势金钱等等的外在条件以作其真实内容。当这些外在条件具备时，看到人们的奴才的一面，真正都是奴颜婢膝，自己会志得意满，觉得所用的，都是昂头摆尾的英俊忠贞之士。万一外在的条件，因受敌人的打击而一朝动摇，于是每一人的非奴性的一面，从平日威光灵荡之下解放了出来，动辄反牙相向；甚至比平日不被视为忠贞之士，相向得还要厉害。袁本初到了此时，只有恨天下都是忘恩负义之徒，饮恨抑恚而死了。曹操的体任自然，是不想从自己的仪容威光上唬吓人，缩短人我间的鸿沟，使每个人在轻松平易的气氛中相接触，以解除由分位而来的所无形加在他人精神上的压力，使人能自尽其意见，自尽其才能；并且可使每个人的浅深高下，自然流露出来，各得其用。而他自己的才能，即通过旁人的才能表现了出来。拿一件事情看，他似乎不如某一人；但总括地看，他自然高出于一般人之上。看过《三国演义》的人都骂他是奸贼，但他所得的人才，方面最广，数量最多，不仅非袁绍所及，实也非刘备及孙氏弟兄所及。这岂是偶然之事？

天下最可怜的人，莫过于装腔作势的人；最可怜的社会，莫过于装腔作势的社会。我的一位好朋友张研田先生，去岁从美回国，告诉了我很多智慧极高的感想。其中之一是，在美国，人与人之间，尽管贫富不同，职业各异，但大家总是保持一副面孔，都是以一副面孔相接触。在我国，则坐汽车的是一副面孔，坐自用三轮车的是一副面孔，坐雇用三轮车的又是一副面孔，两只脚在地上走的又是一副面孔；甚至由走路而临时雇一汽车时，面孔也随之一变。人与人的接触，各随其地位高下之等差以为面孔的等差。张先生感慨地说，我国要实践民主生活，应先从改变面孔的等差级数去做起。富哉言乎！此皆公孙述、袁本初之遗毒，而使我不能不佩服郭嘉的慧眼了。

方望溪论清议

　　中国的知识分子，自魏晋以后皆带点名士气。名士以老庄为精神血脉。对权贵，则用老氏阴柔之术取容；对社会对文化，则以庄生放旷之情自恣。再加以千余年科举之毒，使人媚骨偷志，寡廉鲜耻，不仅视国家的兴亡，生民的祸福，皆不足以敌其口腹温饱之需，从不因此而动其毫发的念虑。偶见当时有一二良心血性之士，奋微力于豺狼虎豹之间，欲以口诛笔伐，与权奸争国命之绝续，反从而娼疾讪笑，百方加以中伤，以自炫其从容因应之术。于是"清议"本为知识分子报国的起码责任，也被这种寡廉鲜耻的人所扼杀了。

　　明代表面上是亡于流寇，亡于满清，而实际则系亡于凶顽残贼的魏忠贤，挟其凶焰以荼毒天下时，东林士大夫，力持清议以与之相抗，卒因此招致亘古少见的惨祸。承东林之风而兴起的则又有复社。后来魏阉虽蒙显戮，但魏阉的门生义子，耻独为小人，反造作流言蜚语，说前之东林，后之复社，都是"处士横议"，应负败坏国事的责任；这种论调，直延及清初，使清初处于异族君临之下的士人，更"为之气噎"；而中国文化传统中所存的士人对天下国家的责任感，更将摧抑以尽。一个时代到了从言论上，知识分子也不敢为天下国家负责任，甚至许多人以不为天下国家负

　　　　　　　　　　　　　　　　　论智识分子

责任为高超，而视对天下国家负责任者为罪过，则这一定是"兽蹄鸟迹之道，交于中国"的时代。所以"学行继程朱之后"的方望溪，特在《书〈杨维斗先生传〉后》一文中，对于魏阉余党仇视清议的情形及其原因与结果，作了简明有力的陈述，使生于今日民主世界中的中国知识分子，读了也应有所感发羞愧。所以我特节录在下面：

凡所谓清议者，皆忠于君（按"君"即今日之"国"），利于民之言也。而忠于君，利于民，未有不害于小人之私计者，故小人不约而同仇。即用其言以挤之，以为是乃心非巷议，夸主以为名者也（按犹未若诬之为反动，为家贼之甚也）。故君子之有清议，不独在位之小人嫉之，即未进之小人亦嫉之。盖自度异日所为必不能当大人之意也。不惟当时之小人恶之，即后世之小人亦恶之。以为吾君一旦而有鉴于前言，则吾侪之术，不可以复骋也。……嗟乎，顾杨二先生之事，诚稍过于中（按在专制政治下，而欲从社会上去匡救朝廷，故谓之稍过于中。在今日民主政治下，或且以为太过于中矣），然当是时，宗社之灭亡无日矣。人主孤立无辅于上，小民困死无告于下，而群奸盘结于中，故不得已而呼号愤发，置其身于死地，以冀君之一寤，即古忠臣孝子枕干之义也。……凡群小所指为诽谤以陷忠良者，乃黄帝之明堂，唐尧之衢室，有虞氏之旌，夏后氏之鼓，殷汤之总街，周武之灵台，所侧席以求之，舍己以从之者也。汉唐宋明，舍二三谊主而外，乱政凉德，奸人败类，无世无之。惟祸延于清议，诛及于清流，则其亡也忽焉。盖必如是，然后忠良凋尽，百度皆昏，而国无与立也。……自古善人，以气类相感召，未有若复社之盛。小人诬善之辞，亦未有若魏党之可骇诧者。而易代以后，犹有谓先生（按指杨维斗）为已甚者，人心之陷溺若此，君臣朋友之道，益几乎息矣。

节抄完毕后，我实在感到不必需要再加说点什么，而只希望读完后认真地想想。

一九五七年一月一日《人生》一四八期

反极权主义与反殖民主义

一

中国流亡的智识分子，在各种压迫艰困之下，做了不少的反极权主义的工作，这是每一个中国人可引以自慰自豪的。但几年以来，因"白刃在前，不顾流矢"的简单事实，有意或无意地，把反极权主义与反殖民主义，在精神中对立起来。于是对于亚非两洲的反殖民主义的运动，都似乎看作是共产党的魔术，看作是极权主义的伸长，看作是对民主自由的敌意，因而也是对我们的敌意。除了现实政治上错综复杂的情形，此处暂不作进一步的分析外，在我们的精神上，也完全从亚洲、非洲的实际生活中孤立起来。作为亚洲一分子的我，对于这种孤芳自赏的情调，不能不怀疑，不能不重新加以思考。

反极权主义的正面是民主主义。民主主义的基调是个人自由，这是没有问题的。但历史的事实告诉我们，先有了近代民族国家的成立，才有进一步的民主政治活动。有了十九世纪初的自由思想的传播，接着便引起了十九世纪中叶以后的民族主义的勃兴。甚至有的历史家称十九世纪为民族主义的世纪，而"民族自决"，成为解决由第一次世界大战所象征的世界问题的中心口号，这正是十九世纪民族主义的必然归趋。这一连贯的事实，是说明只要是一个人，他必须生存于一个群体之中。只要一个人的生理心理正常，则在群体生活中必定由现实的连带关系而产生连带的感情；由连带的感情，而产生共同的目标、共同的愿望。并且从人类发展的过程看，一个人的幸与不幸，常常是先通过与他有连带关系的群体而表现出来；认为只有先解决他所属的群体问题，才能获得个人正常生存的地位。所以研究近代政治的人，无论如何，总不能不承认"民族国家"之成立，是近代政治的开端，这是由文艺复兴所引起的个人自觉向前再进一步的自然发展。在此阶段中，各国国民运动的总目标，可用"对外求独立，对内求统一"二语加以概括。文艺复兴时代，以个人兴趣、享乐为内容的人文主义、个人主义，结果反成了一些政治上的小专制君主及其寄生虫走向更专制的理论根据。这是与群体脱了节的个人主义。所以十六世纪以后的国民意识的勃兴，是个人与群体关系的重建。这种国民意识，决没有否定文艺复兴时代个人自觉的成果，而只是此一成果顺着它自身的要求，克服暂时的畸形状态，而深刻化、广大化。与此一运动有密切关连的另一重大事实，即由宗教改革所引起的宗教的世俗化、宗教的国家化的要求。即是民族意识、国民意识，不能不深入到文化的核心中去。民族的形成，乃历史文化成长的结果。所以民族自觉，同时即是历史文化的自觉。从中外的历史看，决发现不出一刀砍断他的历史文化而能复兴的民族。连蒙满僭立中原，接触到高级的中原文物，并加以利用的时候，他们开国之主，也无不以保持他们部族中的某些传统（如朴质、尚武等），垂为训诫。等到他们的子孙，完全忘记这些训诫的时候，也即是他们在中原完全消失的时候。

由国民意识所形成的民族国家，因对内求统一，以打破封建贵族的割据局面，于是在政制上形成了中央集权的强大的专制王国。在"朕即国家"的狂妄错觉下，专制主垄断了国家民族意识运动的成果，不仅使由个人自觉所要求的自由落空；并使由个人自觉所扩大的国家民族意识，也成为专制者压迫人民自由的工具。这便激起了个人意识更进一步的发展，要求把抽象的、感情的个人自由的愿望，具体化而为个人的基本权利，以形成政府得以存在的新的根据，因而赋予了人类政治生活以新的纪元。这便是近代民主政治的出现。但民主政治，打倒了专制，并不曾打倒或否定了民族国家这一套的观念与事实，而只是使它得到了更坚强的基础。

一七八九年的法国大革命，是民主政治与个人自由的决胜点。拿破仑前期的军事行动，是以传播自由的福音的姿态出现。每个人的心中，都有自由的火种。拿破仑的传播即使是虚伪，实际上也会发生效果。但出于拿破仑意料之外的是，法国以外的欧洲人，并不曾因自由的觉醒、追求，而反叛了他原有的统治者以归依于法国的自由旗帜之下，却是集合在他原有的统治之下来抵抗拿破仑。并因此而扩大为欧洲的民族主义，一直演变到第一次世界大战的结束，乃获得初步的解决。但十九世纪欧洲民族主义的狂潮，并不曾淹没欧洲的民主政治。相反的，欧洲的十九世纪，是自然科学取得胜利的时代，是民族主义取得胜利的时代，更是民主政治取得决定胜利的时代。事实上，谁也没有妨碍谁。这里单就民族主义与民主主义的关连来说，可以得到三个初步的结论。第一，有力的民族主义，是出于某一民族的构成分子有连带感的自觉，这是人种自觉的一种重大形式。此一自觉的形式，表面上与个人自觉的形式好像不同；然在伸张理性，否定权威，以获得在平等基础上的自由，则是完全一致。因此，在由连带关系的感情而追求连带关系的共同目标的过程中，必须人人感到他即是此一连带关系中的主体之一，有如股份公司之股东；而共同目标的解决，即是自身问题的解决，有如公司赚了钱，即是股东赚了钱，这才是有内容有力量的民族主义；而这种内容，同时即意味着对民主政治的要求，向民主政治的迈进。所以想用民族主义去抵抗民主政治要求的宣传策略家，结果一定会把民族主义变成为三五个人的特权主义。换言之，他们不仅是在抵抗民主主义，同时也必然是在抵抗民族主义。历史上尽管只有民族意识的活动，而没有发展到民主政治要求的事实；但这是关系于整个历史发展的进程问题，即是，人类自觉就一般的情势说，常常是连带关系的自觉在先，个体的自觉在后。这决不意味着二者之间，含有不相容的因素。在民主政治已发展成为人类共同理想的今天，还想拿民族的招牌来抵抗民主，这除了利令智昏的愚蠢以外，实在找不出其他理由。第二，任何人不能设想到处于殖民地或半殖民地的人们，能实现什么民主。在生活的连带关系受到侵凌屈辱时，每个人的尊严、权利，没有不受损害剥夺的。在此种情形下，民族主义成为民主主义的先行条件。第三，任何的价值观念，必须先在个体上生根，否则不仅会完全落空，并且会产生重大的弊害。这在政治上尤其是如此。但各种价值须在个体上生根，并非等于是在个体上便能得到价值的完成解决。若不想到人与人的关系，便根本不能想到任何个人的生存；也不能想到有什么经济学、政治学、社会学、伦理学等等的成立。因此，个人主义，在抵抗某一个人（如大独裁者）或某一小特殊阶级，拿着群体的名义（国家、民族、阶级、神国等）以否定个体的基本价值，因而毒害每一个体时，有其特别的意义。但若把个人主义完全孤立起来，甚至拿个人主义的招牌来否定群体生活，抵抗群体的共同要求愿望时，则个人主义不仅会成为负号的意义，而且也会成为废话玄谈，势必流入虚无主义，而虚无主义的转手便是极权主义。许多人以为希特勒们拿着民族的口号而实行对外侵略、对内独裁，便以为民族主义之与侵略、独裁，有必然的关系，却忘记了：第一，个人的野心，可以利用各种口号；希特勒利用"民族"，拿破仑却利用"自由"。第二，一个人一顿吃了太多的鸡蛋而引起胃病时，并不能因此否定鸡蛋的营养价值。

二

在西方，他们自身的发展，民主与民族，不曾居于对敌的地位，并曾保持了自然的平行。不过，十九世纪，是西方文化的黄金时代，但同时也是向外疯狂地猎取殖民地的时代，对殖民地的残酷统治方式，较之二十世纪的独裁统治，有过之而无不及。作为西方近代文化主体的市民阶级，在他们联合劳苦大众战胜了王权、贵族、僧侣阶级以后，立刻忘记了自身的痛苦经验，转而视劳苦大众为低级之人，觉得这些人只是为了市民阶级的利润而存在，在政治上当然无平等权利之可言。此一斗争，如以普通为标志，一直到二十世纪初头，才能看出解决的端绪。并因市民阶级的自私态度，激起了社会主义的狂潮，出现了反资产阶级的共产党政治。同时，他们在争得自己国家民族的独立解放以后，立刻视有色人种为劣等人种；这些劣等人种，天经地义，是他们猎取特殊利润的祭品；不仅去作政治压迫，经济榨取，并且要消灭每一民族传统的价值观念，及其人生态度，以使这些民族成为不复有历史记忆的一般动物。在这些昭彰的事实之下，作为人类觉醒的自然过程，势必首先以反殖民主义的民族主义底形态而出现。并且在此一形态的内部，实已蕴含有民主、科学的自然的要求；正和欧洲的近代发展，同途合辙；这也可以说是人类在不受扰乱情形之下，发展的常轨。但我们要记起自身所受的血的教训：当中山先生实行民族与民权革命的时候，民族革命的对象只是满清的统治；民权革命的目的，便在实行近代的民主。这在民国九年以前的有关文献中，是有确凿不移的证据的。其中没有半分仇视西方乃至日本的意思在内。但当时，不仅积极方面得不到西方和日本的同情，消极方面并且受到西方及日本的仇视和阻压。这才接上了苏联的触角，使中国的民族主义，走上了"打倒西方帝国主义"及"日本军阀"之路；使民权主义，走上了"革命民权"、"万能政府"、"军政训政"之路。由此而有八年的中日战争、珍珠港事变，及中国赤化等一连串的与人类运命以决定性影响的事件。我们可以这样说，使中山先生的民族主义与近代的民主政治发生了扞格，以至形成了今日的严重问题，这是西方和日本的殖民主义所逼成的。他们根本不愿见中国民族民主的正常发展，以致妨碍了他们的殖民利益；却不了解民族民主，是不可抗拒的力量；在不能通过正常的途径以达到目的时，便会横决出去以求达到其目的。这便是中国今日悲剧的主要说明。而今日亚非洲的情势，又正在走着中国的老路。美国在中东的地位是非常尴尬的。试问：艾森豪主义，是旨在维护中东国家的独立，则为什么与中东的民族主义不相容？若是为了阻挠独裁势力的伸长，则为什么美国的军经援力量，似乎只能和各该国家的极少数特权阶级连在一起；而和广大的人民，尤其是各地的新兴进步势力，常立于反对的地位？我并非怀疑美国要实行什么新殖民主义，但最低限度，美国在西方传统的殖民主义基底之下，限制了他对亚非两洲人民反殖民主义的运动的认识，或在实际决策上受到了殖民主义残余势力的限制。因此，艾森豪主义的失败，是势有必然的。我们目前正处于一种困惑的局势，即是在亚非新兴势力抬头的地方，即承认中共而不承认我们，好像他们非与独裁主义者站在一起不可。但实际，这只是出于他们的政治的现实，出于天真的幻想，以及出于由反西方残余殖民势力而来的过分的联想，并非出于他们与共党势力之间，有必然不可分离的关系。我觉得在此种困惑局势下，应常记清我们曾经受过的教训，对他们只是忍耐、同情、争取，而不是随人叫嚣、仇视、决绝。

三

殖民主义，是在政治、经济、文化三方面作有机的出现，而以在文化方面者最为深刻、彻底。文化的殖民主义，是政治、经济方面殖民主义的开路先锋，或加以巩固的精神保证。文化殖民主义的特点是否定各民族传统的文化价值系统，而要代之以自认为是优秀民族的价值系统。据传，一位美国人士发现尼赫鲁所说的印度教的教义，与基督教义并无不同之后，便天真地问："教义既无不同，你为什么不信基督教？"尼赫鲁当时只笑着答复他不能如此。这是作为一个国家的政治领袖所应具备的起码风格。但当时尼赫鲁若反问："既是教义相同，你为什么不信印度教？"那位美国人士又将何辞以对？文化，大体上可分为两大部门：一是无价值观念的、无颜色的、中性的文化部门，有如各种纯粹科学的知识活动。这对人生而言，是达到各种行为目的的手段。另一是有价值观念的，形成人生态度的文化部门，有如宗教、道德、艺术等。这是人生行为的动机、动力，及其所要达到的目的。就前一文化部门的活动性质说，是"有什么说什么"，其根据正如福斯克（John Fiske）所说的"自然法则，是事实的记述，而不是事实叙述以上的"（《宇宙哲学》四卷页二〇四）。这里所谓"不是事实叙述以上"的意思，即是不作价值判断之意。"有什么说什么"的"有"，应指"事实"而言，"说什么"之"说"，即是"叙述"或"承认"的意思。此句话假定不包含"没有什么便不说什么"在里面，便根本是无意义的一句废话。就我所了解的，这句话是福斯克那句话的另一种表达得不完全的形式，所以提出这句话的人们，也根本不承认有所谓价值判断。这是纯科学的态度。拿此一态度应用到政治学上，只能将民主或独裁诸政制的事实，如实地叙述出来，而不能作"民主好"、"独裁坏"的主张，因为那是超出了"说"的范围而走入到价值判断的范围中去了。同时，在没有民主自由的空间，便不应谈民主自由；因为这种"谈"是出于由价值判断而来的"愿望"，也是超出了"说"的范围以外的。还应了解："与事实相反的是另一事实"（Moulton《文学的近代研究》页三九三）。所以"对"、"错"只能用之于对事实加以叙述的人，而不能用在事实的自身。因此，提出"有什么说什么"以作为人生态度的口号的人，应当是无善无恶、无是无非，只认清一组一组的事实，而毫无颜色、毫无感情地加以叙述之人，即是以无态度为态度之人。若是一方面否定价值判断，一方面又在一组一组的事实中去主张这，排斥那；并且今天批评张三，明天批评李四，这一方面是思想上的矛盾混乱；同时也说明为什么在无价值观念的纯科学部门以外，还有价值系统的文化。站在此一文化部门的立场，是"应当说什么便说什么"。譬如：没有自由民主，但自由民主是有价值的，因而是"应当"的，所以我们不仅可以"说"这尚未实现的事实，而且要"追求"这尚未实现的事实。在此一追求中当然有感情的活动，但人类与一般动物不同的，便在这种基于价值判断的感情活动，否定了这一点，即是否定了"现实的人"；人的本身即是此价值文化系统的证明，而不需要其他的证明。价值系统的文化，以科学所叙述的事实为其价值判断的材料，并为达到价值判断之目的的手段。但在材料的本身并找不出判断的标准，而材料的本身也不是目的。各价值系统之间，可因互相接触而互相修正、融和、扩大；但总要以与其有生活连带关系，并即由各自生活之连带关系所积累而成的价值系统为主体。因为价值系统的文化，是某一民族形成中的精神内容和力量。所以民族主义的自觉，必随之而有作为民族生命的民族的价值文化的觉醒。这是人类历史中活生生的事实，不需要什么概念性的东西去作证明。纯科学的文化，因为它本无颜色，无态度的，所以不会发生文化相互间的冲突，因而也不会发生所谓文化侵略、文化殖民主义等问题。纯科学的文化活动，在历史上有时而引起了冲突，这不是来自纯科学的自身，而系来自文化两部门的界限未曾厘定清楚。此界限一经厘定清楚，冲突即可解消。西方宗教与科学的斗争，是来自宗教思想对科学范围的侵入。后来随宗教之退出科学范围，这种冲突即告解决。而中国对科学输入所发生的无穷纠葛，是来自若干科学宣传家放下自己的工作不做，而幻想以为只有打倒中国的价值系统文化以后才能开始他们的计划。文化的真正冲突，是来自价值系统的文化，文化的殖民主义，也是来自价值系统的文化。因为这是与同质的科学文化相对，而系异质的文化，在中东的反殖民主义运动中，仅就政治而言，这在今天大体上是已经解决了的。但因其含有深刻的宗教意识冲突在里面，所以使政治的冲突更激烈化，即是因文化的反殖民主义而更激起了过分的政治的反殖民主义。这更是西方人士所应深刻反省，而尤为中国知识分子所不易了解的。

中国因百年的对外挫折而消灭了中国知识分子的自尊心。因乾嘉以来学术思想的反动（这是与政治在专制成熟期相适应的反动，主要表现在对文化价值的反动方面，因为这样便可以对现实无是非，不会冒反抗现实的危险。即在文学上也要提倡"炫饰体"的骈文，增加文学与社会大众的距离，以符合宫廷、贵族的趣味），而蒙混了中国知识分子对自己文化精神的认识。因社会变乱频仍，而影响了中国知识分子对西方文化的切实追求（许多人拿着西方文化的一知半解，接响承声。假使这些人对西方文化肯多下点工夫，他们对自己文化的态度便自然会改变的）。又因近代知识分子浮出在外面的意识是现代化了，但潜伏的意识及实际生活，仍系与社会生活脱节的"高了脚"的士大夫，所以对群体的现实生活与问题，缺少真正的体认。加以中国的文化的价值系统，并不表现为坚执而富有排斥性的宗教形式。在自己的"道并行而不相悖"的宏愿中，让许多最富排斥性的宗教形式，反客为主地，排斥起此一历史空间中的主人。于是在不知不觉之中，精神的殖民地化，真到了可惊可怕的程度。最严重的乃这些人中，有不少本是爱国家的人。我决不忍心拿这样一个名词来攻击许多为我平日所敬佩

　　　　　　　　　　　　　　　　　论智识分子

的人，而是除此以外，再找不出对他们的言论、意识，作合理的解释。例如有人说：各处华侨都保有中国文化的意识，何必要再讲中国文化？试问当今之世，谁不羡慕科学，又何必再提倡科学？对于说这种无常识的话的人，学术界却把他捧到天上，说这是大国际政治家、大学术家。又有人说，道德是世界都有的，尤其是西方都有的，何必要讲中国的？试问同样的东西，中国人既可以讲外国的，则何以中国人独不能讲中国的？曾充美国历史学会会长的伯卡（Carl Lotus Becker，1873—1945）在其一九四一年所著作的 *New Liberties for Old*（p. 149）中指出民主自由的精神，早已见于孔子、释迦、苏格拉底、耶稣的教义中，可以作为测量文明兴衰的价值尺度；而儒家思想，给予了法国的启蒙运动以重大的启示，这是非常显著的事实。但我们有些谈民主自由的人，一听到孔孟，便义愤填膺，以为是罪大恶极，并且因此而殃及西方的康德。又如一般心理正常的人，假使在漫天黑暗中发现一点爝火，一盏明灯，会自然发出欢喜之心，特别加以珍惜；但许多人却举出中国历史的黑暗面，以作为应灭息在这些黑暗中的爝火、明灯——文化——的证据。又如与科学作了长期而深刻斗争的基督教，今日不会认为它妨碍了科学，而在道、咸之际，主要由对中国文化比较有了解的知识分子所极力倡导追求的科学，在今日却认为科学只有打倒中国文化之后才能建立起来。在这些人的心目中，"中华民国"只有变成完全没有历史文化的单纯的地理名词，有如在大洋中新发现的住着一群原始人的荒岛，可待任何先进民族来插上他的国旗或者是商标，才能得救。假定这些先生们在中国文化的遗产中，偶然承认某一点，如艺术，也是来自外国人的先点头应允。但外国人所点头的是艺术，而这些先生们所能承受的只不过是古董，这除了说是在不知不觉中，精神殖民地化了以外，还有什么方法能加以解释呢？这里还要连带提到一件小事。近年来许多人提出张之洞的"中学为体，西学为用"的口号来加以讪笑，理由是西学之"用"，是出自西学之"体"，把西学之"用"和它所自出的"体"割断，要来接上风马牛不相及的"中学之体"，这有点像把斩下的鸡头接在鸭头上的魔术，是不可能的幼稚的想法。并且有一位先生考证张之洞的幕僚没有人懂科学，以作为此一口号是幼稚，甚至是荒谬的证据。但我们若了解这里的所谓中学，实际是指中国文化的价值系统而言；所谓西学，实际是指的不含有价值观念的纯科学而言，则张之洞的话，是有道理的。当然张之洞受到他所处的时代的局限，他所看重的价值，有一部分在现代人看来，不但无价值，反而是负价值。不过，他想在自己的文化中去寻找价值系统，这个方向是对的。我们试想想，印度以印度教之体，去接合科学之用，另有许多回教国家以回教之体，去接合科学之用，这和西方国家以基督教之体去接合科学之用有什么不同？有什么不光荣之处？因为这是以价值的文化系统去接受无价值观念的文化系统，无价值观念的文化系统，如前所述，是以无态度为态度的文化，借库萨讷（Nicolaus Cusanus）的话说："科学是卖淫妇。它不是可卖身于任何阶级的利益吗？"（Karl Jaspers, *Philosophie Und Wissenschaft* 所引，日译本页三三）因此，它也可以卖身于任何价值的文化系统，为什么独不能卖身于中国的价值的文化系统？何况在中国价值的文化系统中，涵有更多的对科学的要求，最低限度，很难看出有反科学的因素。若谓科学只会生根于基督教的价值的文化系统，凡与此价值的文化系统有出入的便不能生根，所以印度教、回教和中国这些国家，假使不抛弃

　　　　　　　　　　　　　　　　　　　　　　论智识分子

自己的价值的文化系统的"体",而想接上科学之"用",是不会成功的。那末,价值体系的不同,孰有过于共产主义与自由世界的一切价值体系之间的差异?但共产党国家,不是以共产主义之"体",接上科学之"用",而获得显著的成功吗?我觉得,今后相信自由的知识分子们,应了解到反共的根据,及主张民主自由的根据,是在价值系统的文化,而不是科学。今后请不要再拿"科学"来作唬吓中国人的工具,因为在这一点上,共产党比大家更有资格。由三四十年来许多思想家在观念上的厘清,由许多国家民族在事实上的奋斗,证明了张之洞的口号并不幼稚,幼稚的或者反而是张之洞的批评者。张之洞之所以能提出此一口号,是因为他没有"分析的科学知识",但他有"实感的人生知识"(两种知识性质之不同及皆为人生之所不可缺,见 Seeley 的《自然宗教》第三章)。难怪中西兼通,在考据上很有成就的陈寅恪,宁冒风气之大不韪,很坦白地承认他是中体西用的信奉者。

共产党对大陆的征服,就政治说,是打败了国民党;但就文化说,却是打垮了知识分子。我相信这决不是偶然性的事实。现在许多反共理由之一,是说共产党不算中国人;因为它把中国的利益从属于俄国的利益,强迫中国人的价值观念,须从属于俄国人的价值观念。我觉得第二点尤其是真实的。但共产党在或真或假之中,还提出"民族的形式"(实际,形式与内容是不可分的,徒取民族文化的形式而去其内容,这是无法说通的)的口号。即在今天,还提出"薄古厚今"的口号;这较之许多知识分子连民族的形式也不愿承认,意识上是"灭古唯今"、"绝中唯西",关在小房子里,个人兴趣第一,无丝毫的同类感情,岂非更像一个中国人吗?在美国一个小城镇当了一个什么站的管理员,回到台湾来，报上便大吹大擂，部长级的人物，奔走骇汗地去逢迎伺候。一个美国玩魔术的江湖骗子，未到台湾以前，各报记者便自然心悦诚服地大发宣传性的新闻记事稿。这数不尽的下流的表现，从什么地方证明我们的知识分子，在文化意识上，比起共产党来更像一个中国人呢？有些知识分子，在要把线装书丢入毛坑以前，自己却先被共产党丢到毛坑去了。这还不值得深刻的反省？现在来到只有靠祖宗历史文化的余荫，才能找出一点在此间避难的理由的台湾，还要以蛮不讲理的态度来对付不绝如缕的历史文化的余绪；凡是说到祖先稍有光荣时，必遭到无条件的怀疑、辱骂，凡是说到祖先是强盗小偷时，必受到无条件的欢迎赞叹；这一切，若说是为了自由民主，难道说世界上真有在殖民地的精神之上能建立得起自由民主吗？因此，我对于有些人士的常常发出台湾有"狭隘的民族主义"的危险讯号，因不明其所指何物，而感到非常惶惑。这种危险讯号，指的是若干无知之徒，假借民族主义的空头招牌以阻碍民主吗？则为什么不作观念上、事实上的厘清工作，一如对假冒民主自由之名者所作的厘清工作？指的是自由中国的政府，有成为西方因国家民族主义之过剩，因而会发展为军国主义？或者会拒绝与友邦的合作吗？我想：第一，决无此可能，第二，假定有妨碍与友邦进一步合作的因素存在，我敢断言这是来自为中国文化所唾弃的少数人的过分自私，而决非来自中国文化。指的是教育当局这几年常常提到中国文化，并对各学校发了一点中国文化教材吗？难道不知教育当局年来是以一切文化对象来达到个人追求权力的手段吗？这种人同时也是"原子迷"，难道他即可以代表科学吗？即以一点中国文化教材而论，这比起要人们每天每周地祈祷、查经，不过是九牛之一毛而已。说起来真可怜，台湾几乎每一条街、每一个村，都有教堂，多少人用"我是教友"来提高他的身份地位。政府所做的供奉性、招待性、娱乐性的建筑，有如雨后春笋，但政府曾经建筑或修理过一个作为中国文化象征的孔庙吗（台北孔庙是私人产业）？日本、越南以崇高的敬意欢迎孔子后裔的孔德成先生讲学，但孔先生全家住台中十六叠半席子的破旧房子里，曾引起什么负责人士的关心过吗？去年我去参加由省政府主席所亲自主持的孔子诞辰纪念的仪式，在中山先生大幅遗像底下，挂一幅小小的孔子像；只有向国父行最敬礼，根本没有提到向孔子一鞠躬，以后听说，这是内政部所规定的仪式。谁能推出这些人的脑子里，有什么民族的传统文化意识。一个民族，总有他若干传统的仪式。今日台湾，在各级的关机中，找得出什么传统的仪式吗？东海大学前校长曾约农先生，是很富有民族感情的人；但因为他是基督教徒，在校长任内，便无法参加作为民族起源之象征的遥祭黄陵的祀典。我相信再有几年下去，在各关机中，从上级到下级，会找不出一个可以参加祭孔、祭黄陵乃至各种传统祀典的首脑人物，并且会找不出有勇气进孔庙的教育部长。中国文化精神，可欢迎世界性的任何宗教，中国人可以信仰任何宗教，并且任何宗教的虔诚信徒，都值得尊敬。但我可断言，假使哪一种宗教出于批判态度地反对中国文化，那一定是出于文化的征服意识！假定有中国人在外来宗教招牌之下来欺凌祖国的文化，那一定是"吃教"的受了殖民主义的毒素过深的人。我的这种断言会有历史为我作证的。再回到现实上看看吧！在国产电影片中，大多数代表上海"衖堂"、香港"唐楼"的文化，很难嗅出祖国悠久历史、广大山河的气息。这比起美国出品的《龙种》、日本出品的《白蛇传》使我们感到在电影中，我们比起美国人、日本人，更不像有中国历史文化背景的中国人（在这一点上我认为台语片较之国语片还稍胜一筹）。连标榜"民族舞蹈"的王月霞女士，据观者的批评，只不过是"东洋舞台上的残余舶来品，压根儿没有'民族'的影子"（见一九五八年八月十九日的《自立晚报》第二版），这怪不得王女士，在今日的台湾，连山地姑娘的土风舞都要洋化了，叫她在什么地方去找出民族的气息呢？老实说，台湾在知识分子所集中的城市里，只有得意忘形的美国主义，潜滋暗长的日本主义，很难找出所谓中国的民族主义。若说不算是文化的殖民地化，便只能拿所有这一切，不是出于对方的强迫，而只是出于我们知识分子的自愿，来作解释。我们所受的创伤太大了，大到造成创伤的许多重大因素，还在继续伸长，真使人感到托身无地。所以我有时也浮出"世界公民"的幻想，曾用"斯多噶"的笔名发表些无聊的文章。但再三反省，我才了解：我是出生在中国，所以作为我个人的自觉，必表现为中国人的自觉；我的尊严，必表现为中国人的尊严。而这种自觉与尊严，势必以民族的连带感情及其历史文化为其内容的。面对着亚非洲民族的活动，实在使我震惊，更使我惭愧。我深信反殖民主义与反极权主义是不可分，而不要驱迫他们走上民族主义与极权主义不自然地结合之路。仅就中国来说，我们必在民族主义与民主主义的均衡发展的基础上，重新展开复国的艰辛任务。

　　我没有梁任公"献身甘作万矢的"的勇气与能耐。但对时代的真切感触，必须驱迫我陷入于"万矢的"之中。这岂仅为许多朋友所无法见谅，也是我自己所无法自解的。

一九五八年八月二十日于东海大学

　　　　　　　　　　　　　　　　　　　论智识分子

此文写成寄港后，又要回来不想发表，但复阅一遍，觉得每个人的真实感触，在他生命中都是可纪念的。所以又浪费《民主评论》的宝贵篇幅。

九月四日再志

一九五八年九月十六日《民主评论》九卷十八期

研究中国思想史的方法与态度问题

一

这里所收的十一篇文章，都是已经在刊物上发表过的，因研究的对象——中国思想史——大体相同，所以现在略加补正，汇印成这本《中国思想史论集》。其中，《象山学述》是没有到东海大学以前所写的，我到东海大学已经四年，前两年所写的这类的文章，已收入在《学术与政治之间》的乙集。仅乙集里面《〈中庸〉的地位问题》一文，因与此集所收的《中国思想史中的若干问题》一文有直接关系，所以也汇印在这里。此外，收集在《学术与政治之间》甲、乙两集的若干同性质的文章，未能放在一起汇印，实系一大缺憾。所以后面特附存一个篇目。同时，在这两年内，除了收在这里的九篇及收在《东海学报》一卷一期的《〈文心雕龙〉的文体论》一篇以外，尚有几篇关于现代文化评论性的文章，或者更值得这一时代的人们看看，但因为性质的关系，所以都未加收录。至于这两年内发表过的若干杂感性的文章，那本来是不足爱惜的。

二

我的看法，对于中国文化的研究，主要应当归结到思想史的研究。但一直到现在为止，还没有产生过一部像样点的综合性的著作。这一方面固然是因为分工研究的工作做得不够，但最主要的还是方法与态度的问题。

五四运动以来，时贤特强调治学的方法，即所谓科学方法，这是一个好现象。历史上，凡是文化的开山人物，总多少在方法上有所贡献。不过，凭空地谈方法，结果会流为几句空洞口号。方法是研究者向研究对象所提出的要求，及研究对象向研究者所呈现的答复，综合在一起的一种处理过程。所以真正的方法，是与被研究的对象不可分的。今人所谈的科学方法，应用到文史方面，实际还未跳出清人考据的范围一步，其不足以治思想史，集中已有专文讨论。

一个思想家的思想，有如一个文学家的文章，必定有由主题所展开的结构。读者能把握到他的结构，才算把握到他的思想。西方哲学家的思想结构，常即表现为他们的著作的结构。他们的著作的展开，即是他们思想的展开，这便使读者易于把握。但中国的思想家，很少是有意识地以有组织的文章结构来表达他们思想的结构，而常是把他们的中心论点，分散在许多文字单元中去；同时，在同一篇文字中又常关涉到许多观念、许多问题。即使在一篇文章或一段语录中是专谈某一观念、某一问题，但也常只谈到某一观念、某一问题、对某一特定的人或事所需要说明的某一侧面，而很少下一种抽象的可以概括全般的定义或界说。所以读的人，不仅拿着一两句话推论下去，常会陷于以偏概全，容易把针对某一具体情况的说法，当作是一般性的说法。例如看到孔子曾主张"拜下"，[①] 便误认孔子系以卑下为臣道，这当然是非常危险的结论。即使是把多数材料汇集在一起，但若不能从这些材料中抽出可以贯通各材料的中心观念，即是若不能找出黄梨洲所说的学者的"宗旨"，[②] 则那些材料依然是无头无尾的东西。西方的思想家是以思辨为主；思辨的本身必形成一逻辑的结构。中国的思想家系出自内外生活的体验，因而具体性多于抽象性。但生活体验经过了反省与提炼而将其说出时，也常会澄汰其冲突矛盾的成分，而显出一种合于逻辑的结构。这也可以说是"事实真理"与"理论真理"的一致点、接合点。但这种结构，在中国的思想家中都是以潜伏的状态而存在。因此，把中国思想家的这种潜伏着的结构如实地显现出来，这便是今日研究思想史者的任务；也是较之研究西方思想史更为困难的任务。我在写《象山学述》一文时，先是按着象山的各种观念、问题，而将其从全集的各种材料中抽了出来，这便要把材料的原有单元（如书札、杂文、语录等）加以拆散，再以各观念、各问题为中心点，重新加以结合，以找出对他所提出的每一观念、每一问题的比较完全的了解。更进一步把各观念、各问题加以排列，求出它们相互间的关联及其所处的层次与方位，因而发现他是由哪一基点或中心点（宗旨）所展开的思想结构（或称为体系）。这种材料的拆散与结合，及在再结合中所作的细心考量比较，都是很笨的工夫。此后我所写的与思想史有关的文章，都是以这种笨工夫为基底。当然，在这种笨工夫

---

① 《论语·子罕》："子曰：拜下，礼也；今拜乎上，泰也，虽违众，吾从下。"按此语乃针对当时鲁之三家而发。

② 见黄梨洲《明儒学案·凡例》。此《凡例》对治思想史者极富有启发性。

论智识分子

中，还要加上一种"解释"的工作。任何解释，一定会比原文献上的范围说得较宽、较深，因而常常把原文献可能含有但不曾明白说出来的，也把他说了出来。不如此，便不能尽到解释的责任。所以有人曾批评我："你的解释，恐怕是自己的思想而不是古人的思想。最好是只叙述而不解释。"这种话，或许有一点道理。但正如卡西勒（Carsirer）所说："哲学上过去的事实，伟大思想家的学说与体系，不作解释便无意味。"[①] 并且没有一点解释的纯叙述，事实上是不可能的。对古人的、古典的思想，常是通过某一解释者的时代经验，某一解释者的个性思想，而只能发现其全内涵中的某一面、某一部分，所以任何人的解释，不能说是完全，也不能说没有错误。但所谓解释，首先是从原文献中抽象出来的。某种解释提出了以后，依然要回到原文献中去接受考验；即须对于一条一条的原文献，在一个共同概念之下，要做到与字句的文义相符。这中间，不仅是经过了研究者舍弃抽象的细密工作，且须经过很细密的处理材料的反复手续。

三

戴东原曾说："义理者，文章考核之源也。熟乎义理，而后能考核，能文章。"[②] 此处的"义理"，可以泛解作"思想"，这本是很平实的话。但段玉裁却接着说"义理文章，未有不由考核而得者"，[③] 这便把他先生的意思完全弄颠倒了。今人表面上标榜戴氏，

---

① *An Essay on Man* 日译本，页二五七。
②《戴东原集》段玉裁序。
③ 同上。

实则并不足以知戴氏，而仅承段氏之末流。凡研究与文献有关的东西，必须先把文字训诂弄清楚，这还有什么疑问？但由段氏以至今日标榜考据的人所犯的毛病是：一则把义理之学与研究义理之学的历史（研究思想史），混而不分；一则不了解要研究思想史，除了文字训诂以外，还有进一步的工作。仅靠着训诂来讲思想，顺着训诂的要求，遂以为只有找出一个字的原形、原音、原义，才是可靠的训诂；并即以这种训诂来满足思想史的要求。这种以语源为治思想史的方法，其实，完全是由缺乏文化演进观念而来的错觉。从阮元到现在，凡由此种错觉以治思想史的，其结论几无不乖谬。现在我引二十世纪语言学权威耶斯柏孙（Otto Jespersen）在 *Mankind, Nation and Individual: from a Linguistic Point of View*（日译为《人类与言语》）大著中的几句话来破除这种错觉。他说："在下宗教、文明、教育等某些概念的定义时，多数人总爱先问'它的语源是什么？'以为由此而对于它本来的性质可投给以光明；这实在是最无意义的事。这是迷信名号之力的学者；他们与相信名号有魔术能力的（按如念真言、咒语之类）原始迷信，有其关联。我们即使知道'悲剧'（tragedy）曾经指的是'山羊之歌'，这对于悲剧本质的理解，不曾前进一步。又知道喜剧（comedy）的希腊语 Kōmos 的语源是'祭之歌'、'宴享之歌'的意味，对于喜剧本质的理解，更无所进步。"① 因中国文字的特性，从语源上找某一思想演变的线索，并不是没有一点益处，但不应因此而忽略了每一思想家所用的观念名词，主要是由他自己的思想系统来加以规定的。即使不是思想家，也会受他所处的时代流行用法的规定。

---

① 日译本，页三〇四。

四

其实，决定如何处理材料的是方法，但决定运用方法的则是研究者的态度。有人强调科学方法，而常作陷于主观的论证，这种令人困惑的情形，大概不是在方法上可以求得解答，而关系到隐藏在运用方法后面的态度。所以科学方法与科学态度，是不可分的。但所谓态度，是整个现实生活的自然流露。在研究自然科学方面，因为研究的对象和研究者的实生活有一个距离，于是他的实生活的态度，和他走进实验室时的态度，也可以形成一个自然的隔限，而不易受到实生活态度的影响。所以有不少的自然科学者，其实生活的态度，和在实验室中的态度，无妨其有相反的现象；例如实生活是固执的，而做实验时则是客观的；在实生活中带有迷信，而在实验室中则全系理智。这也不大妨碍他的研究工作。并且自然科学的真理，其证明是来自对象的直接答复，所以一经证明以后，便没有多大的争论。研究人文科学，则研究的对象与研究者实生活的态度常密切相关；于是在实生活中的态度，常能直接干涉到研究时的态度。譬如假使有人对跳舞有兴趣，便可以把孔子的"游于艺"解作即是他的进跳舞场；而不知孔子的"游于艺"是和他的"志于道，据于德，依于仁"连在一起，所以和今人的跳舞，在精神上会有些两样；因此，便很难把自己的跳舞，解释是在师法孔子。并且在人文这一方面的证明，常常是间接性的证明；任何简单明白的道理，也可以容许人的诡辩。所以在这方面的困惑，许多是和研究者的现实生活的态度有其关联。要使我们的实生活态度能适合于研究时的态度，最低限度，不太干涉到研究时的态度，这恐怕研究者须要对自己的生活习性有一种高度的自觉；而这种自觉的工夫，在中国传统中即称之为"敬"。敬是道德修养上的要求。但黄勉斋称朱元晦是"穷理以致其知，反躬以践其实；居敬者所以成始成终也。谓致知不以敬则昏惑纷扰，无以察义理之归；躬行不以敬则怠惰放肆，无以致义理之实"。① 这段话便说明敬乃贯彻于道德活动、知识活动之中的共同精神状态。在求知的活动中，为什么需要这种精神状态？因为求知的最基本要求，首先是要对于研究对象作客观的认定；并且在研究过程中，应随着对象的转折而转折，以穷究其自身所含的构造。就研究思想史来说，首先是要很客观地承认此一思想，并当着手研究之际，是要先顺着前人的思想去思想，随着前人思想之展开而展开，才能真正了解他中间所含藏的问题及其所经过的曲折，由此而提出怀疑、评判，才能与前人思想的本身相应。否则仅能算是一种猜度。这本是很寻常的事。但一般人在实际上所以做不到这一点，只是因为从各个人的主观成见中浮出了一层薄雾，遮迷了自己的眼睛，以致看不清对象；或者把自己的主观成见，先涂在客观的对象上面；把自己主观成见的活动，当作是客观对象的活动。这自然就容易作出指鹿为马的研究结论。此种主观成见的根源，是因为有种人在自我的欣赏、陶醉中，把自己的分量，因感情的发酵而充分地涨大了，于是常常会在精神的酩酊状态下看问题；也在精神的酩酊状态中运用方法；所以稍有了一点声名地位的人，更易陷于这种状态而不自觉。敬是一个人的精神的凝敛与集中。精神的凝敛与集中，可以把因发酵而涨大了的自我，

---

① 黄勉斋《朱熹行状》。

回复到原有的分量，于是先前由涨大了的自我而来的主观成见所结成的薄雾，也自然会随涨大部分的收缩而烟消云敛，以浮出自己所研究的客观对象，使自己清明的智性，直接投射于客观对象之上，随工夫之积累，而深入到客观对象之中，即不言科学方法，也常能暗合于科学方法。例如朱元晦本人，并不曾标榜什么校勘学，但其校勘方法的谨严精密，正是出于他的居敬工夫。兹摘录他《与张钦夫论程集改字书》以作一例证：

夫所谓不必改者（按指程集旧本之文字而言），岂以为文句之间，小小同异，无所系于义理之得失而不必改耶？熹所论出于己意，则用此说可也。今此乃是集诸本（按指程集旧刻诸本）而证之，按其旧文，然后刊正。虽或不能尽同，亦是类会数说而求其文势语脉所趋之便，除所谓疑当作某一例之外，未尝敢妄以意更定一点画也。……若圣贤成书，稍有不惬己意处，便率情奋笔，恣情涂改，恐此气象亦自不佳。盖虽所改尽善，犹启末流轻肆自大之弊，况未必尽善乎。伊川先生尝语学者，病其于己之言有所不合，则置不复思，所以终不能合原注：答杨迪及门人二书，见集。今熹观此等改字处按系指胡刻程集所改旧本之字，窃恐先生之意，尚有不可不思者，而改者未之思也。盖非特己之不思，又使后人不复得见先生手笔之本文，虽欲思之以达于先生之意，亦不可得，此其为害，岂不甚哉。夫以言乎己，则失其恭敬退让之心；以言乎人，则启其轻肆妄作之弊；以言乎先生之意，则恐犹有未尽者而绝人之思。姑无问其所改之得失，而以是三者论之，其不可，已晓然矣。

……大抵古书有未妥处，随事论著，使人知之，可矣。若遽改之以没其实，则安知果无未尽之意耶。汉儒释经，有欲改易处但云某当作某，后世犹或非之，况遽改乎。……窃以为此字按指旧刻本程集中所用之"沿"字决当从旧，尤所当改按此指胡刻本将旧本"沿"字改作"泝"（溯）字，故朱子主张改从旧本。若老兄必欲存之，以见"泝"字之有力，则请正文只作"沿"字，而注其下云某人云"沿"当作"泝"字，不则云胡本"沿"作"泝"，不则但云或人可也。如此两存，使读者知用力之方，改者无专辄之咎……岂不两全其适而无伤乎。……计老兄之意，岂异于此，但恐见理太明，故于文意琐细之间，不无阔略之处。用心太刚，故于一时意见所安，必欲主张到底。所以纷纷未能卒定。如熹则浅暗迟钝，一生在文义上做窠窟，苟所见未明，实不敢妄为主宰……

按胡刻《二程全集》将旧本之"沿"字改为"泝"字，将旧刻之"姪"字改为"犹子"；张钦夫重刻程集，欲遵用胡刻所改之字，而朱元晦以长凡二千二百五十二字之书札争之，其对校勘方法之谨严，可以概见。其所以能如此者，乃出自其"恭敬退让"之心，亦即来自其"居敬"之精神状态。今人好作毫无根据的翻案文章，乃至先存一种看假把戏的心情来标榜他的研究工作，其病根正在缺少此一"敬"字。《说文》"忠，敬也"，无私而尽己之谓忠。因不曾无私而尽己，所以自会流于不敬；因为肆无忌惮，所以也自然会不忠于所事。忠与敬是不可分的。

　　　　　　　　　　　　　　　　　　　　论智识分子

五

　　儒家思想，为中国传统思想之主流。但五四运动以来，时贤动辄斥之为专制政治的维护拥戴者。若此一颠倒之见不加平反，则一接触到中国思想史的材料时，便立刻发生厌恶之情，而于不知不觉中，作主观性的恶意解释。这与上述的研究态度相关联，也成为今日研究思想史的一大障碍。从历史上看，学术思想若与现实的政治处于分离状态，则其影响力常系局部的、慢缓的。若与现实政治处于对立状态，复无有力之社会力量加以支持，以改变当时之现实政治，则现实政治之影响于学术思想者，将远过于学术思想之影响于现实政治。若在本质上系与现实政治相对立，而在形势上又须有某程度之合作时，则现实政治对学术思想之歪曲，常大过于学术思想对现实政治之修正。学术思想的力量，是通过时间的浸润而表现；现实政治的力量，则在空间的扩张中而表现，所以学术思想常无法在某一空间内与政治争胜。政治是人类不得已的一种罪恶，它是由现实中的权力关系生长起来，开始时并不靠什么学术思想。而学术思想，则一开始便会受到现实政治的干扰。近代民主主义与社会主义，其所以能改变现实政治，是因为先有了市民阶级、工人阶级，及立基于此种阶级之上的强大政党。换言之，即是结合上另一政治力量以改变原有的政治力量。至于可以不受到现实政治的干扰而自由发展其与人自身有关的学术思想，只有在民主政治之下，才有其可能。民主政治，在交通、通信尚未发达以前，仅有在地小人少而又集中的城邦，始能实现。中国从古代以至近代，都是以散漫的农业生产为社会经济的基础，而黄河流域的广大平原的实力，使它可以向四周辐射，以建构一个庞大的农业帝国；这便促进了封建政治向大一统的专制政治的发展。而大一统的专制政治建立起来以后，虽不断地改朝换代，但卒无一种社会力量可以支持建立专制以外的政治形式；于是中国专制政治的规模之大、时间之久，在人类历史中殆罕有其匹。处于此种历史条件之下，一切学术思想，不作某程度的适应，即将归于消灭。五四运动以来，有人反儒家而崇尚道家，以为道家富有自由精神；殊不知先秦各家思想，除法家本为统治阶级立言以外，最先向专制政治投降者即系道家。以出世为目的，并主张不拜王者的佛教，传入中国后，亦必依附帝王以伸张或保存其势力，所以从前藏经的扉页，首先要印上"皇图巩固，帝道遐昌"八个大字。儒家思想，乃从人类现实生活的正面来对人类负责的思想。他不能逃避向自然，不能逃避向虚无空寂，也不能逃避向观念的游戏，更无租界、外国可逃，而只能硬挺挺地站在人类的现实生活中以担当人类现实生存发展的命运。在此种长期专制政治之下，其势须发生某程度的适应性，或因受现实政治趋向的压力而渐被歪曲；歪曲既久，遂有时忘记其本来面目，如忘记其"天下为公"、"民贵君轻"等类之本来面目，这可以说是历史中的无可奈何之事。这只能说是专制政治压歪，并阻遏了儒家思想正常的发展，如何能倒过来说儒家思想是专制的护符。但儒家思想在长期的适应、歪曲中，仍保持其修正缓和专制的毒害，不断给予社会人生以正常的方向与信心，因而使中华民族度过了许多黑暗时代，这乃由于先秦儒家，立基于道德理性的人性所建立起来的道德精神的伟大力量。研究思想史的人，应就具体的材料，透入于儒家思想的内部，以把握其本来面目，更进而了解它的本来面目的目的精神，在具体实现时所受的现实条件的限制及

　　　　　　　　　　　　　　　　　论智识分子

影响；尤其是在专制政治之下所受到的影响歪曲，及其在此种影响歪曲下所作的向上的挣扎，与向下的堕落的情形，这才能合于历史的真实。梁启超住在租界里面写《异哉所谓国体问题者》，却在《中国历史研究法》中，大骂无租界可住的古人，何以会由临文不讳，变而为临文有讳？今人常在他们所不愿意的宣言上签上自己的名，常在他们所不愿意的场合说上连自己也不相信的话；却怪无外国可跑、无宪法可引的古人何以不挺身而起，对专制政治作革命性的反抗？此皆由颠倒之见未除，所以常常拿自己在千百年以后所不能做之事、所不敢自居之态度，以上责于千百年前之古人，这如何能与古人照面呢？对古人的不忠不恕，正因为今日知识分子在其知识生活中，过于肆无忌惮。

我中年奔走衣食，不曾有计划地做过学问。垂暮之年，觉得古代思想堡垒之门，好像向我渐渐开了一条隙缝，并从缝隙中闪出了一点光亮；所以这几年作了若干尝试性的工作。此一工作对我个人说，仅仅算是开端；就全般工作自身说，几乎并未开始，而依然是一片广漠的处女地。因此，我对下一代的人在此一工作中的期待，远过对我自己的期待；所以当本集付印之际，不敢阿附时贤而率直写出这些感想。

一九六〇年一月一日《民主评论》第十一卷第一期

从"外来语"看日本知识分子的性格
——东京旅行通讯之四

一

拿一件具体的事情来推断某一整个现象，很容易流于"以偏概全"的危险。尤其是现代的知识，本是多歧的，所以现代的知识分子，也一定是多歧的。通过"外来语"这一个事象以推断日本知识分子的性格，上面所说的危险性将更大。

不过，在同一时间、同一空间的许多共同生活因素之内，无形中，常有为人所意识不到的共同伏流，贯穿于各种不同的活动形式之中；而这种共同伏流，也常会通过公约数最大的事象而表现出来。外来语，正是日本文化活动中公约数最大的事象。从外来语看日本知识分子的性格，或许也能浮出日本知识分子性格的一面。

所谓外来语，这里所指的是以本国文字去拼外国语的音所形成的语言。譬如香港的"士多"、"的士"，这即是外来语。外来语的发生，一是来自新鲜事物的出现，有出于本国语文所能表达的范围之外；一是某种新观念之介入，很难用本国语文的意义表达它原有的意义，或者因勉强地表达而使人发生误解。因此，外来语的发生，是人类文化交流的自然结果，也可以说是人类文化由交流而丰富、进步的象征。现在没有不包含外来语的民族语言，就是这种道理。

不过，人类对于文化的吸收，也和对于食物吸收的情形一样。吸收食物，必须经过一番消化作用，使食物变成自己的东西，才有营养的价值。所谓"消化"，是把吸收进来的东西，重新加以"消解""变化"，在取其精而遗其粗的过程中，加以新的构造。文化的吸收消化，也常表现在新名词的构成上面。譬如说，中国原来没有"汽车"，汽车这样新鲜东西进来了，没有原来的名词可用；若用英文的原名称，又感到太陌生了，大众不易接受，于是把原有的"汽"字和"车"字合在一起而成为"汽车"，这即是经过了一番消化、构造，而成立的新名词。日本称为"自动车"，情形也是一样。至于 bus，可以用"巴士"的外来语，也可用"公共汽车"的新名词；两者的本身，都无是非得失之可言。不过香港人称"巴士"的多于台北；台北称"巴士"的人多于台湾其他城市；乡下人则只称"公共汽车"而不称"巴士"，这里却说明了对外国风习感染性的大小。Democracy，在五四时代多称为"德谟克拉西"；现在则多只称为"民主"。这一些无形的演变，也说明在新名词上由吸收而消化的自然过程。这一过程，对外来语又发生了一种制约性，不至使它有过分的膨胀泛滥的现象。"民主"这一名词，在西周初年已经有了，意思是"君为民之主"，与现在的含义恰恰相反。但新名词的创造，总不出于拼凑、并用、联想等构造、消化作用，一经约定俗成，大家也就安之若素了。

二

日本接受西洋文化，还在中国之后；魏源的《海国图志》，曾对日本发生了启蒙作用。但日本接受西洋文化的速度，却远在中国之上；他们的假名，较用中国字拼外来语的音，又远为便利；因此，日本所流行的外来语，远较中国为多，这是很自然的事情。

不过，日本自明治维新以来，外来语虽然一天多一天，但把外来语消化为本国语的新名词，实际也即是消化为汉语的新名词，却占很大的比例。汉语，对日本人而言，也应算作外来语；但因日本原来没有文字，不得不以汉文作他们文字的主体，所以汉文也等于是日文。战后十多年来，不仅把外来语消化为汉语新名词的工作，无形间已完全停止；即使在日常生活间，日本已有极为流行的文字语言，日本人也常弃置不用，在报纸、杂志、广告，乃至公共社交场所，大家都喜欢用外来语。用日本的假名拼外国音，固然较用汉文音远为方便，但有的拼音依然是无法一致的；所以假名拼出的外来语，既不是日本语，也不是外国语，只是一种不三不四的中介语。现代日本的知识分子，宁弃已经约定俗成的自己流行语于不用，非用这种不三不四的外来语不可。所以，现在日本的外来语到底有多少，没有人能够统计，更没有一部完全的辞典，而只能笼统地说，有数万字之多。因为它是在无限制地增加，任何详细的外来语辞典，都不能够满足看报章杂志的需要，但较详细的外来语辞典的销路，并不及极简单的外来语辞典销路之大；这说明日本人对于无穷无尽的外来语，实际也多采以不了了之的态度。这种现象，应如何加以说明呢？

　　　　　　　　　　　　　　　　　　　　　　　　论智识分子

三

　　首先我们要了解，把吸收的食物加以消化，必须具备有胃液胆液等类的消化能力。要把外来语消化构造为自己的语言，也需要有一种文化的消化能力。日本对西方文化的消化能力，是由德川幕府时代的儒教所蓄积起来的；这种蓄积，到了大正时代，已经开始消耗净尽，在战时中几乎回到了精神的野蛮状态。现时的日本，似乎已没有文化的消化力了。若用生理作比喻，我们在文化上是患着便秘症，而日本在文化上则害的是直肠症。所谓直肠症，是吃什么，便拉什么的病症。表面上看，日本对新鲜事物感受之快，对世界出版物翻译之快，介绍之快，恐怕在世界上是少可比拟的；但除了技术性的东西以外，日本人似乎永远只是一个日本人；在他们生命的内层，并不会因这些五花八门的东西而真正增加了什么。日本处于东西接触最为便利的形势，对东西文化，由融合而产生更高的新文化的工作，应当有所贡献；一部分日本人，也曾这样地想。但事实上，日本有思想文化上的经纪人、摊贩者，而没有思想文化上的工厂。有位日本的老学人曾和我说："文化有三种形态：一是固有的，如中国；二是合成的，如日本的明治时代；三是殖民地的，如印尼、菲律宾。我们日本战后的文化是殖民地的文化，现在慢慢地在转好一点。"我不愿说日本是殖民地的文化，而只感到日本的知识分子，一直是患着直肠症。反映在语言的运用上，开始是喜欢照外国音拼假名，不消费点构造的脑筋和联想的作用；再进而反以这为摩登时髦，表示自己认识外国字；而实际只是吃什么，便拉什么的直肠症的最直接的表现。

　　文字太少，太固定，会因表现力不足而陷文化于贫窭。语言太多，太流动，也会因表现力过剩而陷文化于混乱。顺着当前日本外来语增加的趋向，到底会得到怎样的结果，似乎是值得考虑的。

四

日本知识分子在文化上所犯的直肠症，若稍稍寻找它的病源，我以为日本的经济，虽然早达到了工业资本的阶段，但日本知识分子的精神，却充满了商人的气质。

商人气质最突出的表现，一是"事大主义"，即我们所说的"向高帽子作揖"；一是"赶热主义"，即是"只烧热灶"，决"不烧冷灶"。这二者都是互相关连的。

日本在战时以侵占中国的疯狂心理，作了些研究中国文化的工作。这种工作，因动机之不纯，而不会有学术上的结果，是不待多说的。战后对中国文化的态度，则大为冷淡。但各大学里几乎都成立了"鲁迅研究会"；鲁迅的地位，已代替了整个中国文化的地位。日本过去何以会彻底接受中国的文化？因为中国是"大"；现在鲁迅的地位在日本知识分子的心目中，何以有这样的高？因为中共提倡鲁迅，而中共在日本人的心目中，依然是"大"。假使中共突然发动清算鲁迅而返转身来捧胡风，日本人可能立刻把鲁迅研究会改为胡风研究会。日本人对西方文化的态度，也约略是如此。从另一角度看，日本人对于汉字的看法，本来早有出入；但近来废除汉字之声更高，汉字的使用更少，与外来语泛滥的情形，恰成一反比例。这除了原有的论点以外，却加上中共要废除汉字的因素。日本的汉字应不应该废，我没有讲话的资格与必要；

论智识分子

但日本若废除汉字，则它有现成的假名可用，与中共的拉丁化，并不相干；但日本研究中国文学的人，却赶快跑到北京去向中共学习拉丁化。这种学习的动机，实际只是"事大主义"的实践。日本假定要废除汉字，可以举出若干理由；但在某大报所发表某教论理学的教授，主张废除汉字的文章里，却把明治时代和现时所翻译的同一段文章作比较，发现明治时代所译的比现时所译的多出七个汉字；而现时的译文，比明治时的译文，要清楚得多，就拿这作为应废除汉字的理由。但若把明治时译文的汉字去掉七个，而只留下假名，或者把现时译文的假名旁边，加上七个汉字，结果还是一样；因为就他所举的译文例证来讲，清楚不清楚，是文句组织上的巧拙问题，与所用汉字的多少，根本没有关系。难道说日本教论理学的人，也和中国标榜论理学的人一样，连这点起码常识也没有？此无他，真正的理由，只是事大主义。

至于文化上的"赶热主义"，比上面所说的事大主义，应当多些积极的作用。因为事大主义，完全是出于政治性的势利眼；而世界上假定有某种新文化倾向成为热门时，总有他所以如此的文化上的原故，是值得去迅速介绍、了解的。但若只顾着赶热，而没有冷下来作主体性的思考的时候，这种"赶热"，便等于台湾这几年来社会上对女明星的一窝风。在飞机场、在电影院门口，一窝风去捧女明星的人，女明星永远和他无涉。两眼只顾东张西望、观风色、抢镜头的文化工作者，一切文化，也只落得掠身而过。好似在飞机场上挤了一身臭汗，望了女明星一眼，夜晚依然要回到四个半榻榻米上蒙头独睡。

五

商人的气质，和商人的现实主义，有互相循环的关系。商人的现实主义，是把一切利益集结到金钱；而金钱的利益，又只凝缩到当下的一刻。只从当下一刻的金钱利益去看整个的社会、人生，乃至宇宙，这便是商人气质的由来；而商人气质，也正是为了实现商人的现实主义。日本的知识分子，对实际问题的看法，也正是这样。

在五年以前，我曾在本报上发表过一篇《论李承晚》的文章，指出这种把自己无穷的权利欲，错认作是自己无穷的能力和声望的东方式的老人，对于东方以及他自己，会招到悲惨的结果；现在真是不幸而言中。但我们对于南韩当前的事变，总是不知其然而然地出之以悲悯之情。但日本的报章杂志，却一致出之以幸灾乐祸的心理，和站在旁边看笑话的态度。并且李承晚垮后，在过渡政府中，有六个曾在日本受过教育的人员，日本人即欣欣然有喜色，认为南韩今后会向与日本残余的殖民利益相结合的方向发展。

不特此也，号称国民政府友人的许多日本朋友，几乎一致大言不惭地认为现时台湾的同胞，非常怀念日本的统治，觉得现在的政府赶不上日本的总督府。言下之意，台湾还有一天会回到日本殖民主义的怀抱。但是日本许多人提到蒋总统时，还说几句客气话，而对岸政府却骂得狗血喷头；难道说这些日本人真认为日本的统治者赶不上台湾，而要归到蒋总统的治下吗？国民党的措施，诚有许多不能令人满意，但是难道说台湾的人民，要求回到日本的殖民时代，政治上不能当一个科员，经济上没有一个银行，没有一个工厂，文化上只有一个中学，只能学点起码技术，而不许学点政治、法律、教育吗？日本的知识分子，对南韩、对台湾，纵然没有真正由良心发出的歉意，难道说对问题的观察，也会这样浅薄吗？此无他，商人的现实主义，掩蔽了他们应有的智慧。

不过，他们为了追求现实利益，也有另一面的手法，这种手法，不妨用东亚影展来作一例子。他们为了要获得香港和南洋一带的电影市场，于是在东亚影展中，不拿出自己第一第二流的片子，不拿出自己第一第二流的明星，以便把荣誉平均分配给和香港、南洋电影市场有密切关连的两家电影公司；一面使他们皆大欢喜，尽量帮它开辟市场；一面使他们自我陶醉，不求进步，受到时间与社会的淘汰，这种策略是很技巧的；但一经拆穿后，日本在国际上，还会结交到一个真正的朋友吗？

六

我以"老学生"的心情来到日本，在日本所学取的，乃至使我佩服、惭愧的人和事，真是不少。但作为一个民族，一个国家，分担一份时代艰苦使命的立场来看，日本的知识分子，在可以有所作为的当中，却受到了自己基本性格的限制，这不是日本前途之福的。譬如许多人说，日本战后的自由是太多了；不过我认为，自由应当是暴力的克星；但日本的议会政治，实际含有暴力政治的重大因素，随时可以被右翼的人取消，随时可以被左翼的人取消，并且也临时取消了许多次，所以民主政治，并没有在日本知识分子生下根，这一点便可酿无穷之祸。

为甚么会如此？因为日本知识分子，似乎失掉了文化的消化力量，所以外面是七宝楼台，而内心恐怕是一无所有。社会的进步，大概应归功于两种类型的人：一种是向前追、向前跑的人，这种人以"鹰隼击高秋"的精神，抓住每一个可以利用的新鲜事物，发展了与工商业有密切关系的技术；一种是在人潮中停下脚来，抬起头看，低下头想的人，这种人在他向高处看，向深处想的当中，摆脱了眼前的、局部的利害的束缚，亦即摆脱了"大小""冷热"的束缚，而浮出了人类大利大害的慧眼与责任心，以形成充实人生、社会的思想文化。前一种人是识时势的俊杰；后一种人是反省时势，扭转时势的圣贤。日本的知识分子，愿意当俊杰的人太多，愿意当圣贤的人太少，这便令下焉者走上随声附和，上焉者会走上夸父追日之途的。当然，认真地讲，还不仅是日本知识分子的问题，而是整个自由世界知识分子的大问题。

一九六○年五月五日、八日《华侨日报》

　　按：就台湾十年来知识分子所表现的情形来说，使我感到本文对日本知识分子的批评，是深自惭愧的。

一九七○年十二月十二日校后志[①]

[①] 编者注：本校后志系本文收入《徐复观文录选粹》（萧欣义编，台湾学生书局印行）时所加。

　　　　　　　　　　　　　　　　　　　　　　　论智识分子

立言的态度问题

　　在几个月前，有位朋友以此为题，要我为他的刊物写一篇文章，但写成后又想方法要回来扯掉了。五月十二日，在台北等着打官司（为分尸案），却偶然写成此一短文，寄给香港《华侨日报》，于五月二十五日才刊了出来。此文在客舍中仓卒写成，内容极不周衍。尤其是里面以"良心的冲动"，为时论性文章的最高动机，这本是究极之谈。但古人谈到良心时，必须通过存养省察的工夫，以防"认贼作父"。这套工夫，对于现代人而言，真如东风之过马耳。因此，和现代人谈良心，实含有相当的危险性在里面。所以在这里应当稍作补充，即是凡不关于自己个人现实上的利害得失，而对某事忽然有不知其然而然的愤悱之情，及难安的感觉，这常是一个人良心发现的征候。良心外发，总是要求不合理的归于合理，不平的归于平，因此，它必然表现为批判的性质。就一般人说，居于被统治地位的人，较之居于统治地位的人，其良心易于发现。不论古今中外，权力与良心是很难并存的。握有权力而要保持自己良心的人，只有依赖民主制度中的对权力的强大控制力量，有如议会、舆论诸基本自由权利等。再详细点说，眼睛向下看、向多数人看、向贫苦人看的人，较之眼睛向上看、向特殊势力看、向个人利害上看的人，他的良心易于发现。凡是帮闲性的、歌颂性的、为了特殊势力去作威吓欺瞒工具性的文章，一定是从良心那里偷关漏税，或者干脆是良心早已绝灭了的文章。这一复杂的问题，将来有机会再谈。现在托《民主评论》的编者将此短文转载，是为了对原来要我写此文章的朋友，表示一点谢意与歉意。

五月廿六日补志

一

严格地说，立言的态度，乃决定于立言的动机。与其从态度方面来讨论立言的当否，不如从动机方面来讨论，还比较容易得出一点结论。

写文章的动机是为了稿费，这是在近三百年历史中所一天一天地强化起来的现象。此一现象的本身，关连到整个社会制度问题，因之也关连到各种性质的文章的作者，这可以说是一般作者或多或少的共通的动机，其本身无好坏可言，暂时可置之不论。

在稿费的后面，高贵的写文章的动机，就作者个人而论，当不外两种。一种是纯学术性的文章，其动机是出于"求知的冲动"。假定用古典的术语来说，这是出于对"知"的喜悦，因而集注自己的精力去追求。求有所得，不容自已地希望传之于人，传之于后。这不仅是为了个人的百世之名，同时也是出于对知识的责任感。这种文章的动机，是出于人类的知性，所完成的也是人类的知性。

二

上述的以知性的冲动为动机的纯学术性文章，就人类整个前途来说，当然有很大的关系。但对当下的现实问题，不必有直接的关系。这种文章，为若干专家所需要，但对社会大众而言，不必有直接的需要。因之，在纯学术性文章以外，便另有一种时论性的文章。这种时论性文章，可以包括许多种类。不仅诸子百家中，凡是谈到政治的，都是属于此一性质；甚至连文艺创作，也可以包括在里面。因为真正有生命力的文艺作品，一定是从现实人生中酝酿而来，实际也是对现实人生负责。这即所谓"为人生而艺术"。对现实的人生的描述，也未尝不可以包括在广义的时论文章范围之内。不过这里我只想以狭义的时论文章为主。凡是有分量的时论文章，就我的了解，与论题本身的大小并没有多大关系，因为写文章乃是一种行为；有关行为的价值判断，是质的问题，而不是量的问题，所以汤可以为匹夫匹妇复仇。文章的分量主要系看他写作的动机，是否是出于"良心的冲动"。文章的价值，与作者在写作时良心的冲动常成正比例。所谓良心的冲动，即是对于某一现实问题，使作者感到良心的不安，觉得不把对于这一问题的看法，写了出来，便如鲠在喉，不吐不快。此时作者并不暇计较由文章所引起的其他利害，甚至也不暇计较文章的技巧，更不会想到它本身的朽不朽。但假若在时论文章中也有不朽的作品，则必系由这种充分的良心冲动所写出的东西。梁任公的《异哉所谓国体问题》，固然是这一类文章中最显明的例证；古人许多可歌可泣，蹈汤赴火而不辞的奏疏，也是这类文章中最显明的例证。总括地说一句，有价值的时论性的文章，其写作的动机是作者的良心。它所完成的是对人类良心的交代。

在现代一切商业制度化的情形之下，以卖文为业的人们，不可能每一篇文章都是出于良心的冲动。但在他的写作生涯中，总应当有这样由良心冲动所写出的文章。一个作者的生命，在无形之中便注入到这类文章里面，由此而表现其在历史中存在的价值。

三

上面这种说法，好像是完全凭作者的主观，以衡断客观的人与事，会不会因此而流于偏私武断？我的看法，不是这样。只有客观的真实，并且这种真实，对人类生活的某一部分，发生了深刻的病痛时，才能引起作者良心的冲动。良心的冲动，一方面是这类客观的问题，很深刻地浸透于作者的血肉之中；同时，也是作者主观的精神，很深刻地溶解于客观之内。所以一个作者的良心冲动，是主客合一的结果。流于偏私武断的可能性很少。

但是，有一点，却不能不特别注意的。由良心冲动所形成的写文章的动机，这种动机固然是高贵的，可靠的，不过，在拿起笔来开始写的时候，同时也要由良心的冷静，以考虑到问题的各个方面，并保证不使良心变为一种成见，使良心的活动，能随客观证据之移转而移转。这是良心中的知性作用。但是不使良心冲动掩没了知性，实际还是要靠良心的提撕警醒。由良心冲动所写出的文章，可能发生若干过失，但一定受得起任何严重的考验。这是证明一人的良心，实与千百万人的良心，总会相通相应的。良心的可靠性，即是人类尊严、人类前途的保证。所以良心之所安，良心之所不安，是负有立言责任的人，首先应向自己提出的反省。其他的较量，都是次要的，甚至于是不足齿数的。

一九六一年五月廿五日《民主评论》第十二卷第十二期

当前思想家的任务

只要是心理正常的人，决不会希望核子大战。只要是常识丰富的人，决不会相信靠两方面的核子武器竞赛而可以阻止核子大战。

一

在杜勒斯的时代，美国不断地运用战争边缘政策。但经杜勒斯偶尔说破，便一时舆论哗然，群起反对，因为那是在玩火，而玩火终会是自焚的。杜勒斯死后，太空竞赛的优势转到苏联手上，举世惶惶又来应付苏联的战争边缘政策了。从战争的边缘走进战争的中心，只是手脚稍稍滑进一步的事情。而全世界人类的命运，便掌握在这手脚稍稍滑进一步之间。

在上述情势之下，举世的政治家忙于拟策略，举世的军事家忙于作计划，举世的科学家忙于造武器。假定在三者之外，还有所谓思想家，亦即广义的哲学家，到底有没有一分任务可以分担呢？说到这里，大家便可以想到英哲罗素所领导的请愿。假定思想家的任务便是请愿，思想家便未免太可怜了。同时，从报上来看，罗素积极性的意见，似乎是要英国完全放弃核子军备，美国则在与苏联未达成裁军协议以前，依然会保持核子军备。其用意揭穿了说，是希望平时英国倚赖美国的核子力量以保持自己的利益，万一打了起来，则让保有核子武器的国家，美、苏互相毁灭，而英国则藏在夹缝中间，幸免池鱼之祸。假定思想家的用心便是如此，这未免太阴狠自私了。除罗素所表现的以外，思想家在目前局势之下，便毫无其他可尽的任务吗？

二

当代科学史的权威萨顿，在其大著《古代中世科学文化史》的序章中指出：希腊文明的失败，不是缺少了知性，而系缺少了人格、道德。欧洲中世纪的停滞不前，是只强调了神的仁爱，而缺少了对现世的知识的活动。因此，他的结论是"没有仁爱的知识，和没有知识的仁爱，是同样无价值，是同样危险的"。

若把萨顿的话，应用在中西文化的比较上，可以说中国文化的缺陷是强调了仁爱而忽视了（不是反对）知识；近二百年来，却连传统中的仁爱精神也失掉了。西方文化，则成就了知识，而忽视了仁爱。因为西方文化实际上已成为世界文化，所以整个世界的文化危机，便暴露在有知识而无仁爱之上。

知识成就科学，科学的自身是没有态度的。科学对人类的造福或贻祸，不是决定于科学，而是决定于人们所给予于科学发展、运用的方向。今日科学成果的核子武器，据说，可以在三十分钟内毁灭人类，实际则是当前人类的意志，要在三十分钟内毁灭自己。此之谓"自作孽，不可活"。如何从自作孽的人类中拯救起人类，使科学的方向，不向杀人方面发展，而向造福人群方面发展，这才是当前思想家的真正任务。而此任务的实行，是要在西方文化中，建立仁爱精神在文化中的主导地位。

三

西方了解道德的价值，而体认得最深切的，无过于康德。但康德虽强调动机中"善意"的重要性，但他还没有扣紧仁爱方面来作为道德的内容。"不忍人之心，人皆有之"，这是无间于古今中外，而可当下加以证验的。但康德必须用二律背反的方法，费这大的思辨力量，以证明道德理性的存在。这是说明西方文化的习性，不把人当下可以证验的道德事实加以承认而肯定其价值；却必须通过理智思辨的形式，以建立与事实有距离的概念，在概念上去辩论有无是非。于是每一个人所具有的仁爱之心，不能在学术文化上取得其应有之价值地位，而退贬于无足轻重之列，致使人性中最宝贵的这一部分，被抑压泯没，不复在人生社会中发生应有的作用。

当代的思想家们，对人生问题，我希望不必再玩弄什么概念的把戏，而只抓住人心当下一念所自然呈显出来的不忍人之心，亦即是仁爱之心，确定其为人生根本价值之所在，并承认这是一切价值之价值。顺着此仁爱之心的自身所具有的无限延展性，加以扩充，而不加以阻塞，则在每一个人的精神里面，都涵融着整个的人类，而与之休戚相关，科学便自然会向造福人群方面发展，而不会向杀人方面发展了。

但面对两大阵营的生死斗争，而欲在精神中求解决之道，是否有点像执《孝经》以御黄巾，过于迂阔可笑呢？诚然，仁爱并不能发生谈判的效果。但自由世界之内，存在有多少为仁爱之心所不容的问题？思想家们，应当先提倡以仁爱精神来解决自己的问题，化不平等为平等，化对立为融和，则自由世界的本身，将由此道德力量而加强了现实的力量。铁幕内部依然是人，依然有不忍人之心。铁幕外的不忍人之心，汇成洪流，以与铁幕内部的不忍人之心相呼应，则核子威吓的形势，或可慢慢软化下来，为人类另开辟一崭新的局面。最低限度，比静坐请愿，总会更有意义。

一九六一年十月十六日《华侨日报》

一个中国人文主义者所了解的
当前宗教（基督教）问题

今天，我非常感谢我们的校牧，他把很宝贵的时间分配给我，使我有发表一点意见的机会，我感觉非常光荣，同时也感觉到非常惶恐。

我今天讲的题目是《一个中国的人文主义者所了解的当前宗教问题》。我们大家知道，对于同样的问题，因为看问题的人的立场不同，观点不同，所以常常得出不同的结论。因此，我今天是以一个中国的人文主义者的立场来看当前的宗教问题，所以我的意见，假定和各位有什么出入的地方，这倒是当然的事，我想各位也可以谅解的。

首先，我想要解释的是所谓"中国的人文主义"。这个上面"中国"两个字，不仅表示一种地域上的区别，而实际是表示人文主义的内容上的区别。所谓中国的人文主义，它是以中国的传统文化作它的内容。我们简单地把它表达出来，就是宗教上所说的山上垂训的黄金律。这种道德的内容，在中国文化中，是要求在每一个人的生命中间找到它的根据，要求在每一个人的生命中间得到它的证明，并且要求每一个人用他自己的力量，来加以实践，加以实现。所以，中国的人文主义和西方的人文主义，最大的不同之点，是在中国的人文主义的本质上，在它不受到宗教的排斥时，便没有和宗教对立的问题。至于现在西方有许多人文主义，譬如像法国的实存主义者 Jean-Paul Sartre 以他的实存主义即是人文主义（L'existentialisme est un Humaisme）；这在我们看来，他所说的，实际是在正常的人以下的事情，恰恰和中国所说的人文主义相反。所以各位如果一听到中国的人文主义，就马上把西方的人文主义拿来比附，即使所比附的是西方十五、六世纪的人文主义，也会成为一个很大的错误。这是我要解释的第一点。

我所要解释的第二点：我所说的当前的宗教问题，是就什么来讲的呢？是就宗教对我们的现世——现在的世界——所应当负的责任来讲的。不错，宗教本来是以通向神之国——天国——为其目的，而所谓现世，不过是作为通向天国的准备的世界。但是我们要了解，只有充满了伦理道德的人生价值的现世，才是有灵性的现世，才是和天国最接近的现世。假定在现世中间否定了伦理道德，否定了人生价值，这同时，就把现世通向天国的道路绝断了。因此，我们可以这样讲，由人伦道德的否定，由人生价值的否定所发生的现世的危机，也就是宗教本身的危机。我认为目前宗教是遇着这样的危机了。这即是我所说的当前的宗教问题。

第三点，我想说明的，我们目前人类的危机，大体上是来自三个方面。第一方面，是共产主义的世界所给我们的自由的危机。第二是由核子武器所给我们的生命的危机。但是这两种危机，大家都已经知道，我今天不讲。第三种危机是什么？在我的看法，是当前在文化现象中间所流行的，由深层心理的解放，所给予我们的伦理道德的危机了。而这种是浸透在自由世界每一个角落，并且早已经开始，并不断地正向社会生活各方面来扩大。在我的想法，这种危机，最低限度，不在前面两种危机之下。

所谓深层心理，假定我们要追溯其来源，便该说到弗洛伊德（Freud）的精神分析学的问题。他把人的精神分成三个层次：最深层的是"无意识"界；在它上面是"意识"界，或称"自我"；在自我上面是"良心"。弗洛伊德的这种分法，和传统的说法，在表面上并没有多大的分别。但是，他和传统说法最不同之点，极简称地讲：第一，他认为无意识主要的内容是性欲，而这种无意识是潜伏在人的生命中最深奥的部分，好像冰山潜伏在水里面。因为无意识是潜伏在人的生命最深的部分，所以它对人的生命活动有一种很大的力量。同时，因为无意识是在人的最深的地方，上面有意识，再上面才有良心；从层次上看起来，无意识才是一个人的真正的生命的根源；而所谓意识、良心，无形之间，只认为是漂浮在生命上面不足轻重的东西。其次，他认为一切艺术、文学的活动，都是这种无意识的性欲的某种变形或升华。换句话说，他认为性欲是人类文化的最基本的因素，也就是认为无意识是人类文化最基本的因素。弗洛伊德讲的这一套，在开始时，只是当作一种医学上的问题，以后他才扩大到文化上的问题。

到了近三十年以来，弗洛伊德的思想，在心理学内，虽然已有了不少的修正；但因资本主义文明自身的矛盾，及由第二次世界大战而来的恐怖，虚无的感觉，在文化方面，反而大大地扩大了他的影响。在现代文化界中间，有这么一种趋向，认为这种无意识，这种深层心理的解放，就是等于人的生命力的解放。一个人的生命力得到这种解放，不受意识的束缚压迫，不受良心的束缚压迫，这就是人得到了最大的自由。因此，现在在文化各个部

　　　　　　　　　　　　　　　　　　　论智识分子

门中间，许许多多的现象，都是直接间接以深层心理，或无意识的解放，作为它们的根据，作为它们的背景。而这种深层心理或无意识，用中国的名词来讲，就称为"人欲"；用佛教的名词来讲，就称为"无明"。所谓"无明"，是说它本身是黑暗的，是盲目的，是冲动的。所以由这种深层心理的解放所形成的文化的活动，也是黑暗的，盲目的。而他们从各个方面，都有意无意地，对于由良心理性所建立起来的伦理道德的秩序，完全加以否定，认为这是和人的真实生命无关，是虚伪的。在这种情形之下，他们只是崇拜自己个人的一种黑暗原始性的生命，而否定客观的自然，否定共同生活的社会；当然，也就否定了神，也就否定了宗教。我们的时代，在精神上成了一个纯否定的、虚无的时代。我们可以更简单地讲，由深层心理的解放所形成的许多文化现象，动摇了人在宇宙中的地位，动摇了人在历史中的地位，同时也动摇了神，动摇了宗教。所以宗教对此应该看做是一种非常严重，非常迫切的问题。在这种情形之下，我们更会感到宗教的需要。而同时，每一个宗教的信徒，也应该感觉到他所负的责任之重大。

但是我们谈到宗教对当前的文化现象所应该尽的责任的时候，我们也应该反省宗教中所说的原罪问题。原罪的观念，若把亚当犯罪的那一段神话故事置之不论，而仅把此故事当作是一种象征的意义，则在宗教中间是非常重要的观念，同时，也是非常有价值的观念。譬如说，站在心理学方面来研究宗教的起源时，我们大体可以说人类开始是在一种恐怖之心理下而信仰神；再进一步，是用一种敬畏的心理来信仰神；再进一步，才是用原罪的心理来信仰神。一个人只有在感觉到他充满原罪的时候，才能够从他现有的位置中超拔出来，向神去接近。所以原罪的观念，在宗教中居于一种主导的地位，在我这种外行人来看，这并不是一件偶然的事。不过，这中间有一个问题，现代所说的无意识、深层心理的解放，它和宗教上所说的原罪，当然是两个方向，两个不同的意义。但是我们也可从另外一方面来讲，就是宗教上所说的原罪，由现在的精神分析学和深层心理学，而得到了充分的证明了。站在宗教立场上，说这所发现证明的是罪，是罪恶；可是站在科学的立场上，站在精神分析学的立场上，却说这所发现的是一种事实，是一个存在。到底是事实、存在？或者是罪恶？这是解释上的问题。若仅就事实的本身来谈，则宗教上所说的原罪，和现代科学、现代精神分析学所说的无意识或深层心理，应该认为二者之间，没有区别。固然，站在宗教的立场，现在所证明的既是罪恶，那么便应该从罪恶中超升出来。但站在一般人的立场来讲，现在科学所发现的是生命的根源，生命的真实。宗教对他们的要求，他们可以认为与他们的生命无关，只不过是身外之物。所以在这种情形之下，宗教仅仅以原罪的观念来挽救由深层心理解放所形成的文化危机，就我的想法，恐怕有相当的困难；最低限度，不是一个容易的事情。

在这里，我想另外提出一个观点。中国文化，在两千年以前，却早在人类生命的本身，已发现出性质完全不同，方向完全不同的一种深层心理。这个在中国文化之中所发现出来的深层心理，简单说，就是"性善"。性，即指的是人的本性，即是人的生命的根源。在中国，却认为作人类生命根源的性，不是罪恶而是善的。中国文化中对于性善的陈述，只告诉人，性善的善，是在每一个人的生命中，当下可以证明，而不需要思辨来加以证明的。所以善是非常现成，而为每一个人所自有的。我把这种性善的性，也说是一种深层心理，是甚么道理呢？简单地讲，譬如我

　　　　　　　　　　　　　　　　　　　论智识分子

们平常把人的心理（意识）活动分成知、情、意三个部分。知是认识的能力，这是无善恶可言的；在感情、意志两方面，是有善有恶的。换句话说，在我们心理活动的知、情、意这个层次中间，找不出善的根据。但是，我们在实际的生活中间，却可以证明有善的存在。当突然遇见某一个人的不幸时，无条件地便会流出不忍人之心；这即是善的呈现。这个善，一定是在知、情、意的下面，在知、情、意的后面所存在的东西，比知、情、意，是更深的存在。再从另外一方面讲，我们平常说人的行为是有善有恶，好像善、恶是混杂在一起，而系平列的。可是我们再想，人们在判断哪是善、哪是恶的时候，在判断的背后，一定有作为判断善、恶的标准的东西，而这个标准一定是善的。假定后面没有善的标准来做权衡，我们就不可能把某一行为分为善，某一行为分为恶。在我们判断哪是善、哪是恶的后面，实际存在有一种善的最基本的标准。仅凭借知识，知识是无颜色的，它只能认定一件事实，却不能判断一件事实的价值。中国人的看法，认为善是人的性，是存在于人的最深奥的地方，这才是人的生命的根源。而恶，只是浮在善的上面的东西，它只能给善一种干扰，好像浮云遮日一样。所以人只要有一念的自觉，便可自己知过、改过。因此，我们可以说，假定由弗洛伊德所发现的无意识是一种深层心理，那么，我们所说的性善的性，更是深层心理的深层心理。由此可以承认性善的善，才是我们生命的根源；而无意识，不是我们生命的根源。因此，中国文化的努力，就是要把深存于人的生命最深处的善把握住，把它扩充出来。能如此，则无意识也就受到转化，受到善的指挥。因为所谓无意识，只是一种生理活动，它的自身没有主宰的作用，全靠意识层的意志为它做主。而没有受到干扰的意志，即是善的。善的意志做主，其他的生理作用，不仅自然随着意志转，并可变成一种实践善的力量。这种性善的善，保藏在生命的深处。这种深是深到无限的，而超越了自己生理的生命，因而感到这是由天所命。善的扩大，也是扩大到无限，而超越了时间空间的限制，因而感到天人合一，亦即是与神同在。所以性善的性，才是每一个人通向神的世界的确实可靠的桥梁；同时，它自身也即是神的世界。

讲到这一点，在宗教方面，是不是也可以根据神是按照自己的形象以造人，来承认性善呢？是不是从人的性善这方面，来发挥教义，发挥神的意志，对于挽救当前的危机更为有效，更能给人以信心和鼓励呢？我认为这一点是值得考虑的。其实，我所提出的这个问题，在宗教本身也早已提出来过。譬如说，在欧洲五世纪的时候，贝拉基主义（Pelagius）所代表的一派，就主张意志的自由，再进一步主张以性善来代替原罪的观念。这一派，和主张原罪的一派，大概作了一百年之久的斗争，大概经过了三次宗教会议，才把主张性善的思想压服下去。但是我们想一想，在宗教的历史中，是不是常有人把他自己的思虑，把自己的成见，说成是神的语言，神的意志？同时，我们想一想，神既是万能的，如果我们把我们所想的一二件事情来测度神，说神一定是这样，一定是那样，除此之外，便是违反了神意，这是不是真正符合于对神的信仰呢？我想，每一个宗教信徒，在代神立言的时候，起码要有这种反省，这种警惕。再进一步说，在五世纪的三次宗教会议，把 Pelagius 这一派思想宣布为异教、异说，而加以迫害，这种宗教会议的议决，是否真正符合神的意志呢？我认为这也是值得考虑的。

因此，我今天很大胆地向各位提出性善与原罪的观念，对于当前的文化，对于神意的发扬所应该采取的方向的问题。我觉得这是值得我们考虑的问题。

此文是徐先生的讲演稿，由萧欣义笔记。

一九六二年三月十六日《民主评论》第十三卷第六期

简答毛子水先生

在《文星》上看到毛子水先生的《胡适之先生哀词》，顺便答复几句：毛先生的学问，我早已领教过了。毛先生在这篇哀词里说："近来社会中，有一种奇异的现象，就是有一般人，揭櫫中国文化的招牌以骂詈胡先生。这是我不能了解。在我生平所认识的人士里面，言行不苟，合于我国古来圣贤法度的，为数很少，而胡先生可以说是在这些少数人士中的头几个……我不敢说以拥护中国文化而骂詈胡先生的人，尽是不光明正大的小人；但我可以说，他们多半是没有好的中国文化的人。信口妄言，是他们的长处；无知妄作，是他们的长处……我常观察文化高的人民，对于中国的贤哲，多能特别的崇敬……"

我看了上面毛先生的话，使我首先感到的是：毛先生一生虽然受了胡先生的提拔，但他实在是对胡先生不起。胡先生是主张"西化"的人。若因"西化"而思想稍微受有训练，则要谈问题时，总得把问题弄得清清楚楚，而不可眉毛胡子一把纠，以达到诬蔑他人的目的。不错，我这次是谴责了胡先生。但我所谴责的是胡先生对中国文化的态度，对东方文化的态度；并没有牵涉到他的立身行己。正因为他的立身行己有许多好处，正因为他对国家也有某些贡献，所以我对于他的死，是同样的哀悼。但我不能和崇

论智识分子

拜偶像的人一样，对于他说"东方文明没有灵性"这类侮辱中、印两大民族文化的话，也不起而加以谴责。假使对这类的话，没有人起而加以谴责，那倒证明东方文明真是没有灵性了。毛先生认为胡先生的言行，合于我国古来圣贤法度，然则这些"古来圣贤"，有没有灵性呢？毛先生认为我们骂了胡先生，是"没有好的中国文化"，是"信口妄言"，是"无知妄作"，因为胡先生是"合于我国古来圣贤"中的"头几个"。然则，胡先生一口骂尽了中印两大民族的圣贤，便是有了"好的中国文化"，是"谨口慎言"，是"有知诚作"吗？不错，"文化高的人民，对于中国的贤哲，多能特别的崇敬"；然则胡先生说东方文明没有灵性，这还是对于中国贤哲的特别崇敬？还是胡先生不能算是"文化高的人民"呢？毛先生看到他人谴责了胡先生所说的毫无道理的话，而说人家没有想到"知仁忠和的德操"；然则毛先生以为胡先生以外的圣贤，都可以由胡先生恶毒地骂，这便是"想到了知仁忠和"吗？毛先生觉得胡先生是圣贤而不应被人骂，便也应当能想到胡先生以外的许多圣贤，更不应该毫无理由地去骂！"知类"，"知轻重"，"认清事实"，"承认事实"，这是一个读书人所应具备的起码条件。而近三百年来的许多进步之一，是告诉人"道理是平等的"，同样的道理，随身份地位之不同，而评判的尺度亦异，这是"官大好吟诗"的现象，这真正是"意识的封建余孽"。我想不到在主张西化的胡先生门下，还有这种余孽，

　　并且毛先生用"圣贤"的名词，加在胡先生身上，在胡先生的思想中，到底会把圣贤看作何物？假定在胡先生的思想中，安放得下"圣贤"、"经师"、"人师"、"人皆可以为尧舜"、"仁知忠和"这一类的东西，胡先生对中国文化的态度，便会有很大的修

正。胡先生的价值，恐怕不在这一方面。毛先生拿这一类的话来恭维胡先生，对胡先生说，是一个莫大的讽刺；对毛先生自己说，可以算是"师死而遂倍之"，令胡先生死难瞑目了。

最后，我告诉毛先生这一类的人：在我的脑筋里面，只有"事实"，只有"道理"，决安放不下"偶像"、"势利"。凡是顶着偶像，背着势利，来向我讲话，我便立刻告诉他：在我这里没有安放这种东西的位置！

一九六二年三月十六日《民主评论》第十三卷第六期

中国文化的伏流

一

最近有几位美国汉学家，以孔子思想对现代有无需要为题，听取我的意见。其中有一位问：在中国青年脑筋中，尚有无孔子思想？我当时简单告诉他：孔子思想，在中国历史中，常保持一种"伏流"的状态。兹再略申其义。

在中国现代青年脑筋中，对孔子思想的影响，的确是一天稀薄一天；甚至有一部分青年，无条件地抱有反感。这不是没有原因的。第一，孔子思想，在我们过去，是整个学问的中心。但这种情形，百多年来早已改变了。因此，一个知识青年，可能根本没有接触孔子思想的机会；纵然接触过，在整个课程中的比例，也是很小的。第二，伦理性、道德性的思想，必须不断有人对应于新环境而加以阐述，使其如日月常新；否则只是断简残编中的陈迹，一般人不会感到他有什么意义；这正如孔子自己所说的"人能弘道，非道弘人"。但自乾嘉以来，几乎没有人做过这种工作。第三，西方文化是世界文化的中心，大家常通过西方文化的趋向来测定整个文化的价值。从十九世纪末期起，正如许怀澈所说，伦理道德，在西方文化中已低落到极点；这便间接影响到对孔子思想的评价。第四，中国因为对外受了不少的挫折，而养成过分自卑的心理。有这种过分自卑心理的人，常扛着西洋的招牌来诬蔑自己的文化，借此来提高不由学问而来的社会地位。第五，假孔子思想之名，作与孔子思想完全相反之事的军阀及无耻文人，更给孔子思想以不易洗掉的恶臭。把上面五种原因综合起来，中国现代青年脑筋里没有孔子思想，并不足怪。假定没有庞大的宗教组织与金钱的活动，亦相信西方的青年，一样的没有耶稣的影子。

二

这里含有两个意义：一是在文化上常常是正因为它没有，或者它已经衰落，才急起去追求的。所以因为现代中国青年脑筋中没有孔子思想，而便断定孔子思想已经过时，因而不须再讲孔子思想，乃是莫大的错误。其次，正是我在这里所要说明的，以孔子思想为中心的中国文化，它主要不是表现在观念上，而是浸透于广大社会生活之中。今日脑筋中没有孔子思想，并非仅限于青年。不过这种没有，乃是观念上的没有，并不是社会生活中的没有。孔子思想乃至整个中国文化，一般人在观念上没有，但在社会生活中却依然有某种程度的存在；这好比一股泉水，虽不为人所见，但它却在地下伏流。《易传》说"百姓日用而不知"，正指的文化在社会生活中的伏流状态。

伏流的泉水，一经发掘，便涌上地面。伏流在社会生活中的中国文化，经一念的反省，便在观念上立刻涌现出来。但一个人，一个时代，要有这一念的反省，并非易事，常常需要在苦难的经

　　　　　　　　　　　　　　　　论智识分子

历中始能出现。因此，一旦走入社会以后的青年，假定他是在正常的道路上艰苦前进，则在他的生命中，便会浸入孔子思想。像"言忠信，行笃敬"、"己所不欲，勿施于人"这类的平庸而又不可易的人生教训，只要其他星球中有人类共处，恐怕依然离开它不得。

三

儒家思想，创立倡导于先秦时代；但影响于社会生活，当时恐怕尚不出齐鲁之域。秦焚书坑儒，以法家的严酷为治。汉惩秦后，激起儒家思想的复兴。大约儒家思想向社会生活的浸透，是透过两汉而始完成的。故尔后虽变乱迭乘，但社会并不随政治的瓦解而瓦解。纵使暂时瓦解，亦旋即以其浸透的伦理性，融结于疮痍创痛之余。历史中每经一次大苦难，儒家思想，即由伏流而涌现于知识分子观念之间，有如南北朝后的王通，五季后的宋代理学，元初残杀后的宋代理学的复兴，明亡后的顾亭林、黄梨洲、李二曲、陆桴亭诸大儒的兴起，这都是经过苦难后而重新涌现的例子。我们可以这样说：以孔子为中心的儒家思想，常被腐蚀于政治之上，却被保存、更新于社会之中。这是我们文化发展的大线索。

假定就具体的问题来举例，孔子作《春秋》，内诸夏而外夷狄，于是历史中凡遇到外患时，一定涌出民族思想，而收其效于八年抗战。孔子在经济上主张均平的原则，孟子继之而提出井田的理想，于是历代在社会大变乱中，几无不提出解决土地问题的口号，而最后集结为孙中山先生的平均地权。从乾嘉以来，视宋明理学为大禁，为知识分子所不道；但长江一带的农民，却常用"天理良心"四字，作为责人自责的口头语。两千多年的家庭制度，人民公社，承五四运动之流，加以完全破坏了；但今日大陆上人们所最怀念的，恐怕是父慈子孝，兄友弟恭，夫唱妇随的家庭生活。"野火烧不尽，春风吹又生"，以孔子思想为中心的中国文化的韧性，也即是中华民族的韧性。

我现在才清楚了解，凡与美国人接触的中国人，美国人便想把中国人变成非中国人。孔子思想，是中国人精神维系上的大纲维。他们之反对孔子，不是学术性的，而是政治性的。和他们谈学术问题，这是我这个乡下人的过于老实。

一九六八年十二月二日校后记

一九六二年八月十四日《华侨日报》

提倡一种新"正名"运动

　　过去农学院李亮恭当院长的时候，有些人告他十一项贪污大罪。结果，去李的目的达到了，但十一项贪污中，经法院审判，只有他太太来台的飞机票发生了一点问题，其余皆属子虚乌有。后来要赶走院长林一民，又如法炮制地说林一民贪污了数十万元，说得项目分明可据。当时我即告诉有关的朋友："林一民先生的院长当得好不好，是另一问题，但我决不相信他会贪污。"后来赶林的目的也达到了，并对林的移交万分挑剔，一若非找出其贪污证据不可，一拖数年，只能证明林一民先生并未贪污。农学院改为中兴大学，林致平先生当校长，又以贪污被控。有朋友问我，我说："林贪污不贪污，我不知道。不过，区区数万元，恐怕与林的身份地位不很相适称。但和过去对李亮恭、林一民所用的杀手锏相较，这次的分量似乎轻得多了。"此事演变如何，是非得失怎样，非吾人所能置论。不过，我因此而引起了另一点感想，觉得今日应当来一个新正名运动。

　　《左传·成公二年》，有新筑人仲叔于奚，在战事中救了卫国主将孙桓子的性命，卫人赏仲叔于奚以邑，他不要，他请求准他用诸侯挂乐器的架子和马饰，卫人答应了。孔子对这件事的评论是："惜也！不如多与之邑。惟器与名，不可以假人。君之所司也。

名以出信，信以守器……政之大节也。若以假人，与人政也。政亡，则国家从之，弗可止也已。"后人看了这段话，一定觉得孔子为什么对政治问题，会这样的迂阔顽固？

上面所说的"名"，是指爵位而言；"器"是指与爵位相适应的器物。名器的标准，构成当时的政治秩序。"假人"，是把名器随便假供给他人，这样便破坏了名器的标准，亦即破坏了维持政治秩序的基本工具，有如今日一般人之所谓违宪。孔子把它看得严重，不是没有道理。

但孔子在《论语》上所说的"正名"的"名"，乃指人伦中的行为标准而言，例如父有为父的行为标准，子有为子的行为标准。每一个人各尽自己所应尽的行为标准，这即所谓"正名"，这比成公二年所说的"名"，意义已经扩大了。这样的"名"，不必有"器"作它的标志，所以董仲舒在《春秋繁露》中，便称为"名号"。以后凡是一种人格、行为、学问上的美称，如圣、贤、君子、孝弟、文学等等，皆可谓之"名"。汉代，尤其是东汉，以"名"为选用人的标准，而读书人也以名自励，于是"名节"的名称便成立了。以后对"名"的使用更广泛，善有"善名"，恶有"恶名"，这是社会上是非的标准。善名不仅在给有学问品格的人以鼓励，同时也是给社会以积极性的标准。假使随便用善名去恭维人，甚至恭维到与善名相反的方面去了，这等如把由某一善名的代表的价值，从社会心理上加以取消，使真正值得某种善名称谓的人，得不到社会应有的重视与尊敬，这便使社会迷失了向上向前的方向。

恶名，不仅在给有罪恶的人以惩戒，同时也是给社会以消极性的标准。假使随便用恶名去打击人，甚至打击到与恶名相反的方向去了，这等于把由恶名所代表的罪恶，从社会心理上加以取消，使真正犯了罪恶的人，得到了精神的掩护，这便使社会丧失了廉耻而无所避忌。总结地说，由善名、恶名的滥用，使社会不知为善之可贵，不知为恶之可耻，这能不像孔子所说的"政亡"而"国家从之"吗？

这些年来，我深感于社会舆论，对善名、恶名，有时使用得过当，对人作过分的恭维，和过分的谴责，都可以造成社会心理的混乱。在政治上，尤其不可如此，因为这是葬送政权的一种毒药，不可轻易拿来作人事斗争中的手段的。"贪污"，是政治中的大恶名。若是随便加人以贪污的恶名，这是以毁灭他人为达到自己目的的手段，岂仅是伤天害理？并且这种恶名一经随便使用之后，事实上并无法以刑罚随其后，这便养成"贪污不足畏"的社会心理，给真正贪污者以掩护，其后果还堪设想吗？明代宦官，如魏忠贤之流，皆以贪污的恶名，陷害当时的正人君子，追呼逼迫，连所有正人君子的门生故吏、亲戚朋友，也都受其荼毒，惨不忍闻。然皇亲国戚的大贪污，一直要到李自成入北京，始受其报，这难说不够值得反省的吗？

"爱而知其恶，憎而知其善"，这两句话的后面，还包含有"恶有恶的分际"、"善有善的分际"的意思在里面。善名、恶名，不仅不可以颠倒，而且要说得恰如其分际，这即是我所说的"新正名运动"。

一九六三年四月二十三日《征信新闻报》

提倡一种新"正名"运动

对学人的尊重

"学人"，指的是对知识的积累、传播有所贡献的人。近三百年来，世界历史的发展，可以说为培根"知识即是力量"的一句话作了证。而人类整个历史的发展，却也为"权力不能代替知识"作了证。历史上曾有多少人，想以权力去抹煞知识、代替知识、伪装知识，但在时间的考验中，几乎都得到无情的反结果。这种情形，我称之为"知识的不可干扰性"。没有这一点，则古今中外穷苦无告的学人，乃至艺术家们，不会死后终有出头之日。先把这点弄清楚了，则任何做官的人，可以作知识上的努力，但任何做官的人，不必动附庸知识、自充学人之念。发表了一千万字在知识上是假话、是废话的东西，没有办法可以代替一千字乃至一个公式，在知识上是真的东西。我们面对极权主义的宣传洪流，而依然可以为人类前途安心者，正在于此。

知识可以写在书本上，但知识的"现存性"必须由学人来代表。任何国家的政府，不可能都由学人来组成。但政府的性质及其效能，却可由它对学人的态度，尤其是看学人对政府所能发生的作用，而作一种衡量的标准。因此我们政府年来不断邀请流寓在国外的学人返国，加以招待，这含有对学人尊重的意思，是非常难得的。

政府对学人的尊重，并不须要像捧影星、歌星、舞星的那一套。虽然今日的学人，不致像笛卡儿样，因为一位女王热闹的招待而损害健康，促短寿算，但真正学人的心情，一般说来，多半是平稳而冷静的。他需要的是，人与人间的诚意，及合于他的生活、知识的合理安排。同时，政府对学人的诚意，对知识的诚意，必须在由近而远中得到证明，这即是所谓"请自隗始"。假定在自己的治下与自己血肉相关的学人，得不到是非上的保障，得不到人事上的合理安排，而使其含冤受屈，谁又能相信它对远在异国的学人，对没有血肉关连的学人，真会有尊重的诚意呢？

谁是真正的学人？谁个不是？这在落后地区，对人文科学方面而言，甚至对社会科学方面而言，常常只有在时间之流中，让干扰的因素澄汰下去了，才能加以论定。但在自然科学方面，却是容易决定的。我不是学自然科学的，对这一方面的行情，不十分清楚，但在我所认识的朋友中，林致平先生在数学上的成就，可以算是硬棒棒的事实。而他的历史，一直是与政府血肉相连的历史。民国十七年，胡、陶赶走了唐生智，取得湖北省的政权，很快便电请北大教授王世杰先生当教育厅长，王先生自己不干，另推荐一位在清华教书的刘树杞先生当厅长，而他自己去当武汉大学校长。这即说明，在正常心理状态之下，大学校长的地位，比教育行政主官的地位更为重要。教育行政主官的地位，不得已而可以打折扣，但大学校长的地位不应打折扣。这些年来学术上的不幸，是有的大学校长在人选上已经大大地打了折扣，但林致平当中兴大学校长，不算打了折扣。政府纵使不尊重大学校长的地位，将大学校长视为"赵孟之富贵"，但政府无法动摇一个人的学人的地位。政府可以不要林致平当中兴大学校长，但在礼貌上、在手续上，总应当有一点合理的安排。四月十九日，中广公司广播林校长辞职；二十日，《中央日报》上独家加以报道；林致平看到报纸消息后，赶写辞呈；廿一日星期天，廿二日辞呈上去，二十三日照准批下来。这种手法，对于任何人都不可以，而台湾却以之来对付一位大学校长，对付一位学人。这令人作何感想！过去专制时代，掌制诰之臣，为皇帝拟对臣下的敕令，除了当时流行的规格以外，在措辞上，没有不保持礼貌的。这在许多文集中可以查考。但此次教育厅所发表的对林致平的报告书，通篇皆称之为"林员"，这种由衷地对大学校长及学人的轻蔑心理，竟弥漫于主管教育文化的机关，然则在今日的台湾，究竟在什么地方才可以得到对学人的尊重、保障呢？"兔死狐悲，物伤其类"，此一趋向，政府应当加以反省，一切知识分子也应当加以反省。至于由这一套手法而会把中兴大学推到什么方面去，这不是我的处境所应当加以分析的。

一九六三年五月九日《征信新闻报》

论智识分子

言论的责任问题

有一群自称为"现代的青年",创办了一个刊物;开宗明义宣称他们只追求个人生活的快乐,而不接受任何价值判断,或规范意识。我看完后,立刻发生两点感想:第一,他们生活的快乐,是他们每一个人在孤岛或孤洞中去追求呢?还是在人与人的群体生活中去追求呢?一片面包,一条短裤,四叠半席的房子,都是一连串的社会关系中的产物,他们难道说连这点常识也没有?不承认某种价值判断,或规范意识,则起码的社会秩序如何维持?他们的快乐从何处获得呢?第二,没有价值判断,便不可能发生"人的行为",不接受任何价值判断,唯我独尊,这是一种生活态度,所以依然是一种价值判断。这批人,既否定了一切价值判断,当然也没有权利要求社会接受他们的价值判断。然则他们为甚么要向社会发行刊物以宣扬自己的"反价值"的价值判断呢?这完全是缺乏起码的责任感的言论。

还有一家大报,公开宣称它从来不曾想到他们的言论要影响社会和政治。由此可知这一大报的言论,完全是为了个人的发泄,以个人的发泄来换取稿费。我当时想到该大报为什么一笔取消了它过去的历史,及今日所处的特殊地位?即使是一家普通报纸,既对社会问题、政治问题,提笔写了文章,而根本不考虑到社会、政治所发生的影响，这实际是存心传播毒素，以毒害社会与政治。这种公开标榜没有责任感的言论，乃说明报纸、杂志的极端堕落。

有人拿自由来抵抗责任，也有人拿责任来抵抗自由。其实，没有自由的责任，是奴隶的责任，结果也一定会取消掉责任。没有责任的自由，是暴乱的自由，结果也一定会取消掉自由。自由与责任之不可分，这是人类生活的长期经验事实，不需要甚么特定理论来加以论证。我在这里应特为提出的是，报纸、杂志的言论，十之八九，都是涉及作者个人以外的"共同问题"。对共同问题若没有"共同的责任感"，便没有开口、提笔的资格。为了要在言论上尽到共同的责任，而受到无理的压制、干扰，这便应当争取言论自由，言论自由也才有价值；根本对自己的言论没有责任感的人，有什么资格去谈言论自由？并且在这种情形下之所谓言论自由，也自然便成为可有可无之物。所以没有言论责任感的地方，也根本不会严肃地争取言论自由。于是大家只利用社会的麻痹与弱点，各人发抒各人的无意识界。而其总结果，必然是大混乱、大清算。

上面的一段话，对于文化水准较高的地方来讲，有如"肚子饿了应吃东西"的同为废话，实在可以不说。以下，我假定大家承认"言论应有责任感"的前提之下，试提出如何构成责任感的具体条件。

第一个条件，是首先应想到自己的言论，是否可以在自己乃至在自己家庭的正常生活中实现。假如执笔的人以此鼓吹社会，是否也以此来鼓励自己的家庭？最简单的例子，有一家杂志，鼓吹初中女生，应当勇敢地爬上男老师的床上去。是否这家杂志的负责人，确实希望他自己十五六岁的孙女或女儿便是如此？或者

　　　　　　　　　　　　　　　　　　论智识分子

已经如此之后，而希望自己世世代代的小女孩都如此？假定这种人——只要他是一个人——能切身做这种想法，我想凡类似于这类的言论，总不至像目前这样的猖獗吧！

第二个条件，便应想到自己的言论，是否可以在社会大众正常生活中实现，实现以后的结果，到底如何。这种预计，虽然是相当困难，甚至也难期正确；但只要有这种预计之心，下笔时便自然会平实慎重了。由此更进一步，对自己的国家民族，应当抱有由人类历史教训而来的理想、前途下常常想到自己的言论，对于此种理想、前途，到底发生甚么影响？范仲淹为秀才时，以天下为己任，这是历史中很特出的人物。但在报纸杂志上立言的人，其职业的性质，必然应当以天下国家为己任。由此而产生积极的言论责任感，由此而产生积极的言论自由的要求。

再就作者编者个人来说，首先应知道每一个人的知识是非常有限的。尤其是我们这一代，乃至三十岁以上的人，多没有受到严格而完全的教育。同时，一个人假定有机会经常发表言论，这只说明此人是处于吐出的多、吸进的少的状况，简直难有储蓄知识的机会。"知识"是由人类艰辛积聚，并且积聚到现在，每一部门，其深、广，有如一个大海。当一个人想到自己的言论，对于所必须涉及的知识，该是如何浅薄、渺小时，便怎好不认真地读点书、找点材料？而下笔时又怎好不特别使自己的话，说得严守分际呢？

更重要的基本条件，便是应认定"说假话"是可耻、是没有人格、是斯文扫地的勾当。目前打着招牌说假话的风气太盛了。还有打着"科学"、"西化"的招牌，而大讲假话的一批人。此一风气，由大学的教室走向社会，走向报纸杂志。没看过的东西假装看过，不懂得的东西假装懂得；人家本来是说向东的，却以胡闹的方式，指人家是说向西。只要嚷得声音大、骂得下流，便认这就是科学化了、西化了、现代化了。殊不知凡是值得称道的人与事，没有不是在"信"上立基的。如"以实之谓信"，这是科学精神最基本的内容。而一切的黑暗、丑恶，都来自说假话，都以说话为遮掩的手段。所以不论古今中外，无不以说假话为罪恶之渊薮。言论界不把此种恶风扭转过来，不对说假话的人，去追根究底，则一切都将无从说起。

我是很了解立言之不易的一个人。尤其是衰乱之世，社会的变态心理，经常压倒正常的心理。所以凡是代表变态心理的言论，便最易哗众取宠。而凡是出自有责任感的言论，一定是平坦真实的言论，大家反认这是老生常谈。于是办报纸杂志的人，便不能不考虑到销路的问题了。但我们到底应当在变态心理中求生存、发展呢，还是应当在正常心理中求生存、发展呢？因此，言论的责任问题，我希望立言者与社会读者共同负起这种责任。

一九六三年十月二日《征信新闻报》

　　　　　　　　　　　　　　　　论智识分子

聪明·知识·思想

这是我十年前所想写的一个题目。因为不曾酝酿成熟，所以一直没有动笔。但这也可能是永远不能酝酿成熟的题目。因目前有不少的感触，只好胡乱地写了出来。

我所谓的聪明、知识、思想，其内容都是由我自己加以规定的。我写此文的目的，在想说明聪明的人，并非即是有知识的人。有知识的人，也不一定是有思想的人。假定说思考是人的特性，而思想是思考的成果，则应了解其中需要费一番艰辛的努力，才可以把此种特性发挥出来，得到真正的成果。而人世间许多不幸的问题，多半是出在有不少的人，把自己的聪明当作了知识，当作了思想。

聪明和知识，可以从几点加以区别。首先，聪明本身的特性，是对环境的直接而迅速的反应。知识则不仅是对环境的反应，还要进一步去观察、分析、检证，才可以得出结论。第二，应用聪明的人，其动机是在环境反应中直接保护自己的利益，这是所有动物的本能。为了保护自己的利益，当然也要注意对象，了解对象。但他们所注意、所求了解的，是仅以人为对象的心理状态。而这种心理状态，又只限定在直接与自己利害有关的一点之上，决不想在对象身上找出一种超对象的可称为客观的法则性的东西。

所以再聪明的阿谀者，即使他对他的长官所作的揣摩，无微不至，但他自己决不会因此而建立出某种心理学来。求知识最高的境界，是将个人现实上的利害置之度外，"为知识而知识"。其次，即使是以知识为达到个人利益的手段，也只是由知识的客观效用而来；在求知识的过程中，依然是忘我的精神状态。同时，求知识的对象非常广泛，不仅以人为对象，即使在以人为对象时，也不考虑到被研究之人，和研究者有什么直接的利害关系。而研究的目的，在求出与现实直接利害无关的某种客观的法则性。这种法则性是超越于某一具体对象之上的。第三，由聪明所加于对象上的评判，都是虚伪而违反"是非"之公的。这只要想到希特勒和史达林的党徒，对其主子、其敌人所加的评价，便可以了解。因为以自己的利害代替客观的是非，是"聪明人"的金科玉律，并且在聪明人的自身，对于自己的所作所为，也并不认为是真实的；所以历史上最喜阿谀的人，多是两面的最不忠实的人。"但说相思莫当真"，这是妓女的心理描写，也是一切聪明人的心理描写。所以聪明人不仅没有知识，而且也没有性情。"不诚无物"，在历史的证验中，由此种人所造出的结果，真是一无所有，最后连自己生存的空间也会没有了。中共骂赫鲁晓夫现在反史达林，而过去却对史达林不断表示过无限的忠诚，意思说赫鲁晓夫无人格。其实，赫鲁晓夫听了会哂之以鼻地说："你这群蠢才，到现在还不明白在极权政治下所产生的聪明人的辩证法啦。"在极权政治下的思想、政治训练，都是产生大批聪明人的训练。求知识，则不仅认定凡是可称为知识的，必有其客观的真实性，而且求知识的人，也必须出之以真实之心。"真实无妄之谓诚"，诚是道德的必需条件，也是知识的必需条件。

聡明人的成就，是一般所说的"人情世故"。以恭维人来保护自己，固然是人情世故，以骂人来达到恭维，可以祸福于自己之人的手段，也是人情世故。"人情世故"也不一定完全是坏的，也不一定是反知识的。但一味在人情世故中讨生活，甚至把人情世故冒充知识，则必然是反知识，也反道德的。为什么许多人在本国不能成为科学家，出国后反而容易成为科学家？若说这完全是设备的关系，难道爱迪生们所能利用的设备，比今日大学教授们所能利用的，会完全一些吗？我认为最主要的原因，在国内的人，多半是在人情世故中讨生活，否则混不下去。出国后，尤其是到欧美后，虽有人情世故，无所用之，便只好把聪明用在求知识上面。并且这十几年留学生在学问上的成就，远过于过去一切留学生的成就，是因为过去留学生的目的，在于回国以后过金字招牌的人情世故生活，而这十多年来留学生的目的，在于能在欧美住下去。要住下去，便只能靠知识而不能靠人情世故。在国内少数有成就的人，多半是不通人情世故，环境与内心，多有孤独抑郁之感的人。这说明我们乃是适宜于培养聪明人的国度，而不是适宜于培养知识人的国度。中国要使科学在自身生根，必须在风气上有一大转变，使聪明人与知识人，互换其生存的政治、社会的环境。

专门在聪明中讨生活的，可以举出三种典型，一是酒家女，二是江湖客，三是中国式的官僚。三者中以官僚的毒害为最大，因为他们经常要发挥自己的聪明去"训话"、"讲演"，使人相信他们的聪明即是知识。其实岂仅吹、拍、诈、骗，是聪明而不是知识；即使把科学化成标语，在口里成天地乱喊乱叫，一样地是聪明而不是知识，其为害较之一般的人情世故为更大。例如教育部长黄季陆先生，他年来正大力把台湾的大专教育，驱向聪明之途，让最缺乏师资、设备的学校，收最多的学生，把录取的总平均分数，降到七十分。这固然是他的大聪明，因为他由此而可以广结善缘，出卖任何人也做不到的人情世故。但这是表示他有教育学上的知识吗？他又学新闻记者"打高空"的办法，不断地说建立空中学制，中国人要由在美国的李政道、杨传广们代表，在三年内放几个飞弹到太空去；最近又来一个"现代中国人运动"，把中国人分为两种，学科学技术的是尊贵的或者是头等的"现代中国人"，此外，则是卑微的或者是次等的落后中国人。每当黄部长摆这一套摩登的龙门阵时，我想，他的眼光会向四围一扫，心中觉得国内国际"该有多少人恭维我是一个前卫的科学教育大家呵"！的确，这是历任教育部长所不及的大聪明。但他说这些话能表示他有一点科学知识吗？欧美的科学技术，是一个口号兴盛起来的吗？现在的台湾，有哪一位青年不愿学科学、技术，而要黄部长用一个口号来提倡？有的没有进大学的机会，有的没有进现代化的工厂的机会。即使有进大学的机会的人，因为师资、设备、教材等问题，也不容易学到一点什么，这才是作为一个有知识的教育部长所应当埋头努力的。不通的口号，要算是老几？在计划化的国家，要提倡什么，是决定于它的具体计划。在自由的社会，要提倡什么，是决定于各种市场的出路。而市场的出路，也要经过一番苦心的安排。断没有因为要提倡什么而牵涉到基本人权之理。一个人，只要他所操的是正当的行业，而又不曾因犯刑法而遭剥夺公权，其人格便一律是平等的。"现代中国人"假定不是表示特别尊贵，何以会与提倡科学技术发生联想？若表示是特别"尊贵"，则研究文学、艺术的，乃至最大多数的商人、工人、农人，他们在所得的报酬上，可以比研究科学、技术的人少，但为什么

　　　　　　　　　　　　　　　　　　　　　论智识分子

在人格上要比他们低一层？假定摆龙门阵不算科学、技术，则黄部长凭什么资格来当此一"现代中国人运动"中的教育部长？他既不是李政道，也不是杨传广，却常常出席国际会议，却代表什么呢？一个人有没有科学头脑，是要由他所说、所处理问题，是否合乎合理的操作程序来加以检证的。靠口号来骗取小孩子们的同情的时代，应当早成过去了。

再举一个例吧，桃园、台北在九月十二日的台风中，许多地方给水淹了，大家认为与石门水库的放水技术有关。于是执行长徐鼐厉声厉色地提出"二千年前的水纹"科学根据来，以标明他们了不起的科学知识，反击埋怨他们的人不懂科学。但石门水库的"迁建新村"，是把住在预备要蓄水区的人民，有计划地迁到安全区的措置。在决定迁建地点时，难道科学叫他们不必把可能的放水量计算在内？这次一开闸放水，而首先随波逐流以去的，即是执行长们所计划的迁建新村。拿两千年前的水纹来抵当人命财产的损失，这太聪明了。可惜，太聪明并不能代表知识。

一切问题的中心是在知识。但一个人有了某种知识，不一定便有了思想。这是一个相当复杂的问题，现在只简单提出两点。第一，片断的知识，可以作为构成思想的材料。但说到"思想"，应该是有系统而构成比较完整的一套。若以为片断的知识即是思想，结果，便常将片断的知识，作过分的推演、扩充。一切的混乱、纠纷，常由此而起。凡是学科学的人，都可以得到若干知识。但只有第一流的科学家，到了晚年，才可说他有了比较完整的知识系统，因而有了"科学思想"。知识的内容比较狭，所能解释的范围比较小；思想的内容比较广，所能解释的范围比较大。

第二，知识是客观的，知识对于其所由以产生的对象，负有解释之责，但对于研究者的"人生"，则常不负什么责任。有的人，有了某种科学知识，但他的行为则常与他的科学知识相反，正说明此种事实。我以为把客观的知识，不仅用到技术方面，而且加入人的主体性，使其与人生关连在一起，以形成所谓"人生观"、"历史观"、"世界观"，这才可称为思想。因此，古今中外的所谓思想家，出在自然科学方面的比较少，出在哲学方面、人文科学方面的比较多，或者和此一规定有关系。思想应当是由系统的知识而更加入人的主体性所形成的。若更许我说冒进一点，知识与良心之和，事实判断与价值判断之和，这才是我所说的思想。所以知识不一定可以形成人的行为的动机，也不一定能给"人生"以照明的作用。知识进而为思想，最低限度，知识而带有思想的性格，才可以形成人的行为动机，给人生以照明的作用。

人类行为的方向，是在思想中统一起来的。人类的分裂，也可以说以由思想而来的分裂，最为深刻。二十世纪的严重问题，都有思想的分裂作它的背景。因此，有不少的人，便主张"知识技术化"，而反对有系统的人生观、世界观。其实，知识、技术，可以照明机械，并不能照明人生。二十世纪是科学技术飞跃的时代，却同时也是思想沉沦、人生混乱而幽暗的时代。科学文化，是现代文化的指标。但美国是能产生知识、技术的国度，却不是能产生思想家的国度。没有思想作内容的人类繁荣到底能支持多久，总有些疑虑。

脱离了知识的思想，固然会发生灾害。但人类要有前途，依然还要靠人类自己的思想，决不可因噎废食。至于把聪明和私欲，裹胁在一起，以大发其梦呓的，有如南越的吴氏家族之流，这是落后地区的所谓思想，其中没有一点知识的成分在里面，那当然是不足挂齿的。因此，我的最大待望，是下一代的人（我对自己的这一代，早失去了信心），把自己的聪明用向知识，而不必浪费到人情世故方面。更由知识而进入思想，或接受不断受到知识的考验、补充、修正的思想，以照明自己的人生，照明自己的时代。反知识的弊害，是显而易知的。反思想的结果，常常是以更糊涂、更不合理的思想来处理自己，干扰社会。人的生活，总是要求统一而谐和的。任何技术化的知识，都负不起这种责任。这是每一个人可以当下体验观察出来的。

一九六三年十一月一日《民主评论》十四卷二十一期

如何读马浮先生的书？

中国当代有四大儒者，代表着中国传统文化的"活的精神"：一是熊十力先生，一是马浮先生，一是梁漱溟先生，一是张君劢先生。熊先生规模阔大，马先生义理精纯，梁先生践履笃实；张先生则颇为其党所累，然他将儒家之政治思想，落实于近代宪法政治之上，其功为不可没。后起者则有唐君毅、牟宗三两先生。唐先生是属于仁者型的，牟先生则是属于智者型的。这是我年来对我国学术人物的粗浅看法。

马先生因为自青少年时，只是黯然自修，不求闻达，所以很少为一般人所知道。我只于三十七年春，在杭州仓卒见到一面。现在手头保有他的著作，计为《尔雅台答问》及《续编》、《复性书院讲录》、《蠲戏斋诗前集》、《编年集》及《辟寇集》。此外，便是由他所选刻的十余种儒林典要。广文书局已将熊先生一部分著作印出，现更决定将马先生的《答问》及《讲录》影印，这是对文化学术的一大贡献。

以书札论文论学，是中国学人的传统。然若非所积者至深至厚，触机便得，则多为门面肤泛之谈。以书札论文者殆无过于韩昌黎、姚惜抱，以书札论学者殆无过于朱元晦、陆象山。今日尚保持此种传统，而文字之美，内容之富，可上比朱元晦、陆象山诸大儒而毫无愧色者，仅有熊先生的《十力语要》，及马先生的《尔雅台答问》。盖《语要》、《答问》，虽非系统的著作；但熊、马两先生皆本其圆融的思想系统，针对问者作具体而深切地指点提撕；其中无一句门面话、夹杂话及敷衍应酬话，可以说真是"月印万川"的人格与思想的表现，对读者最为亲切而富有启发的意味。至于马先生的《讲录》，则系镕铸六经，炉锤百代，以直显孔、孟真精神的大著。

凡是看到马先生所写的字，所作的诗的人，只要稍有此一方面的修养，便不难承认这是当代第一流乃至是第一人的手笔。对马先生的《答问》，也容易感受到他的文字之美。独对于他的《复性书院讲录》，恐怕容易发生扞隔，觉得马先生对古典文义的解释，与一般言训诂者不类；这是我在这里想特别提出谈一谈的问题。

大家首先应了解：马先生是一个博极群书，精通训诂校勘之学的人。并且他对西方哲学，也有基本的了解，所以从来不为附会之谈。今台湾大学中文系名教授戴君仁先生，曾亲炙马先生之门，尝谓："中国历史上大学者，阳明之后，当推马先生；故谓之当代之朱子可也。"按：马先生之鸿博似朱子，而朱子用心危苦，马先生则意境圆融。至其学问归宿，则近阳明而不近朱子。在马先生的《讲录》卷一中，他专列有"读书法"一项，这是《朱子读书法》以后很精密的治学方法。读者应以马先生所说的读书法来读马先生的书，则自不致发生扞隔之病。但我想特别提醒的是：读书是为了探求义理，而中国古典中的义理，常是凭人凭事，触机而发。人与事所逗出的机，常限于某一时间或某一方隅的特殊情况之内。在某种特殊情况下所显的义理，亦常为义理的"殊相"，而非义理之全。义理在特殊情况下所显出的殊相，对义理本身而言，也可以说是一种制约；这种制约，也可以挟带着历史的夹杂，因而使人不易见义理之纯。纯与全，本是不可分的。例如《论语》孔子答司马牛问仁是"仁者其言也讱"；连司马牛也不能不怀疑地再问"其言也讱，斯谓之仁矣乎"？于是孔子便再深一层地说出"为之难，言之得无讱乎"？但这依然是仁对司马牛所显的殊相，而非仁德之全。必须层层地探下去，探到"天下归仁"、"渊渊其渊，浩浩其天"的境地，而仁的"全"与"纯"始显。马先生的立论，便常是从殊相以直探全相，汰夹杂以直显纯真。所以他对古典的解释，常是直举其究极之义。此其一。

又如某一观念，它所含的完成的意义，常须在历史发展中始能一步一步地展开；我写《人性论史》，便是把这种展开的历史，清理出一个比较清楚的线索。但马先生却把这种展开的历史线索略过了，一针到底地把完成之义，显了出来。例如《洪范》中所谓之帝、天，本来是宗教上的意义。由周初所开始的宗教转化，到孔、孟而始完成；到程明道、陆象山、王阳明而更为显透。虽有时仍承用帝、天之名，但帝、天实皆由自己的心、性所上透的德性而显；如实言之，帝、天实扩充到极其量的心性。这是中国文化发展的大方向及最后的到达点。马先生在其《讲录》的《洪范约义》中，便把此种历史发展之迹，完全略过，而简捷地说"帝、天皆一性之名"；这站在历史的观点说，便会觉得有些问题。此其二。

我们若了解到上述的情形，便应当了解到马先生所说的，都是扣紧中国文化精神纯真的本质，及全相以立论，把中国文化精神，从历史的夹杂与拘限中超脱出来，因而使读者能与其本来应有的面目照面。所以他所说的每字每句，皆有其真切不移的意义。

　　　　　　　　　　　　　　　论智识分子

读者若能虚心体玩，深资自得，再由此而读古人典籍，便有明镜在心，左右逢源之乐。此时更可将许多捕风捉影、恫吓悍蔽之谈，一举扫尽，岂非天下一大快事！

归根到底地说，中国传统的学问，乃是一种"心学"，此不仅对陆、王之学而言。黄梨洲在《明儒学案》序中说："心无本体，工夫所至，即其本体。""无本体"云者，乃说明心是一种无限的存在；因而中国的学问，也是无限的学问。各人工夫所至有不同，工夫之所从入亦有不同。故所得因之而异。但只要真是由一己工夫之所至以言中国的学问，虽所言者未必尽同，而其为真实则一。因此，马先生与我前面所举的几位先生的著作，可由其同者以证中国文化的会通，由其异者以证中国文化的美富；读书非至深造自得，对此即不应轻生差等之念。而我把自己这种伧俗庸俚之言，写附在马先生深纯雅厚的文章的前面，真如佛头着粪，我自己会感到非常惭愧的。

癸卯九月二十日后学徐复观谨志于东海大学之寓次

又：我对马先生学问的了解，与戴君仁先生稍有不同，自应以戴先生所说者为确切可据。戴先生特为此写了一篇《后记》，这是非常难得的。

一九六三年十月八日复观又志

一九六三年十一月十六日《民主评论》第十四期第二十二期

吴稚晖先生的思想

一

当中国新闻出版公司出版《中国文化论集》以庆祝吴稚晖先生的"九秩荣庆"时，我暗地里想，假定这本论集中不从蔡尚思、侯外庐之流借用几篇文章，吴先生虽然世故已深，口里不至骂了出来，但可能增加他心里的不快，会影响到这位老人的健康的。现在读到胡适先生《追念吴稚晖先生》的大文（《自由中国》第十卷第一期），觉得这才如伯牙之吊钟子期，可使吴先生含笑于海底。

二

吴先生的生命力，表现在他的特异的思想和反共上面。吴先生思想的性格和内容，胡先生作了最扼要的叙述。对于吴先生的反共，胡先生更作了郑重的推许。但我要指出，吴先生的反共，恐怕出于感情的成分为多；若就吴先生思想的性格讲，就他所追求的目标讲，并不一定会反共。在这一点上，假定一直到现在还没有一个清楚的认识，则我觉得在思想文化上没有真正反共的根据。

　　　　　　　　　　　　　　　　论智识分子

共产党的独裁政治，主要是从它的思想来的。但是，难道说共产党的思想一点道理都没有吗？能说它不是时代思想之一流吗？能说它是要反对科学，反对工业化吗？它自然是反民主，但它说你是假民主，它才是真民主。若说它反对自由，它说在它所追求的共产世界里才有真正的自由。若说它不知道"大胆的假设"，它的共产世界不是来自"大胆的假设"吗？若说它不知道"小心的求证"，它一整套严密的理论和计划的行动，它的"检讨"、"调查"、"纠正偏差"等，不都是在毛泽东"实事求是"的号召下，彻底地求证吗？老实说，在思想内容上要想完全与共产党划分一个绝对不同的世界，在这种绝对不同的世界里去反对它，这只是一种幻想。共产党的毒，不是来自它的思想之绝无理由；假定是如此，它便不会鼓动一世。它的毒，乃来自把自己的一分理由夸张为十分的理由，一面的理由夸张为四方八面的理由。换言之，共产党的毒，是来自其浮夸、独断、标榜、抹煞，逞一时之快，作极端之论。而这，正是民初以来，尤其是五四以来由吴、胡诸先生所代表的风气。在此风气之下，只有出一个共产党，才算是开花而又"结果"。

三

中国文化岂无流弊？线装书岂能完全解决中国问题？人人何必一定要读线装书？但吴先生硬要说是"臭东西"，硬要"投入毛厕里"，硬要把中国的道德和"鼻泪眼泪乱迸，指甲内泥污积叠"连在一起，而证明其为"低浅"。这种结论，是用逻辑推出来的吗？是在线装书中发现有把"鼻泪眼泪乱迸"说即是道德吗？

胡先生称这是"很大胆的东西文化比较的论断",大胆是大胆,但这是经过了思想训练、学术操作而来的吗?是"实事求是"的说法吗?大家今日骂共产党把线装书作造纸原料,骂共产党焚书;"臭东西"为什么不可以焚?共产党把线装书变为造纸原料,比丢在毛厕里,不更为"实事求是"吗?大家骂共产党把"人"当作"物",因而不惜残暴地斗争清算;但吴先生把人生看作"那两手两脚戴着大脑的动物在宇宙的舞台上演他们的戏",这比共产党眼里的人更有半丝半毫价值吗?大家骂共产党统治下是"纯物的世界","纯物的世界"自然没有自由;但在吴先生"开除了上帝的名额,放逐了精神元素的灵魂"的世界里,又是一种什么世界呢?古今中外的学说,是谁说过灵魂是精神的元素?吴先生这种捕风捉影的乱谈,比共产党的党八股高明吗?吴先生"黑漆一团"的人生观、宇宙观,比共产党的唯物世界容易透气吗?"实事求是,莫做调人"八个字是好的。但我要指出,只有知道学术甘苦的人,才能知道每一学术的界限,知道自己在学术面前的分寸。只有知道这种界限,知道这种分寸的人,才能实事求是;只有在实事求是之前,才说得上不做调人。并且实事求是的人,只问是不是,无所谓调人不调人。假定追求探索的结果,而发现"是"乃在"原来之我"的反面,此时只有掉转身来,"纳头便拜"。假定发现"是"乃在各个不同的领域之中,则只好恰如其分地在各领域中各个加以承认。前一类的好似佛教的"回向",后一类的则正是康德的批判精神。

四

吴先生们，都是有聪明而又有机遇的人。因为有聪明，所以容易有时代的嗅觉；嗅到中国文化的流弊，嗅到中国文化之有所不足，嗅到中国必须尽量吸收西方文化，嗅到一般读书人的腐朽和一般青年的苦闷；于是以其聪明的口舌，名士的气质，把自己所嗅到的，不经过学问的纯化，即发为毫无分寸的快意之谈。当时他们年纪很轻，本来也无所谓。他们可以由此聪明的嗅觉，进而切实从事于学问，以完成他们开风气的任务。但不幸，他们一哄而成为思想的权威，思想的指导者。这样一来，他们自己便停顿在这种聪明的嗅觉上面，在学问上再无所成；围着他们团团转的人们，更假借他们的声威，掠取他们的余响，去唬吓旁人，争取地位，连吴先生们原来的一点聪明嗅觉也没有了，因而成为空虚的文化界中的垄断势力。他们开风气的作用，至此遂一变而阻塞了风气，结果，形成了这一代的文化虚脱的现象。而吴先生的"现在鼓吹一个干燥无味的物质文明，人家用机关枪打来，我也用机关枪对打"的志愿，吴先生自身没有实现，共产党倒实现了。

五

我年来深深地体认到，凡是自己觉得自己业经成了权威的人，不论在政治上，或学术上，都非逼上乱说的路上去不可。因为自己既是权威，便很容易把自己所说的话，当作万应灵符，漫无限制地加以夸张推演，有一分意义的，硬说成有十分意义，于

吴稚晖先生的思想

159

是九分便是假的，便是乱说了。例如胡先生们所提的口号，"大胆假设，小心求证"、"小题大做"、"上穷碧落下黄泉，动手动脚找材料"等等，都有一部分道理。并且这些口号之提出，都是矫正某种毛病，因而有它某种时代的意义。但是胡先生们把这些口号太夸张了，认为这些口号概括了科学方法、治学方法；于是，这些口号几乎都变为阻塞科学前进的障碍。科学中的假设，无一不是先经过严密的探讨、操作而来。只有这样，才能成为科学的假设。学问的真正工夫，开始正表现在达到非有此一假设不可的这一过程之上。所以这种假设，是已经过了真实的学问工夫所提出的"可能性最大"的假设。提出科学的假设，值得称为科学的假设，谈何容易！胡先生之所谓"大胆假设"的"大胆"，不知意何所指？胡先生因《聊斋志异》上有怕老婆的文章，而假设《醒世姻缘》是蒲留仙作的，大胆算是大胆，若说是科学的假设，那未免太笑话了。中国怕老婆的故事多得很。纵然胡先生真的找到证明，那也是偶合。真正的科学者，恐怕不会在这种基础上去成立假设。大学的学生，不论做哪一门学问，若先从"大胆假设"下手，他们将根本不能下手。而科学方法，便先要告诉人一个可确切下手的地方，有如演几何之先从自明的公理演起一样。又如"小题大做"的"小"和"大"，又是什么意思呢？按着应有的步骤，一步一步地弄清楚，弄清楚了一步，再向前走一步，步步踏实而不蹈空，这是一般做学问的态度。任何学问，都有"起步"之处。起步之处，不可以称之为"小题"；一步一步地弄清楚，这也不能称之为"大做"。假定真正是小题而却要大做，结果必流于夸诞。中央研究院历史语言研究所的先生们，除极少数者外，结果无形间走入于找冷字僻典的路上去。许多大史学家，都承认史材的选

　　　　　　　　　　　　　　　　　论智识分子

择，多半出于当时的时代精神，并且这多是出于不知不觉的。从这些先生们"小题大做"的文章中，你能发现一点点时代精神的反映吗？所以我说这是爱用冷字孤典去吓人的四六家。年来关于较好点的史学方面的著作，多出于此一研究机构以外，甚或为他们所排挤的先生们之手；恐怕是受此笼统的似是而非的口号的影响不小。

六

至于第三个口号，是着重多找资料，当然是需要的。但找资料，保存资料，并不就是学问。由找资料而走到选择资料，才开始了学问的行程。选择资料的本身就是真正的整理资料；也由此而可以不仅是整理资料，以成其为"学"。"上穷碧落下黄泉，动手动脚找资料"，只算是两头不到岸的口号。弄聪明、喊口号的时代，应该过去了。大家应在真正时代感触之下，不要自己封锁自己，"实事求是"的做点真正学术的工作，解答时代所给于我们的难题；而不可漫无限制、漫无分寸地乱喊口号，乱下断语。我再重复地说，"实事求是"地第一表现，是知道每一学术的界限，知道个人在学问面前的分寸，因而先把自己所信所学的，清清楚楚地拿出来，对于自己所不信不学的，能"批判"便"批判"，不能批判便采"慎言其余"的态度，而不要趁口快去打倒。近来最坏的风景，莫大于漫无分际的胡说。最近我偶然看到一篇妙文，列起比较表来硬说希伯来精神与共产主义完全是相同的东西。果如此，则共产主义早已征服了人类的大部分，现在也征服了人类的大部分，我们怎能反对得了？说话趁一时之快，"眉毛胡子一把纠"，便根本无学问之可言，也根本不能反共。学问是表现在"知道分际"、"承认分际"之上。反共的思想，也是表现在"知道分际"、"承认分际"之上。共产党，才是一剖两开的你死我活的世界。人类所愿意住的，并不是这样的世界。

七

把思想学术丢在一旁，仅就吴先生的品格讲，我一样对他是非常地景仰，恰等于我虽然有时候从学术上批判胡先生，而依然是非常景仰胡先生一样。胡先生在学术上的成就，远过吴先生。其提倡白话之功，我承认有如但丁之提倡俗语文学。而其始终一贯的民主自由的立场，更应为国人所矜式。假定有人以为我是对吴、胡两先生心怀恶意，以致犯有不敬之罪，则是由于我主张说话应有分寸、应有分际的意思，也就是写这篇短文的主要动机，却在这篇短文中还没有能够表达出来，甚者或是明知故犯，那就使我会感到无限的惶恐和惭愧的。

附注：本文引用吴稚晖先生的话，都是从胡适先生《追念吴稚晖先生》一文中转引来的。

一九五四年一月十三日《自由人》第二九九期

纪念吴稚晖先生的真实意义

一

以政府的力量，动员全国的意志去纪念一个已经死掉了的人，不仅是因为被纪念者，在历史上留有确切可资断定的贡献，而且这种贡献，一直到纪念他的时代，对于纪念者所应努力的方向，还有其启发的意义。把这种意义，根据被纪念者可靠的资料，很明白地说了出来，让所有参加这一纪念的人，都能领受一份益处，这是文化界所应尽的责任。我们政府通令全国于今日（三月二十五日）悬旗纪念吴稚晖先生的百年冥寿，这是文化活动上的一件大事。但到现在为止，我所看到的纪念性的文字，几乎不是谎言，便是废话。这可以说是以纪念稚晖先生的方式，抹煞稚晖先生的真实的存在。例如前几天的报纸上说稚晖先生平生很爱弹词，所以为了纪念他，便应特别弹词给他"在海之灵"听，可是昨天（三月二十四日）的《中央日报》上刊有一位会弹词而又与稚晖先生有密切交往的某位先生的文章，证明稚晖先生生前并不爱听弹词，所以他根本不敢在稚晖先生面前提到自己会弹词的事，这即是最明显的说谎之一例。又如我读到稚晖先生是位"新儒学大师"这类的妙文时，读完后，不知写这类文章的人到底是在说些什么？与吴先生的平生志业，又有何关系？这即是很显明的说废话之一例。当然其中也有较好的文章，有如张文伯先生的一篇，即要算是好的，但这只是少数。我常想，作文的起码训练是叙述一个人的生活、思想，不仅仅不可以随意胡诌，并且也不可以泛泛地陈述为满足，而应当把某一人之所以为某一人的特点，表达出来，这才算"着了题"，才算及了格。例如国语运动，稚晖先生是出了一番气力的，但这是他和许多人所共同努力的事业，对于稚晖先生的生平固然有意义，但仍不足以代表他的特性。我为了使政府的这一伟大文化活动，有一明确的意义，所以便把我所了解的吴稚晖先生之所以为吴稚晖先生的特点，写在后面。

二

吴稚晖先生的少、青、壮年在文化方面的活动，正代表着此一时期许多的少、青、壮年，在对传统文化的绝望中，向文化天国（西方文化）求救的热情与念愿。这在历史的转变期中，常须经过这样的阶段，自然会出现这样的人物。但稚晖先生也和这一时代许多同类型的人物一样，自己的手并没有攀上文化天国的边缘，所以他的长寿的晚年，便"叶落归根"，过着魏晋名士型的生活。魏晋名士型的特色是：忘政治而不离于政治，在现实而又不滞于现实。

稚晖先生与中山先生，都要求中国的科学化。但中山先生在文化上毕竟是一个传统主义者，所以他重新提出尧、舜、禹、汤、文、武、周公、孔子的道统。而稚晖先生在文化上则断然是一革命主义者，所以他要把线装书扔到厕所中去。中山先生在政治上却是一革命者，他坚决地走向民主政治，并把民主政治与社会主

　　　　　　　　　　　　　　　　　论智识分子

义结合起来，以形成他的政治思想的体系。稚晖先生是无政府主义者，似乎比中山先生更革命一些，但那不过是口头上的主义而已。事实上，他和胡适先生的"好人政府"一样，只是一个政治的保守主义者。胡适先生是以谈自由主义而得到个人更大的自由，稚晖先生是以不谈自由主义而得到个人更大的自由。谈与不谈，在本质上同是属于魏晋名士型的自由主义。稚晖先生不仅始终是胡适先生的精神上的领导人，并且他对国民党的潜移默化的力量，在文化上实远大于中山先生。吴忠信先生曾亲自告诉过我，辛亥革命，克复南京之始，革命党人第一件事便是破坏南京的庙宇，那时候，忠信先生正当南京的警察总监。由此可知把线装书扔到厕所去，是那一时代许多国民党员的精神表现。国民党人，在科学的"迎头赶上"的这一点上，虽然辜负了中山先生的期待，但在私人生活上的西化，较之任何东方民族为彻底。今日台湾的精神领导，是西装加上羊皮书，与线装书无涉。饮水思源，每一人都不能忘记稚晖先生在这一方面的先知先觉的启示。不过，在文化上，他虽然是胡适先生精神上的导师，在成就上，两人虽然对西方文化都完全交了白卷，但以稚晖先生的聪明，他是有标榜摇喊的能力的人。但他晚年只埋头写自己的篆字，而决不作标榜摇喊的那一套，可见他对学问文化的良心，远不是他的追随者所能及。我想，稚晖先生最大的好处，便在于他不作欺人之谈。因此他应当是最讨厌讲假话、讲废话的人。尤其是稚晖先生中年以后的平淡天真的生活，实表现了中国文化传统中一种伟大的读书人的生活形态，与许多稍沾权势的人们的生活形态，可作一强烈对照。正因为如此，所以对于他早年过分革命性的文化上的主张，除了他的影响的好坏不谈，我们依然可以当作一位热情的时代青年的主张，与以同情的了解。

纪念吴稚晖先生的真实意义

三

稚晖先生的第二大特点，是他的"漆黑一团的人生观"。当张君劢与丁文江两先生开始了人生观的论战，而闹得难解难分的时候，正如胡适先生所说，以这位大将的一篇文章而告一段落。实际是吴先生的人生观，得到了许多人的共鸣，而收到最后的胜利。最低限度，在胡适先生的心目中，便是如此。

治学中的怀疑精神与思想中的怀疑主义，是不可混为一谈的。任何诚恳治学的人，一定会有怀疑精神。但怀疑主义，则即使在西方的思想史中，也只不过是不重要的一小枝派。稚晖先生的黑漆一团的人生观，乃是不可知论、怀疑主义的大胆的结论。这与科学无关，因为从漆黑的人生观中产生不出科学。把怀疑主义的人生观，在中国与科学结合在一起，这是中国科学发展中的最大不幸之一。这也是为什么以胡适先生这样地崇拜西方文化，但他连对西方的文学、史学也一无所知的最好说明。

但稚晖先生的这种人生观，对国民党而言，实发生了革命冲力的作用。假定认为人是理性动物，则行为会受到理性的制约，革命有时不能彻底。当一个人，承认自己是漆黑一团时，便可无牵无挂，把原始的生命力解放出来，横冲直撞，这即是革命的勇气。稚晖先生的人生观，正有这种大贡献。

不仅如此，稚晖先生的人生观，可以上承基督教的原罪，下启西方的现代精神。西方现代的实存主义、弗洛特主义、逻辑实证主义、超现实主义、抽象主义、意识流、深层心理等等，一言以蔽之，只是漆黑一团的人生观。所以提倡吴先生的人生观，岂仅可以加强革命的冲力，并且也有领导现代的世界精神的意义。

　　　　　　　　　　　　　　　　　　　　　　　论智识分子

四

稚晖先生的第三大特点，是对蒋公无条件的拥护。有人告诉我，连他在阿里山多住上一两天，都要向蒋公呈明，以免蒋公挂念。说到这里，可能会有人以为稚晖先生这一点上，给国民党人的影响最大，其实，事实上恰恰相反。稚晖先生是蒋公的前辈，但他拥护蒋公是不要官，不要钱，不要任何生活上的便宜、利益。此之谓真拥护。我看到许多蒋公自己乃至经国先生所培植的干部及其学生，能不要官，不要钱，不要名位，不占任何便宜，而会拥护到底吗？我在南京时，亲自看到许多干部，在为了争取中央民意代表的又叫又哭的闹声中，居然有人向一位负组织责任的先生喊着："我当了你这多年的走狗，你连这样的名义都不给我，以后的走狗还有人当吗？"国民党人，在稚晖先生的潜移默化之下，只有在无条件地拥护领袖这一点，丝毫不会被人觉察到，更不说影响了。一直到现在，大家只要有机会，便会狠狠地敲一记。

五

稚晖先生的第四大特性，是与他的人生观相对照的"人死观"，亦即是化灰沉海的人死观。人死观，可以分成三种类型：一种是以求死来了结人生的负担，或表示自己所能作的最后的抗议。小之如一般社会的自杀，大之如屈原的沉江。国民党中也有这一类型，有如陈布雷、戴季陶两先生者是。稚晖先生早年，也似曾抱过同样的态度。另一种是死则一了百了，对死后的安排，完全委之于后死者之手。这是一般人不期然而然的共同态度。再一种是对自己的死后，预先吩咐，要作一种特别的安排，有如汉杨王孙先令其子，"死则为布囊盛尸，入地七尺，既下，从足引脱其囊，以身亲土"，及稚晖先生要死后把骨灰丢到海里面者是。

杨王孙对自己死后的安排，据他自己说在积极方面，是要"归者得至，化者得变"；在消极方面是"不加功于无用，不损财于亡谓"。稚晖先生对自己死后的安排，用意到底是什么？还是认为在这世界上再无一有情之物，所以连人生的痕迹也不愿留下一点吗？还是自己谦虚之至，觉得一生对人世毫无贡献，所以最后不愿沾染一草一木吗？抑是故为奇特，便于纪念他的人生在神秘感中才有文章可做吗？这是都无从断言的。但有一点，却是可以断言的：他老先生决不会是以此暗示大家要准备蹈东海而死，因为我们不需要这样的一分勇气。

最后，报上说联合国文教组决定今年以稚晖先生和莎士比亚，作今年文化学术人物的隆重纪念，这和他们对胡适博士死后的决议，是同样的光荣。不过，对于莎士比亚，他们纵然没有读到他的剧本，也会看过由他的剧本所改编的电影。对于稚晖先生，我主张把他的篆书拿出去。我认为稚晖先生篆书的价值，远在胡适先生的《文存》之上。因为在文化上只论真成就，不讲假门面。同时，这种艺术作品，对于许多低能的人，决不致于发生欺骗的作用。

一九六四年三月廿五日于台中市

一九六四年四月十六日《民主评论》第十五卷第八期

自由主义的变种

　　最近有好几位朋友向我提到黄震遐先生在《民主评论》刊出的《漫谈美国保守自由主义的弱点》一文，是一篇难得的好文章。我仔细拜读后，深佩黄先生的洞察力与分析力。这篇短文，只算是读后的若干感想。（补志：黄先生生前文名甚高，为许多报刊拉稿之对象。他于五年前逝世后，他的作品，竟无人为之编集印行，人世炎凉，一至如此。特保存此文，以志感念。一九七八年十二月四日）

一

　　自由主义，是使欧洲中世纪进入到现代的脱皮换骨的基本精神力量。它造成此一任务，大体上经过了三个阶段。第一个阶段是打倒宗教的权威，以肯定现世的价值，肯定理性的价值；这里面并含有对私人财产观念的开放，及对知识开放的两大意义。第二阶段是打倒贵族阶级，以完成近代民族国家的统一，扫除资本主义初期所遇到的特权势力的障碍，并支持从商业资本主义所开始的各国对海外原料、市场的掠夺；这实含有强烈的国家意识、民族意识在里面。不过，当时主要是向罗马教廷的统治而斗争。第三阶段是打倒中央集权的专制政治，以法国大革命为标志，制定宪法，保障各种基本的自由权利。至此而自由主义的历史任务，可以说是大功告成。及时间进入到十九世纪的三十年代前后，而另一推动历史前进的观念——社会主义的观念，更以新兴之势，在自由主义最成熟的国度中崛起。

上述三个阶段，在事实上或许没有在概念上分得这样分明。而三个阶段的完成，因每一国家的传统与社会条件之不同，其形态也并不一致。但粗线条式的加以把握，应当没有差错。社会主义者把上述三阶段中的自由主义，概称之为资本主义的自由主义，以否定它今后存在的价值。但对于它扫荡中世纪封建社会的历史意义，则并未曾加以否认。

二

我们试想，若两次世界大战没有美国的参加，则自由主义发源地的欧洲到底变成什么样子？自由主义还是否在欧洲存在？不能说没有疑问。所以美国是欧洲自由主义的救星。而这种救星，和美国地理的环境及天然的条件，不是没有关系；这对自由主义的本身而言，多少带点偶然的性质。因此，社会主义对自由主义的看法，不是完全没有道理。

但是，第二次世界大战以后，可以说是自由主义复兴的时代。因为二十年来在一般知识分子心目中的自由主义，较之过去一百年间，更远为有力。这不是概念上的复兴，而是来自反自由主义的极权主义——共产党和法西斯，所给与于人类的残酷教训。可以这样地说，自由主义的危机，是由其发展中的矛盾而来；而它的价值，却又由它的反对者的毒害而显。关于人自身的思想，总是"对症下药"的性质。任何药的价值，对于人的身体而言，都不是绝对性质的东西。

但我们的思想，无宁是对自由主义，占有比较重要的分量。这固然是东方的封建残余势力，还需要借重它加以扫除。而更重要的是，就政治而言，人民的命运，必须操在人民自己手上；人民的错误，让人民自己去修正，这是较之任何"代天行道"的政治观念和组织形式，更能给人类以安全感。

三

西方的自由主义由自身发展而来的矛盾，如何解决，在此短文内不加讨论。这里只指出，第二次世界大战后，西方为了抵抗共产集团的鲸吞蚕食，在经济方面，在军事方面，非把亚、非包括在自己体系之内，即有由扎断血管以致枯瘠而死的危险。亚、非的自身，需要自由主义；先进国家，也要把亚、非拉入自由主义的阵营；则自由主义之在亚、非的推行，还有什么问题可言呢？但是，事实上，自由主义在亚、非范围之内，却好像成为一种变种。

首先，自由主义有扫荡封建社会的力量。但亚、非的实力人物，都带有封建残余的色彩。若将就此一现实，便等于背弃了自由主义。若想推翻此一现实，则又凭着什么力量去推翻？亚、非不断发生的军事政变，以走向极权的可能性为最大。

其次，亚、非的国家独立，必须从西方的殖民主义中得到解放。西方为了保持既得利益，或者为了满足他们先进的优越感，于是有形无形之中，厌恶各国中的民族主义，并进而培植没有民族主义的"自由分子"。在他们厌恶各国民族主义的后面，实际藏

有他们自己强烈的民族主义。而在他们所培植的，没有民族主义
的自由分子，实际是等于被阉割了的公鸡，连叫的声音也会变样
子。这样一来，在西方本来完成过民族使命的自由主义，在亚、
非却成为两相对立的东西。

又其次，亚、非国家今日仅通过自由主义的经济制度，并不
能解决现实的社会问题。于是政治上的自由，与社会中的福利，
如何能够在落后的经济基础之上，加以融合、推进，而不为共产
党所乘，这又是左右为难的问题。最近巴西的政变，美国人当然
很欢迎。但巴西的土地问题如不能解决，则这种政变不会有甚么
结果。而政变的胜利，也难认为是自由主义的胜利。

四

在东方的自由主义的难题，尚不止如上所述。人不止是生
于物质条件之下，尤其是要生于精神态度之下。物质条件，固然
可以形成某种与其相适应的精神态度；但精神态度，也会创造出
它所需要的物质条件。并且在同样物质条件之下，可以产生不同
的精神态度。人是要在其所熟习的精神态度中，始能得到精神的
安顿。

欧洲的自由主义，是在对宗教的斗争中才站立起来的。由人
文主义经过启蒙时代以后，对宗教的妥协，就一般人来说，乃是
对其传统生活方式的妥协，而决不是对神话、奇迹的妥协。就教
会而言，则不仅是他们对世俗的让步，对自身的整肃，更有赖于
他们顽强的组织力量。假定没有这种组织力量，我相信经过人文
主义、启蒙主义以后的欧洲宗教的面貌，必不会是今日的面貌。

而马丁·路德的新教运动，假使没有当时民族国家运动的支持，则必会被罗马的组织力量所消灭，有如在第五、第六世纪之交，他们以放逐为手段，消灭掉主张性善说的基督教支派一样。

但我们特须注意的是，以神话、神迹为主的宗教，因自由主义而正在欧洲退潮、换骨的时候，却正是西方的神父、牧师们，大量向亚、非地区宣传其神话、神迹的时候。尤其是到了第二次世界大战以后，美国人士实际是把他们所宣扬的自由主义，和以神话、神迹为中心的宗教，结合在一起，以塑造亚、非中的"自由人士"。这一奇怪的结合，更使亚、非的所谓"自由人士"，成为对内排斥、对外供奉的人士。这种人士在亚、非的作用是不难想见的。

五

我国以五四运动为自由主义达到高峰的标志。五四时代的打倒孔家店及反宋明，在形式上有似于欧洲自由主义的反中世纪。但欧洲初期自由主义之反中世纪，主要是反神权的支配。这一任务，中国在纪元前一千年左右便已开始，在前五百年左右，便已经完成了。并且经宋明儒之手，而将此一工作，更加以深刻化。中国文化，从孔子起，已经是以"人"为中心，以"现世"为中心而展开。在三千年前，已开始以人自己的"理性"，代替了"神意"。不过，在中国文化史中所显示的理性，乃偏于道德与艺术方面；对知识、技术这一方面，却无形中忽视了。但其中并没存有半点反对知识、反对技术的基本因素，有如欧洲宗教的反科学一样。把中国宋明及其以前的时代，比之于欧洲中世纪，那简直是比拟不伦，闭着眼睛讲瞎话。

随便举个例子吧！中国过去重道德，而轻视财富，好像与欧洲中世纪对财富的观念相同。但欧洲中世纪是为了进天国，轻现世，而轻视财富的自身。中国过去则是为了大众的生活，为了个人人格的修养，而要求对财富有合理的分配与使用；对财富的自身，并未曾加以轻视。《礼运》上有一句话说得最清楚："货恶其弃于地也，不必藏于己。"所以在财富这一观念上，中国只能与社会主义相通，与欧洲中世纪却有本质的分别。

六

我们可以简单地说，反神权、反贵族的工作，中国在三千年、两千年前，早已做过了。留给近代自由主义者消极的任务，是反专制，反殖民。积极的任务，是建立民主，发展科学。

在欧洲的十七、十八世纪，正式由中世纪蜕变为近代的时期，无一不是科学与伦理道德并重。则中国以伦理道德为主的传统文化，自由主义只有疏导的工作可做，决没有根本加以反对的理由。但以五四运动为中心，中国的自由主义者，却非和西方初期自由主义者的反中世纪一样不可，而集结其全力于"打倒孔家店"口号之上。于是西方所反对者是"神权"，而中国所打倒者为"人本"。西方所反对者是迷信，而中国所打倒是道德。这便够说明了中国初期的自由主义者由对西方文化及中国文化的隔膜而来的乱刀乱箭，软化了中国民族建国的精神，也软化了他们自己。所以这一批人，在学术、事功两方面，多一无所成，而只有出现共产党的天下。不过，在这些自由主义者之中，大体还保持西方自由主义者对宗教的态度。到现在，则向外来宗教中找护身符，而被外国人称为自由主义者的一批人，只不过是"外廷供奉"而已。这是外国人在中国制造与他们本国相反的自由主义中变种之一显例。

通过西方自由主义整个的历史来看，中国只有孙中山先生，才可算是一位伟大的自由主义者。他因年轻时的环境关系而成为基督教徒，但他从来不曾卖弄过宗教，而只是把中国的传统，贯彻于他的三民主义之中。他口里也很少说，甚至不会说到自由主义；但他却把欧洲自由主义所完成的整个使命，及自由主义与社会主义的相克而复相成的性格，融化为一个思想体系，以定出我国应走的大方向。国民党的变质，仅就文化这一点来说，也是我们接受西方文化的大不幸，于是在共产党天下之外，只有演向"外廷供奉"的天下了。

一九六四年四月廿三日、廿五日《华侨日报》

悼念新亚书院

一

据中央社香港电，新亚书院院长钱穆已于最近提出辞职。辞职的原因若何？辞职的结果怎样？我都无法知道。但不能不使我感慨的是，香港中文大学的成立，可能不是新亚书院的发展，而实际是新亚书院的没落，钱穆先生的辞职，正是此一没落的象征。新亚书院之所以为新亚书院，有它创立时的一段精神。这一段精神没落了，新亚书院实质上便等于不存在了。

新亚书院，是民国三十八年，由钱穆、唐君毅、张丕介三位先生所共同创造出来的。当新亚书院的物质条件开始好转，对钱穆先生不满之声正盛的某一时期，唐君毅先生曾经和我说："不是钱先生的大名，便没有新亚书院，所以大家还是要维护他。"唐先生的话是很公道的，但我应当补充说一句，不是唐君毅先生的理想主义，不是张丕介先生的顽强精神，和钱先生互相结合在一起，便没有新亚书院。更重要的是，当钱、唐两先生避难到香港的时候，并不是为了吃饭来办学校，而是他两位先生有一个讲学的理想；有一个对中国现局，从文化上加以反省的自觉；有一个要使中国文化从三百年来的冤屈中获得它正常地位的悲愿，才能有新亚书院的出现。新亚书院在香港出现的意味，是等于十多年来因许多新工业的崛起，而使香港由以转口为主的商埠，成为以生产为主的商埠一样，它（新亚书院）使纯以争取利润为目标的商业社会，开始渗透了文化的气息，这一变化，虽然没有由工业所引起的迅速、显著而有效，但其意味是深远的，价值是永恒的。可能现在中文大学的领导者，在知识的某一方面，较钱穆先生为多，但作为一个中国人，作为一个大学的领导者，则某一专门知识，和上述的开创精神相比较，那是渺不足道的。

二

新亚精神的没落，并非一朝一夕之故。其没落的开始，可能因为环境开始好转以后，钱先生因平生精神上受了不少委曲，至此而渐想得一报偿。于是在有意无意之中，对人与事的安排，多少采取了个人的便宜主义。其中最不幸的，是共患难的三位先生在感情上却随环境之好转而反日见疏远。这一点，此处不作深论。

没落的决定因素，是环境好转，规模扩大以后，参加此一书院工作的人一天多一天，大家现实生活上的要求，掩没乃至冲垮了原来创校的理想。"衣食足而知礼节"，这对一般老百姓而言，是对的。若对中国一般的旧式知识分子而言，则必然是饱暖思淫欲，而淫欲又更思饱暖。有的人，开始因迎合某人的意思而可以得一位置时，固然尽量去迎合，但若感到不迎合才可以巩固位置时，便立刻会改变面孔。在没有站稳脚时，可能对某人所标的理想，阳奉阴违；等到站稳了脚，便会公开地反对原有的理想。尤其是当环境大转变的时候，正是这类人凭借外力以大行其志的时候。新亚书院的先生们，学养有素，当然不致如此。但因新进的人多，而原有的理想，一天一天地冲淡下去，以致大家根本忘记了此一理想，甚至仇视尚保有此种理想的人，则恐怕是事实。

三

最后不能不谈到由此所显出的东西文化精神的根本差异。

当东海大学的同人为了解决子弟上初中的问题，而不得已创办一个初级中学的时候，东海大学管钱的人，视之为眼中钉，再三交涉，只把女生宿舍的一块小骑楼，临时围起来，让学生上课。每年拿一点微不足道的补助费出来，如深仇大恨。在此一阶段，负责者生怕我们不肯当此一初中的董事。等到由我们的捐款、募捐而慢慢有点样子了，今年纽约的联合董事会承认担任此一学校不足的预算，每年约台币十万元以后，大家都松了一口气。这一宣布不到几天，很少开会的董事会，忽然召集开会了。开会的目的，是要这一董事会自动解散，由大学的董事会来兼此一中学的董事会。此一处置也未尝不合理，同时，谁也没有从权利上想当此一初中的董事。但当时却引起我一种深刻的了悟，原来中国文化的精神，是对于一件有意义的事情，出了钱，并不一定要求其因此而属于自己。西方的文化精神，则似乎是，出了钱，便必定要属于自己。尤其是对于在其本国以外的事物，此种情形更为显著。

我可以这样地说，香港没有十年以前的新亚书院，便没有今日的中文大学。今日的中文大学若不承认新亚书院当年创办的精神，则永远也只能成为香港大学的亚流。因此，在任何意义之下，

论智识分子

中文大学第一任的副校长，没有任何人可以与钱穆先生争一日之短长，这是由一个客观的历史事实的本身所决定的。不承认此一历史事实，除了上述的西方文化精神的本质是如此以外，不能作其他合理的解释。海外的中国人的处境，不能长久保住创办新亚的精神，乃是大势使然，这才引起我深深的叹息。

新亚书院的创办精神，乃是有自觉的中国智识分子的堂堂正正的共同精神。与钱先生在学术上的得失，并无关系。钱先生在学术上是有许多错误的，但决没有胡适、冯友兰所犯的严重。而上述精神的涌现，仅关系于每一中国知识分子一念之间，这倒不能不瞩望于中文大学的中国先生们了。

一九六四年八月一日《民主评论》第十五卷第十五期

我们在现代化中缺少了点什么
——职业道德

一

我常常谈到传统的问题，一是珍重人类文化的积累；一是在困惑的时代中，要人能站稳自己的地位；尤其是要中国人站稳中国人的地位。没有伟大的传统的启发，而只靠在时代的横断面中，作点滴的知识追求，不可能把握住人生的方向。迷失了方向的人生，不可能真正找到自己的立脚点。所以我的谈传统，岂仅不是反对现代化，正是要从人的根源之地来形成现代化的动力。"现代化"中含有许多可资警惕的问题；但现代化中的问题，依然要在现代化中解决。我们所说的传统，是在现代化中的传统。现代化与传统，应当是彼此互相定位的关系，而不是互相抗拒的关系。

谁也不会怀疑中国需要现代化。但现代化却何以进行得这样缓慢，这是每一个人所应思考的问题。这里可以举出历史的原因，可以举出社会的、政治的原因。但过去的知识分子，以为只有先去掉了这些原因，才能进入现代化。但事实上也可以倒转来说，只有在现代化的过程中，才能解决上述的困扰。这里不进一步去谈鸡生蛋，还是蛋生鸡的问题；而是想说明在上述问题之外，另

论智识分子

有一种使现代化迟滞不前的重大原因，乃在于知识分子，缺乏真正的职业观念，因而缺乏真正的职业道德。

二

在一本西人写的研究文学的书里（书名一时忘记），曾谈到文学与道德的关系，他即以职业观念来代表道德。我当时觉得这是很浅薄的说法。但过了两年以后，才慢慢地想到，职业道德，才是近代道德的最具体的内容。任何职业，都含有许多社会关系者在里面。把某一职业做得好，即是通过某一职业而对于它所含的社会关系者，有所贡献，这不是最真实的道德吗？因为怠玩职业，而使与该职业有关的社会关系者，例如餐厅的食客、学校的学生，都受到损害，这不是最大的不道德吗！这是问题的一面。现代化的最基本问题，是知识、技术的问题。每一样职业，都需要某种知识、技术的支持。为了做好一样职业，必定会不断地追求与某一职业有关的知识、技术，做到老，追求到老。于是广大的职业活动，即是广大的知识、技术的进步活动。职业不断在进步，支持各种职业的各种知识、技能，都不断地在进步，这不是现代化是什么？离开这一具体内容以言现代化，那多半是以现代化作行骗之用的文化骗子。

我们最多数的人都有职业，为什么对现代化的助力很少呢？即是职业观念、职业道德的缺乏。所谓职业观念、道德，是在自己职业的本身，于有意无意之中，承认它具备有无限的价值。认为实现职业的价值，即是实现自己人生的价值，因而把自己的生命力，完全贯注于自己职业之中，把职业的进步，当作自己人生的幸福；此之谓职业观念，职业道德。就一般人来说，这种职业观念、道德，要靠合理的待遇来加以刺激和维持。但假定根本没有此种道德，待遇再好也没有用处。

三

我们由科举所形成的知识分子的心理状态，是彻底的实利主义。对于职业，只从报酬上评价值，不从职业本身上评价值。职业的选择，只是报酬的选择。这固然是人情之常，未可厚非。但因为没有在职业本身发现价值的习性，报酬不好，当然敷衍塞责；报酬好，也依然会敷衍塞责。因为报酬的好坏，只是相对的；而仅为了得到一种好的报酬，也常限于以维持现状为已足。求知识技术的进步，要有内发的意欲，不可能仅靠外面的刺激。我们一般知识分子，这一股内发的意欲完全没有了。

一九六〇年我在日本，看到日本左翼分子疯狂的反政府斗争。但同时也注意到他们从斗争回到自己工作的岗位时，很自然而然地专心于各自的职业；此时和斗争的情态，判若两人，好像不曾发生过什么事情一样。我当时即感到，这才是日本真正现代化的力量。一九五一年我看到日本的研究工作者，很少能穿一件不打补钉的裤子，但他们还是研究如故。这更是职业道德的另一表现。目前就我们教书的这一行来说，从小学到大学，要把自己名下的课程教好，应该如何从有关各方面去追求探索，以求保持时代的水准，并适应实际的情况。但是，几个人真会这样地勤勉从事呢？似乎大家永远在说废话、讨便宜中度日。

从前程明道曾感叹地说，"我们在人伦上有多少未尽分处。"

分是指各人在人伦中应担当的责任，尽分是尽到了自己所应担当的责任。程子的话，是就人伦道德上说的。我们今日应把尽分的观念，推扩到职业上去。每一知识分子，应痛责在自己的职业上，没有能尽分。要现代化吗？从知识分子的"尽分"开始吧。

一九六四年八月十三日《华侨日报》

文化上的家与国

　　意大利因地理上的关系，首先能和阿拉伯文接触，吸收了一点在阿拉伯文中所保存的古希腊文化；并因君士坦丁堡的陷落，而得到从君士坦丁堡逃出的古希腊的文士与文献；所以在十四世纪，便开始了欧洲的文艺复兴运动，而打开了走向近代之门。但近代的民主、科学、产业革命，却都是以英国为母体而发展起来的；这可以说是他们能在忍耐中前进，在和平中前进的结果。而其基本条件，一是有赖于地理上的英伦海峡，便于进攻退守，少受欧洲大陆纷扰的牵连；一是由于英国人对家庭的重视，培养他们独立而稳健的精神性格。

　　有位研究政治学的朋友，他极不喜欢"国家主权"这一类的观念。有一次他问我："英国政治学中不讲国家论，为什么讲国家论的都是德国人？"他的意思，讲国家论便会走向极权主义。我当时笑道："英国在近代，自己的国家统一，不曾发生问题。而德国国家论的勃兴，大概和它在普法战争以前，内部小国林立，因而希望能建立一个统一国家的情势有关系。"最近我看到一篇文章，说英国人做礼拜的是面对基督教，但他们实际的宗教却是爱国主义。他们所以常常能从暴力革命的边缘渡过去，即是靠着这种爱国主义。上面的说法，是不难了解的。政治中的右派，右到不要

184　　　　　　　　　　　　　　　　　　　　　　　论智识分子

伤害国家的利益；政治中的左派，左到不要伤害国家的利益；当然可以避免暴力革命。我常常想，大英帝国的光荣，是永远不能恢复了。但具有这种坚实而稳健的品格的民族，也将永远不会失掉在历史上存在的意义。而对家与国的珍重正是此种品格的内容，也是此种品格所由来的教养的源泉。

我们中国文化，是以家族为骨干而展开，我们的历史，是以家族为原动力而延续，这不应有什么疑问。家族制度，在现实生活中，经过三千年之久，其中必会积累有许多由现实生活而来的沉淀，须加以洗涤。同时，当进入到近代的时候，人的社会关系，不能再和过去一样的以家族为中心，而须转向以地方自治团体、职业自治团体为中心，因而过去的家与族间的纽带势必解体，以迎接时代所需要的社会编织，这也是同样不必置疑的。但五四运动前后却不仅完全否定了家的积极意义，并且有些人视家的本身为罪恶的渊薮，这是应当的吗？

家不仅是个人与社会间的媒体，不仅是像鸟雀孵育幼雏的鸟巢，而是每一个人为完成自己人格所必不可少的正常生活之地。不仅一个人在社会上的身心疲弊，需要在家中加以补偿、恢复。并且一个人在社会中的生活，主要是智能方面的生活，以温情为主的父子、夫妇、兄弟间的生活，是伦理与艺术融合在一起的生活。伦理与艺术，固然是人生不可缺少的生活内容，并且一个人的智能，也要能得到伦理艺术精神的灌溉。离开最现成不过的家以言伦理、艺术，那只是无源之水罢了。

但共产党的人民公社，就我想象所及，把家的底子完全拔掉了。他们以为能如此，便可以把人民消耗在家里的一分力、一分心，完全交给他们了。但我以为这样下去，人民所能交出的，只是一具一具的没有灵魂的躯壳，这是人民可以忍受得了的吗？逃亡在海外的人士，多少还能保持一个破碎以后的家，这也就是逃难的最大代价。但是，有的朋友告诉我，每逢星期六，台北大概有四万桌以上麻将。由此类推，家的意义，早已不存在了。早已变成反伦理、反艺术的场所了。可以说，一方面是以统治阶级的暴政摧毁了我们的家，而另一方面，则是以腐败堕落荒废了我们的家。中国人今日真成为无家可归的人了。

五四运动时代反对家、反对传统文化的人，他们实际还是爱国主义者，这是维新运动以来的大传统。但这十五年以来，在台湾自称为自由主义者，却认为民族、国家，不仅是象征着极权专制，而且在语意学上也不能成立。倡导这些说法的人们，在今日，已经尽其可能，去为他国做广义的情报工作，为他人做爱国的工具了。这对此种自由主义者来说，也算是能行其所信。但影响所及，使一般上层阶级乃至知识青年，有意无意之中，认为自由中国的空间，仍是毫无价值的空间。认为这是只能有所取，而不能有所与的空间。最近我遇到一位刚在美国住了两年的朋友，谈话之间，连台湾的空气也非常讨厌。我常常想，为了求学而在美国捧盘子、背死尸，那是值得万分敬佩的。但为了在美国混生活而在美国捧盘子、背死尸，这种自卑自贱，还值得同情吗？此无他，大家都认为这是无价值的国土，在无价值的国土内，当教员不及为人背死尸，如此而已。这样一来，大家除了在此国土上尽可能地吸血以去之外，谁也不会感到有半丝半毫偿还的责任，则这块国土的文化，岂仅必归于荒废，并且作为一个有出无进的加油站，哪有不枯竭以死之理。

有的人把此一原因归到现实政治上去。但难说政府与国家是

　　　　　　　　　　　　　　　　　　　　　　论智识分子

一而非二吗？孙中山先生说他的三民主义是爱国主义，难说他爱国便要当满清的奴才？他革满清的命，便是不爱国吗？正因为他是爱国，不忍此国土的文化、人民、山河、土地，受到摧残污染，所以他才不顾一切地要革命，要迎头赶上西方的科学。今日，除了革命以外，总还有其他的效力于此一国家，而不当某种政治奴才的途径。对于自己的国家而忘恩负义的人，不是以国家为满足私人欲望的工具，便是甘心以乞讨残羹冷饭为光荣。其结果，求其当第三等的吉普赛人而不可得了。

一九六四年十月廿一日《华侨日报》

回答我的一位学生的信并附记

××：

你刚到美国寄来的一封信，我早经收到了。你不是中文系的学生；你弄现代文学弄得很有点样子，但几年以来，却一直认为我是你的老师，常想在中国古典中寻找一点什么，这都说明在你的开放的心灵中，总希望突破摆在眼前的东西，再向前走进一步。这应当是你在学问上可以成功的重要条件。

你在信中惊叹于美国人除了物质建设以外，更有良好的社会秩序，更有丰富的公德心；我不曾到过美国，但这种情形，我早已想象得到。一个国家的富强，必定是人自身首先能站了起来。到外国，能发现外国处处都比我们好，这便是留学的一种意义。不过，顺着这种心情下去，便很明显地会分成两条不同的路。一条路是看到人家处处比我们好，便努力学习，决定回国后要把人家的好处接种到自己的国家里来。另一条路是因为自己的国家不好，便只想待在他人的国家里享现成福；有办法的千方万计地钻营，无办法的只好捧盘子，背死尸。捧盘子，背死尸，是为了求学，这是值得钦佩。捧盘子，背死尸，是为了在美国挨日子，以为在美国捧盘子，背死尸，胜过在自己的国土内当一名工人、农人，乃至一位小学教员、中学教员，甚至对于祖国的任何职位，都表示不屑不洁的态度，这种缺乏起码人类尊严感的人，难道也值得同情吗？目前的情形，大家都在走后一条路。这好像一个羸瘠枯槁的母亲，榨出她最后一滴奶，把自己的孩子养大；但孩子们养大后，有机会站在一家朱门的屋檐下，手上拿一根残骨头，睥睨着自己贫病交迫的母亲说："穷婆子，好不令人羞煞！"甚至连一根残骨头还没有拿到手的人，也要在祖国面前装出一副假洋人以自重的神气。老实说，只有最无知的官僚，才会成天地拿这种现象来自吹自捧。我的看法，就求学来说，除了研究祖国的文史哲以外，有机会在国外求学的人，比在台湾的，当然效能高，进步快，大家应当争取这种机会。但这里的主要问题，是自己的教育，根本无人想向好的方向去发展的问题。尤其大学教育，一天一天地走向"野鸡大学"的路，好像存心在为台湾不久的将来，制造无穷的社会问题一样。若就做事来说，在国外做事，纵然能力高，报酬好，但对我们的祖国而言，有何关系？在国内做事，只要诚心诚意地做，则纵然能力比较差，但一点一滴的效果，都是落在自己的国土之上，是正在为自己的祖国而担当一分责任，忍受一番辛苦；最低限度，在国外或在国内，人格、地位，应当是彼此平等的。但年来的风气，凡是偶一路过台湾的为外国效力的人，都是"见官大三级"。使极少数在国内辛勤工作的学人，不仅正受生活上的煎熬，无形中还要受社会的精神虐待。在目前风气之下，使生活在台湾的知识分子，都感到自己是无意义、无聊赖的知识分子。凡是稍为有现代学术常识的人，便会无条件地承认只有经年累月的研究室、试验室中，有计划地埋头苦干，才能建立起来学术的基础。即以讲学而论，也应有始有终地讲完一个课程或问题。假定靠飞来飞去的几小时的讲演，即可奠定学术基础，提高学术水平，那么，学术还能值半文钱吗？可是目前却以这类的魔术，来作为做官的大道。

现在的达官贵人，有几个不是一面向自己的百姓发号施令，说要如何如何地大事建设，一面却以自己的儿女女婿们，能当"假洋人"而自豪自慰。这些人，权力的享受是在中国，生活的根却要生在外国。我常观察这些人的心理，好像一个马戏团，随时都准备打包收箱而去。我坚定地认定，只有到了一天，政府和社会的领导人物们，能体认到自己国土上的一名尽责的技工，尽责的小学教员，对我们国家而言，较之在外国拿多少美金的博士，其价值要高得多，而加以由衷的尊敬、爱护，才会使这一块祖国的土地，在现在学术飞跃前进的形势之下，不致归于荒废。今日任何富强的国家，都是因为有一批一批的人，从黑暗中斗出光明；从低薪级的阶段，积累向高薪级的阶段。若要等待我们的各种合理条件具备，若要等待我们与美国有同样的设备，有同样的报酬，才认为值得回国来服务，试问有什么人肯为大家当牛马地先铺平这条崎岖不平的道路呢？若是道路已经铺平了，则大家走哪一条路，倒也无所谓。

上面，只是我年来所积压的一点感想。这种感想，过了几年后，可能成为我自己打自己嘴巴的严酷讽刺；因为我也有两个孩子在美国，虽然他们都作了回国服务的承诺，也要兑现才可算数的。但我也忍不住要借机会把它说了出来。不过，这对你来说，实在是离题太远了。我真要向你说的是，文学艺术，是人性的表现，也是人性的鼓荡。伟大的作品，不仅反映了作者个人，同时也反映了作者所能接触得到的时代，因而也会影响到时代。我始终不明白，像今日所流行的"无意识"，或称"意识流"这一类的反理性的文学艺术，是反映出美国社会的秩序与公德心呢？还是反映出他们社会的秩序与公德心，已经蒙上了一层阴影呢？你在美国学文学，我希望你留心观察：是由他们目前若干反理性的文学艺术所表现的精神，在支持他们的富强、秩序与公德心呢？还是另有民主与科学的强大理性，及由与民主科学一脉相通的健康的文学艺术所表现的精神，在支持他们的富强、秩序与公德心呢？在我想象中的美国情形，好像由父兄们艰辛努力，挣下了一笔富厚家产。他们娇惯了的少数么少爷、么小姐们，在这笔富厚家产上要点小噱头，有如意识流文学、普普艺术之类，本也不失为饱暖中的生活点缀。但台湾有许多人，却以为这便是美国之所以为美国；我们只要学这类的小噱头，既不必费半丝半毫的气力，便可以陪着这些么少爷、么小姐玩耍一番，真是摩登得很。却根本忘记了人家是千斯仓，万斯箱的大富翁，而自己家里却连吃饭的米都拿不出来啊！

最近有位先生同我谈到："为什么某女士从美国尽写些黄而又黄的作品寄回来，却不在美国换美金稿费呢？她不是说她常常得到美金稿费吗？"在我看，事实很简单，美国人欢迎这类人去吃他们的渣滓，但不一定欢迎这类人由吃渣滓所酿出的毒瓦斯。可是，毒瓦斯因为是从美国飞来的，台湾便会有人当作营养品来贩卖。当然也有人说："跳得好的脱衣舞，也算艺术。"不过，我是在东京看过所谓好的脱衣舞的，在当时，在现在，我怎么也不能把它当艺术去欣赏、领会。

又有位先生说："我看到一种诗，不仅无法琅琅成诵；并且上句和下句，完全是牛头不对马嘴，终篇当然更是不知所云；这是怎么一回事？"我没有看过这种诗。假定台湾真有这种诗，那大概就是在法国早经死掉了的所谓超现实主义（Surrealism）的台湾制品吧。因为这派人认为在完全不相干的两句语言之间，可以碰出美丽的火花来。这类文学艺术出现的背景，除了在两次毁灭性的大战中，若干敏感的人感到人类走投无路的精神苦闷外；更重要的是，他们要把闭锁在极度机械文明中的人性解放出来。例如他们因理性过剩、科学过剩，而反理性、反科学。我们却因理性不足、科学不足，便应当高扬理性与科学。目前我们的前卫作家们，有如一个人，把死在床上的父母，弃之不顾，却站在门口，企着脚跟，帮着千里以外的大户人家哭丈夫；人家哭的是真的，而我们则是蒙着眼睛假哭；这便连"负号"的意思也没有了。在这种假哭中，除了掩饰枯竭的心灵，以换得摩登前卫之名以外，到底还有什么意义？对这种情形，我年来不断地思索，不断地在增加我的疑虑。

现代的文学艺术，几乎都和弗洛伊德的精神分析学有关连，或者干脆以它为基石。弗洛伊德的精神分析学，从科学上说，要算是一大贡献。用在精神病治疗上，也正在发挥它的效用。但他自己却把它演绎成为一套文化哲学，这已经是科学的魔术化了。现代的文学、艺术，我怀疑正是这种魔术化的夸张与扩大。有如研究变态心理学，是为了治疗并预防变态心理。但许多前卫文学家艺术家们，却结成团体，挟前卫者的威势，硬要使心理正常的人皈依到变态心理上去，这叫我如何去了解！沙特（J. P. Sartre）的《实存主义即人文主义》的小册子，后面附有他和一位马克思主义者的问答，他当时（一九四六）是反对马克思主义的。但当我阅读它的时候，便想到，把无意识当作人的实存，能反对得了马克思主义吗？他也强调对全人类的责任；但幽暗、混沌的意识，是如何能与全人类相通相感呢？果然今年四月下旬，他在路·蒙特报纸上发表谈话，等于正式宣布他取消了实存主义，皈依了马克思主义。而他现在之所以拒绝诺贝尔文学奖金，原因之一，也是不肯得罪马克思主义的那一方面。我虽然反对马克思主义，但一直认为以无意识为基柢的一大套东西，当把个人落向社会上面时，却还敌不过马克思主义；因为它除了破坏以外，剩下的只是无意识的一团漆黑。沙特突变的原因，正在于此；自由世界的危机，从文化上说，或许在这种地方，也可以看出。今日也有不少的人，认为实存主义的意义，在证明耶教原罪之说，可以促使人信仰上帝。但我可以说，原罪、无意识的本身，并没有通向上帝之路，于是只有靠牧师神父所宣告的神的恩宠。我始终不了解，全能的上帝，为什么不一下子把人的原罪、无意识，恩宠得干干净净；却好像永远要凭着它（原罪、无意识），以便于赢得人们永无休止的供奉，有如一个俗世的独裁者，总利用一样什么东西挟持着自己的臣民，以赢得自己臣民永无休止的供奉一样。因此，今后的宗教，可能也要扬弃这类的实存主义；最低限度，在宗教上我们也不能顺着"无意识"走回到中世纪去。

我当然承认，即使是达达主义、超现实主义，在反映时代的苦难，而举起叛逆之旗的这一点上，可能有他们"负号"性的意义。我们也正受着更沉重的苦难，须要把它发泄出来。但若有勇气向里面去寻根究底，便不难发现我们所遭遇的，和西方的无意识的文学家、艺术家们所遭遇的，完全是两种不同的境况，因而要作两种不同的努力。

在发达的物质文明中的人们，从被各种各样的理性判断及科学合理主义捆绑得紧紧的精神状态中，解放向梦境中去，解放向无意识中去。他们所走的反理性的路，除了彻底表现出在绝望中的挣扎外，到底能走向什么地方去，此处可暂时置之不论。但若就我们自身来讲，则我们正缺乏的是物质文明，正缺乏的是理性判断及科学合理主义。然则今日中国的前卫作家们，到底是从什么地方，能得到与布勒顿（Andre Breton）们同样的灵感呢？尤其是这类的东西，都是短命鬼；而我们对文化消息的传播，又是这样慢。当达达主义、超现实主义的无意识运动，已经死亡而成为文学艺术队伍尾巴的尘埃时，而我们却有人拿这种尘埃当作前卫勇士的利器。我手头有一本《世界诗论体系》，内中介绍了代表一家之言的诗论，有二十九人，亦即是有二十九派。其中除了哥德等八人外，可以都说是现代诗派。彻底作无意识的诗的，在二十一派中，也只有达达主义、超现实主义两派；为什么我们的现代诗人们偏偏选上了这已化为朽骨的两派来作为打天下的杀手锏呢？不论古今中外，真正的诗人，只知道发现自己，表现自己；发现自己所处的时代，表现自己所处的时代。想表现的东西如果感觉受到既成形式的束缚，便只有努力去探求可以作为个人社会间的桥梁的新形式。脑筋里一团混乱、空虚，却捕风捉影地要当前卫，怕落在前卫的后头，老实说，这种人恐怕连诗之所以为诗的边也没有沾上过。

××！西方科学、技术，廿世纪远超过了十九世纪；但文化精神，我感到不一定比十九世纪更为健康。我们比西方的社会，恐怕要落后百年上下。我们需要发扬民主科学的理性，需要与民主科学一脉相通的健康的文学艺术。所以我常常想，爱好文学艺术的青年，为什么不可以在正常的人性上立足呢？为什么不可从近代浪漫、写实的两大巨流中吸收灵感和技巧呢？正常的人性，是一种无限性的存在。文学艺术，便可以在正常的人性上，作无穷的制造，不要害怕不能日新又新。当然，这比写无意识诗、画抽象画，吃力得太多了。所需要用的功夫，相去不可以道里计。

但在人类历史中，凡是有价值的东西，都是来自真实的努力。有如你现时在美国，正在作这种真实的努力一样。可能你看到我的信，认为你的老师已经顽固得不可救药了。但是，我平生最瞧不起的，是根本不能用头脑，却又要假装摩登的这类的人。当然，我说得太离谱的地方，还望你加以矫正。

一九六四年十月三十日于东海大学

附　记

此信写成后，压了很久，现在才想把它刊出。临发稿之际，忍不住再附带讲两句话。《征信新闻报》二十日载有关读四书的讨论。二十一日又刊出《科学时代与读经》的社论。对于读经的问题，我不参加意见，但有几点我想简单提出来请教一下：

一、有位刚从美国转了一圈的"知名学人"说"儒家学说是讲君子之仁、小人之仁的，这就表示儒家是封建的，讲阶级的。现在民主政治，每一个人都是平等的，都是君子，没有小人"云云。儒家在什么地方讲君子之仁、小人之仁？君子小人在孔子以前是如何用法？到了孔子又是如何用法？到过美国的人，都是无所不知的人，对于这点起码常识，应当知道得清清楚楚。按照儒家的意思，说老实话，说真话的人，是君子；强不知以为知，扛着一块招牌说谎的人，便是小人（当然，这不过说一个例子），这似乎与封建、阶级，没有什么关系吧！至于小学教育的方式，除了美国以外的，还有日本、德国、法国、英国种种。孔子的教育精神是什么？方式是什么？谈的人已不少了，与今日小学的教学方式有什么关连？我年来最感奇怪的是：从美国人直接讲出来的话，我听得懂！受了美国"一圈教育"的人所讲的话，便很少能听得懂。

二、"谈儒家思想而仅以四书为对象，无异读书只看目录，并不能就懂得儒家思想。"四书的本身不代表思想的陈述，而是目录性质的东西吗？研究孔子，从什么地方可以找到比《论语》更可靠的材料？研究孟子，从什么地方可以找到比《孟子》一书更可靠的材料？丢开孔子、孟子，更从什么地方可以找到儒家最根源的思想？说仅研究四书不够，是可以的，但依然是高调。因为我尚未发现今日拿笔写文章的人真正读过四书。什么是目录？在四书的目录中著录些什么书？四书与目录是怎样的关连得上？我想请教一番了。

三、大家可不可以把科学时代与传教，作点深切的思考呢？

一九六四年十二月二十一日

一九六四年十二月二十八日《学艺周刊》十三期

这封信是徐师回答诗人杨牧（本名王靖献）的一封信，王靖献为东海大学第五届外文系毕业生。美国柏克莱大学比较文学博士。现任华盛顿大学教授。著作有诗、散文、评论，成就可观。一九九〇年荣获吴三连文学奖。

编者① 附注

一九九〇年十二月

---

① 编者注：此处"编者"系指原编者。

历史与民族

最近我和南韩来到某大学短期教韩国历史的一位教授，谈到韩国历史的情形；他告诉我："在日本统治韩国期间，不准韩国人研究自己的历史。有关历史的资料，由日本人集中管理，没有得到日本人的许可，不许韩国人翻阅。所以我们对本国史的研究，不过只有战后二十年的时间，成就还很少。"我听后，发生很大的感想，所以写这篇短文。

今日有若干知识分子，以为只有倚赖外国的慈悲救济、残羹冷汁，始能生存下去，始能生存得有意义。对于这撮少数人而言，或许是如此。我们抗战的结果，一直到今天，不是还有若干人，非倚赖日本人的宽仁厚泽而生活不可吗？但对于我们绝大多数的人民而言，则在物质上、在精神上，必定要依靠自己的民族才可以生存下去，才可以生存得有意义。民族是大家共同生存的母体，在此一母体之中形成意识的、无意识的，各种协同、合作，以追求共同的利益，排除共同的毒害，维护人之所以配称为人的自由、尊严，发生个人乃至家族所不能发生的力量。有了自己的民族，才有资格谈国际间的经济合作，才有资格谈国际间的文化交流。否则等于一个无家的流浪汉，既无资格招待客人，便也无资格在他人家庭里作客，而只能当他人各种变相的门客乃至雇工。

少数知识分子的利害，经常是与大多数人相对立的；因此，这种人，便经常通过他们的文字来抹煞这种铁的事实。

近三百年来的西方文化，是建立在个人主义之上。到了苏联的出现，而国际主义又正式登场。少数的知识分子，常常在这两大潮流掩护之下，以伸张自己与大多数人民相对立的特殊利益。但是，只要稍稍有点历史常识的人，便可以了解，西方进入近代的第一步，即是"民族国家的成立"。所以他们的个人主义，乃是生根在民族国家之上的个人主义；他们的自由，乃是生根在民族国家独立之上的自由。过去在台湾有一批自命为民主而又西化的人士，认为"国家独立"与"个人自由"是势不两立的，便从"人权"的观点，从"语意学"的解释，来反对国家独立的要求。甚至认为"民族"一词，在语意学上不能成立，以至和我发生争论。我当时最感到奇怪的是，为什么他们所说的自由、人权等等的内容，和西方人士所说的，恰恰是相反，而他们却口口声声地说他们是西化派？在现在，已经由事实说明真相了，他们是为了他人的国家民族独立，来反对自己的国家民族独立，以便一个一个地溜进他人的国家民族中去，享受他的人生的意义。

以苏联为首的国际主义，在史达林手上，早成为向外侵略的阴谋工具。苏联是要他人忘记自己的民族，以便扩张苏联自己的国家；这样一来，东欧九个国家，便于转手之间，沦为它的附庸了。但是，给与共产主义及苏联的最大考验，不是科学，甚至也不是民主，而是共党圈内圈外的民族主义。

亚非地区的民族主义的火，烧掉了两百年来帝国主义的枷锁。这些落后地区，不是仅靠民族主义便可以站得起来的。但是，科学、经济、文化的发展，必须以民族主义为其先决条件，这是没

论智识分子

有怀疑的余地。因为只有民族主义始能发出由团结而来的巨大活力，并能忠实于自己所追求的目标。

顾亭林曾有"亡国"与"亡天下"的分别。他所说的亡国，指的是改朝换代。亡天下，指的是亡民族。一个民族亡了，在这一民族之内的每一分子算都一起亡了，所以他便说"天下兴亡，匹夫有责"。

最狠毒的侵略，便是消灭他人的民族。过去消灭他人的民族，是诉之于直接地屠杀及奴隶制度的手段。古巴比伦、埃及、希腊、迦泰基、罗马，都是在这一简单手段之下被消灭掉。到了近代，手段不能这样的简单。于是常常是以消灭一个民族的历史来消灭一个民族的意识；以消灭一个民族的民族意识，来建立新型的、大规模的奴隶统治。日本人过去不准韩国人研究自己的历史，其原因正在于此。

但是遇着一个历史很悠久，并且史学又很发达的民族，要采取日本式的方法，已经太落伍了。于是有人便想出以诬蔑、诱骗的方式，使某一民族自己仇恨自己的历史，自己侮辱自己的历史，这比日本人所用的方式，便高明而彻底得太多了。例如今日流行的一种说法，说中国的历史，除专制以外，更一无所有。这样一来，没有中国人不恨专制，便没有中国人不恨中国的历史。另一方面又说，民主、科学，因为是中国历史所没有，所以是与中国历史不相容的。这样一来，没有中国人不要科学、民主，便没有中国人不抛弃自己的历史。更以比日本人过去送"白面"、"吗啡"远为进步的方法，是鼓动若干人出来，对于少数讲中国历史文化的人，加以痛骂痛击，使这些少数人，龟缩不敢再出一语；再收养一批下流的欧仆，以研究的姿态出现，谈"中国只有材料，美国才有方法"，把中国历史，歪曲为美国政治目的适宜于运用的工具；这样一来，中国的历史完了，中国的民族意识完了，中华民族的命运，也便任人摆在刀俎之上了。这是我们目前所遭遇到的最大的阴谋毒计。十多年来，在政治上，我只谈民主，而不谈民族，是认为我们的民族，经过八年抗战，在国际关系中不会发生问题。但目前事实证明，我们最大的危机，是来自由毁灭我们的历史以达到分裂我们民族、奴役我们民族的大阴谋。所以我坚决相信，我们只有在民族主义基础之上来进行科学与民主的努力，才不致落入于阴谋陷阱之中。而珍重我们的历史，是一个忠诚的中国知识分子所必须尽到的一份责任。

一九六五年四月五日《民主评论》

国家的两重性格

一

所谓国家的两重性格，是指政治的国家，与民族的国家的两重性格而言。假使不把国家的两重性格弄一个清楚明白，在现实上便会引起许多困扰，所以我应当把它提出来谈谈。

政治的国家，是由一个朝代的朝廷所代表的。中国过去之所谓国，实际都是指的朝代的朝廷；宋人有诗谓"去国一身轻似草"，这并不是说离开了中国，而是说离开了朝廷。民族的国家，是由子子孙孙继承不绝的老百姓的生活共同体所形成的。中国过去对于这种生活共同体，有时称之为"中国"，如《中庸》"不与同中国"；有时称之为"华夏"，如《左传》"裔不谋夏，夷不乱华"，《书经·武成》"华夏蛮貊"；或把"中国"、"华夏"两词合在一起而称为"中华"，《三国志·诸葛亮传》"使游乐中华"。过去当我们自称中国、华夏、中华之类的名称时，实际指的是此一共同生活体的文化及生活于此文化内的广大人民与其土地。并不是指的某一个朝廷的政治支配者及其势力范围。

春秋和战国的时代，国与中国，在一般知识分子间，实际都分得清清楚楚。当他们说到"国"时，仅指某王某侯所私有的势力范围。孔孟之徒，常常希望在某一国得行其道，只是希望能转变某一为统治者所私有的国，成为是属于老百姓自己的国，亦即是这里所说的民族的国家。孔子说"吾非斯人之徒与而谁与"，可见他的周游列国，不是为了某一国之君，而只是为了在各国所分别统治下的人民。由此不难窥见孔孟的意识，只是生存于作为民族国家的华夏，而对之负责，并不是生存于作为政治国家的鲁国或齐国，而也非对之负责不可，否则他们便不会周游列国。至于一个人的故乡，它是与民族国家连在一起，并非真正与政治国家连在一起。对故乡之爱，乃是对民族国家之爱的一部分，可以与政治国家，全不相干的。

二

自从秦政统一天下后，他以为他所扩大的私产——政治国家，即是中国、华夏的民族国家。但揭竿而起的只是背叛了这种政治国家，而不是背叛了民族国家，更不是真的想恢复过去的六国。司马迁作《史记》，将陈涉比之于汤武革命，这实际是继承孔子之后，了解民族国家的地位是远在政治国家之上。为了民族国家的生存而打倒一人一家的政治国家，乃儒家的大义所在。

以班彪的《王命论》为一个转捩点，鄙小儒夫，慢慢地把国家的两重性格在意识上浑同起来了；把对一人一姓的阿私，看成是对于民族国家的忠义，于是把"与人忠"的观念，专用来事奉一人一姓，使它真正变成了奴隶道德，而骗掉多少人流了冤枉的血。但隐士的消极反抗，可以说他们与政治国家采用了隔离，但精神上是更生存在民族国家之上。几次的异族统治，许多人在政治国家上受折磨，却在民族国家上延续个人、家族、社会的命脉，我们的历史，政治的国家亡掉了多少次；但我们的民族国家，则在压迫、挫折中，还是不断地发展；这即够说明我们由文化所镕铸而成的生活共同体，有它真正深厚而伟大的生命力。或者也可以说，中山先生提倡民族主义，而不谈国家主义，可能他已经看透了这点。

三

在专制政治之下，国家的两重性格，是不能被任何专制的说教者所能蒙混的。但我们要了解，两重性格的分离，事实上是人类一种大的灾祸。在分离中，一定是政治国家吞噬着民族国家的生命。对于这种吞噬没有反抗的力量时，最后民族国家，也会随政治国家而同归于尽。过去历史之所谓太平盛世，乃是政治国家中的专制之主，对人民能稍知爱惜，而对外患，能加以抵抗；此时国家的两重性格，得到了某程度的合一。国家两重性格的完全合一，才是真正"为万世开太平"。但这决不能求之于任何型态的专制政治之下，而只能得之于真正的民主。因为在真正民主政治之下，人民操纵住了政治的权力机构，政治的运行系根据于人民大多数人的自由的意志。政治不与人民对立了，国家的两重性格也便消失了。

当前亚非及南美地区，所遭遇的问题，有一点是相同的；即是每一专制的余孽，都认定他的彻底自私、愚昧、榨取的政治，即是国家的正体；效忠国家，即是效忠于他的这种政治。而不承认这种政治，反对这种政治的人，也有时连带不承认自己的民族国家，反对了自己的民族国家。我决不相信，在精神上没有自己的民族国家的人，能具备有独立性、创造性的自由人格。政治国家尽管属于一家一姓的他人，但民族国家，不妨依然是，永远是，属于我们自己。因此，靠时代的进步，假定遇到国家的两重性格有了游离的现象时，大家依然可以比过去的隐士做更多的事情，而不必连自己的民族国家也一脚踢掉。

一九六五年五月廿八日《华侨日报》

论智识分子

一个伟大知识分子的发现

一

　　在中国历史中，几次遭遇到较欧洲蛮族入侵更为残暴的严重情况；但毕竟不像古代罗马样，民族的命脉，不因这种残暴的入侵而归于消灭，大概有四个基本原因：一是得力于伦理与生产合一的家族制度，能在社会中既独立而又自然团结地顽强地生根。二是得力于中国农民的勤苦工作精神，在天灾人祸的间隙中，也不肯荒废一块可以利用的土地，保持住生命延续的物质条件。三是得力于圣贤之教，深入于广大社会之中；即使是不识字的人，对于人禽之辨，华夷之辨，能保持若干基本观念，以保卫人类自身的尊严，争取族类的延续。四是得力于在中国文化中生了根的知识分子，不论在任何巨变剧难中，也不改变对于自己民族忠贞的志节，以自己的言论、行为，标示黑暗中的方向。

　　承满清腐败政权及民国军阀割据之后，在事实上我们无法抵抗日本处心积虑数十年的侵略。但八年抗战，终于得到胜利了；这一方面固然是因为现代世界空间的缩小，中日战争，结果成为世界性的战争；而最基本的条件，还要追溯到由长期历史文化所形成的上述的四大因素。

在抗战发生以后，先是东北方的知识分子，接着加上了东南和华中大部分的知识分子，组成了亘古未有的许多巨大行列，由敌区移向西北西南，又由后方走向战线。但是，我们的国家是这样的大，抗战一起，沦陷地区又是这样的广，不可能每一知识分子都能够随着政府迁流。于是有许多知识分子，虽陷身虎口，而依然以各种方式，维护自己的民族国家；更以无言的身教，维系社会广大的人心于不死；其志洁行芳，与流离播迁者不异；而苦心孤诣，或且过之。十年前，我偶然读到陈垣先生的《通鉴胡注表微》，他把胡三省在元人统治之下所激发的民族感情，一寄托于他所著的《通鉴注》里面，彻底阐发出来，盖即以此表示他居夷处困中的民族志节，我读时非常感动，所以便花钱把原书托人钞存一部，因为此书当时尚未由世界书局转印，故此间得之极为不易。《表微》小引有谓：

日读《后晋纪》开运三年胡注有曰"臣妾之辱，唯晋宋为然，呜呼痛哉"。又曰"亡国之耻，言之者伤心，矧见之者乎；此程正叔所谓真知者也。天乎人乎"。读竟不禁凄然者久之……自考据学兴，身之（三省字）始以擅长地理名于世；然身之岂独长于地理已哉。其忠爱之忱，见于《鉴注》者不一而足也。今特辑其精语……其有微旨，并表而出之……庶几身之生平抱负，及治学精神，均可察见，不徒考据而已。《鉴注》成于临安陷后之九年，为至元二十二年乙酉。《表微》之成，相距六百六十年，亦在乙酉，此则偶合耳。中华民国三十四年七月新会陈垣识于北平兴化寺街寓庐。

　　　　　　　　　　　　　　　　　　　　论智识分子

陈氏以胡身之注《通鉴》时的心情来作《表微》，成书虽在抗战胜利之前一月，但十余万言的著作，动笔当正在抗战极为艰苦之时，是决无可疑的。

二

在前八九年，偶然看到余嘉锡先生所著的《四库提要辨证》，惊其精博平实，远出时流以考据树帜者之上。顾在读此书以前，未曾耳其名；此固由我的见闻固陋，但亦可见凡树立党羽，霸占地盘者的必不认真治学；而认真治学之人，必为埋头闭户，不务声华之人。后于香港书肆书目中见有《余嘉锡论学杂著》二册，亦辗转托人买到；并于去岁十二月，终于在台北领到了手，坐在回台中的火车上，以欣慰之情，随便翻阅下册中的《杨家将故事考信录》，始发现余氏对民族忠义之气，郁勃不能自制，乃借此文以发之；其处境，其用心，与陈垣氏相同；而其愤悱振励，一往直前，或且过之远甚，读时不觉为之流涕。只有在中国文化中才能孕育出这样的伟大书生，但并没有被社会真正发现。若被发现，亦将被骂为义和团分子，由人身攻击以诬蔑他在学术上的成就。不过，在全盘西化掩护下的新汉奸运动，一天显明一天的时候，为了维护我们民族的尊严和生存发展，我依然要以感激的心情，把这位伟大的书生向社会提出。

三

在《论学杂著》的前面，有周祖谟的《前言》：

余先生字季豫，湖南常德人，生于一八八三年，卒于一九五五年。……所著有《目录学发微》、《古书通例》、《世说新语笺疏》、《四库提要辨证》等书。

又谓"本书所收多为著者于一九四五年以前所写"；而《杨家将故事考信录》前面有一九四四年七月三十一日"书于北平不知魏晋堂"的序；盖原署当为民国三十三年七月三十一日，付印时为编者改为西历，此时余氏仍在北平，正日寇凭陵占领的最黑暗时期。其自称"不知魏晋堂"，即明白标示其不知有倭寇与伪组织的决意。他在此文的序中说：

> ……余赋性疏愚，不通人事。雅好读书，时时作为考证文字；偶有会心，辄欣然独笑，自以为得意。举以告人，人或不解。而余读书愈多，于世事益无所解，遂愤然不复与世接。由是杜门却扫，息交绝游者七八年于兹矣（按由此可知，自北平陷敌后，余氏即杜门不出）。年老多病，心力日衰。向所读书悉屏去不观，遂浏览小说以自娱。积习所在，又复弄笔有所评议，以为借通俗之书，以达吾之所见；无非常异义可怪之论，迂阔远于事情之说；持此问世，庶几其许我乎。……今年五月，无意中得《杨家将通俗演义》，日长无事，取而读之，其文去《水浒》远甚。然杨业祖孙三世，皆欲为国取燕云以除外患……岂不诚大丈夫哉。此所以国亡之后，遗民叹息歌咏杨家将，久而不置也欤。……《杨家将》之作，如《板》、《荡》之刺时，《云汉》之望中兴，其殆大义之未亡，一阳之复生者欤……其后元

之所以亡，明之所以兴，其几盖在于此。钱辛楣乃谓小说专导人以恶，夫岂其然？属稿既定，名之曰《杨家将故事考信录》，凡四篇，将以俾好事者览观焉，其或者有所感发也乎？

按余氏在《宋江三十六人考实》，及《杨家将故事考信录》两文中，其贡献有三：一为对史事的钩稽，极详极审极慎；这是真正考据家的本色。二为承认小说对社会的广大教育作用，特加以重视，这是传统的学者所难。三为从社会的心理背景以说明某一小说出现时的历史意义，这一点尤为卓见，非一般考据家所能企及。他在《杨家将考信录》"故事起源第一"中有谓：

> 余以为杨业父子之名，在北宋本不甚著。今流俗之所传说，必起于南渡之后。时经丧败，民不聊生；恨胡虏之乱华，痛国耻之不复。追惟靖康之祸，始于徽宗之约金攻辽，开门揖盗。因念当太宗之时，国家强盛；倘能重用杨无敌（业）以取燕云，则女真蕞尔小夷，远隔塞外，何敢侵陵上国？由是讴歌思慕，播在人口；而令公六郎父子之名，遂盛传于民间。吾意当时必有评话小说之流，敷衍杨家将故事，如讲史家之所谓话本者。盖凡一事之传，其初尚不失实。传之既久，经无数人之增改演变，始愈传而愈失其真。

他接着考查出有元剧五种，是形成"杨家将"故事的骨干。并指出这些剧本的"词气不平，必宋遗民之所作"，因而把中国历史文化所培养出的民族精神至广且深，指陈了出来。他说：

当是时，国已亡，天下之人犹追恨奸臣，痛詈丑虏，愿保山河社稷。幸而此言发于元时，外族不甚通汉文字，无过而问者。使发于清雍、乾之世，必摄赤族之祸。纵幸而不死，亦必不免给披甲人为奴矣。元人敢形之于言。后之人则不敢言而敢怒。中国虽败亡，而人心终不屈服于强敌，古今一也。

"人心终不屈服于强敌"，这是他从历史文化中所得的结论，也正是他和当时许多沦陷在敌区里的人们的共同宣言。

四

余氏为说明杨家将故事之流行，乃出于元灭宋后人心思宋的民族精神，遂历引当时知识分子的态度作例证。他首先引到了胡三省、王应麟，接着引了赵江汉。而其重点则在刘静修（因）、郝伯常（经），因此二人之祖父已为金人，而自己已身为元人；祖为金人，身为元人，而犹不能忘汉，这更是民族精神不能泯灭的切证。《杨家将》这类小说，正是在此一精神状态之下产生的。他说：

> 夫静修、伯常，其祖父皆金之人，身又仕元；而仍系心中国，深恨宋之不能取燕云。况宋之遗民，抱亡国之痛，未尝食元之禄者乎？目睹君父之雠，肆然而为帝，行其虐政于天下，忍之则不可，言之则不敢，宜乎发愤于杨六郎、岳武穆，抵掌而谈，眉飞色舞以舒其抑郁不平之气；观元

论智识分子

杂剧可以知之矣。充此志也，山可移，海可填，日可复中；曾不百年而朱氏兴，遂驱胡元，复禹域，此岂一手一足之烈哉；正赖国亡而人心不死，有以致之耳。"杨家将"事虽杂剧小说，先民之志节，立国之精神存焉，何可非也。

余氏以刘静修、郝伯常的民族精神，乃得力于理学经学，因而将其委曲之情，坚贞之志，表白于天下后世。他对刘静修的说明是：

静修，江汉（赵）之门人也，悦程朱之道，尽心焉。虽尝出仕，未几即辞归，再征不复起……岂有学为程朱而不明夷夏之防者乎？

更引静修《感事》诗是：

高天厚地古今同，共在人形视息中。四海堂堂皆汉土，谁知流泪在金铜。

又引《书事》诗五首，其中一首是：

朱张遗学有经纶，不是清谈误世人。白首归来会同馆，儒冠争看宋师臣。

余氏谓此首系指文文山被虏至燕，曾立马会同馆而作。观此诗，可知刘氏、余氏都能了解理学；也由此，可以了解今人何以疯狂地反对理学。

郝伯常曾出而仕元，余氏对他的说明是：

> 若夫郝伯常，亦江汉之徒也，其学深于《春秋》。《春秋》之义，黜吴楚而内中国，尊王室，大一统，伯常讲之熟矣。其所以出而仕元，则见于其所作《时务》篇。（略）……其前之所言，《春秋》之义也。后之所言，急于出仕，托于经世行道，不得已之权词耳。然谓不能为苻秦元魏之治，则其心未尝与元也。故力说忽必烈毋攻宋，而谲之以请侯后图。其后宋人拘之十六年，几不得脱，而后失望焉。然犹改修《三国志》为《续后汉书》，尊蜀为正统，以示不与金元。

余氏更将宋亡以后的民族精神，作一综合的叙述：

> 二子之心，天下人之心也。盖自有元之极盛以及其衰，始终为民所不与；故静修伯常之诗作乎上，杂剧小说之文成乎下。观乎二子，委曲以致其义；杂剧小说，诡谲以达其情；此《春秋》之教，所为亘万世而不敝者也。

又说：

> 二子虽不幸而生于元；试取其诗文，玩其辞以逆其志，二子之心，岂愿为元人者哉。虽然，不独二子已也；元人之作，似此者不可胜数。试更取其杂剧小说而观之，往往取两宋名将之事，演为话本，被之管弦，莫不欲驱胡虏而

　　　　　　　　　　　　　　论智识分子

安中国。故扮演杨继业（杨业）父子，为其能拒辽也。装点狄青，为其能平蛮也。描写梁山泊诸将，为其招安后，曾与征辽也。推崇岳武穆，为其能破金也。……由斯以谈，当元之世，有心之人，盈天下皆是也，岂徒刘郝二子哉！特其辞谲而意隐，非熟察之，未易知耳。吾故取二子之诗，附入此篇，以与杂剧小说相发明，庶读者有以见名臣大儒之所言，皆自天理流出，夫妇之愚，可以与知者，虽盲词俚曲之中，亦往往有之。由是穷古今之变，考其民风国俗之所以然，知圣人之道，深入人心；《春秋》大一统尊中国攘夷狄之义，亘万世而不敝，则爱国之心，油然而生矣。

余氏上文收尾的几句话，或是对于当时若干败类而发。

五

余氏以自己之民族精神，发现刘静修、郝伯常，及流行于元代杂剧小说中之民族精神；更推而叹圣人之教，入人之深，维系国家民族于不敝的恩泽之大且溥；这与克罗齐所说的"只有现代史"的史学思想，完全相合。由此我们可以了解对自己民族没有感情的人，决读不通自己民族所遗留下来的任何典籍——除非完全是诲淫诲盗这一方面的东西。更由此可以了解怀有汉奸本质，藏有汉奸祸心的人，自觉地，或不自觉地，必由仇视自己的历史文化开始，进而作多方的诬蔑、破坏。不论这种诬蔑、破坏，可在各种口号掩护之下进行，但其实质与归趋，总是一致的。余氏所述宋代灭亡以后的人心，在昔年台湾分割以后，得到了完全相同的实证；在抗战发生后的广大沦陷区，更得到了完全相同的实证，而由最近"忠奸翻案"事件的前因后果看来，又得到了完全可作对比的反证；则我们主张把历史文化和科学民主，镕铸成为文化的一大方向，也正是我们民族在生存发展中自然而然地必走的大方向。

一九六六三月一日于东海大学

一九六六年四月《民主评论》十七卷第四期

个人与社会

　　从某一角度看，在人类历史中最大的问题，可以说是个人与社会，如何能得到均衡、协调的问题。大体地说，在极端的政治自私、政治权力完全成为满足少数人的欲望的时代，人们由对政治的厌恶，扩大而为对一切人的不信任，这便会流行极端的个人主义。极端的个人主义得势，社会正常的关系解纽，秩序的混乱扩大，其后果又常引起带极权性的全体主义。所以在极权性的全体主义的后面，即潜伏有极端的个人主义的阴影。而在极端的个人主义的后面，即准备着有极权的全体主义的杀机。如何从相反而又相成的两极端中，找出一条个人与社会，能得到均衡、协调的通路，这才是为人类命运负责的思想家的真正任务。

　　目前在台湾所流行的一种个人主义，连国家民族的真实性也被否定了。这是超极端的个人主义。假定它只限于私人情绪的发泄，也未尝不可反映出另一面的时代真相。但此种人却说：这是科学的理论，是前进国家的出品；并由此而要贯彻反国家、反民族、反历史文化的目的；这便不仅是情绪问题，而是作为一个人的基本条件发生了问题。对于这种人，是没有道理可说的；我这里只简单指出他们所提出的立论根据，完全是他们自己编造出来的谎言。只要是像样点的国家，决没有彻底否定社会、彻底否定国家民族的理论。我下面提出美国耶鲁大学林顿（R. Linton）教授在其《性格的文化背景》一书中有关的议论作一个例证。

林顿教授是专门研究文化人类学，因而特别注意到人的性格问题。他们研究的最大缺点，在于仅从没有自觉的人群中，作调查统计；由这种调查统计，以得出人的性格是如何的结论。而根本忘记了研究者的本身即是人，即具备了人的性格；要把握一般人的性格，应该先把握自己的性格，即是先从"自己知道自己"作起。没有此一起点，则调查统计的工作，只能停顿在肤浅、混沌状态之下。林顿教授此书，也承认这种工作方式所引起的困难及其不确定性。但在方法上并不曾有进一步的发现、自觉，所以在推动文化人类学的前进上，并不曾有进一步的贡献。不过在个人与社会的关系上，倒还提供了健全的看法。

他首先指出，昆虫也有几乎不劣于人类社会般的复杂社会。但昆虫是以学习能力作牺牲，尤其是以发明能力作牺牲，而只凭它们本能的精巧发挥以经营它们的社会生活。"它们可以说是把最大限的本能与最小限的个性结合在一起的存在。""过着社会生活的各个昆虫，不是个人的存在，而只是被一样化了的一个单位。"

人之不同于昆虫，乃在于人有学习能力，有思考能力。我们的祖先，在达到"人的阶段"时，已失掉了大部分的"自动的反应"，没有与昆虫同意味的本能。"人作任何事情时，不能不学习，不能不思考"；并且能忘却了过了时的东西，以认识新状况，想出适合于新状况的行动方式。所以人是顺着个性化的倾向而进步来的。因此，"各个人的行动，能有无限的多样性"。至于"通过全人类所能承认的行动的一致性，乃是起因于人类共同的经验，共同的欲求与能力"。

论智识分子

至于人的社会，林顿教授举出了四个重要特征。

"第一个最重要的特征是，成为人类生存竞争的重要单位的，与其说是个人，毋宁说是社会。……一切人，都是作为组织集团之一员而生活；每一人的命运，是连结着他所属的集团的运命。"国家民族，是由血缘、历史、文化等所形成的共同生活的社会集团；反自己的国家民族，即是取消自己生存竞争的单位；其心理，其行为，乃是贩卖人口行为的扩大化。

"第二个特征是，社会通常远较任何个人的一生，更长久地继续存在。我们一经出生，即投入于已经活动着的一个组织之中。虽然有时由于情况而产生新社会，但大多数的人们，乃是作为旧社会之一员而出生、而生活、而死亡。给与于个人的课题，不是参划组织新社会的过程，而是使自己适合于从很久以前已经结晶好了的集团生活之模型。"由此可知，凡是在新旧之间，划出一条不可逾越的鸿沟，而把自己装扮成打倒自己所属的旧社会的打手的人们，十之七八，都是为了出卖自己所属的社会的一种掩饰。

"第三个特征是，社会以它的机能成为实际活动的一个单位。社会虽由各个人所构成，然而社会是作为一个全体而活动。构成社会的各个分子的利害，常常是被安置于集团、全体利害的下位；为了全体的利益，社会排除某些组织分子，也无所顾惜。……所谓自由社会，也并非真正有完全的自由；而不过是在社会所承认的极小范围之内，其各个组成分子，可以得到个性发展的社会。这种社会中的每一组成分子，同时遵守着无数的规则、规范而加以处理。因为这些规则、规范，是很巧妙，很完全，所以几乎使人不感到有这种规则规范的存在。……当然也不会意识到社会对个人所课的拘束。

"第四个特征是，为了社会的存续，而把必要的活动，加以分工，以分配于各个组成分子之间。……另一方面，担当分工后各种职务的个人，随着这种分工的愈益进步，而向全体依存的程度也愈益增大。"

上面只是根据人类实际生存的状况，加以健全而合理的陈述。以否定社会的真实性，否定国家民族的真实性，来掩饰自己出卖国家民族的意图的人们，应当可以揭下他们的假面具吧！

一九六六年四月十三日《民主评论》十七卷五期

知识分子与共产党

一

知识分子，是社会发展到某一阶段的自然而然的产物。知识分子的结构，也是由历史发展的阶段所决定。在两千多年前，孟子"或劳心，或劳力"的社会分工的说法，本来也是一种很平实的说法。但把劳心劳力，作截然的划分；而劳心与劳力之间，更不能定出一个合理的比例；于是自命为聪明才智之士，竞走向劳心的一途，势必发生劳心阶层的过剩。在中国过去，过剩的劳心者，一起向政治圈中挤进，势必以牺牲人格、知识，为进身之阶。并且未曾挤进的人，势必成为社会的寄生虫，对社会发生腐蚀的作用。尤其自科举制度实行以后，决定知识分子出路的更不是社会的理论和需要，而是临时的几本试卷，这便更助成了上述的趋势。几乎可以说，我们的历史，是由极少数的伟大知识分子所支持；但也是由极多数的坏知识分子所阻滞。袁子才曾说"士少则天下治"的一句话，这是历史的事实。

不过，上述的问题，随着历史的进入近代而获得自然的解决。因为：（一）进入近代后，知识分子随知识本身的发展而有一种"质"的变化，大多数都和社会生产发生直接间接的关系；并且负起了推进生产的主要责任。（二）因社会的迅速进步，社会事业的发展，远超过政治机构的扩张；于是知识分子在政治之下，也成为社会的需要，成为推动社会进步的骨干。（三）因为民主政治的实现，限制了知识分子竞争的方法，不合理的敲诈行为，再不容易发生。简言之，近代的知识分子，乃生活于各自的知识之上，而非生活于其特定身份之上。

二

中国的近代历史，是处于落后的状态；所以知识分子，迄仍保持其"士大夫"的传统意识与生活方式。因之，假使中共对知识分子的改造，仅限于要使知识分子各忠于自己的知识，而不可以派系代替知识；更进一步要求知识分子与民族、大众站在一起，而不可以个人利害好恶为中心；则我们虽然不赞成以政治力量作改造的手段，但也不能不承认这种改造，在清除千百年来积累之污，也有其历史的意义。但中共改造知识分子的目的，是要以他们的主观信仰，代替客观的知识，以信仰完成他们的极权统治；这实际只是韩非的"故明主之国，无书简之文，以法为教；无先王之语，以吏为师"的彻底发展。

最近中共对知识分子的大整风，因郭沫若的自我坦白，而特别引起国际上，尤其是引起与郭有私人关系的日本文化界的注意；有的人认为这次的风，乃是"腥风"，较过去更为严酷深刻。但郭在学问上粗疏浮薄，一无所成。他的科学研究院院长的地位，绝对不是由他的知识而来，他自己比旁人知道得更清楚。他这次的坦白，只是他的投机性的巡回表演；等于一个脱衣舞娘，衣服本

论智识分子

是要随时脱掉的。所以他的坦白，说明不了什么。我觉得这次特别值得注意的是：中共一向主张"以党统军"；而这次的整风，却完全由代表军方的《解放军日报》出面，则这次所整的，是以共产党内的大多数知识分子为对象。可以说这次是"以军整党"。大陆目前的状况是，只要骂到历史上的皇帝，便认定是骂毛泽东。只要承认历史上有一个好人，有一件好事，便认定是与毛泽东过不去。他们要知识分子相信连卖西瓜的矛盾，也只有靠毛泽东思想才可以解决。这已到了以低级迷信来代替马列信仰的程度；所以这次大概整到中共自己的心脏里去了吧。不论任何型态的知识分子，都变成了毛泽东思想的势不两立的敌人了。

三

苏联清算史达林以后，除了农业问题使他们进退维谷以外，十年来使他们伤尽脑筋的，也正是知识分子问题。此一问题的严重性，可以迫使尚未取得政权的共产党有进一步的趋向自由，因而也使苏联在共党世界中的领导权，会彻底瓦解。

苏联的党报，对于西尼亚夫斯基，及达尼耶尔两个作家，把自己的作品秘密送到外国发表一事，作了弹劾性的评论，立刻引起了意大利和法国共产党的不满，同时发表认为"遗憾"的声明。接着苏联的法院，对于那两位判处了一个七年、一个五年的徒刑。法国共产党员阿拉刚，发表声明，认为这有伤苏联的威信。法国共产党并于三月十五日，作成决议，与知识分子以更大的自由；他们说："党应承认艺术家自由使用想象力、嗜好、独创性，为贡献于人类进步，可以有各种各样的方法，并加以支持。党员知识分子，不妨以大胆与自主的判断，讨论科学、哲学、艺术诸领域的问题。"这实际表示出要走与苏联不同的路。

意大利的共产党，更怕苏联走史达林的回头路，所以对于苏联上述的判决，表示了更强硬的态度。在四月十日意共的周刊上，莫拉比阿，干脆斥责苏联有关此事的代言人萧诺荷夫的意见，认为萧诺荷夫所说的小说，只是一种"非小说"，是一种"无价值的小说"。他认为"面对苏联判决的残酷，凡是拥护真的艺术的人，都应以激烈的言词表示对萧诺荷夫的抗议"。他认苏联的文艺政策，完全是压迫知识分子，阿谀"权力阶级"；"这不仅对苏联的文艺，是代表了一种危险思想；对全世界的文艺，也是代表着一种危险思想"。他指着萧诺荷夫继续地说："你才是古旧的指导俱乐部的好代表者。在你确信要使为西尼亚夫斯基、达尼耶尔作辩护者知耻之前，你自己才应当知耻。"这里所痛骂的，岂是苏联的一人一事，而是指向苏联整个党的对知识分子的政策。

共产党运动，原来是作为一种"主义"，一种"思想"而站了起来的。苏联对知识分子的无可奈何，及由法、意共产党对知识分子大步走向"自由化"的分裂，这深刻地说明了西欧共产党对共产祖国——苏联的反叛，也说明了共产党的本身，正要由对"知识"的妥协，对知识分子的妥协，而在一步一步地转变。最后的归趋，大概是"民主社会主义"之路吧。

一九六六年六月四日《华侨日报》

论智识分子

明代内阁制度与张江陵（居正）的权、奸问题

　　一九五二年十一月，钱穆先生出有《中国历代政治得失》一书，中谓张江陵是权臣、奸臣。万武樵先生看到后，深为难过，要我写一文为张江陵昭雪。张江陵的相业，虽经当时昏庸之主及虚浮不实的士人，曾极力加以诬蔑，但至崇祯时代，由土崩瓦解的形势所引起的反省，明代的君臣对他已加以昭雪了。钱先生的私人意见，本不必重视。但钱先生是以制度为立论的根据，这里面含有在专制政治下的一大悲剧问题，须稍加清理。所以我便由武樵先生的激励，写成此文。此文写成后，先寄钱先生过目，钱先生写一跋语作答，原拟在《民主评论》上同时发表，后来我因为某种顾虑，把两文一起压下了。今岁四月，钱江潮先生两次来信，谓江陵县在台人士，将以餐会崇乡谊，邀我届时对张江陵的平生作即席讲演；我因张怀九先生及江潮之尊大人钱纳水先生皆耆年硕学，对张江陵的了解，实非我所能企及，故未敢应命。然重违江潮雅意，答应将此文清出发表，借请江陵在台人士加以教正。课务结束后，在抽屉中寻出此文时，首尾两段，因外面未加封套，已经残缺不全，有关刘台的一段考证文章，也在残缺之列，当时用何标题亦不复记忆，连蓝墨水也褪了色，字迹都变成模糊不清。而钱先生的跋语，因装在一厚信封内，却完好如故。乃把原文首段剩下之百余字完全删去，以原第二段为首段，另添若干材料，重新写作末段，以现标题

刊出。钱先生在跋语中认为"历史应就历史之客观讲……若针切在时代，那又是谈时代，不是谈历史"。此意甚好，亦甚难。因对历史的了解，常有待于时代经验、意识的启发，所以克罗齐便说只有"现代史"。而我国传统中的"史论"，十之八九即是时论，也正是这种原因。钱先生以为自己在这里所讲的是客观历史，但他说"此刻我们要提倡法治，却又推尊张居正，正为不了解明代政治制度"，可见讲客观历史，而不针对时代，确是不容易，并且也不必故意去避忌的，大陆目前的大整肃，也正起因于大陆上许多人曾经"以古讽今"的原故。钱先生又提出"历史意见"的问题。历史中，一时谬误的意见，常能在历史的经过中得到澄清、纠正，中国过去之所以特别重视历史，正因为历史能提供是非的判断以保证，可以尽到宗教中因果报应所能尽的责任。张江陵的情形，正是一个显著的例子。是非之所以不明，常常为当事者利害好恶之私所遮蔽。理学家常要求人当下能脱出私人的利害好恶，以把握是非之公；这是为了救当下的人，救当下的事，救当下的时代。历史则在时间之流中，也能使人脱出过去的是非好恶，以看出过去的是非得失之公。在这种地方，理学家与史学家，常于不知不觉之中，有其会归之点。但历史家若缺乏时代意识，则不仅他对历史是非的判断，无补于当时，并且因缺乏打开历史的钥匙，对历史上的是非，因之也无从把握。章实斋对史学家特提出一个"德"字、"敬"字，可知史学家依然要有理学家的若干基底，这在今日更是无从谈起的。

一九六六年七月五日夜记于东海大学

论智识分子

一

　　钱穆先生在他的大著《中国历代政治得失》中认为张江陵是
明代的内阁大学士，不是宰相，但以"相体自居"，这是"不应该
揽的权而揽，此是权臣，并不是大臣"，"是奸臣，是权臣，这是
违反国法的，也是违反政治上传统道德的"，"现在我们不了解这
情形，总认为张居正是一大政治家，他能讲法治。其实他本身就
违法，而且违反了当时的大本大法"，"此刻我们要提倡法治，却
又推尊张居正，正为不了解明代政治制度"。（以上均见原著页
八三至八四）又归结地说："张居正第一不应有权径下政府最高的
命令，第二不应要人报皇帝的公事也报他一份。"钱先生要推翻张
江陵历史上的地位，纯是就当时政治制度上的法制立言，所以我
这里也就此点加以讨论。

　　钱先生的话，依我的判断，是根据当时御史刘台劾张江陵的
奏疏的。刘台是张江陵的门生，他当御史巡按辽东时，坐误奏捷，
奉旨谯责，他便深恨江陵，才有劾江陵的奏疏。刘台此一奏疏，
尽倾陷之能事。我现在先把刘的奏疏与钱先生论证有关的部分引
在下面：

　　　　高皇帝鉴前代之失，不设丞相……文皇帝始置内阁，参
　　预机务。其时官阶未峻，无专肆之萌。二百年来，即有擅
　　作威福者，尚惴惴然避宰相之名而不敢居，以祖宗之法在
　　也。乃大学士张居正，偃然以相自处。……祖宗朝一切政
　　事，台省奏陈，部院题复，抚按奉行。未闻阁臣有举劾也。
　　居正定令，抚按考成章奏，每具二册，一送内阁，一送六

科。……阁臣衔列翰林，止备顾问，从容论思而已。居正创
为是说，欲胁制科臣，拱手听令。（《明史》卷二百二十九
《刘台传》）

首先，我应说明"法"是产生于政治主权之所在。主权所在
的地方可以立法，也可以改法、废法。所以法愈近于主权所在的
地方，其安定性愈小。民主政治，主权在民。民非一二人，故立
法、改法，都要经过认为可以代表民意的机关、程序去实行，因
此才可保持法的合理性与安定性。然真正民主国家，依然是人民
的自由，大于政府官吏的自由。因为人民是"法原"所在。专制
的主权在君，君的意志随时影响到法，君的意志之所在，几乎法
即随之。宰相地位不仅与皇帝最接近，而且它本是帮助乃至是代
替皇帝总揽一切的。人君在事实上须要这样一个帮助的人，但在
心理上却又害怕这样的人，如果有了正式的法理地位，便会感到
这是一种莫大的威胁。所以中国历史上宰相的地位，在上述矛盾
之下，很少平正地安顿过。钱先生认为中国历史中的政权早开放
给读书人，也就是开放给天下了，所以没有主权的问题。我认为
中国过去之所以没有主权问题，只是一般人认为主权在皇帝，是
天经地义，所以不感觉这是一个问题。好像过去一个人花钱买了
田地，田地自然是他的，没有人对之发生疑问一样。及土地改革
之说兴，于是土地国有？公有？地主有？耕者有？便成为问题了。
明代专制太酷，在黄梨洲的《明夷待访录·原君》一篇中，也正
式提出了主权问题。至于过去的选举、考试等制度，实等于今日
的大公司、大机关之登报招考职员，这比之贵族政治是开放了，
但这并不是开放了主权，不是大家和皇室有平等的地位，作政治

226   论智识分子

的竞争。故与今日之所谓"政治开放"的意义，大不相同。这一大前提不澄清，对于中国历史的了解，便都会走上牵强附会之路。

秦悼武王二年始置丞相，汉承秦制，亦设丞相。《汉书·百官公卿年表》说："丞相掌丞天子，助理万机。"应劭曰："丞者，承也；相者，助也。"陈平在汉文初为左丞相，但答文帝决狱、钱谷之问时，自称"宰相"，是丞相即宰相。秦始皇尊吕不韦为相国；韩信诛后，汉高亦尊萧何为相国；相国比丞相的地位更为尊贵，然实际依然是宰相。宰相是秉承皇帝的意思来帮助皇帝的。这在大一统的专制政治之下，站在人君的立场来说，宰相一职在事实上既不可少，但在事势上又必须提防，于是历史上不外想出下列几种提防的方法：一是多设几位以分其权，一是有宰相之名而不予以宰相之实，一是予以宰相之实而不予以宰相之名，必使其名实之间，有所牵制。所以我觉得宰相在中国历史上的地位最为别扭，名实相符的宰相很少。于是宰相在法的地位，常是习惯法而不是成文法。即是，无宰相之名，而负宰相之实的，时日稍久，人即以宰相视之，史家亦以宰相称之，这是中国历史上的惯例。在官制上言，其间变换甚多，但有一基本线索不变，即是，凡与皇帝最易接近的，不论其官阶之高下，常即居宰相之实。换言之，宰相的实质，常决定于与皇帝的关系，而非决定于官制，此系专制政治的本质使然。言中国政治制度者不了解这一点，便不能真正得到要领。

丞相制度到了武帝便出了毛病。自公孙弘死后，由李蔡到刘屈氂，换了六个宰相，自杀者二，下狱死者二，腰斩者一。这段惨史，正说明在专制中宰相地位的困难。尚书令属于少府，官不过六百石，武帝开始以宦官充任。及他临死时要托孤于霍光，于是一面以光为大司马、大将军，一面以光领尚书事，使光既掌兵权，又掌内朝机要。宰相的权，在制度上已经开始动摇了（汉时故事，"诸上书者，皆为二封，署其一曰副，领尚书者先发之"）。宣帝时张安世以大司马、车骑将军、领尚书事，魏相丙吉为相，大政由安世在尚书办公的地方决定好了，再装病出外，及见之诏令，乃派人到丞相府去假打听消息。所以马端临说："丞相府乃宣行尚书所议之政令耳。"魏相丙吉，号称贤相，而实际他所做的是假宰相，小小的尚书，才是真宰相。东汉以三公为宰相，尚书令的地位提高到千石，外放时也只能当县令。《太平御览》二百十二引《汉官仪》所记东汉明帝诏谓："尚书盖古之纳言，出纳朕命。机事不密则害成，可不慎欤。"这在今日，乃是一个机要秘书兼内收发的地位。但据《通典》说："后汉众务，悉归尚书，三公但受成事而已。尚书令主赞奏事，总领纪纲，无所不统。"并且在朝会时，它可以"专席而坐"。这小小的千石之秩，更成了真正的宰相。此时尚书无宰相之名者，因为还有一个空头宰相三公的招牌存在。

汉献帝时，曹操过了名实俱符的丞相的瘾。"魏、晋以后，或置或否，居之者多非寻常人臣之职"，齐、梁、陈则仅作赠官而无实职。魏、晋以后，始以中书侍中为宰相。宋文帝时，刘湛为侍中，与其他的侍中同为宰相，湛尝谓："今代宰相何难，此正可当我南阳郡汉代功曹耳。"宰相等于郡守的功曹，实说破了宰相一职，根本无制度可言。唐代门下、侍中、中书令是真宰相；尚书左仆射（太宗为秦王时曾为尚书令，故阙不复置）加平章事方为宰相。其以他官参掌者无定员，"但加同中书门下三品"。尚书左仆射为从二品，而门下、侍中及中书令均为正三品。在"法"的立场说，他们皆不是宰相，则实际做的是宰相的事。因中书独取旨，尤为

论智识分子

相权之所在。可是又不像以前另外有一个空头宰相的招牌，故即认他们为真宰相。宋虽承唐旧，以三省长官为宰相，但旋"以其秩高，不轻授人……乃以尚书令贰（尚书令是尚书省的长官，贰是其副手，等于今日的次长）左右仆射为宰相。而左仆射兼门下侍郎，以行侍中之职；右仆射兼中书侍郎，以行中书令之职"（叶梦得语）。把尚书令的副手来当作宰相，这更于法无据。所谓"同平章事"，是共同商量政事，这是给它的一种任务，而不是官职。但这任务是宰相的任务，故即以宰相称之而不疑，并不发生"法"的问题。这是习惯法。此种习惯法所以得到一般的承认，因为后面有作为"法原"的皇帝意志。

南宋恢复了宰相的名称，因为这才是名实相符，在"法"上说得通一点。明初所以有宰相，是继承此一线索来的。但太祖秉性特为猜忌，洪武十三年胡惟庸之变，大肆诛戮，并废止宰相，设"四辅官"来帮他看公事。后又觉得四辅官的地位高了一点，不很妥当，遂于十五年仿宋制置殿阁大学士。宋朝的学士"资望极峻，无吏守，无职掌，惟出入侍从，备顾问而已"。马端临谓宋的"学士直阁，尊卑不同，故难概称"。其中观文、资政两大学士，非拜过相的人不能当。明太祖取其"仅备顾问"，而抑其官秩为五品。此时是以翰林春坊帮他看公事，出主意。那等于现时的侍从秘书。所以刘台对殿阁学士职位的论断，就始设的时候说，那是正当的。但《明史·职官志》及《续通志》的《职官略》，列殿阁学士于六部之前，而对大学士的职位说："掌献替可否，奉陈规诲，点检题奏，票拟批答，以平允庶政。以其授餐大内，常侍天子殿阁之下，避宰相之名，故名内阁。"这和宋制大学士之"仅备顾问"，完全是两样，他们所行使的可以说完全是宰相的职权，乃是实质的宰相。何以要"避宰相之名"？因为明太祖有一道敕谕，禁止后世设宰相。"臣下有奏请设立者，论以极刑"。明以大学士为宰相，与隋、唐、宋之以三省长官为宰相者，在法理上说完全相同，都是由演变的事实而来的。所不同者，明代既不同于东汉之另外有一挂名宰相，而较之唐、宋，又多了明太祖的一道敕谕。但所谓"避宰相之名"者，也只是表面文章而已。当时的人，以及后世的史家，无不以宰相称大学士。并且这种演变，是在张居正以前早就完成了的。

二

明代大学士职位的演变，大抵可分为四个阶段。成祖即位，特选择解缙、胡广、杨荣等直文渊阁参机务，"阁臣之预机务自此始"。这是第一阶段的演变。但这时，"入内阁者皆编检、讲读之官，不置官属，不得专制诸司，诸司奏事亦不得相关白"，所以没有演变到宰相的职位。仁宗因杨士奇、杨荣、杨溥等为东宫旧臣，以侍郎、太常卿等官兼大学士，地位渐增重要，其后士奇等皆迁尚书，且累加至三孤（少师、少傅、少保，从一品），内阁地位便水涨船高起来。到了宣宗，"内柄无大小，悉下大学士杨士奇等参可否。虽吏部蹇义、户部夏原吉，时召见，得预各部事，然希阔不敌士奇等亲，自是内阁权日重。即有一二吏兵之长（尚书）与执持是非，辄以败"。这是第二阶段的演变。在此一演变开始时，杨士奇与尚书吕震讨论问题，吕震"当面厉声叱之"。对于士奇的意见，仁宗因尚书们认为士奇无参政资格，所以不敢直接接受。但到宣宗时，时人以杨荣比姚崇，即系以宰相视大学士。而《明史·三杨传》赞曰："明称贤相，必首推三杨。"大学士之演变为实质的宰相，至此已经确定。而其演变的过程亦表现得最为清楚。《宪章类编》谓，"洪武中，惩胡惟庸之专权生乱……严为禁革，俾永不得设丞相。……内阁置大学士以备顾问，官仅五品，不预政柄。……自三杨入阁，乃以少师、尚书兼大学士，官尊于六卿，而口衔天宪，自是无丞相之名，而有丞相之实矣，故中外皆称之曰宰相云"，正指的此一阶段。

景泰中，"王文以左都御史进吏部尚书入内阁，自后诰敕房俱设中书舍人，六部承奉意旨，靡所不领"（《续通志·职官略》）。这是第三阶段的演变。在此演变中，大学士有了正式办事的机构，而大学士之成为实质宰相的机能至此始具备。到了"嘉靖以后，朝位班次，俱列六部之上"（同上）。这是第四阶段的演变；而大学士成为实质宰相，已得到朝廷正式的承认。假定朝位班次，应算一种制度，这也可以说至此而得到制度上的承认。接着很著名的大学士是夏言、严嵩，《明史·职官志》称他两人"赫然为真宰相"。严嵩是奸臣，夏言并非奸臣，《明史》亦未将夏言列入《权臣传》。修纂《明史》的人，决不以大学士成为真宰相，而目之为权臣、奸臣。因为这在当时已经承认了，这是"历史事实"；客观的史学家不能任意加以抹煞。再接着是华亭徐阶。他写三句话在"直庐"墙上说"以威福还主上，以政务还诸司，以用舍刑赏还诸公论"，这是鉴于严嵩的专横自肆，处危疑之地，以谦抑自勉。但这三句话只是说明了徐阶为相之量，而并不是否定自己的相位，所以《明史》说："论者翕然推为名相。"再接着为首辅的是高拱。神宗冲年即位以后，拱"每慷慨收官府权曰，有传奉中旨，所司按法覆奏，白老臣折衷之，以复百官总己之义"（《明史》本传）。

这是要把宦官经手的皇帝"圣旨"，由他审核一番；他认为这是他当宰相的职责。高拱即因此被宦官所逐。而刘台劾张居正的原因之一，是认张居正有参加逐高拱的嫌疑，因而要为高拱打不平的。若照刘台的大学士不得以宰相自居的理论，则高拱是应该被逐，他何必为其打不平呢？张居正在穆宗时，以礼部右侍郎入阁，又迁吏部左侍郎兼东阁大学士，进礼部尚书兼武英殿大学士，加少保。一年多的时间，由学士五品升至尚书的正二品、少保的从一品。《明史》本传称"时徐阶以宿老居首辅，与李春芳皆折节礼士。居正最后入，独引相体，倨见九卿。人以是惮之，重于他相"，可见当时大学士以相体自居，已视为当然。神宗即位后，他代高拱为首辅，"慨然以天下自任"。因为他不仅是神宗的老师，而且是受了顾托之重。慈圣太后（神宗的生母）要他特别多负责任说："先生有师保之责，与诸臣异。"历史上凡是受命托孤的人，一面是保育皇帝，一面也可以说是代理皇帝，除非是太后自己垂帘听政。居正后由吏部尚书而进太师（明文臣无生而进太师者，居正是一个例外），官正一品，在六部尚书之上。神宗赐居正札称"元辅张少师先生"；当时的皇帝、皇太后都以"元辅"称他，在《明史》本传中，班班可考。这即是"历史事实"，史学家有什么方法去否定这种"历史事实"呢？他当政后，主要政策之一是守祖法，尊主权，屡次要神宗多御朝，亲万机，并建议增加阁员人数。此在《明史》及《江陵集》（《江陵集》出于张家残败之后，危疑未解之时，其中决不敢有饰辞）中记载至为明了。权臣、奸臣有一共同特点，便是不愿皇帝多问事，而居正则惟恐皇帝不问事。他指挥政治，除私人书札外，都是敕制诏令，这在法理上是皇帝的而不是居正个人的，凭什么可以说他是权臣、奸臣？至于说他"不应要人报皇帝的公事也报他一份",这更是一种误解。如前所述,在西汉时,各方奏报,即须以副本送尚书令。假使明代大学士等于汉代尚书令,则多要一份公事也是理所当然。何况此时大学士已演变为实质宰相,报皇帝的事,没有不经过大学士之手的。也即是对张居正而言,没有多报一份的必要。刘台原劾疏对此事说:"居正定令,抚按考成章奏,每具二册,一送内阁,一送六科。抚按延迟,则部臣纠之,六部隐蔽,则科臣纠之。六科隐蔽,则内阁纠之。"可见居正是为了增加行政效率,使能互相循环考核,以对治当时散漫、疲玩、欺瞒之蔽。《明书》张传说:"前是,六部、都察院有覆奏,而行抚按勘者,度事之不易行……则稽缓之,至数十年不决。居正下所司,以大小缓急为限行之。"这正是对治此病的一种办法,乃是一种行政措施,是宰相应有的措施。这与西汉上奏事者以副本送尚书的情形也不相同。刘台只认为"阁臣衔列翰林,止备顾问,从容论思",站在此一立场,才算是违法的。可是阁臣之成为事实宰相已经百年,刘台说的只是百年前的掌故而已。当时攻击张居正最力的如傅应桢,以王安石比居正,王安石是宰相;王用汲劾居正疏中,指居正为"辅臣"、"宰臣"、"相"、"大臣";艾穆劾居正疏中称之为"元辅大臣"。在居正的政敌心目中,并未否认他宰相的地位。且刘台既攻击居正不应以大学士冒充宰相,但在同一疏中,对于居正推荐张四维、张瀚入阁为大学士一事,则称"祖宗朝,用内阁冢宰,必由廷推。今居正私荐用张四维、张瀚"云云,可见刘台自己也承认大学士为冢宰。冢宰当然是宰相。由其疏中之自相矛盾,即可见他的话不能引作历史的论证。假定说张居正的"独引相体"(此"独"字系对徐阶等之折节下士而言)为违法,这是中国历史千百年中许多宰相的共同违法，是张居正百多年以来的先辈的共同违法，是中国历史中共同承认、中国史学家共同承认的违法。钱先生说："试问当时何尝有一道正式命令叫张居正代理皇帝呢？"宰相代理皇帝，是制度决定的。宰相制度没落后，是出于事实要求，而由皇帝承认的。这在明代，在宣宗时代，已正式有此要求和承认，决不始于张居正。张居正和旁人不同的，倒真是"有道命令叫他代理皇帝"；因为他受命托孤的时候，神宗只有十岁，他不代理皇帝，便只有由宦官代理。神宗曾降敕谓"卿受遗辅政，有安社稷之功"，又"赐大字凡五，曰元辅、曰良臣、曰尔惟盐梅、曰汝作舟楫、曰宅揆保衡"。当江陵要回籍奔父丧时，神宗一则谓"天降先生，非寻常者比，亲承先帝付托，辅朕冲幼……"，再则谓"但念朕当十龄，皇考见背，丁宁以朕嘱卿……"，这类的话，不一而足。

三

张居正有许多缺点。熊师十力说他的思想有道家底子，《明史》上也曾提到。道家多半是有"机心"的。熊先生又责他不应干涉讲学，有统制思想之嫌。此外，也是当时引人最不满的，是他接受批评的雅量不够，这是政治家的大忌。但虽然如此，他依然是一个大政治家。第一，中国承认皇帝还要有"先生"，这正是中国政治思想与制度的伟大处。可是实际做到的很少。居正对皇帝以师道自居，进《帝鉴图说》及列圣宝训实录，真正尽了"为王者师"的责任，这只有大政治家才得有此。第二，中国历史上谈政治的，多半是谈一人一事，以一人一事为对象。有几个人能像张居正那样，把当代整个政治问题，本末精粗，一齐含摄住，作有

　　　　　　　　　　　　　　论智识分子

系统地说出来，以构成一个结实的政治大体制，而以毅力贯彻之。可以说，周、秦而后，只有王安石有此气魄。江陵一集，气刚理密，风采俨然，虽与日月争光可也。他取怨的原因，就《明史》本传所载，一是痛折御史在外凌辱抚臣，因为他知道政治的基础在地方；二是执法严，省冗官，核驿递，得罪了不少"绍兴师爷"；三是减少县学生名额，大邑士子难于进取；四是治盗太认真，奉行不便者相率为怨言；五是江南豪贵，恃势与猾吏勾结，隐瞒赋税，居正遣大吏精悍者严行督责，国富而豪猾皆怨。当时对他攻击最力的公开理由是"夺情"。而其身后之祸，根本原因有二：一为对神宗要求太严，使神宗受不了，又得罪了宦官、外戚。宋学洙在《张文忠公遗事》中，对此详加考订后，归结地说："确然见造次者外戚也，换日者中官也。闪烁其间者凤盘（王四维）二三公。彼呶呶者止鹰犬耳。故两宫圣母，不闻传矜宥之旨。神宗宿三十七年之怨，非惟新郑（高拱）无此党，缙绅宁有此力量哉？"说得再明白也没有。二还是种毒于刘台劾疏中的另几句话："盖居正之贪，不在文吏而在武官，不在内地而在边郡。"这是影射毒恶的几句话。大家知道居正治边很勤而又很有成效的。刘台若说居正在文吏和内地这一方面贪污，是马上可以查验的。他说是在武臣边地这一方面贪污，便远无对证，而且那又是当时花钱最多的一方面。这几句话说入了神宗的心，所以"疑居正多蓄，益心艳之"（《明史》本传），遂籍没居正家。当籍没时，侍讲于慎行写了一封信给担当籍没任务的丘橓，中有谓："江陵殚精毕智，勤劳于国家。阴祸机深，结怨于上下。当其柄政，举朝争颂其功，而不敢言其过。今日既败，举朝争索其罪，而不敢言其功，皆非情实也。且江陵平生，以法绳天下，而间结以恩，此其所入有限矣。

彼以盖世之功自豪，固不甘为污鄙，而以传世之业期其子，又不使滥有交游，其所入又有限矣。若欲根究株连，称塞上命，全楚公私，重受其困……"于慎行的信，是在举朝构陷正急的时候写的，当然不敢稍有阿私之词。但丘橓没有接受于氏的意见。当时籍没的情形，《明史》本传谓：

> 帝命司礼张诚及侍郎丘橓……籍居正家。诚等将至荆州，守令先期录人口，锢其门，子女多遁避空室中。比门启，饿死者十余辈。诚等尽发其诸子兄弟藏，得黄金万两、白金十余万两。其长子礼部主事敬修不胜刑，自诬服寄三十万两金于（曾）省吾、（王）篆及傅作舟等，寻自缢死。

张敬修在缢死前写有血书，略谓：

> ……其当事嘈沓之形，与吏卒咆哮之景，皆平生所未经受者。而况体关三木，首戴幪巾乎？在敬修固不足惜，独是屈坐先公以二百万银数，不知先公自历官以来，清介之声，传播海内，不惟变产竭资不能完，即粉身碎骨亦难免者。且又要诬报曾确庵寄银十五万两，王少方寄银十万，傅大川寄银五万，云"从则已，不从则奉天命行事"。……他如先公……惟思顾命之重，以身殉国，不能先几远祸，以至于斯。而其功罪与今日辽藩诬奏事，自有天下后世公论在，敬修不必辩。独其虚坐本家之银，与三家之寄，非一时可了之案，则何敢欺天罔人，以为脱祸求生之计？不得已而托之片楮，啮指以明剖心。……

论智识分子

江陵身后受如此惨祸，但其第五子允修，于甲申正月十日，以八十之年纵火自焚，殉流寇张献忠之难。他的曾孙张同敞，与瞿式耜同死难于桂林；"同敞尸植立，首坠跃而前者三，人皆辟易"。江陵张氏，可算无负于明室吧！假使历史上的权臣、奸臣，皆如江陵张氏，何至亡国圮族相次呢？！我国专制政治，到明代而发展到了高峰。钱先生的高论，实质上是认为明代的专制还不够。然则中国的历史，到底要走向何处？

四

张居正身后之祸，几乎可说是专制政治下，想为国家真正负一番责任的大臣所必然要受的祸。这在张居正自己也知道得很清楚。他在万历元年《答吴尧山书》谓："二十年前曾有一宏愿，愿以其身为蓐荐，使人寝处其上，溲溺垢秽之，吾无间焉。有欲割吾耳鼻者，吾亦欢喜施与。"《答张操江书》谓："受顾托之重，谊当以死报国。远嫌避怨，心有不忍，惟不敢以一毫己私与焉耳。"《答李渐庵书》谓："草茅孤介，拥十龄幼主，立于天下臣民之上；国威未振，人有侮心；仆受恩深重，当以死报国。宋时宰相，卑主立名，违道干誉之事，直仆之所薄而不为。"又《答李渐庵论驿递书》谓："天下事非一手一足之力。仆不顾破家沉族，以殉公家之务。而一时士大夫，乃不为分谤任怨，以图共济，将奈何哉？计独有力竭行之而后死已矣。"在万历六年《答林按院书》谓："既已忘家殉国，遑恤其他。虽机阱满前，众镞攒体，不之畏也。如是，稍有建立耳。"万历八年《答李学院书》谓："不谷弃家忘躯，以殉国家之事，而议者犹或非之。然不谷持之愈力，略不少回。故得失毁誉关头，若打不破，天下事无可为者。"他在《被言（被刘台的弹劾）乞休疏》中，也说得痛切：

念臣受先帝重托，既矢以死报矣。今皇上圣学尚未大成，诸凡嘉礼尚未克举，朝廷庶事尚未尽康……臣岂敢言去？……皇上宠臣以宾师不名之礼……即其恩款之深洽，亦自有不能解其心者，又何忍言去？然而臣之必以去为请者非得已也。盖臣之所处者危地也，所理者皇上之事也，所代者皇上之言也。今言者方以臣为擅作威福，而臣之所以代王行政者，非威则福也。……今谗邪之党，实繁有徒；背公行私，积习已久。臣一日不去，则此辈一日不便……若取臣之所行者，即其近似而议之，则事事皆可以为作威，事事皆可以为作福。明明之谗，日哗于耳；虽皇上圣明，万万不为之投杼；而使臣常负疑谤于其身，岂亦臣节之所宜有乎？

他的儿子张懋修事后曾惨痛地说：

夫人必回顾，然后周虑足以庇后；必好名，然后完美足以保功。未有见先公专行一意，但知报主，祸机毁怨身后名，都置之不顾者。明知其且破家而不恤，明知庸庸多厚福而不为，难乎免其后矣……

邹元标是因攻击张居正"夺情"而受了廷杖的人。但籍没事起，

论智识分子

却上疏援救，说他"功在社稷，过在身家"。海瑞说他"工于谋国，拙于谋身"。这都可与张懋修的话相印证。江陵若非五十八岁便死掉，一定会及身而受到惨戮。不过当时攻击江陵的人虽多，但从政治制度上攻击江陵的，恐怕在当时只有刘台，在以后便只有钱先生了。

钱塘林鹿庵有《江陵救时之相论》，以为"逐新郑、废辽王、夺情起复，三者罪之大者也"。关于江陵与新郑（高拱）的关系，宋学洙（顺治丁亥翰林）在《张文忠公遗事》中考之甚详。他与新郑的相违，是为了保全他的馆师徐文贞（阶）。但新郑卒赖江陵得以保全。王大臣挟刃入后宫案，王大臣在初讯时谓自戚继光及高拱所来；江陵但以阉入罪诛之，不使其牵连构成大狱。辽王宪炜以淫酗被废，时人诬江陵羡其府第壮丽，攘以为宅，而不知辽王故第已赐广元王（以上见张同奎《上六部禀帖》）。由此可知，以废辽王罪江陵，实出于当时腐儒谬守"亲亲"之义，又从而伪造事实，以诬蔑江陵的政治动机。至"夺情"一事，为当时不满江陵者最大的借口。袁枚《答洪稚存书》谓"古名臣如汉之赵熹、耿恭，唐之房、杜、褚遂良、张九龄，俱有夺情之事"，意谓不应以此责江陵。林鹿庵在上文中又说：

> 其（江陵）进《直解》、进《大宝箴》、进《帝鉴图》，欲天子进学。进皇陵碑、进宝训、进御札，欲天子法祖。裁进奉，谏营造，欲天子节俭。引见贤能，欲天子知吏治。图百官于御屏，欲天子体群臣。请大阅，欲天子念边防。蠲逋赋，欲天子子庶民。绝馈遗，戒请托，欲天子知大臣法，则小臣廉。……彼（江陵）亲见贵溪（夏言）、分宜（严嵩）

交相龁龂，而边备废弛……一旦柄国，辅十龄天子，绸缪牖户……以奠安中夏者十年。至江陵没而享其余威以固吾圉者，又二十年。……方其柄国时，惓惓致书贤者，辨明心曲，以为吾非不知府天下之怨；既已肩其任矣，吾欲贻冲圣以安，不专，必不一；不断，必不成。十年之间，两宫冲圣享其逸……六曹大臣荫其逸，犹曰侵官。乃委琐龊龊者畏之，有才无胆者妒之，清正拘牵者非之，畏难者怨之，迎合者惮之，深文诽讪者疑之。蜚语喧腾，而欲虚心衡断其是非功罪也，胡可得哉？……以忠君爱国之心，而杂以一切吐弃之意，此则太史公责淮阴不能学道谦让，不矜不伐者也。

上面的话，可谓说得痛切允当。至于有人说江陵的相权太重，代皇帝做了事；林氏在上文中则以为"宰相重，则朝廷尊，百务举；宰相轻，则朝廷卑，百事杂。自江陵没后，而诋江陵者非惟自轻，而卒以误国，而国不可为矣。……"

《明史》本传引尚书李日宣下面的一段话，以作对江陵的断案：

故辅居正，受遗辅政，事皇祖者十年，肩劳任怨，举废饬弛，弼成万历初年之治。其时中外乂安，海内殷阜，纲纪法度，莫不修明，功在社稷。日久论定，人益追思。

其次，则钱牧斋在《少保梁公恤忠录序》里面的话，也值得深省：

绍述江陵者，以阴柔为和平，以愦眊为老成，尽反其政以媚天下。江陵所用之人，一切抑没。其精强干办之才略，奄然无复存于世。……夫江陵所用之人，良马也；江陵以后所用之人，雄狐也，黠鼠也。江陵，能御良马者也。江陵以后，能豢狐鼠而已耳。国家之事，与狐鼠谋之，良马必将迁延负辕，长鸣而不食。……公与江陵，立谈数语而弭两浙之乱。向令今日公在本兵，江陵在政府，岂以奴寇遗君父哉？……念江陵之遗事，不胜其慨然也……

尤可异者，变节和尚道忞《北游录》中，载道忞在清世祖前讥张居正为揽权，世祖谓："老和尚罪居正揽权，误矣。彼时主少国疑，使居正不朝纲独握，则道旁筑室，谁秉其成？亦未可以揽权罪居正矣。"江陵在《明史》中稍得昭雪，与此一故事有甚大关系。身受江陵辅翼之功的神宗，因真信江陵有二百万两银，使江陵受残家之惨祸，而易世外夷专制之主，却不以江陵为揽权，认定其为历史中的贤相；兴亡之机，岂非表现得太清楚吗？权臣、奸臣之论，恐怕太昧于史实了。顾梁汾曾谓"先文端（疑应作'端文'）在郎署时，立论颇不直张相国。后与史太常王池书有云：'梅长公致思于江陵，其言可痛。'盖久而论定也。又相国言，有明一代，艰巨之事，众所不敢承者，率楚人当之。异时如熊（廷弼）、如杨（琏），可为一叹。"有清一代，楚人才气，已大不如明，而今人聪明伶俐，更谁会蹈江陵的覆辙呢？这一点是钱先生可以放心的。

一九六六年八月十七卷八期《民主评论》

"三贱"与"三狗"*

东汉末年，宦竖擅权，主昏政乱，天下汹汹，而釜底游魂的权贵，荒淫贪暴，并无悔祸之心。仲长统针对这种情形，著了《昌言》十二卷，在儒家精神中，注入若干法家的因素，议论明切而具体，可以说是救时良药。《昌言》早经亡失大半，但其断简零缣，今日读来，犹足发人深省。这里只提出他所说的"士有三贱"，让大家来看没落时代的所谓知识分子的嘴脸，是古今一致的。他说：

> 天下之士有三可贱。慕名而不知实，一可贱。不敢正是非于富贵，二可贱。向盛背衰，三可贱。

贱是卑贱，即是没有人格。一个时代的完全没落，其根本原因便来自知识分子的卑贱。仲长统在这里，举出了三种卑贱的具体征表。

人没有不慕名的。但在衰乱时代，政府、社会，对人、对学问，常常失掉了衡断的能力及大公无私的精神，于是欺世盗名之徒，得以大行其道。在这种情形之下，便需一番循名责实的工夫，

---

* 编者注：本文曾易名为"士有三贱"，收入《徐复观文存》（曹永洋编）。

论智识分子

揭穿许多欺盗的技俩，使社会少受一点毒害。但循名责实，首先应对某种实有若干了解。例如某人值不值得称为文学家，便须对文学有若干了解。某人值不值得称为哲学家，便须对哲学有若干了解。有了这种了解，便应就文学家之名、哲学家之名，和相应的文学、哲学之实，作一番考校。这在今日，"洋学"最易得名，更须就某人所标榜的那一方面的洋学，找出他的底子，看他洋得道地不道地。但这样作，第一，要有学问上某种程度的修养；第二，要有冷静的头脑，不想凭借他人之名来抬高自己的地位；第三，要勤勉耐烦的求知精神，在表示自己意见之先，作一番探讨的工作。可是落后而又趋向没落地区的知识分子，既很少有学问上的修养，又懒惰成性，对任何问题，不肯费一分气力，尤其是学问上的问题。但又不甘落寞，总是想抓住他人名誉来出自己的风头，于是自然慕名而不知实了。社会许多自命为摩登之士，十之八九，都像乡下老太婆朝杭州城隍山的城隍庙一样，见了猫神、狗神、鼠神、蛇神，一律烧香下跪。假定有人说这是不值得的，她可能为了她的信心、面子，而向你拼命。这种老太婆，由猫神、鼠神跪到城隍爷面前，已经精疲力竭，香纸都光了，还希望她到西天去见佛求经吗？

　　慕名而不知实，会发生三种结果：（一）假定是一位名实相符的人，他对社会所发生的效用，是来自他的实而不是他的名。但大家只慕他的名，而不知他的实，这便只落得空热闹一场，实际上一无所得。台湾的暑期讲习会，便是这种情形。（二）若是遇着一位名实不符的人，更会因为大家的瞎捧瞎抬而使他神魂飞越，肆无忌惮，便只好愈来愈出丑了。有人把《论语》上的"执御乎"解释成"骑马吗"，也推陈出新地大谈其孔子，叫人看了笑都笑不

"三贱"与"三狗"　　　　　　　　　　　　　　　　　243

出来，即是一例。（三）在此种风气之下，一方面有实而无名的人会受到抑压，另一方面，便会有许多人，不惜违反"实"以在"一哄之市"里去求名。台湾年来疯狗之多，正由于此。上述三种结果，都是断灭学术种子的核武器。

知识分子的卑贱，主要是来自他的没有人格，便一面惧权畏势，即不敢"正是非于富贵"，一面趋炎附势，而"向盛背衰"。颠倒大是大非的都出自富贵之家。不敢正是非于富贵，则极其量也不过是用打苍蝇的方法去掩护老虎。

人的盛衰，并不一定代表人的价值；国的盛衰，并不一定代表国家的文化价值；古希腊早亡了，难道就可证明希腊文化无价值。"振衰起弊"，才是知识分子的责任，这正是孔子所说的"人能弘道"。向盛背衰的人，只是由于无智、无力、无品的趋赴，以求个人的"沾光"、"揩油"，决不会吸盛者之所长，以救自己之所短。中国主张全盘西化的人们，骨子里都含深固的汉奸的根蒂，其原因不是来自"西化"，而是来自这种人他们之所谓西化，实际只是"向盛背衰"。所以他们对于本国文化，假定有人提出有价值的一部分时，便深仇大恨，非以诬蔑、抵赖等方法，狂吠凶噬不可。他们不是以研究、吸收西方文化为西化，而是以仇恨、诬辱本国文化为西化。这种情形表现在国内社会，则这种人必然是奴才、走狗，专干欺善怕恶的勾当。

或者有人要问，就最近的一些大贪污案里的知识分子来说，是否也可以用"士有三贱"来加以解释呢？我的看法，最近的一些大贪污案，是东汉末年尚未曾出现，因而也未曾为仲长统所能想到，所以不能用他的士有三贱来加以解释。假定套用仲长统的口气，则这批人，应该包括在"士有三狗"之内。这批人后面都

论智识分子

有强有力的主人，他们之所以敢明火执仗，乃是"狗恃人势"，一狗也。这批人有的是以主人的"狗头军师"自居，在狗头军师掩护之下所干的勾当，二狗也。我们乡下把不要脸的人称为"人头狗脸"，而他们正是人头狗脸，三狗也。由三贱到三狗，这是历史的大发展。

一九六六年九月三日《新闻天地》

"现在"与"未来"中的"人"的问题

　　一九六六年刚刚过去了。在过去这一年中，预测未来的专著，大约有十几种之多。从这一事实说，去年可以说是人类特别关心到自己的"未来"的一年。这些预测，大约伸向两个方向：一是科学、技术的发展如何；另一是由科学、技术的发展，到底会给人类生活以何种影响。

　　他们的预测，有一个共同的起点，即是以现在的科学、技术发展情形为起点。这一起点，是有其必然性的。即是近三十年来，科学、技术发展的速度、深度、广度，不是过去任何时期可以比拟；由此种发展所给与人类现实生活的冲击和变革，也不是过去任何时期可以比拟。由现在的冲击、变革，而引起对未来的关心，乃自然之势。但他们也有一个共同的缺点，即是，仅从科学、技术着眼，并不能表现出"现在"所含藏的许多重要问题，虽然这许多问题，与科学、技术，有直接间接的关系。因此，他们并不是以对"现在"的正确把握去预测未来；因而他们的预测，对人类整个的命运来说，多近于威尔士所写的小说的性质。

　　就对于科学、技术发展的预言来说，他们的看法也并不能一致。例如有关征服癌症的问题，有的书上说在本世纪之末，即可达成目的。但有的书上则以为到了二十一世纪也还成为问题。对

论智识分子

于作为"能源"的核融合的开发，乐观论者认为在本世纪末即可完成；但较为谨慎的人，则认为还需要五十年以上的时间。更重要的是，科学、技术的分野中，常保存有未知的领域。在过去，也有因为发现了不能预测的变数而作过很多的科学、技术上的突破。今后也会有同样的情形。因此，对科学、技术的预测，除了满足一般人的好奇心以外，没有更大的意义。

上述对未来预测的流行，有更重要的原因，是来自因科学、技术的发展所引起的对人类生活的影响。在这一方面，则并非仅仅出于人类的好奇心，而实来自人类对自己前途命运所抱有的不安之念。在这一点上，最乐观的人，也不能写出完全乐观的预断。

因为科学、技术飞跃发展的结果，人类在物质供应上，不论质和量，都会不断地提高，这是一个最可靠的乐观因素。"使有菽粟如水火……而民焉有不仁者乎？"依照孟子这句话的意见，则由上一乐观因素，应当可以得出全面乐观的结论。但问题并不会这样简单。

科学、技术发展的结果之一，是在交通上打破了空间的限隔，使人类互相交往的机会，大大地增加。但同时也可以想到，岂仅英伦海峡，早失掉了保卫英伦三岛安全的意义，连大西洋、太平洋，也不能使美国像第一、二两次大战时一样，可以处于不被攻击的地位。结果之二，是人类的寿命可以延长。但人口问题、老人问题，会不会因此而更为严重？结果之三，是大家只需要很少的劳动，即可满足物质的要求，因而，人们会获得更多的闲暇时间。但闲暇时间应当如何利用呢？许多罪恶，多出自游手好闲之徒；所以各国已经注意研究如何利用闲暇时间的问题，不仅迄无定论，并且即使有了定论以后，采用不采用，还得听各个人的自由意志。上面仅仅随意举的例子，可以这样说，科学、技术的发展，可以提供人类以更好的结果，也可以提供人类更坏的结果；好与坏之间，依然不是决定于科学技术的本身，而是决定于有能力发展科学技术的人类自己。

最严重的问题是，对"现在"而言，人类在科学技术之前，似乎迷失了自己。对未来而言，人类在科学技术之前，更会迷失了自己。关于由传统而来的许多人生价值，这都是来自人的自我发现、把握的一种努力。但在时间上又都是在科学技术远不如今日的时代所提出的。时代随科学技术而变，人生的价值、人生的态度，当然也会随科学、技术的发展而变。在今日而依然谈过去的人生价值以建立合理的人生态度，许多人便认为那简直是复古、是反动。何况以此推之于未来。

不过我在这里要提出的一个问题，即是科学技术的发展，是不是意味着人的生命自身，也起了根本的变化。假如生命的自身起了根本的变化，这种变化的事实，和由这种变化所产生的新价值观、新道德观，究竟是什么？就我浅见所及，似乎还没有人能明白指陈出来。如果生命自身并没有根本改变，则以帮助他人为"善"，以贼害他人为"恶"，个人的幸福，不应建立于多数人的痛苦之上等道德价值判断，是否发生了根本变化？最低调地说，是否以能合理地共同生活为"好"，以不能合理地共同生活为"坏"等的道德价值判断，是否也发生了根本的变化？当然，有许多人站在纯个人主义的立场，再加上所谓科学的立场，认为现实中并没有善恶好坏的问题。但我要追问，科学技术的发展，还是增加了人类共同生活的机会和要求呢？还是减少了人类共同生活的机会和要求呢？假定不能不承认是属于前者，则在共同生活，不能

论智识分子

不发生善恶的价值判断问题。但科学技术的自身，能提供只会走向善而不走向恶的保证吗？

　　人的生命自身，在可预见的将来，假定不会有根本的变化，则从生命所发出的行为，当然也是可善可恶的。这种或善或恶，自古及今以至未来，依然会决定人类自己的命运。科学技术发展的结果，乃是把可善可恶的机会、能力，不断加以提高、扩大。圣贤及哲人所提出的"为善而去恶"的功夫、论证，在过去本来只是极少数人才会了解，才会实现。不论现在和未来，人类的命运，依然是操在人类自己身上。不过，过去是由少数人作决定，现在和未来，则凭科学技术发展之助，可以由多数人乃至每一个人共同作决定。因此，人永远是人；圣贤和哲人们对人自身所提出的要求，为了适应科学技术的发展，应当每一个人都能了解，应当"人人皆有士君子之行"。换言之，科学技术的发展，假定可以提供人类以最大的幸福，则伴随科学技术发展而来的必然是人格的发展，必然是圣贤哲人的普遍化。有人认为因时代之变而即认为在文化问题中不必谈圣贤哲人的做人之道，这是非常奇怪的事。

一九六七年一月十一日《华侨日报》

写给中央研究院王院长世杰先生的一封公开信

我拜读了《阳明》三十期徐高阮先生《从学艺全局看中山奖案》一文，稍稍说出了以中央研究院为中心的一部分"反学术"的情形，使我十年来郁积在自己生命内的学术良心，稍稍感到向外面通了一点气。去年我曾写了一封公开信给李济之先生，寄给《中华杂志》发表，但徐先生把我信里面许多的坦率话删改了，例如我说李先生"一点也不懂史学"，被他改为"一点也不注意史学"，使我对他非常不满。但因为他在学问与做人的态度上非常严肃，我依然保持对他的敬意。他是东汉的名节中才能发现出的人物。他的爱护中央研究院及史语所，可以说无微不至。但学术良心，毕竟战胜了他的团体利害的意识，也使他不能不开口了。这便鼓励了我写这封公开信的勇气。

雪艇先生：

我以同乡的晚辈，向同乡的七十八岁高龄的前辈老人提出学术上的严格要求，未免太不通人情了。但以您今日的地位、背景和作为，实在对我们学术的发展，成为一种障碍。此一责任，不应当由您一人来负，但您目前正是此一责任的代表人。在我们的学术发展中还有其他的障碍，但其他的障碍，是来自学术以外的东西，一戳便穿，没有您们这一障碍所布的学术烟幕来得厚。我承认您不论在语言文字的表达能力上，在日常世故生活的了解上，都要算是您们那一帮口中的佼佼人物。但就我一路细心观察下来的结果，您们不仅在学问上没有任何成就，并且因帮口意识而掩没了学术良心。不惜歪曲国家最高学术机关所应有的正常发展方向及所应保持的水准，玩弄国外寄信投票选举院士的丑恶魔术，以巩固自己帮口的地盘，争取自己帮口的利益，使学术界成为不毛之地。同乡的情谊，在面对此一情景之前，不值得顾虑，所以我便决心追随徐高阮先生之后，写这一封公开信给您。

　　我想首先奉告的是，您虽然在今日的官僚群中，在您们学术的帮口中是佼佼的人物，但对中西的学问，却是一无所知。前几年有朋友告诉我："雪艇先生对中国字画很有研究。"我听后心里也非常高兴，并以很高的评价期待着。后来逐渐发现您因为没有受过严格的学术训练（此种训练，只有在辛勤的学术工作中才可以得到），所以对于画迹真伪的判定，多属信口开河。这点我在《卢鸿草堂图的考证》一文中，已举了一个例子。《故宫名画三百种》的说明中，笑话百出；例如在一四七赵孟頫《窠木竹石图》的说明下，居然写得出"明清文人画，或脱胎于此"的可笑的话。在您的另一篇文章中，居然一口抹煞我国历代各大画论家的价值，毫不以自己太无理解能力而感到羞愧。《中央日报》一九六八年六月二日记载您在主持美国法学家霍尔教授演讲会时所作的致词中说："中国古来儒家与法家之辨，与自然法与法律实证主义之辨相等。"这是做过学问的人所说得出口的话吗？儒家的礼，与西方之所谓自然法，都立足于规范意识之上，是有其相近之处。但若进一步去研究，便不难发现两者在各个具体历史条件之下，有更多并不相同的地方。中国法家反对仁义，西方法律实证主义者不谈规范意识，这好像很相一致。但法家是站在统治者须要彻底以刑罚控制人民的立场来反对仁义；法律的实证主义者，是站在学问的立场，认为无法把握到规范意识的根据，或者认为在法律范畴内无须乎要谈规范意识的问题而排斥自然法，此一出发点的不同，便决定了法家思想是极权主义的性格；而西方十九世纪所兴起的法律的实证主义，则依然可以适应民主自由的政制与生活。所以法家与西方法律的实证主义，有本质上的不同。儒家反对法家，最明显的是表现在西汉。反对的内容，可归纳为两点：儒家并非完全否定条文法律在政治中的效用，但反对法家的严刑峻罚，反对法家以严刑峻罚来作威吓报复人民的工具。西方法律实证主义，有如中国法家所主张的严刑峻罚的情形吗？自然法学者，是从这种具体事实上去与实证法论者发生争辩吗？此其一。其次，儒家尤其是反对法家的"以法为教，以吏为师"。就西汉初年的具体情况说，是反对当时的政治，只"任刑法之吏"，而废"德教之官"；所谓德教之官，即是主管教育的师儒。所以儒家对法家之争的第二个目标，是要以学校的教化，代替法家的专以刑罚为治。正因为这样，在西汉才真正出现了大学和郡国之学。这种争论，如何会和西方的自然法与实证法之争，能够"相等"？我不是研究法学的人，但我有点思考能力；对于太离谱的话，立刻就可以感知得出来。您因为做官做得太久了，没有学问，这是应当原谅您的。朱家骅先生当中央研究院院长，没有学问，但他很安分守己。虽然他是落在一个帮口的掌握之中，但他本人并没有强烈的帮口意识。而您则和您们的一帮，同样不了解"不知为不知"的意义，装腔作势地自以为有学问，去排斥您们这帮口所不了解的学问。

　　　　　　　　　　　　　　　　　　　　论智识分子

当然，您比那些未做官以前没有著作，一经做了大官以后，立刻便著作等身的人，还要高明一点，还要算有分寸一点，但您的学问和您的地位，未免太不相称了；同时，您也会耍点政治手法来满足您的欲望。但违反学术良心所耍的政治手法，只有增加生活中的丑恶。

在中央研究院人文科学这一方面有专门知识的，到现在为止，应当推李济之先生。我对知识的虔敬，可以说是出于天性；所以我虽然不治考古学，但对李先生一直保持很高的敬意。有一次，许多朋友在一块吃饭，大家正在谈笑风生的时候，他突然以轻蔑的态度向我说："徐先生研究中国的伦理道德，这在学问上算哪一门呢？"当时使我感到非常惊异，我是治中国思想史的人，中国思想史有伦理道德的问题，我便也应当研究伦理道德的问题。李先生可以批评我研究的成果，怎么可以反对我研究的题目。过去胡适之、毛子水先生向我提出过同样的问题，我都有答复。李先生要就不关心这种问题，既关心，便应从学术的立场来衡断这种争论。所以，我当时把我所知道的西方有关这一方面的学术趋向，切实地告诉了他，他当时似乎相当的窘。一九六五年承他的好意，送了我一册《想像的历史与真实的历史之比较》，我一看这个标题就感到是不通的；看完内容后，便恳切地回他一封信告诉他：要以考古学代替史学，这只是十九世纪一部分考古学者的夸张，二十世纪的考古学者，无不认考古学只是史学中的一支，劝他不要固守十九世纪考古学者的陈旧观念。去年上季他路过香港，我特地去看他，劝他敞开学术研究之门，在中央研究院成立中国思想史研究所，以为中国文化开出一条活路。这在我，不论对公对私，都是出于十分的善意。但想不到却打到了他们帮口的痛脚，他用横蛮无理的语言，来表示他的彻底反对。所以我便在《中华杂志》上发表了一封被徐高阮、胡秋原两先生所删改了的公开信。并且因此引起我反省到李先生这种横蛮无理的态度，能不影响到他的专门知识吗？治一切学问，没有一种共同的精神状态吗？当我拜读完一九六八年二月二十九日出版的《大陆杂志》三十六卷四期上李先生的《华北新石器时代文化的类别、分布与编年》的大文以后，证实了我的一种假定；即是，当一个人为了帮口利益，而掩没了学术良心的时候，对技术性的知识，也会限制他吸收的能力。

李先生的大文是由引用六类的考古资料构成的。我对考古学完全是外行，他对材料的陈述和看法，我不能妄加意见。但他在他的大文中很郑重地引用了大陆一九五三年起，所发现发掘出的"西安半坡"的田野报告；"西安半坡"的材料，对我国新石器时代的了解有很重大的意义，这是世界考古学界所公认的。我因为好奇心的驱使，去岁在香港时也看到这种材料。李先生对"西安半坡"的陈述，不仅未曾抓住要点，以凸现出此一发现的意义；尤其是他对可以反映当时文化生活的一面，都熟视无睹。例如"记事符号"三十种的发现，可以说是我国文字创造的前驱，难道说不是一件大事吗？他一字也不提。并且在他的叙述中，错误百出，使人不能相信这是出自一位专家之手。现在只举极简单的一二例证：他说"遗址的包含证明他们聚落的范围甚小"，这一语意不十分清楚的话，可能他是把"西安半坡"当作孤立的一个聚落。实际"仰韶文化的遗存，在关中地区已经发现了四百多处"；"表现在遗址的分布，也是相当稠密的。有些地区，几乎和现在地区相等"（《西安半坡》，一九六三年出版，页二），而"半坡"正是其中之一，并非孤立的存在。他说"半坡遗址的全部面积约两万平方公尺"，又说"居住部分占有这遗址的西部"。但实际是"聚落遗址所占的面积约五万平方公尺左右，略呈南北较长、东西较窄的不规则的图形。房屋和大部分经济建筑，如储藏东西的窖穴、饲养家畜的圈栏等，集中分布在聚落的中心，形成一群密集的建筑物，约占三万平方公尺。围绕着居住区，有一条深、宽各五至六公尺的大围沟"。"这个遗址，西部已经被破坏了"（以上皆见同书页九）。这种明确的数字和简单的方位，而我们的专家竟转抄得这样牛头不对马嘴。再进一步看他所作的细部的陈述，模糊混乱，连清理也不容易。他叙述方圆两种房子，竟然不知道有"半地穴"和"地面架建"的两大类别（同书页九至四四）。他叙述一间比较大的长方形房子，竟然把"南北长一〇点八公尺，东西宽一〇点五公尺"（同书页一三，这是在全房中最大的一栋），说成"长二十公尺，宽十二点五公尺"。诸如此类，不可胜举。我们能信任我们专家的科学头脑和能力吗？我借此告诉李先生一声，您在您的帮口中高出侪辈们的尺寸，并不能代表学术上的尺寸。"学然后知不足"，您在学问上的自满状态，正因为您闭锁在自己的帮口中，不曾追随时间前进的关系。

您们的帮口，在历史、社会的探求中，反对谈思想，反对谈价值，而只能谈事实。凡是从事实去导出思想、价值，或以思想、价值去评判事实的，都在您们的排斥之列。您们认为凡是有思想性、有价值性的，便都是不科学的。因为您们排斥人类行为中的价值，所以您们一贯地无分别地反对中国文化主流的儒家思想。在您们这一年辈中，由政治的巧妙运用，而得到了学术中重要的地盘——北大、清华、中央研究院，便以把持、排斥的工作，代替自己的研究工作，所以结果便成为您和胡适、李济之先生们这类的标本，晚年连一篇受得起严格的逻辑推理考验的文章也写不出来，于是只好玩弄文字口号的魔术。在您们的下一代中，您们只准他们做零碎的认知活动，不准他们接受思想的训练，不准他们把零碎的认知活动导向一组一组的思想活动中去，于是他们都成为没有思考力的人，白首穷年，以能当到外国研究者的一名助手，作外国人有预定目的的中国研究者的工具，便感到是最高的成就。只要奉承您们的颜色奉承得不错，只要日子挨得久，不愁得不到一个"院士"的头衔。而院士头衔的真实意义，便是容易找到为外国人当助手的机会。中国的学术独立，应当从自己文化的研究开始，应当从中央研究院在这一方面的研究开始；外人研究中国文化，应当跟着中央研究院走。但您们自己变成一池死水，把许多良材美质，都糟蹋得连学问的本来面目也不知道——从事实导出思想，以思想把握事实，这才是学问的本来面目，只好处处承望外国人的颜色，顺着外国人的口风讲话。这固然关系于您们这一帮口的精神状态，但也是决定于您们否定思想，否定价值，把治历史的基本训练（我不否定您们的工作，有一部分基本训练上的意义），幻化为学问最高的到达点，所得到的自然结果。李济之先生不要政治手法，虽也有学术尊严的意识，并且也不以承望外国人的颜色为然，这是他在质量上高过您的地方，但他自己所造成的学术上的死巷，决定了他在学术上的悲剧。向您们跟进的另一个单位，目前则正陷于黑吃黑的丑恶状态之中。您们这次听了由您们请来的美国法学家霍尔教授的演讲，他告诉您们，把概念、价值、事实三者综合，包括在一起，这才是"社会的实在"，这种话对您们能引起一点反省吗？霍尔教授的说法，乃是学术中的一种健全的常识。但对您们而言，无异于是打了您们这一帮口狠狠的一记耳光。我过去已经多次地告诉过您们，现在再重说一遍：在人类生活、行为的范围之内，概念、价值、事实三者经常是融合在一起而不可分；这生活、行为的范围之内，概念、价值、事实三者经常是融合在一起而不可分；这是"社会的实在"，也是"历史的实在"。一个研究者不论从其中的哪一点深入进去，必定会遇到其他的两点，此之谓把握到了"实在"，此之谓科学的研究。而您们平日所标举的反概念、反价值的那一套，从第一步进到第二步时，便会走进到"非实在"、"非科学"里面去了。因此，您们也只好永远停止在第一步上面，让他人以预定的国家政治的目的来安装第一步以后的工作，这是我们目前在对本国学术研究上的悲惨命运。大家不从学问的立场来研究本国的学问，不针对本国的问题来研究本国的问题，却一齐希望能由文化的"仆欧"而挤上在精神上受了阉割的"外廷供奉"，此种风气的形成，便是您们这一帮口的大贡献。

中央研究院的成立，主要是能与现时政治保持一点距离，以便能树立学术上的客观标准；而院士的产生，即是这种标准的具体表现。所以某人被选举为院士，一定要使国内外的学术界，很明确地知道他在学术的某一方面，确实有了某种经得起考验的新的贡献。而作为中国的有关学人，都应当读到他的著作，以分享到他的贡献。这只要稍为有点良知良识的人，都可加以承认吧。但您们这一帮口到台湾以后，用魔术所选出的人文科学院士，我们始终读不到他们某一部以中文刊印的确为关键性的著作。使我们的学术界，始终不能得到由院士所贡献出的新发现。您们所公布的新院士们的研究成绩，只能骗学术界以外的人，能骗得住学术界以内的埋头工作的任何一个人吗？您们拉几个与本国学术界毫无关系的国外学人作院士，我们也可以不反对；但这种人有没有责任把他的新贡献用中文写印出来，以使国内的学术界开开眼界呢？因为这是中国人的中央研究院！实际您们这样做的动机、目的，只在糟蹋国家学术的荣誉，去建立您们这一帮口的国际关系，完全是由"社交性"进而为分赃的交易性。您们为了保持内部分赃的均衡安定，便又在人文科学这一方面所玩的魔术以外，运用一个"主持文化学术机关几年以上而有成绩的，也能被选为院士"（文字稍有出入，但大意是如此）的新把戏，以便分配一名院士给钱思亮先生，因为钱先生是学化学的，在自然科学中耍魔术，没有在人文科学中耍得容易，只好挖空心思地来这一手。我决没有说钱思亮先生不可以当院士，但为什么您们不可以按照这一新标准，分配一名院士给陈大齐先生和刘季洪先生呢？横直是由您们分配。我也听说，您们目前正遭遇到学术性以外的干扰。但您们自己早经脱离了学术的立场，早没有一点学术上的资本，必然会招来这种干扰，必然会向这种干扰低头。从今以后，自由中国，在学术界中，将没有一片干净土。在您们是自作自受，对中国学术的前途来说，我不知道要演变成什么样子。我借此机会向社会提出下列的呼吁：

一、我们要非常真诚地认定经济与学术的发展，是建国的最基本力量。在学术方面，应彻底打击在任何借口之下的奔竞之风，主动地提倡埋头研究的风气。

二、我们要求有学术团体，但反对以团体活动代替学术工作。专门以搞学术团体起家的人，一定是学术界的败类。

三、我们要建立真正的学术标准，否定学术以外的任何力量所伪造的标准。

四、学术不能避免派系之争，但中央研究院不能落入一派一系之手，所以我们要求有一个向纯学术开放的中央研究院，要求一个向学术独立的方向努力的中央研究院。凡固守派系立场的人，都应离开中央研究院；凡在近十年没有值得称为著作刊行的人，取消他们评议员的资格和院士的资格。彻底改变院士的选举方法，被提名的院士，应先向社会刊布其被提名的著作，先经过社会的考验。

五、史语所以"反思想"为他们学派的重大标志。他们在学问上还不能了解反思想即是反学术。他们不断地以学术上的霸占，捍卫他们的幼稚无知。所以严格地说，他们没有资格成为一个派系。

六、中央研究院应成立中国思想史研究所，以苏醒中国文化的灵魂。使孔、孟、程、朱、陆、王能与"北京人"、"上洞老人"，同样地在自己国家的最高学术机构中，分占一席之地。凡在这一方面有研究成绩的人，都应当加以罗致。

我分明知道我所讲的任何话不会发生效果，甚至产生反效果。但这一时代的真消息，若不从我的口中笔下透露一点出来，我便真不知道将来的人，如何能了解这一时代，希望您能谅解我的苦心。人的自然生命很短促，但文化的生命，却悠久无疆。您们不愿在这种地方作点反省、发点愿心吗？

徐复观敬上

一九六八年七月

《阳明》杂志三十一期

略谈民主社会主义

一

政治路线，常会给人类的命运以很大的影响。仅靠科学、技术上的发展，并不能解决人类目前及今后所遇到的危机。危机的脱出，应当在政治上摸索出一条新的路线。此一新的路线，就当前可以估计的情势说，应当是"民主社会主义"。

近代的民主政治，是在自由的基础上发展出来的。在近代民主政治下的资本集中，贫富悬殊，这便激发了社会主义。社会主义，是要以平等代替自由，而马克思一派，并且要以革命代替议会政治，实行无产阶级的独裁专政。但马克思的老友恩格斯，在其晚年，却已接受了若干民主思想，似乎要在平等的世界中，也给自由以一膝之地。

继马、恩而起的，可以分成两大派。一派以列宁为首，加强无产阶级独裁专政的道路。另一派则发展了恩格斯的晚年思想，希望通过议会政治的形式以实现无产阶级的政权。在实行社会主义的过程中，尽量容许发挥民主的作用。德国由考茨基们所领导的"社会民主党"，即是这一路线的显明标志。由于社会民主党所追求的社会民主主义，实际是共产主义与资本主义之间的一条路线；所以德国的社会民主党，经常受到左、右两极端的攻击，最后因希特勒的崛起而归于消灭。

二

民主社会主义，似乎是第二次大战以后所提出的口号。它与社会民主主义不同之点，在于社会民主主义，是以社会主义为主，只是实行时接受若干民主主义的要素。这样一来，民主主义只是居于一种辅助的地位，决定政策的权力，还是操纵在信仰主义的少数人及其团体。这便有政制动摇，极权主义可以乘机窃发的危险。人类最大的灾祸，除了核子战争外，莫过于极权专制。考茨基们之所以放弃革命的方式，接受民主的议会制度，究其极，乃是欲使社会主义与极权专制绝缘。但若民主政治的主体性不立，则其基础不固，这便暴露出社会民主主义的弱点。

民主社会主义，是以民主政治为主体，在民主政治体制运行之下，来实行社会主义。于是决定实行社会主义的大权，依然操在大多数的人民手上；并且即使有反对社会主义的人，依然可以在民主体制之下，发挥它的反对的权利，而不至被一时的多数所消灭。于是社会主义，不是掌握在少数的信仰者的手上。人民能就他实际的感受与需要，通过自由的选举而可加以修正，甚至可加以放弃。这样，人类的命运，便能逃过少数野心家，以避免极权专制的毒害。

三

民主社会主义，是当前的一个事实，也是未来的一种希望。

从先进国家讲，英国目前所实行的，实际即是民主社会主义。假定工党的施政失败，大多数的人民，可以重新选择保守党。并且三十年来，保守党和工党，在政策上都在互相修正，互相影响，以适应选民的要求；而不是少数理论家根据自己造出的教条、规律，作削足适履的勾当。西德这些年来，正想在他们的大规模经济结构中，实行股权大众化、社会化的工作，而不止于采取若干社会政策。其他各国，若以十九世纪末、二十世纪初许多社会主义者所提的要求来作衡量，则他们所实行的社会主义，早是有过之而无不及。以民主阻遏极权专制的出现，以社会主义巩固民主政治的根基，以预防暴力的革命，二者的结合，不是理论上的问题，而是现实上非如此不可的问题。

落后地区的大患，在于以血统为纽带的特权阶级榨压的横行，及一般大众生活的痛苦。若不赞成暴力革命，则除了把民主和社会主义结合在一起以外，实无他路可走。特权阶级，只能生存于一种闭锁而不能平等讲理、平等竞争的环境中。民主制度乃是打开这种闭锁障壁的和平方法；而痛苦的人民，不能等待资本主义成熟以后的救济。目前的问题，还是在于各落后地区中，由残余或新起的军事特权，在那里玩弄假民主，以阻碍社会的开放。因此，每一落后地区的前一阶段，民主政体的建立、实行，应走在社会主义的前面。

谈人类运命的问题，不能不考虑到共产极权世界对自由民主的严重威胁。此一威胁的解除，不可能也不应当寄望于核子战争，而只能希望共产极权世界自身的转变。并且就最近五年的情势看，此一转变，虽然要经过许多周折和苦难，但其由人性自然的要求而趋于转变，可以说是必然的。迫使捷克自由化的呼声，是他们要扬弃"非人道的社会主义"，而建立一种"人道的社会主义"。我们试想，社会主义，本是以人道主义的要求而出现的。为什么到现在却成为非人道的东西，而使捷克的共产党发生巨大的反抗呢？简单一句话，在苏联内外榨取之下，把社会主义完全变成了极权主义。所以捷克共党所要求的"人道的社会主义"，乃指的是加上了民主自由因素的社会主义。目前捷克的自由民主化运动，若然被苏联强横的武力压服下去了，但实际是苏联多吞下一颗炸弹。因此，不妨断言：民主社会主义，乃共产极权世界转变的自然归宿。而自由世界民主社会主义的实现，也是促成共产极权世界转变的强大动力，也是保障人类运命的一条正确的政治路线。

一九六八年十一月二十五日《华侨日报》

中国知识分子的责任

　　我认为知识分子和技术人员是应加以区别的。以其知识影响社会的是知识分子；以其技术建造机械，使用机械的是技术人员。当然，有许多知识分子而兼技术人员，也有许多技术人员而兼知识分子，以致二者的分别并不明显。但只要想到技术的效用是无颜色的，所以技术人员，可以为各种形态的极权专制者所容，甚至为他们所需要，而知识接触到实际问题时，经常是以批判之力，发生推进的作用；所以知识分子必然被各种形态的极权专制者所排斥，他们经常运用阉割大脑的手术，以一批被阉割大脑的人来冒充知识分子。由此便应当了解把知识分子与技术人员加以区分，实有其重要意义。更由此可以了解，凡不是生长在民主制度下的知识分子，必然是带着悲剧性的命运。而此悲剧性的命运，也成为真知识分子与假知识分子中间的检证器。

　　由上面的陈述，应当可以导出一种结论，即是：中国知识分子的责任，乃在求得各种正确知识，冒悲剧性的危险，不逃避，不诡随，把自己所认为正确而为现实所需要的知识，影响到社会上去，在与社会的干涉中来考验自己，考验自己所求的知识的性能，以进一步发展、建立为我们国家、人类所需要的知识。

　　仅仅这样说，对问题还没有交代清楚。

　　　　　　　　　　　　　　　　　　　　　　论智识分子

许多人说，凡是知识，都是科学的；凡是科学，都是无颜色的；并且在追求知识时，应当保持没有颜色的态度。假使这种说法不随意推广，我也同样地加以承认。但我们要知道，只要是一个活生生的人，便必然有颜色的，亦即是必然有某种人生态度的。无颜色的知识的追求，必定潜伏着一种有颜色的力量，在后面或底层，加以推动。此一推动力量，不仅决定一个人追求知识的方向、成果，并且也决定一个人对知识的是否真诚。简言之，严肃的知识追求，不管追求者的自身意识到或没有意识到，必然有一种人格作他的支持的力量；否则会如今日许多人一样，经常玩弄着以诈术代替知识的把戏。而人格必然是有颜色的。

说到以知识影响社会，首先必须知识和自己的人格融合在一起，知识形成人格中的一部分，才会感到有此要求。所以进入到此一阶段，以人生态度为内容的人格高下，更有决定性的作用。就现状说，较好的知识分子，常常知识是知识，行为是行为，应付是应付。较坏的知识分子，便常常歪曲知识，以作趋炎附势、夺利争权的工具。要凭着自己所把握的知识去影响社会，在知识后面，更要有人格的支持力量。

但我国有二千年的专制历史，有千多年的科举历史。这两种历史因素，一起直接压在中国过去的"读书人"身上，于是在士农工商的四民中，以"士"的人格最为破产；在历史中，由知识分子所发出的坏的作用，绝对大于好的作用。

专制科举的遗毒，应当由民主、科学来加以扫除。但不幸的是，在军阀的混乱中，一部分性急的人，却与极权主义接上了种，于是历史的遗毒，不仅借尸还魂，并且现代极权主义的各种技巧，更为遗毒来"如虎添翼"；他们连民主、科学也一并吞下，拉出不能作肥料的毒性废物。这就是中国知识分子现时的"置境"。

在上述"置境"中的中国知识分子，为了要尽到以知识影响社会的责任，我认为首先要尽到使自己成为一个"堂堂正正的人"的责任。

如何是一个堂堂正正的人？这难用概念来下定义，而只有从消极积极两方面略加描述。

消极方面：一、不投机取巧，不趋炎附势。二、不假冒知识，不歪曲知识，更不以权势代替知识。三、不以个人现实中的名利出卖自己的学术良心，淹没自己的学术良心。

积极方面：一、将自己解消于自己所追求的知识之中，敬重自己所追求的知识，也敬重他人所追求的知识；经常感到知识高于一切权势，贵于一切权势。二、自己的精神，与自己的国家民族，有自然而然的"同体之感"，有自然而然地在自己的本分内献出一分力量给自己的国家民族的要求。

有的人可能把我上面所描述的"堂堂正正的人"，和近代的个人主义，对立起来，因为里面缺乏权利义务的观念。我的看法是：中国圣贤立教，对"士"自身的要求，常常远严格过对一般社会的要求。作为一个知识分子，在面对权势时，应当坚守自己的权利，限定自己的义务。在面对社会时，则应当忘记自己的权利，扩大自己的义务。西方个人主义所以能发生进步性的功效，是因为有不少的知识分子，忘记了自己的个人，以要求成就社会上的每一个人。若知识分子成为自我中心的个人主义者，必然地一转眼便会变成奴才主义者。对权势，自己是奴才；在自己可以支配的范围以内，把他人当作奴才。因此，我愿意这样地说："先天下之忧而忧，后天下之乐而乐"的知识分子，才是知识分子个人主义的"正种"。

堂堂正正的人，只是一念之间，一念提撕警惕之间的精神状态。此精神状态应贯注于自处与处人的日常生活之中，应贯彻于求知与用知之上。这是知识分子为了能尽其他各种责任的发射台。没有此一发射台的营营苟苟的知识分子，除了追求个人的饱食暖衣、蠕蠕而动、偷偷以息之外，还能谈什么责任呢？

一九六八年十二月《大学杂志》

没有"精神属籍"的人们

"属籍",是一个人所属的国籍、省籍、县籍。世界上除了以"世界公民"来掩护自己的汉奸行为者外,每个人,一定有他的属籍。尤其是在世界各国的户口都办得很精密的今日,很少有不列入户口名簿里的没有属籍的人。但户口名簿里所记的属籍,是否为其本人的精神所承认,问题便不太简单了。

最近有位外国朋友和我聊天,在聊天中很感慨地向我说:"我在香港呆过一阵子,发现住在香港的,既不像中国人,也不像外国人。这几年我呆在台湾,发现住在台湾的人,一天一天地像香港人。在十年前,外国人和台湾的中国人交往,以中国人不讲中国话为奇怪,现在则以中国人不讲英文为奇怪。十多年来,台湾社会的生活意识和生活形态,转变得太快了。"

对于这位外国朋友的话,我应首先辨明一句,他所观察的,乃是香港社会上层分子中的一部分人们。香港社会中、下层的绝大部分,却百分之百地是中国人。尤其难得的是,住在香港的人们,记在户口名簿上的,本不是中国的属籍,而是英国的殖民地。法理上,他们本来既不是中国人,而英国也不承认他们是英国人,但他们中的绝对大多数,依然保持住中国人美好的心灵,由此不难想见我们祖先在文化上蓄积之厚。

学英语不是坏事。为了求知识，要学英语，为了发展国际事业，要学英语。但我们的语言，托八年抗战之福，早经规定为联合国正式语言之一。但宋子文第一次出席演说，便用英语，不用中语，以后顾维钧、蒋廷黻，也都用英语，不用中语。用几百万人的血肉所堆起来的一点国际地位，被这些心灵上不中不西的人们，轻轻地用一只左手便把它扫除了。到了今天，有好几位同行的先生告诉我："现时在大学里当校长、院长等等，只不过是办洋务而已。谈什么学术？"许多五六十岁以上的担当国家重要职务的人，决不肯花费一点时间去研究与自己职务有关的知识，却咬牙切齿地去学十几句"哈啰"这种程度的英语，而以此沾沾自喜，其部下亦从而恭维之，这到底为了什么？今日台湾学英语的风气，多数可能是从"不愿甘心当中国人"的深层心理所飘浮出来的。

语言的趋向，只不过是许多事象中的一个例子。我心里常常想："难说我这一生所看到的，只是一个马戏班子，收够了门票后，要再跑一个码头的吗？"

上述现象，乃是一个大动荡时代，尤其是一个创巨痛深的时代，在人心里所发生的难以避免的反应。但除此之外，作为一个中国人，他自然要求有一个公是公非，在公是公非的基础之上，对自己的国家尽上自己的本分。假定没有公是公非，而只有"在小口袋里和在小口袋外"的分别，认为在小口袋里的才是中国人，在小口袋外的不是中国人，这便根本离开了自己是一个中国人的作法，反而想尽千方百计，逼迫、诬赖他人不能当中国人，这是不是更推进精神上没有属籍的现象呢？

我祝一九六九年，会随中国文化复兴运动的前进，而能由上而下地，大家在精神上真能生根于中国巩固自己的精神属籍。

一九六九年一月四日《新闻天地》第一〇九〇期

人文研究方面的两大障蔽

——以李霖灿先生一文为例

我们学术上的落后，在人文方面的情形，较在自然科学方面更为严重。因为在自然科学方面，虽然与世界所达到的水准，有很大的距离；但作研究工作的人，毕竟还是在正路上向前走。人文方面的研究，干脆说，很少能"走上正路"的。其所以如此，除了偷巧懒惰，及因小利而出卖灵魂，失掉独立自主的研究精神以外，还有两大障蔽：一是"自我中心"；一是反理论反思想的倾向。

我这里所说的自我中心，指的是许多人，不仅以自己的生活态度作评论古人的标准；并进一步认定古人的人格、学问都会和自己一样，凡把人格、学问说得比自己高一层的，便可以断定那必然是假的。自己是顺着情欲去生活，就千方百计，说孔子孟子也都是顺着情欲而生活；自己的生活情调是黄色的，便认定圣贤的生活情调也一定是黄色的，否则不成为圣贤。这样一来，复兴中国文化，便是供奉这些现世的黄色圣贤；因为他们与孔孟是一般无二，而孔孟没有出过洋，更赶不上他们。不把自己的知识、人格，顺着前人、他人所已达到的水准，向前面去追，向上面去提，却千方百计，把前人、他人所已达到的水准，向下面拉，拉得与自己一般无二，这是我所说的"自我中心"。在今日"自我中心"横决的现象之下，还有何学问可言。

　　与上面有连带关系的，是反理论、思想的倾向。一切学问，最后总要归结到理论、思想上去。所谓理论、思想，极简单地说，是对于一个问题，不仅要知道"现前"（此处乃常识性的用法）的，并且要知道现前的来源和去脉；不仅要知道"其然"，而且要知道"其所以然"；不仅要从表面去看，而且要用分析等方法到里面去看。"现前"的东西，"其然"的事情，表面的现象，这是简单的，是常识范围以内的，它可以作为学问的材料，但它本身并不是学问。学问指的是追求来源去脉，追求其所以然，追求到里面结构的一种努力与结果。譬如"肚子饿了要吃东西"，"吃了东西便不饿"，这简单得很，但这不是学问。由肚子何以会饿，一连贯追求下去，由是而进入到生理学、营养学等等，这便不简单，这才是学问。一个人可以只在饿了吃自己所爱吃的东西，而不必管生理学、营养学等等。但因此而反对他人作生理学的研究、反对他人作营养学的研究，人世间便没有学问可谈了。我国目前的严重问题，乃在只会吃东西的人，却反对去作生理营养研究的人，并自我陶醉地，说他这样才是科学。下面我将以李霖灿先生的大文作一例证。

　　李霖灿先生的文章，常能给我以深刻的印象，因为他表现得特别果决。在我记忆中，李先生似乎曾主张研究中国的画史，只能以现存作品为对象；没有现存作品的，便应从画史中淘汰掉，这样一来，便把文字记载的材料，一刀砍断了，该是多么果决。苏东坡曾有诗谓"欲识王维画，须从五字求"；这诗的意思，指出了东坡所看到的王维画迹，他认为都是假的，或者是不能与当时人所称道的相应，所以他主张应由王维的五言诗去追求王维画的意境。如李先生之说，岂仅不能从诗词上去把握古人的画，并且由《古画品录》一直到《历代名画记》上面所记的画人姓名和有关作品的记录，都要从画史中消失；因为可以说从晋到唐，在画史上有姓名可考的人，没有真迹留传到现在。《故宫名画三百种》有关这方面的考证，只能当笑话说。我又记得李先生曾主张鉴别书画真伪，只要用同位素测定的科学方法，便一切都解决了，这该多么轻松。但由同位素测定而来的必不可避免的误差，在考古学上的影响，和在书画鉴别上的影响，是否相同？同位素测定的准确性，和被测定物的封闭程度有密切关系，书画是不是刚从地下掘出来的？同时代的小家，伪造同时代大家的笔墨，乃常有之事，这又将如何？古代缣素纸墨，可以保留到数百年之久，再供人使用，似乎也不容易交代。但由于李先生的果决精神，便都可置之不论了。

《大陆杂志》十八卷一期有李先生《南齐谢赫六法浅释》一文，其果决的情形，正复与上述两种高见相似。李先生说：

> 我们就时论事，先得假定我们是第五世纪的人；再假定那时艺坛上只有人物画或以人物画为主；在这项背景之下，那绘事六法的真义，才会解释得清楚明白的。

李先生上面的话，说得很对。但问题是在"假定我是第五世纪的人"的这一点，在学问上并不像李先生所说的简单。李先生没有告诉我们，他是通过何种方法，作过何种研究，而能使他有资格假定他是第五世纪的人；从李先生的大文看，看不出李先生是进入到"第五世纪的人"以后，再翻回到二十世纪来写文章的一点气息。一个时代的艺术，乃是一个时代的精神状态的表现或流露。第五世纪的知识分子的精神状态，和现世纪的精神状态是同是异？李先生个人的精神状态，能代表现世纪的知识分子的精神状态几分之几？我从李先生大文中非常反对"玄秘深奥"的情形来看，李先生当然反对玄学的。但"第五世纪的人"，依然是在玄学的潮流中，追求玄学的生活意境。玄学是什么？他们为什么要追求？他们追求的结果如何？这种追求，对当时的文学艺术有无影响？对谢赫六法有无关连？这些问题不弄清楚，有什么资格谈第五世纪的人的背景。李先生所以有本领把问题处理得这样简单，揭穿了说，实际是"假定第五世纪的人即是李霖灿"。那还谈什么学问？也许李先生可以说，我之所以不做上述有关的研究，是因为我不赞成那一套。李先生不赞成五世纪的玄学，这是李先生可以自己作主的。但李先生没有资格取消魏晋齐梁这一历史中的玄学的存在，没有资格改变此一时代的精神背景。要谈六法的背景，便无法避开这一关卡。

至于李先生再三说研究六法的人，把气韵生动说得"太玄秘深奥"，是"一心钻研牛角尖"，"取错了方向"。我不知道李先生所指的是何人，所指的是何文；李先生应有能力从正面加以批评，而不应只用此空洞而模糊的语句，放放暗箭，便算交代了问题。我首先得告诉李先生，"玄秘深奥"与"简单明了"，不是判定学术是非得失的标准。爱因斯坦晚年把他的相对论极力用通俗的方式表达出来，收在他的《晚年思想论集》（此名称与书名原意小有出入）里面，在我看来，依然是像天书样的奥秘。我每年都要从日本买进日译本的人文方面的著作，我的理解能力，可能不在李先生之下；但愈是名著，愈是看得吃力非常，文学艺术方面的东西也是一样的。小孩对于大人所谈的事情，假定小孩肯认真地听，也会无一不感到是玄秘深奥。李先生到国外有人恭维，是因为捧着有古物在手上；若因此而以自己的理解能力来定学术是非的标准，未免太欠谦虚了。谢赫在《古画品录》中对第一品第一人的陆探微的评语是"穷理尽性，事绝言象"，这算不算神秘深奥？这是废话还是有意义的话？

再看李先生所作的浅释吧！

所谓的"气韵生动"，依我的看法，这就是说画的人像很有神气，充满了生意。谢赫是一位有名的人像画家，画史上说他"写貌人物，不俟对看，一览即能点刷，毫发无遗"。姚最《续画品》亦说他"点刷精研，意在切似。目想毫发，皆无遗失。丽服靓妆，随时变改；直眉曲鬓，与世事新。别体细微，多自赫始。遂使委巷逐末，皆类效颦。至于气韵精灵，未穷生动之致；笔路纤弱，不副壮雅之怀。然中兴以后，众人莫及"。写貌即是画像，画人像最重视画得有神气没有，像不像一个活生生的人，所以谢氏在绘事六法之中，把"气韵生动"列为第一。

我看了李先生上面的浅述，要向李先生钻牛角尖了。五世纪的人所谓神气生意，是什么意义？"神气"与"气韵"之间，有没有分别？气韵是一个观念，还是两个观念？在谢赫的《古画品录》上如何应用这句话？这句话是由谢赫创始的？还是谢赫以前已经出现的？和第五世纪的人的背景有无关系？当然李先生可以说，我不愿钻这些牛角尖，等于说我只管吃饭，不要进一步去追求生理等问题。但为什么要反对他人去追求"其所以然"的努力呢？

李先生引姚最评议谢赫的画的一段话，以作气韵生动的证明，更是奇特。姚最的评论，是说谢赫的画，"意在切似"（切似即形似），却未能作到气韵生动。这里便发生当时所提出的形似与气韵的对立问题，此一问题，在中国绘画史中居于极重要的地位。李先生大概简单到连文字表面的意义也不愿求了解，所以我不知道他引用姚最的材料，用意是什么？李先生接着说：

> 骨法用笔，是由讲线条的运用。不过"骨法"二字在此可能有"骨相"的一些含义，如我们至今犹说某某人骨相清奇。画人像注意神气生动之后，还要看对象的体态骨相，然后决定如何用笔，所以把"骨法用笔"列为第二。

不错，骨法是用线构成的。但"线条运用"为什么可称为"骨法"？把线条运用即说成是骨法，等于把用锅煮米即说成是吃饭，恐怕有点不对劲吧！李先生又把此处的骨法，扯到看相的"骨法"、"骨相"上面去，而认为"还要看对象的体态骨相"。《古画品录》第一品中的第二人是曹不兴的"一龙"，这是由看了龙的骨相所画出的吗？《贞观公私画史》所录的卫协，是《古画品录》第一品中的第三人。他的作品有《毛诗北风图》、《毛诗黍离图》、《卜庄刺二虎图》、《吴王舟师图》、《列女图》。他从什么地方看这些人的骨相呢？我的想法，"骨法用笔"，大概指的是"形成人物骨干的方法，在于用笔"，"用笔"即是用笔画线条。第五世纪的人所

　　　　　　　　　　　　　　　　　论智识分子

用的"骨"字有两种意义：一是骨干，一是骨格。而画中"笔墨"对举，"笔"都是指线条的。李先生更说：

> 三曰应物象形，这是说要画得"轮廓正确"。人像固然是要轮廓正确，若有背景及陈设，亦必需照实物描画出它们的正确形状。从画史的纪录上，我们知道顾恺之在第四世纪曾把谢鲲像放入丘壑的背景里，因之这第三项的应物象形，很显然地是包含人相和背景一同在内，所以才叫做应物象形。

适应于所画之物，画得像所画之物的形，这是最容易解释的一句话。"轮廓"指的是一物的"周围之线"；把一物的周围之线的长短宽窄画正确了，就可以像物之形吗？并且"轮廓正确"，应当包含在"骨法用笔"的层次中去，而此处恐应指的是对人物的面目的描写吧。李先生又引顾恺之画谢鲲的故事，以证明应物象形是"包含人相和背景一同在内"。原来上面的故事，乃说明顾恺之要画出谢鲲超俗的神气，而无从在谢鲲的面貌上表现出来，乃把他画在丘壑中去，加以烘托，这是达到气韵生动的补助手段。李先生的说法有些不伦不类吧！李先生说：

> 第四项的随类赋彩，自然讲色彩的运用。从前面的著录上，我们可以看到谢氏对色彩十分重视，画好了轮廓之后，可以赋色晕染，所以列为第四。
> 那时的艺坛，很受印度画法的影响，不但晕染有致，而且色泽鲜明。如张僧繇画凹凸寺的故事就是好例。谢

赫受时代的影响，所以在"轮廓"立定之后，马上就讲赋色。

　　画好了轮廓之后便赋色晕染，那时的人物还有眉毛、眼睛、鼻子、嘴巴没有呢？大概李先生以为当时人所画的画，也和他拿笔写的文章一样。并且在水墨画未出现以前，皆用彩色，不知与印度画法有何关系？李先生在下面又扯上谢赫所以把顾恺之列入第三品，是因为顾恺之是用的春蚕吐丝的线条，对色彩亦爱古淡的情调，与谢赫的道不同。并以《女史箴卷》为证。原来李先生还不知道在吴道玄以前，线条可以说都如春蚕吐丝。大英博物馆所藏《女史箴图》，有的说是唐初之物，陈继儒则以为宋初之物。上面所用的颜色，不只一种；有的因年久而褪色，看不清楚；但用大红色的地方，依然很鲜明；所以《墨缘汇观》卷三说它是"色泽鲜艳"，何来所谓"古淡的情调"？就我研究的结果，用淡彩应萌芽于吴道玄，而大流行于水墨画兴起之后，不是可以随意附会的。
　　李先生对第五的经营位置的说法，可以讲得通。第六的传移模写，所说的临摹，从无异论。但李先生说这是"争论最多的一项"，而认为"临摹只是学习的初步，根本不登艺术堂奥"，而另来一套"放大"与"缩小"的新解。这是因为李先生第一不求了解文义。"模山范水"，是五世纪左右的人所常用的一句话，模山即是模仿山。《史记·扁鹊传》有"写形"之语，即考察人之形象。《汉志》载武帝置写书官，"写"，开始有钞写之义。两义相合，以笔画图，亦称为写。"模写"即模效前人的作品。《正字通》谓"模通作摹"，是模写即"摹写"，意义相同，而更为简洁。传移是把古人的作品，转（传有转义）移为我之作品，其方法，即是加以摹写。文义上只能如此解释。第二，是因为李先生不知道五世纪左右，作文作字作画，都非常重视临摹的方法。作文的临摹谓之"摹体"或"习体"。而作画的临摹，有如西画中的素描，乃学习过程中必经的阶段，谢赫如何可加以抹煞？第三，李先生不知道他所引谢赫批评刘绍祖的"述而不作，非画所先"的"述"，即指的是临摹。谢赫要求由临摹进于创造（作）；述而不作，是只有临摹，而没有创造。第四，李先生所说的放大与缩小，依然是临摹中由特殊目的所用的两种特殊手段，但一般的临摹不必如此。尤其是从文义上，找不出"放大"、"缩小"两义。

李先生一下子又扯到六书上面，而说六书是"汉代许慎一家之言"，在此之外，还有其他的说法。"而且也不能为他后来的新创文字的法则，负任何不能一体综揽的责任。"就我的了解，六书是由综合而来，不能说是许慎一家之言。六书的称谓及次序，小有异同，但并找不出另外一种系统。武则天造了新字，大陆上新造了许多简体字，广东人也造了许多地方性的字；但都在形声、会意范围之内，并找不出离开六书系统以外的字。没有人主张在六法以外，不应有新的书法；但李先生所添补的"絪缊用墨"，这是水墨画出现后由傅彩所发展出来的，其本质仍同于傅彩。由此可知李先生对绘画的知识，连一知半解的程度都不够。李先生在全文中强调不可"古老崇拜"，不可"迷信古人教条"，由此可见李先生本人是很现代化的。但谈到古人的问题，首先是了解不了解的问题；崇拜或迷信，乃个人的态度，与学问无关。至于艺术方面，现代的东西，较之六法，更为"玄秘深奥"；李先生似乎从来没有沾过手，恐怕李先生此生无此缘分，只好张开大口胡凑了。

本来任何问题，都可以从深的地方谈，也可以从浅的地方谈。深要深在一个问题自身所应有的结构范围之内，浅也要浅得切近问题。事实上，作了深的研究，才可以作浅的表达；深浅之间，一定是一脉相通的。既不可以浅斥深，更不可以"想当然耳"的胡说为浅。人文研究的两大障蔽，是互为因缘。要从两大障蔽中解放出来，须要在学问上真诚地反省、真诚地努力。而多阅读点西方有关的名著，或者可作反省与努力之一助。

一九六九年七月一日《中华杂志》第七卷第七期

悲鲁迅

一

因为大陆上的文化大革命，毛泽东把三十年代的文化功臣都清算掉了，于是台湾的报纸副刊上，便常常谈到三十年代以上海为中心的文化人，并且也有几次特别谈到鲁迅。从民国十六年到十八年，我是一个鲁迅迷。此后便迷上了日本的经济学家河上肇，逐渐把鲁迅淡忘了。此次来到香港，每于上床以后，入睡之前，又随意翻阅鲁迅的作品，却引起与三十年前，并不相同的感想。

从学术思想的立场讲，鲁迅的一生，可分为三大阶段。五四运动以前的第一阶段，正如蔡元培先生在《鲁迅全集》序中所说，"受清代学者的濡染，所以他杂集会稽郡故书，校《嵇康集》，辑谢承《后汉书》，编《汉碑帖》、《六朝墓志目录》、《六朝造像目录》等"。这阶段，他受影响最大的当然是章太炎先生。鲁迅后来的《中国小说史略》，法度谨严，固然是受此一阶段的学术训练的影响；即他以后与人辩说的许多杂文，率能勾稽较核，极少虚辞浮说。这固然是出自文学的秉赋，但也可能与此阶段的学术训练有关。所可惜的，章先生由训诂以通义理，仅得之于晚年。他当时在东京对鲁迅所讲授的，只限于小学声韵。但由与鲁迅同时受学的许寿裳先生称章先生"学术之大，可谓前无古人"的话来看，他们当时除小学声韵之外，更不知道还有圣贤之学。这便局限了鲁迅一生对中国文化的了解。

二

从民国五年在《新青年》上以"鲁迅"笔名发表的《狂人日记》，一直到民国十九年的被通缉，这是鲁迅第二阶段。而在第二阶段中，又可分为前后两小阶段。前一阶段主要是通过《呐喊》、《彷徨》等短篇小说，以暴露社会的各种沉重病态。后一阶段则主要是通过有如《热风》之类的杂文，以讥弹政治、社会的各种现实而具体的问题。

从民国十九年春，以"下流文人"的罪名，受到政府的通缉，到二十五年十月十九日之死，是他的第三阶段。此一阶段，更是以讥弹时事的杂文为主。但在第二阶段，他只是富有自由精神的作家，而在此一阶段，已很明显地成为一个共产党员，时时刻刻地努力造成自己的无产阶级意识，固守文学的无产阶级的立场，为苏联当无微不至的捍卫者。他在此一阶段中，发现了对下一代的青年的希望，也转变了对工农大众所得的形象。但作为一个文学家来说，自他当了共产党员之后，实已寿终正寝。鲁迅被中共捧为中国的高尔基，但若高尔基不死，能逃过史达林的魔爪吗？鲁迅不死，能逃掉胡风们的同一命运吗？

随便举一个简单的例子吧。鲁迅在《辱骂和恐吓，决不是战斗》的一文中，曾说当时的左派文人，以为"骂詈愈多，就愈是无产者作品似的。其实好的工农之中，并不随口骂人的多得很，即使有喜欢骂人的无产者，也只是种坏脾气……万不可再来展开，使将来的无产阶级社会中，一言不合，便祖宗三代的骂得不可开交"。但毛泽东为了要把他的老同志斗臭，便不惜使用最恶毒的蔑诬与辱骂的方法，有如刘少奇们今日的遭遇。鲁迅而在，将采何种态度，而始可自全呢？

三

中国在长期专制统治之下，胥吏与地主豪绅相结托，控制了落后农村社会。再加以长期的八股科举制度，使从社会产生的读书人既无知识，又无品格，于是农村很难接触到文化之光。鲁迅首先把这种社会的黑暗面，通过深刻而精炼的文字，呐喊了出来，这实是出于仁心的使命感，也是促进社会进步的重要动力。从这一点说，鲁迅的贡献，当然是永垂不朽的。

但在他们所把握的现实人物形象中，有悲惨或黑暗的一面，实际也有顽强或光明的一面。例如我们试把"孔乙己"、"单四嫂"等加以分析，在悲惨与黑暗中，未尝不可隐约发现出他们的另一面。我看过由赛珍珠作品改编的电影《龙种》，它很能凸显出我国农村中的人民，乃是"愚昧中的伟大"的人民。而鲁迅却把两面存在的真实，都转向一面发展了。当然他更不能由此以透出中国文化的潜力。鲁迅所诅咒的传统文化，到了六十年代，却成为三十年代作家们的心灵的护符。而鲁迅当时看作中国唯一救星的苏联，今日却成为中国最大的仇敌。鲁迅死而有知，当作何解释呢？

鲁迅的另一弱点是成名以后"自己保护"太过，以至锱铢必较，毫忽必争，这便影响他后期的感受与视野，使他的心灵，实际不断地萎缩。

对他发生决定性的影响的，是他的加入共产党。但我的推测，假使当时的文化政策稍有智慧，不把通缉一位作家，当作是得意忘形时的"兴之所至"，鲁迅是不会加入共产党的。最近苏联取消史达林的女儿的公民权，史达林的女儿却引此为快慰，这反映出她对苏联早已恩断义绝。但鲁迅知道自己被通缉以后的情形怎样呢？据许寿裳《亡友鲁迅印象记》中所记，鲁迅首先说明"自由大同盟"，"并不是由我所发起"，"浙江省党部颇有我的熟人，他们倘来问我一声，我可告知原委。今竟突然出此手段，那么只好我硬功对付，决不声明，就算由我发起好了"。又说："我所抨击的是社会上种种黑暗，不是专对国民党。这黑暗的根源有远在一二千年前的，也有在几百年或十年前的。不过国民党执政以来，还没有把他根绝罢了。现在他们不许我开口，好像他们决计要包庇上下几千年一切黑暗了。"鲁迅的反映，他是要与国民党作对吗？积极方面，不能利用批评为改进的力量，消极方面，不能以容忍减少敌人，则可悲的自不止鲁迅一人了。

一九七〇年二月二日、三日《华侨日报》

论智识分子

中国人对于国家问题的心态

一

最近我收到由我的学生从巴黎寄来一册一九六九年九月出刊的《台湾青年》。这是由四个台湾独立运动团体所出刊的联合刊物，底页纪录了他们的政治主张。其中最引起我注意的是"台湾不是中国领土的一部分"的这一句话。同时又有一个偶然的机会，遇见了一位能讲中国话的美国人士。他指出西方一个民族分出去了的一部分，便成为两个截然不同的民族的例证，以此来说明台湾的政治前途。我立刻想到美国教会大学联合董事会，在几年以前，对设在台中的东海大学提出了一份调查报告，说该校是由美国、中国、台湾三个不同的民族文化所共同设立的。可知某美国人士向我所提出的看法，是许多美国的"中国通"的共同意见。这种意见，是台独分子主张"台湾不是中国领土的一部分"的根据。听说台独分子年来在策略上有些改变，但这只是适应于外国人在外交策略运用上的转变，不是本质上的转变。在这种地方，我想首先对有关的外国人讲几句话。

二

我首先应当说的是，我们因为历史长，幅员大，经历的变故多，所以是一个很难了解的国家民族。当前由研究中国问题而得博士学位，因而被人称为"中国问题专家"的，在美国一天多一天。但就他们研究的题目、方法、动机等来看，他们都走的是"东向而立，不见西墙"的途径，岂仅不可能以此而了解中国，并且会成为了解中国的障碍。他们常常把牛身上所"确实而证明无误"的一根牛毛，夸大而成为牛的整体。他们不知道他们所握到的一根乃至百千根牛毛，在春夏之际，即使完全脱掉了，与牛的继续生存，完全没有太大的关系。而这些"牛毛研究"者，拣起脱掉或快将脱掉的牛毛，对牛作出欢欣或哀悼乃至不哭不笑的结论，对牛却是全不相干的。

并且我还发现一种情形，他们研究的主要目标是中国共产党，但他们对社会主义思想史这类的东西，常是茫然无知；于是便离开了解问题的大纲领、大线索，走上胡猜乱想的路数。由这种胡猜乱想去认识中共，去认识中国，我想是很困难的。

试以国家问题来说吧。西方近代的"国"的观念，主要是政治性的，是政治力量集中的表现。所以由"国"所发出的力量是坚硬强烈的。中国有文献可资证明的，三千多年以来，是由"氏姓"之国，进而为由家族所连结而成之国。所以在约略一百年以前，仅称"国"，多指的是中央政治组织的朝廷，称为"国家"的，才对应于近代的所谓"国"的意义。没有由特定历史所形成的家族制度、家族伦理观念，便没有所谓"国"。所以中国之所谓"国"，乃是以社会性为主的，是广大的家族社会的共同纽带。

　　　　　　　　　　　　　　　　论智识分子

若纯从政治的观点看，中国人的国家观念最为薄弱，甚至说它是"一盘散沙"。但从社会的观点，则中国人的国家观念，最为坚韧，有无限的持久力量。"五百年前是一家"，这是所有中国人的一句"口头禅"。此一口头禅的形成，正反映出家族社会的广大而悠久的背景。追溯到五百年前而又落实到现在，则这样的"一家"，自然便是"一国"。由家族的纽带所连结起来的"国家"，岂是一时的政治力量所能破坏？藏在中国人心理深处的这种对国家问题的态度，平时常是隐而不见，但遇到外面的压力，便会浮到心理的表层，便要作坚强的反抗。所以中国历史上尽管出现过许多割据的时代，但因为有上述的坚韧的统一心态，决没有人敢说他们割据的地方不是属于中国，更不敢说他自己不是中国人；哪怕是由外夷势力所扶植起来的傀儡。轻易地把西方人纯政治性的分裂的观点，推论到中国来，这真是谓"张冠李戴"。台湾是中国领土的一部分，不是由什么国际法等来决定，而是由一千多万中国人的"心态"所决定，任何力量，不能对此心态加以阻遏的。

三

我再想向台独的青年讲几句话。我一贯地认为人民不仅有批评政府的权利，并且也有选定自己所需要的政府的权利。幸而人类发展出来了一套民主政治的权力运行的轨式，这样便把政权的移转"寻常化"了，奠定了一个国家和平发展的基础。台湾的政治问题，依然是一个"民主"的问题。说到"民主"，它有一定不可缺少的条件，不是少数人用胡诌的方法可以假冒的。例如在民主政治之下，只有"与党"和"反对党"，没有什么肉麻兮兮所谓"友党"。一九六四年，我曾在《征信新闻报》上发表一篇文章，主张让台湾不满意国民党的人，另组织一个政党，作公开合法的竞争。这篇文章，曾引起短视者的误解，我以后便什么也不说了。

我是一个非常讨厌现实政治的人，从民国三十七年起，便决心不参加任何现实政治。我也知道，有人霸占权力，便有人争夺权力，有人以民主以外的方法保持权力，便会有人以民主以外的方法争夺权力，这都是非常可悲的。但对我个人而言，却是不相干而又是无可奈何的"气数"，只有不加是非，置之于不议不论之列。但以中国人而否定自己是中国人，以中国的领土而否定其为中国的领土，这便是作为一个中国人的我的心态所不能忍受，要公开提出来，要求你们（台独）的反省。我于民国三十八年逃难来台，和许多本省的正派人士成为朋友，其中有的对现实非常不满；但无一不是守住在日本统治时期所激起的民族正气，决不愿违背中华民族的大节大义。你们年轻，正是发愤有为的时候，但应当想到，政治上的事功，必须要政治上的价值加以支持。你们为什么一开始便冒政治价值上的大不韪，而白白牺牲你们的精力？

台湾的领导诸公，更应当平心静气地反省一下。这些青年，都是在你们领导之下，教育成人的。是不是你们在领导中，把国家民族的大义换了位？是不是你们在措施上使社会感到是言行不符，而这些青年是受到了你们"身教"的感染？至于进一步的政治问题，我是决不去参与讨论的。

亡国了两千多年，分隶于各个国家的犹太人，尚且建立了

　　　　　　　　　　　　　　　　　论智识分子

以色列国，而这一以色列国遂成为全世界分隶于各国国籍之内的犹太人的共同向往的象征，何况围聚在一块儿的台湾一千多万的胞族？

一九七一年一月九日《人物与思想》第五十期

从唐君毅先生论翻译文章中的"厚古弃今"及"自相矛盾"说起
——请教张裕民先生

编辑先生：

今天下午在上课前，赶快看了《人物与思想》四十七期上张裕民先生《关于唐君毅先生两篇谈翻译的文字》的文章。任何人的文字能引起讨论，总是好现象，但我看完张先生的大文后，即引起许多怀疑。晚饭后，找唐先生原文对阅，发现张先生并不是以客观而严肃的态度去了解及批评唐先生的原文，而只是感到唐先生原文，与张先生的脾胃不合，便对原文随意加减，以傅会成"厚古弃今"及"自相矛盾"的罪案。唐先生对这种由傅会而成的批评，是否作答？如作答，将如何作答？我不必过问。不过唐先生的大文，是我受先生之托所要来的，竟受到这种不公平的待遇。纵使唐先生不计较，但在我做人及对朋友的态度上，应当说几句话。

唐先生在写给我的信中说："此翻译之目标，亦不应是西方学术的殖民主义。……无论是翻译或介绍西方一些第一流的学术著作，皆比只请一些二三流以下不通中文之西方教授来此讲学，更对好学的青年有益。"在唐先生上面的语句里，分明没有把"翻译西方学术名著"指为"学术殖民主义"。但张先生却偷偷地为唐先生加上一顶帽子，变成"如果说翻译西方学术名著为中文就是'学术殖民主义'，那么我们翻中文著作为西文，岂不也是'学术殖民主义'"？由此而断定"岂不是与他提倡翻译的态度自相矛盾"？张先生全不想到在"学术殖民主义"上面的"翻译西方学术名著就是"的帽子，是张先生为唐先生戴上去的。至于今日的学术殖民主义，港、台两地横行，他们用揣摩殖民主义者的心理来办大学，并用研究中国文化为手段，以达到殖民主义目的，当然更可用翻译西方文化为手段，以扩充殖民主义在文化方面的势力。唐先生原文，对此点破即止，这是他不愿过分打到他人的痛脚。而站在中国人的立场以留心学术界的现象的人，对此问题，也只需点破即可了然。张先生的不明白，只是张先生个人的问题，但何必要另加帽子在原文上呢？

至于唐先生《说西方学术著作之翻译工作》一文中，曾说："有两点是必须改变的。一点是依于一切迎头赶上的观点，而太偏重所谓最新出的书。一点是依于专求以西方之长补中国之短的观点。"从唐先生的文字看，他所反对的是"一切"、"太偏重"及"专求"，并不是完全反对翻译最新出的书和翻译以长补短的书。所以后文又指出："我不是说这类之书（最新书）全不该译。""纯粹的实用技术知识书，如工农商之书，与新闻报导，亦可尽译最新的。但有历史渊源的学术文化思想著作，则必须从根本源头上去了解、翻译。"又说："至于可以针砭国人与中国文化的著作，固可翻译，而可帮助中国传统学术文化之说明，及一切能彰显中西学术文化之异同、得失之著作，只要具经典性、代表性，亦须翻译。"详唐先生原文，分明是说不仅应翻译原来两种观点中的著作，而且要翻译在两观点以外的著作，所以他作为这一段的收束语是"此即我所谓大量的翻译之涵义"。但张先生却偷偷地把原文中的"一切"、"太偏重"、"专求"、"我不是说这类之书全不该译"、"固可翻译"等字句及涵义，任意删去，而说成"唐先生批评了迎头赶上和以西方之长补中国之短的观点，认为这两种观点是必须改变的"，由此而大发议论，这是以任意删减原文的文字意义所发的议论，亦即是把原文经过手术、歪曲后所设的议论。

唐先生原文谈翻译的目的有二：一为使西方文化说中国话，二为让我们能知彼知己。原文中把技术知识等，作分别的处理，可知他所说的学术文化，是以广义的人文方面的东西为主的。同时唐先生是站在学术的立场谈翻译，站在树立学术根基而须补偏救弊的立场谈翻译。他强调翻译经典性、代表性的西方著作的原因有二：一是要由西方历史文化的发展演变以真确把握西方当前的文化现象与问题，由此而作自主性的选择、评断，更由此而进于文化上的创造。唐先生的原文，不仅对此点说得深切著明，更举出由经验主义以了解杜威、罗素两人思想的源泉，及各人"独到"、"偏宕"之所在以作为例证。但张先生把唐先生所说的"从源溯流，由古通今"的明白字句，硬说成是"厚古弃今"。张先生的文字训诂，似乎以为"从"、"由"皆解作"厚"，"溯"、"通"皆解作"弃"，由这种训诂所引申出的议论，叫人从何索解呢？并且站在人文学科方面的研究立场来说，唐先生所提出的观点，本是常识所共许的观点，张先生个人可以不赞成，但不必将原意加以歪曲。张先生对于何者为"根"，何者为"源"的问题，提出疑问，并且说："如果事事要'原'到底，恐怕只能'原'到我们的老祖宗'猿'家去了。"其实，研究每一门学问的人，都会知道

　　　　　　　　　　　　　　　　　　　论智识分子

自己所研究的学问的源流演变，否则不成其为研究，用不上张先生站在一旁白着急。而研究学问时对渊源的追溯，也会各人有各人的断限，不必害怕追到"猿家"去。因为第一是每人的时间精力有限，自然难作无穷的追溯，但不可因自己的断限而否定在断限之上尚有东西。翻译不是为了一二人，研究者的断限各有不同，所以翻译的范围必须广泛。第二，我们研究的绝对多数对象，不必也不可能追到"猿家"去。但若研究的对象，应当追到"猿家"去，如研究人的起源问题等，则追到"猿家"，又有何不可？考古学、古生物学是怎样兴起？怎样发达起来的？至于张先生一方承认"编者的话所云（指唐先生之文）是'最为全面而中肯的系统意见'"，一方面又一再说唐先生之文，是"自相矛盾"，在一篇短文中出现许多"自相矛盾"而又能成"系统"，这可以说是张先生的独特看法了。

　　唐先生强调翻译经典性、代表性的西方著作的另一原因，是为了要确定当前某一人在学问上的地位，应当在这种学问的源流演变中来加以确定。在某一学者的本人，常自以为自己的成就是盖天盖地，但在这一门学问的源流演变中看，却不过是一枝一叶。知道他是一枝一叶，便可开放自己的心灵，开辟自己研究的境界。但百十年来，我们留学学西方的，常常把他有机缘接触到的一家之言，当作独一无二的盖天盖地的真理，首先把自己拘囚在里面，更以此为武器，横冲直撞，打倒一切，这是中国学术发展的一大困扰。唐先生的原文，对此说得深切著明，我不知道张先生何以会在这种地方绕圈子？

　　张先生大文最后又引先生原文中"共产党一切都错，但是他要这些学者坦白认错，却并没有错"的话，而下断语说："读了这两句话，不禁毛骨悚然，这封信也就再写不下去了。"张先生又是来的一套断章取义的手法。唐先生原文，是针对着"数十年来中国许多学者，则只希望用英文写论文在外国杂志发表，而竟不愿自己译为中文发表"的这种事实，而认为共产党要学者对这种事实坦白认错，而觉得共产党在这一点上"却并没有错"。换言之，拿了中国人民的血汗学到一点知识，不想为自己的国家服务，却完全站在个人的名利立场去为外国人服务，共产党以此为错，我和唐先生也以此为错。我的看法，因为中国知识分子病痛深沉，不能自拔，所以才有共产党，所以才有共产党对知识分子的清算。面对共产党的清算而不能作深切的反省，只站在远远地毛骨悚然，对于当前问题的了解、解释，是没有多大意思的。专此并颂

撰祺

徐复观拜　二月廿一日

一九七一年三月十五日《思想与人物》第四十八期

辛亥革命的意义与教训
——在联合书院史学会辛亥革命六十周年纪念会上讲辞

一

辛亥革命，为中国历史开辟了新纪元。首义是在武昌，但源由却和香港有不可分的关系。由此不难了解此一纪念会的特别意义。

辛亥革命自身的意义可由各种不同的角度，作各种不同的发现。我现在只由中国历史文化的角度，提出许多意义中的一种意义。即是，在中国历史文化中长期压积的三大要求，经孙中山先生的伟大眼光，以强力的政治行动提了出来，形成指导辛亥革命的三大原则。此三大原则提出以后，实际便永远规范了中华民族生存发展的大方向。

指导辛亥革命的三大原则，是由一九〇五年在日本东京成立同盟会时的誓词中"驱除鞑虏，恢复中华，建立民国，平均地权"的四句话所提出的。这四句话中所涵的内容，当然受有西方政治文化的影响。但若非在两千年以前，早已遍积于中国历史文化之中，便不会一经触发，即普遍地深入于国人心目之中，根深蒂固而不可动摇，以形成永远指导国家民族的三大原则。

春秋时代，齐管仲相公子纠与桓公争国。公子纠失败被杀，管仲不死，反而相齐桓公以成霸业。孔门的高弟子路、子贡，站在君臣之义上，都在孔子之面前提出对管仲人格的怀疑。同时孔子平时也批评过"管仲之器小哉"，"管仲而知礼，孰不知礼"的话。孔子心目中的"仁"，比礼的地位更高，所以从来不轻许人以仁。但答复子路、子贡的疑问时，却以加重的口气，许管仲以仁，这是因为"微管仲，吾其披发左衽矣"。在孔子的心目中，保持民族的生存，较之君臣之义更重要得多，这是孔子强烈的民族思想的流露。但《论语》有另一条记载是"子欲居九夷。或曰，陋，如之何？子曰，君子居之，何陋之有"。这分明说明孔子并没有严格的华夷界线。由此可以了解，在被侵略时一定要奋起反抗，在和平相处时则自然一视同仁，这说明由孔子所代表的民族思想，不同于其他民族的民族思想。满清入关对汉人的残杀，在统治上对汉人的压迫、歧视，则驱逐鞑虏，必然成为革命的目标。但辛亥革命成功，满清的统治推倒，立即宣布五族共和，满汉一体，正实现了由孔子所代表的民族思想。

二

先秦儒、道、墨三家的政治思想，都可以说是"为人民而政治"。儒家最高的政治原则是"民之所好好之，民之所恶恶之"，政权运用的形式"天下为公，选贤与能"。老子认为"圣人无常心，以百姓之心为心"，希望在无为而治的不干涉的政治之下，让人民可以"自富，自正"。墨子则主张由地方官吏（正长）以迄卿大夫、诸侯、三公、天子，皆出于选举。极三家政治思想之量，其到达点当然是近代的民主政治。但因历史条件的限制，民主政治未能在中国历史中实现，并且受到与民主政治绝不容的一人专制的长期压迫，这是我们民族一切不幸的总根源。于是三家的伟大政治理念，实在是我们民族的最大乡愁。中山先生因西方民主政治的启发，一举而把二千多年的一人专制，摧毁扩清，正式提出以民权为基础的民国体制，使潜伏在我们民族心灵深处的最大乡愁，出现在民族现实共同生活之中。这真可谓涤二千年的污秽，开民族此后无限的生机的行动。

三

孔子已经说出"不患寡，而患不均"的经济生活大原则。孟子将封建制度下的井田加以理想化，其目的实即要求"平均地权"。自此以后，土地问题，便成为我国二千多年中的政治社会的基本问题。但在长期一人专制政治之下，政治压迫，常通过豪绅地主而更残酷深刻。在两千多年的历史中，几乎每一朝代都从各种不同的角度，提出过此一问题，但都如昙花一现，使人民展转呻吟于由一人专制所支持的豪绅地主榨取之下。中山先生高瞻远瞩，洞彻政治社会病痛的根源，大胆地提出"平均地权"的大原则，以作为辛亥革命的推动力，其意义的重大，不难想见。

长期压积在我们民族精神深处的三大要求，即民族、民主、民生的三大要求，在辛亥革命以前，不断被一人专制政治所歪曲，所隐瞒，而只能间断地、零碎地、委屈地、偶然性地提出。到了由同盟会所领导的辛亥革命，则以强力地、集中地、堂堂正正地提了出来，使其成为整个民族前进的共同方向。虽然因为历史的残滓，阻挠破坏，未能一蹴而几地顺利实现，但此一植基于长期历史文化之中的三大要求，一经正式提出而成为指导国家民族前进的三大原则以后，便如九曲黄河，必然地会闯过九大曲折，不流归大海不止。

四

辛亥革命的教训，也可由各个角度，作许多不同的发现。我这里只指出在许多不同的教训中的一个教训，即是反动的统治集团，把和平改革的希望完全撕毁时，这是促成革命成功的最大因素。

在历史大转变时期，为了开创新局面的要求，常常出现目的相同，而所用手段不同的两条路线。一条是和平改革的路线，一条是暴力革命的路线。两条路线的成功失败，固然决定于当时的社会基础；但不愿流血，本是人类的天性，而任何建设性的工作，总须在和平秩序中进行。所以和平改革路线，并不是没有成功的机会。但历史却难找出和平改革成功的例子，尤其是在近代民主政治出现以前。这是因为阻碍历史前进的反动政治统治集团，对和平改革的希望与势力，必然地采用三部曲的摧残手段，摧残得无路可走，使广大的人民，感到要便是死亡，要便是革命。它们所采用的摧残三部曲，第一部曲是直接镇压。如果镇压不能完事，第二部曲便是拖延，在拖延中作更大的反动的准备。如果在拖延中还不能凭借人类善忘的弱点以减轻改革要求的压力，第三部曲便是盗篡，盗窃改革的名以行更为反动之实。这便逼得和平改革绝望，暴力革命成功。此一历史规律，在清末由维

论智识分子

新运动以迄辛亥革命成功，满清的反动集团，为我们提供了一个范例。

五

中山先生与康梁分别所领导的政治活动，正代表革命与和平改革的两条路线。但在辛亥武昌起义成功以前，康梁集团的声势，实大过中山先生集团的声势。一八九四年，中山先生成立兴中会于檀香山，连他的兄长在内，只得会员十余人。一八九五年成立兴中会分部于广州，除会党及少数华侨外，在知识分子中影响甚小。一八九八年康梁维新失败，逃亡海外，组织保皇党，兴中会在海外的势力，反多为其所夺。一九〇五年成立同盟会于东京，中山先生的势力始扩及于广大的知识分子及国内。从一九〇六年到一九〇八年，实行了七次军事革命行动，在短期内即归于失败。从一九〇九年到一九一一年，除广州一役外，因国内宪政运动的高涨，同盟会的革命行动反而减少。一九一一年三月二十九日广州一役失败后，元气大伤，革命领导分子，多暂时引避。及阴历八月十九日由武昌工程营熊秉坤先放第一枪，铤而走险，武昌首义，竟因此成功。这从全般的形势说是必然的，但就同盟会说，却是偶然的。因为这是在当时领导人物计划之外。

反观康梁的情形，其声势始终在中山先生之上。一八九五年康有为赴京会试，发动公车上书，签名者有一千二三百人。维新议论，已倾动朝野。七次上书的结果，一八九八年戊戌四月二十三日，光绪下定国是之诏，是其主张已伸入到最高权力圈。维新失败，康梁在海外组织保皇党，夺取了兴中会的许多势力范围。一九〇〇年庚子八国联军后，国内普遍展开了宪政运动。一九〇七年梁启超等组织政闻社于东京，成为立宪运动的领导机构，形成全国宪政运动的风潮。及武昌首义，宪政运动，乃与革命运动合流，以促成首义的成功。此其中因素很多，但满清反动集团的反动三部曲，实为促成此种势力转换的最大因素。

六

清廷对中山先生所领导的革命势力的压迫，是不待论。康梁的维新运动若能成功，虽然会减少若干皇室的特权，但它的统治或可因此而稳定。而戊戌百日维新的主要内容不过是（一）科举改八股为策论，（二）删定各衙门规则，（三）设立农工商总局，（四）裁汰冗员。可谓微不足道。但一切特权阶级的特性，是决不让他人动到他的特权一根毫毛。是年八月六日，慈禧恢复听政，下诏捕捉康梁，六君子被杀，张荫桓等被逐。由此以迄一九〇〇年庚子八国联军入京以前，这是反动集团实行镇压第一部曲的最得意时期。

庚子八国联军入京，慈禧逃向西安，知道仅用直接镇压手段是危险的，乃于是年十二月在西安下诏变法，遂由镇压的第一部曲，开始步入拖延的第二部曲。但在此以前，国人仇恨的对象是洋人。由此时起，国人仇恨的对象转变为满清政府。这便是慈禧们实行第一部曲对革命运动的一大贡献。

一九〇六年七月三日下诏预备仿行宪政，同年八月宣示以九年筹备完成。这当然是拖延手段的应有之义。但在拖延中决不忘记镇压，而拖延的目的，乃在准备进一步实行反动的专制集权。他们的目标要在拖延中把督抚的权力收回到朝廷，把汉人手上的兵权收回到皇族。一九〇八年，受到各省宪政运动的压迫，乃于八月二十七日公布宪政编查馆所拟的《宪法大纲》。其内容"一、大清皇帝，统治大清帝国，万世一系。二、君主神圣尊严，不可侵犯"等等。大家闹着要宪法，反动者便把进一步的专制披上宪法的外衣，此之谓"盗篡"。盗篡的结果当然使宪政运动者大为失望。

一九〇八年阴历十月二十二日，慈禧、光绪同时死掉，载沣监国，在连拖带篡的手段之下，加紧皇室直接掌握兵权的工作。首先驱逐了袁世凯，接着便是削减各省督抚的权力，他想把异族专制，在宪政掩护之下，推到最高峰。但在表面上，先后成立咨议局及资政院，想以这种姿态，达到盗窃的目的。迄一九一〇年这一年中，请求开国会的请愿行动，不断地扩大，连各省督抚也起而响应。载沣乃宣布缩短宪政筹备时间为五年。又于一九一一年三月宣布先成立内阁，以贪污昭著、历经弹劾的奕劻为总理大臣，阁员满人八，蒙旗一，汉人四，此即当时所称的"皇族内阁"。盗窃"宪政内阁"为"皇族内阁"，这便宣布了一切希望改革图生的人们，决无法与满清和平相处。于是满清反动集团，从反面宣传革命的力量，实大过于同盟会从正面宣传革命的力量。辛亥武昌首义，收到意外的成功，难道说不能从这种地方来加以解释吗？

历史上一切的特权阶级，因为与大多数人的利益站在反对的地位，所以必定是反动的。由反动的地位所形成的意识形态，必然是愚蠢的。因为他们是特权阶级，他们的生活，必然是腐烂的。反动、愚蠢、腐烂的积累，必然不能接受任何实质的改良，自然而然地走着前述的三部曲而归到彻底死亡之路。中山先生比康梁高明的地方，便是他一度上书李鸿章后，便早看破了这一套。辛亥革命，并未收到应有的果实，是因为参加辛亥革命的许多知识分子，始终不能看破这一套，于是让袁世凯走着先盗窃、次拖延、最后镇压的程序略有变更的三部曲。三百年来的脱皮运动，把权力从特权阶级脱向平民大众的脱皮运动，并没有完成。各位由满清反动集团所留下的三部曲的范例以了解世变，大概可以把握到若干要领的。

一九七一年四月五日至七日《华侨日报》

请大家原谅这位"吹不响喇叭的号手"吧！

充当号手是很有意思的玩意儿，因为许多人靠听号音来决定自己的行动，于是充当号手的人，可以感到自己是君临于许多人们之上，得到自我陶醉的满足。虽然吹什么号音，是由另外一个人来决定的。

自从胡适博士在台大广场，当众宣布毛子水先生为当代圣人以后，毛先生一跃而由秘书的地位，升为胡先生的号手的地位，毛先生脸上的风光，更出脱出来了。作为号手，便必须抓住机会来吹几下，这是非常容易了解的。但号手虽然不要求自己有大脑活动以决定吹什么号音，但总应当有"口风"能吹响自己所用的喇叭。但二十年来，我发现毛先生没有写过一篇通顺文字，更不论他教书的成绩。至于他满口科学逻辑，却连科学逻辑的边也不曾沾到一点，更何待论！被贵刊九十三号所批评的三月十五日出版的《新时代》上毛先生的社论，在文字上已经是不通之至，更何论他想说出而说不清楚的内容，每一句都是他自己打自己的嘴巴。他说："如果一位学者有中人的德行的，能够专心三思教好他的书，自然可以说是以经师而兼人师的。"什么叫做"中人的德行"？什么叫做"人师"？"中人的德行"怎样和"人师"关连得起来？他说"有时或更高一点"，这句话意味着什么？他的社论，是台湾应否发展人造卫星之争，而为沈君山先生们的意见帮腔的。我对此一争论，内心里并不站在胡秋原先生们的一边。但此一争论，是科学政策上的争论。我们可以说谁是谁非，如何加得上谁邪谁正？科学政策之争，是"事实判断"，不是"行为价值判断"。邪正只能用到行为价值判断上去。毛先生把事实判断的问题扯到邪正上去，何以不通一至于此！严格地分析，他的大文，没有一句话是说通了的。但我要求中华杂志社的编者及刘孚坤、郭大有、吴自德诸位先生，大家原谅这位号手吧！他本是"吹不响喇叭的号手"，和他争论什么呢？

一九七一年四月十五日于九龙

一九七一年五月四日《中华杂志》第九卷第五期

人民及大专学生的判断能力问题

一

台湾自去年国际逆转后，一部分青年知识分子，得到国民党中央党部的邀请，在座谈会上，坦率地陈述了对政治的意见，国民党的负责人，也礼遇有加，并以酒饭相待，于是以台湾大学的《大学杂志》为中心，在青年中浮起了一片革新的希望。在今年四月四日至九日，《中央日报》副刊，一连发表了署名"孤影"的《一个小市民的心声》的大文，接着印成单行本，一时纸贵洛阳，最近由一位朋友转送给我的一册，是"一九七二年四月八日版"。据《中央日报》的"代序"说："就我们初步的统计，无条件赞成孤影先生的意见的，竟占百分之九十以上。其余约百分之八，表示有条件的赞同，百分之二则表示反对。"它的内容，简单一句话，大家已经生活得很好，一切改革之谈，皆可以不必，而且会引起危险。由国民党中央党部所燃起的改革的灯，经过十个月后，再由国民党党报大力拥护的孤影先生来加以熄灭。这种演变早在我的意料之中。但在我意料之外的，此一收场，是轻裘缓带，并不曾剑拔弩张，这的确是难得的。

我收到《一个小市民的心声》的小册子的同时，也收到了五月份的《大学杂志》。里面的文章，都是对孤影先生大文的抨击，我约略看了一下，有两点值得注意。第一点，大家虽然是还击，但在态度上较之引起争论的陈鼓应先生的原文，更为平实。第二点，我读了青年教授杨国枢先生的两篇文章，他的分析力之强，文字写得笃实深厚，使我们上一代的人，感到非常惭愧，因而也使我要修正十多年来对台湾大学的观感。

由孤影先生所引起的争论，两方都有深厚的社会根源，这将是与台湾命运相终始的争论，我不想卷进这一个旋涡。但由孤影先生所引起的大学生有没有独立思考、独立判断的能力的问题倒引起了我的一番思考，使我愿将思考的结果写了出来。

二

孤影先生引了癌症治疗、台币升值，及蒸馏塔设计三个例子，以证明大多数的大学生，没有独立思考、判断的能力。但没有能力是一回事，必须具备某种能力，又是一回事。抱住没有能力作独立思考、判断的事物，锲而不舍地追下去，这是由不能到能的必然过程，也正是大学成立的主要目的。所以孤影先生只算说了"卫生麻将"桌上闲聊的话，不能构成他的大文所提出的一连串问题和结论的前提条件。

杨国枢先生在他的大文中，指明了重要的一点，即是孤影先生所意指的思考、判断，实际不会以癌症等为对象，而系以当前的政治社会问题为对象。因此，真正的问题，是台湾的大学生，对与他的生活、生命息息相关的政治社会问题，有没有独立的思考判断能力。若肯定地说是有，则最近五年以来，法国、美

　　　　　　　　　　　　　　论智识分子

国、日本等国家的学生运动，从某一角度看，可能使人难加以承服。若肯定地说是无，则大学生到了二十岁（美国是十八岁）已经是选举年龄，有选举与被选举的资格。正在受大学教育的选民如没有这种能力，则一般选民又怎能有这种能力呢？既然如此，民主国家最高的权源是来自选举，岂不是冒了政治上最大的风险？这便把民主政治的基础完全否定了。我的思考，是从这种地方引起的。

三

我得首先指出，人民对于政治的判断，不是出于思考，而是出于他在实际生活中的体验，再由体验推而为直观性的判断。人民对于什么政治哲学、权力斗争等，是体验不到、判断不了的。但政府官吏行为的好坏，政府施政对人民利害的多少，政府对人民讲话的是真是假，人民皆亲见亲闻，身受身领，比一般知识分子都体验得特别深切。由此所作的判断，大体上是正确的判断。一个农民、一个工人的体验，可以通于同样生存条件下的许多农民、工人的体验，因而也可以得到不约而同的判断。这是儒家主张"民之所好好之，民之所恶恶之"的根据，也即是民主政治的根据。因教育程度的提高，及传播机关的进步，更加强了这种根据。

一般知识分子由生活而来的体验，不仅社会的意义狭小，且随其享受程度的提高，常包含有反社会的意味在里面。正常家庭出身的大专学生，一方面尚保持他的家庭生活的体验，再加上由求知而来的体验，及由团体生活而来的体验，这都是含有重大社会意义的体验。所以港台两地，对国家、对政治社会等问题，由大专学生所发出的判断，所表现的理性、良心，常远在大专教授之上，就是这种原因。学生的过激行动，常来自他们所遭遇的过分黑暗。

但是，若一个知识分子，在人格上能突破自己生活的小圈子，而又有求知的热情与诚意，便能以其学识综合广大的人民体验，并以观察之力，补人民体验之所不及，再通过思考来加以分析整理，以作出更完全、更正确的判断。所以最有力的舆论，仍是来自少数知识分子。但政治的打击，也常落在这种知识分子身上。

假定有人问我，"你到底赞不赞成孤影先生的高见？"我便想起死去不久的一位诗人"天下事管他娘？倒不如打上八圈麻将"的诗，可惜我记得并不太清楚。有人告诉我，台北市的星期六和星期天，大约有六万桌麻将，则无条件赞成孤影先生高见的，正如《中央日报》所说，占百分之九十以上，我一个人的赞不赞成，倒真是如"沧海之一粟"了。

一九七二年七月五日《华侨日报》

论智识分子

政党立场和国家立场不能完全一致（答问记录）

问：你认为"中国性"和"马列性"是否有基本冲突？

答：苏联有一刊物，一方面骂毛泽东，一方面骂东欧共产党为右倾机会主义者。欧洲共产党如法国、意大利与苏联有什么不同呢？法、意对民主主义均采肯定的态度，因他们曾经过民主革命，甚至东欧共产国家亦然，苏联却没有，故不客气可说苏联的共产主义带有野蛮因素和落后的因素在里面。尤其史达林，我不了解中共为什么还要把史达林捧在手上？我非常同情唐君毅先生有种意思，就是中国有五千年文化历史，从出土文化可证明，而中共现在捧出的祖宗牌位只是马克思、列宁、史达林，中国本身所有的祖宗牌位却都被掉了。至于中共对恩格斯似乎不甚愿意谈及，原因是为了恩格斯晚年接受了一些民主思想。中共现在捧出的祖宗中间有二个是俄国人，一个是犹太人，中国的圣贤一个也没有，中国五千年文化对共产党来说完全变为包袱。这话怎样说出？故唐先生认为：列宁、史达林是苏联人，而我们却要和苏联争正统，怎能争得过？这话是可以站起来的。人家供自己的祖宗牌，我们却说人家不是真正的子孙，我们才是他的真正子孙。这争得太没有意思。毛泽东为什么要将人家一套拿来，而不自创一套来代替他们？为什么不可在中国五千年的历史传统中，吸收发展成一套呢？苏联知识分子对史达林深恶痛绝，而所有东欧共产党的知识分子无不憎恨他，而中共还要把这牌子摆在头上，这事真有点丢脸。我看现在中共最弱的部分是文化，廿多年来有本像样的书吗？不但没有，现在连篇像样的文章都不能拿出来。艺术方面实行着样板艺术，到底什么叫做样板？艺术只要在内容有一大的方向，还有什么样板？文革前大陆还出版些东西，在艺术上还有不少的成就。现在什么都没有了。中共却没有想到，他是代表七亿五千万人的国家呀！

问：你认为马列主义跟中国的强大有没有关系？

答：我认为没有关系。举一个例吧！自二次大战后，受破坏最厉害的国家有德国、日本、苏联和中国。我于一九五○年到过日本，东京大约有九十万幢屋宇，却被炸了七十多万幢，没有一所完全的工厂，但在经济复兴来说，日、德比苏快，故日自豪地说：苏联在经济政策来说是失败了。打倒特权阶级，解决土地问题，这个发展经济上是必要的，但不讲马列主义也可做的。中共如果在经济上少讲些马列的政治挂帅，可能会发展得更快。他们是为了要走到共产社会而非靠马列主义不可，却不可说中国富强非靠马列主义不可。假定共产社会是"自由的王国"，我想，可能不一定要走苏联式的马列主义。

问：你认为人是否有阶级性？

答：有的。人是有阶级性，但是我却有二种补充的解释。

第一，阶级性是可以突破的。知识分子有其阶级性，但他们可以通过自觉而突破其阶级性，走向为大众的道路上去。中国的所谓圣贤，都能将个人的阶级观点突破，站在多数人的利益方面。断乎没有自私自利而会被称为圣贤的。

　　　　　　　　　　　　　　　　　论智识分子

第二，阶级斗争是会促进社会进步和历史发展，但并不是唯一的最高原则。我不以为历史仅是劳动人民所创造。其他阶级的人也有其贡献。换句话说，代表社会正义的，多半是出自被压迫的阶级。但知识、技术、组织、领导等便不一定是来自劳动阶级。所以不必把阶级太简单化了。至于说"只有奴隶创造历史"的话，我觉得是不通的。

问：你对中共现今的文艺政策看法怎样？

答：文艺为人民服务，为大多数人们服务，这是可以承认的。但是，这并不等于要歌颂共产党的一切政策，更不是以文艺来作个人崇拜的工具。能真正发现人民的要求，虽与中共政策相冲突，仍应顺着人民所要求而表达出来，那才是真正为人民服务。文学艺术的真正价值，是在他们对现实的批评性。过去，左派的文学却有一定的成就，因为当时有批评性的原故。共党文艺政策的最大问题，在于把歌颂当作为人民服务，把文艺的批评机能完全窒息了。于是文艺只是为权力者服务，为个人崇拜服务，而不是为人民服务，那还有什么真的文艺可言呢？

问：你来了新亚两年多，对新亚精神有什么意见呢？

答：照我了解的新亚，我没有发现有哪一位能为学术上的是非而出来讲一句话，亦没有发现有哪一位真能为学生的前途着想而勤勤恳恳地尽一番力量。我的接触面有限，会有许多好的我无法知道。但就我这半年来耳闻目见所及，我说出什么是新亚精神，假定我是新亚的一分子，就难免脸红了。

在校内，许多人都是为小利害、小意气而斗争，从来没有人是站在学术上说应该如何，站在功课方面说应该如何，站在学生立场上说应该如何。老实说，什么是新亚精神？那简直是笑话。

就中文系来说吧！初时为了要请一位高级讲师做系主任一职，便登报请人，申请人的条件是要懂经学，懂子学，并懂文学理论批评。登报后不久，系内两派便发生斗争，甲派说要某人做高级讲师，乙派说要另一人做高级讲师，一派捧一个，相持不下；但是，他们所捧的人是否和登报的条件相合，甚至是否和任何学术条件相合，谁也不敢提半句。原来登报时把条件提得高高的，是为了挡住派系以外的人，以便安心关起门来互斗。开一次会，吵一次；再开一次会，又吵一次；斗得没有办法时，为了息争，行政当局主张高级讲师暂置不提，只请一年的客座教授来担当系主任，作为过渡的办法。好了，新的斗争又开始了。程兆熊先生尽其力主张请一位王先生，但另一派便反对请这位王先生，反对的并不是没有道理，但程先生坚持不让，于是又陷入了僵局。正在两派相持不下时，中文系以外的一位独行侠，以与行政当局有所谓师生关系插一脚进来，向行政当局推荐一位在台大任教的郑先生，行政当局接受了。但这位郑先生只能教词曲，而新亚中文系已有教词曲的人，独行侠和行政当局皆置之不理。后来这位郑先生不愿意来，再由这位独行侠向行政当局推荐刚由联合书院退休的李棪先生，于是中文系中两派都落了空。在相持的中间，周法高先生提议请另一位姓王的先生，虽不能说得很理想，但比两派互相争执的人选都好；不过这位王先生与两派没有关系，就不被考虑。周法高先生与王先生并没有私人关系，所以他的意见反较为公道。李棪先生是位好人，但他是研究甲骨文和金文的，新亚中文系没有甲骨文和金文课程，他便不能在系里开课，好在系主任的问题总算解决了。

系主任不能开课，学校便不能不推翻今年不再另请高级讲师的决定，要另请一位先生来代李棪先生开课，于是斗争又开始了，程先生此时似乎有点灰心，便提出五个人来，听学校选择，那就是饶宗颐、屈万里、徐复观、李孝定、何荣新。我住在新亚书院附近，从来没有人和我谈过这个问题，我更知道我决没有任何人为了功课而想到我的身上，此时突然把我的名字夹在中间以作为他们一路诈欺下来的手段，我当然不能忍受，除在电话中向那位独行侠及程主任提出抗议外，并写信给行政当局说：照你们中文系这几个月人事处理情形，对于学术和学生，完全是一种诈骗，你们要诈骗，与我无关，我不能说话，但是，你们为什么未得我的同意而用我的名字作诈骗的工具？所以我特向你写这封信表示我的抗议。他们不仅争位子，并且还要争功课，争主要的功课。什么人可以开这种课？什么课对学生有好处？从来没有人想到这些事情，说这些事情，只要把主要的课争到自己的派里，以便对学生一代一代地害下去。他们更怕请到好的人来，妨碍了他们的手脚。我在一年多以前推荐过一位在台大中文研究所毕业，在哈佛大学得到博士学位，许多人认为在品格与学问上都能站得起来的年轻先生，谁也没有认真考虑过。听说钱宾四先生介绍的何荣新先生，他是新亚毕业生，现在台大教书，我不认识他，我听杨勇先生说他写的东西不错，但由于这位先生与两派没有关系，又被反对掉了。无原则，无方针，完全把学术和学生摆在一边，这是令我感到非常奇怪的现象。在这种情形下，还谈什么新亚精神？新亚是一所大学教育机构，大学教育是为学术而存在，离开了学术，离开了学生，还谈什么新亚精神？不过，弄成这种情形是有一基本问题存在，就是教育制度的问题。香港的教育制度，人事上请的人只要过了一年后便为永久教师，因为大家有了铁饭碗，可以毫无顾虑地向坏的方面发展，这便是香港的教育和学术不能站起来的根本问题。有些人在胡闹，又奈何他不得，怎样办呢？我也有时想到这种问题。闻说中文系两派斗争时，曾经有一位向系主任下跪的事情发生，结果事情解决了。学生将来可否也用这方法，跪在他们面前，直至跪出他们的良心来为止；这既不失尊师的学风，也或许是改进校政的一种方式。当然，这话是带点开玩笑来说的。

问：你对新亚的同学又怎样看法？

答：我对于新亚同学们了解并不多，故没有什么可说，但有一点使我非常感慨的，我倒想说出来。有的同学离开学术立场，离开真正前进的立场，而帮私人作工具，我觉得这些同学最没有出息，不过我相信这类同学是少数的。

中国以前鼓励青年做学问时第一是要立志，我初时觉得是非常迂腐的思想，现在再深思后，觉得这是非常重要的事情。如果一个人不曾立志，而没有精神的指向，气力怎样能出来呢？怎能会有成就呢？当学生的，大一点的志是为国家做事，为社会，小一点是为学术，三者都是不能分开，是连在一起的，而且青年人可贵的地方总是有是非之心，且敢表达出来。所以同学们应该对于自己的国家和社会及学校，有一种责任感，好好地团结起来。假若同学无志于国家，无志于社会，无志于学术，只贪眼前的小便宜，把可贵的是非之心埋没了，那还有什么可说？不过同学的这种责任感的培养，学校是要负很重要的责任的。

一九七二年九月二十日《新亚学生报》

概念政治？人民政治？

一

当我写《智利的考验》一文时，智利总统阿伦第公开宣称，智利的秩序，在十月二十二、二十三日就可以恢复。但美联社圣地牙哥二十二日电，智利恐怖分子星期日（十月廿一日）袭击若干地方后，有三十四人被捕。而货车司机、零售商人及专业人士集体宣称，除非左派政府答应他们的要求，否则他们将继续罢工。接着美联社圣地牙哥二十六日电，星期三（十月廿四日）晚的暴乱，以及再有两个圣地牙哥无线电台遭封闭，使得为结束已为期两日的货车司机、零售商人，以及专业人士的罢工所进行的谈判，黯然无光。除日间有大约一百人被捕外，再有三十人被捕。陆军严厉执行宵禁。圣地牙哥军事司令巴拉沃上将称，所有平民的持枪执照已被废止，犯者将投之于狱。美联社圣地牙哥二十八日电，智利总统阿伦第因与工会领袖的谈判决裂，已命陆军的坦克车队，向街头出动，以镇压反对者的继续示威。

从上面极不完全的资料看，智利并未如阿伦第所希望，恢复常态；而我《智利的考验》一文中，曾指出"阿伦第政府，还是运用军队镇压，特务控制，干脆摧毁现体制的民主制，改行苏联式的特权专制呢？抑或……使马克思主义之梦，中途夭折呢？"从现在的形势看，已经初步用上了军队，则智利的民主体制能否维持，正面临着严重的关头。而我所思考的，则是今后政治的基本方向，还是学说的概念主导政治呢？抑是活着的人民主导政治？

二

概念是从许多具体事实中，抽象上去所构成的。概念可以概括许多事实，并使许多事实的性格，得到较正确的解释。这用到政治、社会上，是同样的情形。所以概念有指导事实而加以实践的可能性。但概念在构成的过程中，常只容许同质的东西，对异质的东西必加以排斥。而概念一经构成以后，它的本身便因凝聚而固定化。它的作用，只能限于以它为绝对正确的前提，由此而作演绎性的推演中，不能融入新的因素。所以在中世纪盛行的演绎论法，后人称之为不生育的尼姑思想。

人民的生活意识、型态、要求、利害冲突等，可由概念加以概括，这便是政治学、社会学的工作。概括得较真较广的，便是较好的政治学。但人民不仅是活着的东西，而且是有多方面的要求与活动，又有创造能力去创造可以满足多方面的要求与活动。一方面受环境的支配，同时也可以支配环境，改变环境。所以除了"民主政治"这个观念，可以永远适用在变动不居的人类政治生活之中以外，其他以实质规定为目的的概念，无法可以概括一切人民的要求，而且随时日的经过，原来是由人民生活中所抽出的概念，势必与人民现实的生活，愈离愈远。

论智识分子

这事又产生另外一个问题，便是目的与手段的问题。任何实际政治活动，总要凭借某些概念。没有概念的政治，是黑暗的政治。但问题是，概念是满足人民要求的手段，而人民才是目的呢？抑或人民是满足概念规定的手段，而概念才是目的呢？由此一问题更引生出另一不可分的问题是，应由概念决定人民呢？还是应由人民决定概念呢？再进一层，是人乃思想的工具呢？抑思想是人的工具？或者，人是最真实的存在？抑思想是最真实的存在？凡是喜欢谈主义的人，应当在这种地方先弄清楚。

三

智利总统阿伦第及其同僚，口口声声地说"他们（智利的人民）反对马克思思想的政府"。在我接触到这些呼号时，第一个感想是他们只提马克思，不提列宁，这说明他们思想的性格，较为温和而合理。第二个感想是他们所追求的是概念政治，而不是人民政治。

马克思思想，是概括了过去若干社会主义思想，及当时劳资对立的现实矛盾，而提出解决之道，所建立的若干概念。在他所建立的若干概念中，并没有把经济还在落后阶段的国家民族概括到里面去，也没有把民族间的冲突在历史中所发生的重大影响概括到里面去。而奴隶社会的奴隶，并不是来自生产力所产生的生产关系，而系来自民族战争中的俘虏。西方奴隶的消灭，也不是由生产力所产生的生理关系，而系来源的断绝及蛮族的入侵。有了非洲的奴隶来源，资本主义社会中又出现了大量的奴隶。无产阶级革命，也并未按照马克思的概念，先在资本主义最发展的国家出现；美国的资本主义已经衰老了，还未能看出有无产阶级专政的要求。这说明马克思的概念的效用是有限定的。

政治经济落后的地区，社会上的黑暗、不平、横蛮而又没有效率，这是人民起而革命的真正原因。由马克思的概念而定出可以为人民所接受的策略、政策，马克思的概念便为人民所用。由马克思的概念所定出的策略、政策，不为人民所接受，马克思的概念便为人民所弃。真正地说，人民只问政府的政策，不问什么马克思不马克思。信仰马克思不信仰马克思，等于信仰上帝不信仰上帝，乃属于个人之事。智利的执政者，只应当问反对他的政治的，是否影响到大多数人的利益及国家的安全？只应当反省自己的政策，是否经过民主程序的决定？及如何加强民主的启蒙运动及民主的法律秩序？为什么离开政策，离开决定政策的民主程序，而可以"为马克思的概念而政治"，不"为智利的人民而政治"呢？人民有什么义务，非信仰马克思的概念不可呢？自己当了概念的奴隶，还要人民也当概念的奴隶，太可笑了。

中国"民之所好好之，民之所恶恶之"，是人民政治。民主政治决定于自由选举的多数，是人民政治。毛泽东"备战、备荒，为人民"，依然是"人民政治"。毛泽东思想，乃是"为人民"的工具；人民的要求变了，毛泽东思想的具体内容，便应进入到历史之中，让人民不断地创造，不断地抉择，这才符合毛泽东"为人民"的本意。乃有些人说"为了保证毛主席思想传万代"，"保证江山万代红"，这到底把现在的人民及人民的子子孙孙，丢到什么地方去了？这才真正是打着毛泽东思想反毛泽东思想。

一九七二年十一月四日《华侨日报》

有关周公问题之商讨

翼鹏吾兄大鉴：

　　七三年元旦手教，今日始由《华侨日报》转到。因弟极少有到该报之机会，故辗转稽时也。拙文承兄于百忙中指正，感纫无似。惟因兄要务劳形，故对拙文略有误解。兄函中所举三器，有一器弟曾列举，余二器性质相同，乃皆为鄙说作证，而不能作与鄙说相反之证明也。鄙说谓："《大诰》称'宁王'者七，'宁王'即是文王，这是没有争论的。称'宁武'者一，宁武即是文王、武王的合称。死了的父亲称考，此处的'宁考'，是指死去的父亲文王言，也不应当有问题。……但屈先生在他的大著《尚书释义》中对此的解释是'宁考即文考，亡父也，乃金文中习见之语；此谓武王'。宁考是武王，训诰的自然是成王了。按金文有习见的文考，大概没有出现'宁考'。以文考为亡父的泛称，则文考下面，必缀以其考的名字，以示文考某某人。例如卫鼎'卫肇乍厥文考已中中将鼎'，献殷'乍朕文考光父乙'，鲁侯熙鬲'用享鬲厥文考鲁公'，利鼎'用乍朕文考□白隘鼎'，匡卣'用乍文考日丁宝彝'，师汤父鼎'师汤父拜稽首乍朕文考毛吊将彝'。周初仅称'文考'的，则必系文王的诸子称死去的文王。这和如以'文祖'泛称已死的祖父，则文祖下必缀祖父的名称，如师遽方彝'用作文且（祖）它公宝噂彝’；而仅称‘文祖’，则必系文王的孙子称自己的祖父文王，是同样的情形。所以《康诰》‘今民将在祇遹乃文考’，《洛诰》‘王命予来承保乃文祖受命民’，‘朕昭子刑乃单文祖德’，屈先生对此皆不能不解作文王。《逸周书·五权》周公旦曰‘维在文考’，《本典》周公曰‘臣闻之文考’，这都指的是文王。《大诰》称文王为宁王，则此‘宁考’必系指文王。不论在文献上，或在金文上，断乎没有以‘文考’或‘宁考’指的是武王之例。”

兄所举三器，正弟所谓“以文考为亡父之泛称。则文考下面，必缀以其考的名字，以示文考某某人”。不能由此以反驳弟所谓“周初仅称‘文考’的，则必系文王的诸子称死去的文王”的说法。弟此一说法，拙文上举有证明。兄必须在成王以后之金文中找出仅称“文考”，而所指者确非文王，乃能推翻弟之说法。吾人对古人立说，有如法官断案。断案乃在使事理得其平，而非为满足法官自身虚矫之意气。弟学术疏陋，对材料之搜罗、解释，容有遗漏谬误之处，故亟望对此问题有兴趣之人士，肯赐切磋讨论，尤期待吾兄之高见。尚未忍以一己意气之私，对古人重大公案，在材料上上下其手也。春夏以后，望能读到吾兄详细针锋相对之讨论文章，幸甚。专此敬颂

春禧

弟徐复观　拜上
一九七三年一月十一日夜，于九龙

又大札中引用《大诰》中之“洪惟我幼冲人”，去掉“洪惟”两字。引“越予冲人”，去掉“越”字。此种文句，在拙文中皆有分析，兄应就弟所分析者提出反证；似不应在原文字句上，轻作

　　　　　　　　　　　　　　　　　　论智识分子

去留也。弟意，论文与诗词不同。诗词主要表达个人之感情，他人心目中之工拙，可以不计。论文则以被论及之对象为主体，涉及理论者，惟理论可以驳之。涉及证据者，惟证据可以驳之。此学术之所以为天下之公器也。弟年来常感到必须有学术之良心，而后可以运用科学之方法，然后可以进入于某一学问之藩篱。愿与兄共勉之。

一月十二日早六时补记

附：屈万里致徐复观函

佛观先生著席：

承惠寄大著抽印本（按指本志六卷七期《与陈梦家、屈万里两先生商讨周公旦曾否称王践阼问题》的抽印本），亟拜读一过。蒙于鄙说，多所教正，至感雅谊。然尊论，弟亦多未敢苟同。即如大著谓"文考"系周公称文王，而非一般之子称亡父（因大著送敝所同人传阅，此时未在手头，故只述尊说大意如此，非原文），曾举全文一二例以明之。然献彝"作朕文考光父乙……"，牧殷"用作朕皇文考益伯宝尊殷"，同殷"用作朕文考惠仲尊宝殷"。以上三器之时代，姑不论。而三器，皆明列其文考之名（此类例证甚多，不具举）。能谓光父乙、益伯、惠仲皆文王乎？大著谓拙文于己说有利之证据则取之，否则即不引用（此亦述尊说大意），此点弟尚未敢自承。然大著于上述诸例，皆避而不引；是台端所以责弟者，不惟躬自蹈之，且又甚焉。《大诰》之"宁（文）考"，既不专指文王，则"予冲人"为周公乎？为成王乎？则"嗣无疆大历服"之"我幼冲人"，为周公乎？为成王乎？似可不待辩而明矣。弟以学生之读书报告，纷至沓来，兼以簿书鞅掌，琐务猬集，竟无喘息之暇。今日元旦，犹闭户阅诸生之作业；欲为短文请正，竟无此暇。俟春夏之交，台大中文系行政职务摆脱后，未知能偿此愿否？谨具芜笺，用谢攻错之盛意。此颂
年禧

弟屈万里敬启　　七三年元旦

附　记

关于周公践祚称王问题，本年元旦曾匆匆致徐佛观先生一函，以谢徐先生攻错之雅意。该函既未能尽意，且因徐先生原文不在手头，致所举文考之例，有为徐先生所已举，且有可以证成徐先生之说者。经徐先生复函指明，为之俛首至地。然"成王以后之金文中"，确有"仅称文考，而所指确非文王"，足以推翻徐先生之说者。俟春夏之交（或稍晚），当本"学术良心"，为文以讨论此文考问题，以及徐先生大文中所涉及之其他问题也。

七三年二月十五日屈万里校对拙函印样后附记

一九七三年三月一日《东方杂志》复刊第六卷第九期

关于中国当前问题与海外知识分子
的态度（答问记录）

梁煜佳　刘国强　访问记录

问：王浩先生在《回国参观的几点感想》一文里，指出中国大陆之所以取得了今天的成就，全赖实施马列主义，徐先生你认为马列主义是否中国富强所必须奉行之圭臬？又落后国家令经济走上富强的轨道是否必须采用马列主义？

答：关于马列主义和中国的关系这个问题，去年我曾经在《学生报》说过。我想，要明了中国富强与马列主义的关系，首先我们要弄清楚马列主义的最终目的是甚么。当然一个国家要"富"才能"强"，而"富"这个字眼，毫无疑问地，是指这一个国家在经济上获致高度的发展而言。我们试从《资本论》这部书来看马克思思想的动机与目的之所在。我们知道，马克思《资本论》这本书，是以英国资本主义发展到高度为背景而写成的。他认为当时英国所面临的问题，并非是富强的问题，她已经是够富够强；马克思所提出的问题是财富分配不均的问题。分配不均，是来自资本家榨取劳动者的剩余价值；而资本家的榨取又是来自生产工具的私有独占。所以他的目的，是要由私有制的取消，以建立没有经济榨取、没有政治压迫的"自由王国"，这即是他所说的共产主义社会。由此可见在马克思的心目中，是和殖民主义、军国主义等连在一起而加以否定的，并不是以富强作为目标的。列宁继承了马克思的理论，他也并不是以富强为目的的。当时俄国的经济，普遍地较欧、美各国落后。十月革命后，列宁根据马克思的路线实行"战时共产主义"，因而引起了全国性的大混乱、大饥荒，后来只好改行"新经济政策"，这才把混乱的局面缓和过来。列宁的"新经济政策"是对资本主义的让步，对马克思思想作了某一程度的修正。苏联的经济体制是在史达林倡导"一国社会主义建设"的口号下建立起来的。其最大特点之一，在于生产工具的国有化，及将生产完全纳入于集中的计划之内，在首三个五年计划当中，苏联的经济有了很大的进展，这很引起西方国家的惊异来。但也有西方的经济学者指出，苏联经济发展的速度，是"外延"的发展；由外延发展而要进入到"内包"的发展的，便可能遇到困难；果然，苏联自六十年代起，便不能把由国有化及彻底集中的计划所发生的缺点隐瞒下来。为了补救这种漏洞，苏联决策者不得不慢慢引进资本主义的若干因素来加以补救。这里便出现两个问题：第一，苏联今日是国强而民不富，这种国强而民不富，是来自以人民生活作牺牲的权力的彻底集中，这合于马列主义所欲达到的目的吗？第二，在他的国强而民不富的努力过程中，遇到了今日经济发展中的困难，甚至可以说是危机，这不就是来自于马列的教条，而须要资本主义加以救援吗？我们不能因苏联所取得的畸形的经济成果，而断定落后国家要达到富强，便非实行马列主义不可。究竟要国家富强，要发展经济，应当采自由经济或计划经济，这早引起了不少的争论；但即使采用计划经济，计划经济并非与马列主义有不可分的关系。或者换一个方式来提出问题：落后国家，是采用社会主义抑采用民主制度发展经济，孰为有效呢？即使是采用社会主义制度，也不一定要与马列主义结不解之缘（马列主义只不过是社会主义的一种而已）。战后日本、德国的飞跃发展，有甚么马列主义？法国在戴高乐领导之下的重大成就，有甚么马列主义？一个小小的以色列顶住阿拉伯国家的困扰而依然屹立不动，他们也试实行一种社会主义，但与马列主义有何关系？用富强来宣扬马列主义，这完全是出于对问题的无知。马列主义不以富强为目的，从另一角度来看，这正是马列主义伟大的地方。以马列主义来追求富强，必然走上与马列主义基本目的完全相反的"社会帝国主义"之路，这可以说是"马列主义的毒化"。东欧国家今日的挣扎，简单地说一句，即是要从毒化了的马列主义中摆脱出来，接受一点"把人当人来看待"的民主主义的因素。

中国自鸦片战争以来，一般志士都认为非富强不足以立国，不足以图存。中共取得大陆政权后，在富强这一要求上，多少给了大家一些安慰。于是大家以为这是实行马列主义之效。但我认为：这种效果，是来自特权阶级的打倒，穷苦农工的翻身，土地问题的解决，及以全国规模的组织力量，发挥克勤克俭的精神。这里我们应承认"群众路线"的重大意义。但上面各因素中，除了对私有制的彻底否定，是来自马列主义以外，其他都可以与马列主义不相干。而中共在目前经济上所遭遇的困难，正在于对私有制缺乏正确了解。文化大革命阻滞了经济的发展不下十年，阻滞了科技的进步不下二十年。何以要文化大革命？据说是为了保证马列主义的路线。文化大革命后，何以还要走"没有刘少奇的刘少奇路线"？因为不如此，便没有方法克服由马列主义而来的生产中的困难。中共当局的努力方向，到底是为了中国的人民，还是为了白纸黑字上的马列主义，是一个真实的考验！如果真是为了中国的人民，则可走之路很宽，而马列主义应当成为"刍狗"或者是参考数据之一。如果是为了马列主义，而以人民为刍狗，我想苏联今日经济中的危机，可能加倍地在中国出现；中国今后一切的困难，将会由此而来。

　　原文另有唐君毅、牟润孙二先生的答问，于此从略。

一九七三年四月《中大学生报》

现代中国知识分子的特性
——悼念章士钊先生

一

章士钊先生于五月廿五日来港，七月一日以九十二岁的高龄去世，假定在政治之外还有人生，对这位前辈先生，我依然应表示一番悼念之意。

二十年代、三十年代文化上的论争，因为我的年龄及以后又是现役军人的关系，没有机会躬逢其盛，了解和印象都不深。不过有一段时间，我曾是"鲁迅迷"。章先生既为鲁迅所深恶，我自然也对章先生无好感。但岁月迁流，这一切也不知不觉地淡忘了。我对章先生直接的印象，是民国三十二年十一月夏日，我第一次赴重庆曾家岩谒见当时军委会委员长蒋公，先由武官导至一小厅待命。我发现小厅里挂有章先生写的条幅，写的是"指挥能事回天地，训练强兵动鬼神"的集杜诗句。我当时觉得章先生的字写得很清劲，款式也非常得体，"老虎总长"毕竟有他的一套。

大概是民国三十六年春，熊十力师由北平返鄂，途经上海，住在朱惠清先生家里。朱先生请客，特别请了章先生，我们都是以熊先生的学生资格被请。席中熊先生的态度颇踞，章先生的态度颇冷，我们没有开口谈天的余地。这是一餐相当蹩扭的饭。一九七一年十月左右，承章先生由北京赠来尚未正式发行的《柳文指要》，我当时想，难道说章先生还知道人间尚有刘文叔吗？但无论如何，心里总是非常感谢的。

二

章先生此次来港，就我所了解，只是为了治病、探亲。风烛残年不可能带有什么政治意味。政治意味，是章先生死后随意附加上去的。章先生之死，有的说是主治的西医不行，有的说是吃错了中医的丸药，死后寿衣的格式，古装？唐装？西装？列宁装？听说很费了一番踌躇。死后火化，但棺材却要用美国制品，一切似乎都显得不太调和，带有若干矛盾的气息。不错，章先生正是在矛盾夹缝中生存，也在矛盾夹缝中死去。把矛盾统一于现实生活之中，这正是章先生非常杰出的地方。不过我由此对中国现代知识分子的特性，似乎得到若干启示。

第一，中国没有"为知识而知识"的传统。上焉者是为了充实自己的人格而知识，为了天下国家而知识。下焉者是为了暖衣饱食而知识，为了升官发财而知识。上焉者历史上寥寥无几，下焉者则比比皆是。这样一来，形成对学术的虚怯症，即是认为学术的自身并不能安身立命，知识分子的生存，必须凭借学术以外的"势力"。凭借得上的便际会风云，凭借不上的便穷愁潦倒。唐以后，大家凭借科举，通过科举而可直接结托上各层次不同的势力。废科举为学校，虽然开始人们也把学校当作科举，但学校毕竟不是科举。因为小、中、大学的文凭，不能像秀才、举人、进

论智识分子

士样，直接与各种势力相结托。于是科举废了以后的知识分子，必须另辟一条与势力相结托的途径。民国成立，军阀当权。靠上了军阀，即是靠上了最现实可靠的势力。章太炎民国十年前后，还到岳阳去看吴佩孚，到鄂西去找蓝天蔚。直至北伐成功，他老先生才死了心重新转到学术上面。康有为晚年不惜投靠张勋，而张君劢组党，必拉批落伍军人在党里撑门面。台湾发生所谓四皓的传说后，即是说陈诚把胡适、蒋梦麟、梅贻琦、王世杰当作四皓的传说后，我才悟出这种道理。陈伯达总算已经青云直上了吧，但他还想去依靠林彪，以致"一失足成千古恨"。毛泽东是世界性的风云人物，章先生能由段祺瑞、杜月笙而凭借上毛泽东，这在现代中国知识分子中，要算是旷百世而难一遇的成就。

三

第二，现代中国知识分子虽然内心瞧不起学术，不认学术自身有自足的价值，但在长期科举熏陶之下，不知不觉地仍落入科举的格套。科举是靠几篇诗赋制义作敲门砖的，科举没有了，现代知识分子，依然要靠诗赋字画作敲门砖，最好是能写出几篇学院式的文章，更进而标榜一门学术，这样便可抬高身价，在与"势力"结托中形成交换的地位。加以"官大好吟诗"，这是落伍社会的必然现象。有机会攀援上某种势力，得志青云，他的学问也可坐地涨价。自己的国家不行了，能攒上外国势力，则由收入增加所哄抬起的学问之大，更会令人莫测高深，此即今日之所谓"国际学人"。中国现代学术的骨干，便是在这种情形之下组成的。

第三，这些知识分子，对于"势力"的分野只计算其大小，决无左右之分、前进与反动之别。纵然他们在口头上常常说到这些名词，也只算是机谋的运用，实际他们是非常圆通、非常超越的。但一到他们所标榜的某种学术乃至诗文字画上面，则出主入奴，好勇斗狠，非将自己所标榜以外的东西，完全打倒不可。这从康有为到胡适之，都无例外。在"势力"上圆融，在学术上狠戾，对活着的人客气，对墓中的朽骨发威，现代中国知识分子在这种地方表演得太出色了。

假使章士钊先生在香港能恢复健康，因种种关系，我也不准备去拜望。但他在《柳文指要》中有一段提到王羲之的兰亭问题，反驳了郭沫若，虽然论证不足，可是大的方向是对的。随后郭沫若又反驳过来，我觉得没有什么道理。我在上月底返港后，赶着写《兰亭争论的检讨》一文，拿出充分的论证，使郭氏再无从置喙，想发表出来后，寄一份给他老人家，使其抚掌一笑，也算是回报他赠书的厚意。我的文章刚写成，而他老人家已经作古，至使我欠下一笔人情债，真是万千怅惘了。

一九七三年七月十六日《华侨日报》

什么是人生究极的意义？

一

这里所提出的论题，是哲学家、宗教家穷年累月所探求、教告，而又得不到结果的论题。我之所以提出这样空广旷阔的论题，是由希腊船王奥纳西斯之死所引起的一点感想。而这点感想，或者对生活在现代的人能提供一点反省的作用。

人和一般动物不同之一，是人不仅要求能生存，并要求能生存得有意义。生存的意义到底是什么，会由人的身份、地位、职业、教育水准及生存环境，而各有不同。但在这些不同中，有没有一种为一切人所共同的究极的意义呢？假定有的话，则由希腊船王死的情形所启发出来的，只能归结到人与人相互间的爱。

在宗教的世纪，以人能进入天国，与神同在，为人生的究极意义。但老实说，这是人死以后的究极意义，而不是人生在当前的究极意义。

知识、艺术、权力等等，都可以成为某一部分人的究极的人生意义，但不能成为大多数人所共同的究极的人生意义。进入到近代，人们对财富的观念，有了大的转变。在宗教世纪，认为有钱的人要进入到天国，比骆驼穿过针孔还要困难。但近代则财富一变而成为对人所作评价的标准。在相当长的时间，没有财产的人，便没有投票选举的资格。假定财富大的人有意要进入天国，神父、牧师们将会告诉他，你的财富，便是进入天国的太空船，比穷人会容易得太多了。因此，自十六世纪以来，金钱在有意与无意之间，被普遍承认为人生的究极意义。甚至可以说，近代的文明是追求金钱的文明；近代的人生，是追求金钱的人生。这不仅比天国的影响，更为普遍而深入，较之知识、艺术等，也更为普遍而深入。至于事业、权力，哪一样能离开金钱。有金钱，便有事业；有金钱，便有权力。"金钱万能"，这是现实世界中的真理。但是，金钱并不等于爱。金钱有时可作爱的某程度的工具、媒介，可是金钱毕竟买不到爱，金钱便没有成为人生究极意义的资格。

二

上面的话，不是穷酸们自我陶醉的话。所谓人生究极的意义，不是指锦上添花的意义，不是指他物可以代替的意义，不是受不起生死患难的考验的意义。而是指其他意义都剥夺完了以后，只有此一意义是一直到死，都剥夺不掉的意义。是指其他意义，皆在此种意义基础上始能成立；此种意义消灭，其他的意义即随之消灭，但其他意义消灭时，此种意义并不随之消灭的意义。因此，此种意义，乃是与原始生命胶固在一起而不可分；有此原始生命，便有此种意义。甚至原始生命已经结束，而随原始生命以俱来的意义，还由继起的原始生命在不知不觉中传承下去。这只能说是人与人间的根源的爱。而这种爱必然地首先存在于父子、夫妇、兄弟骨肉之间，推之以至朋友、社会。在父子、夫妇、兄弟骨肉之间的这种爱的破灭，即是人生究极意义的破灭，即是人生的破灭。

就金钱来说，当处于"有之则生，无之则死"的情景下，金钱几乎与生命可以画上一个等号，此时金钱对人生的意义最大。当凭借自己的体力劳动或精神劳动以换取金钱来维持家庭合理的生活时，此时的金钱，成为人生意义中不可缺少的工具。人类有储蓄金钱的天性，但金钱积蓄的多少，常与人生意义成为反比例，除非能用在有意义的社会事业上面。假定因储积多了，由此而引起自己生活的堕落，引起子弟生活的堕落或引起社会大众的怨愤，有如最近报纸上，痛骂以拍下流无耻的电影来骗钱的人，则金钱变成了人生意义的敌人，使人成为没有人生意义的动物。

奥纳西斯以一个流浪少年，成为世界有数的富豪之一，除了有过人的才智外，当然是把金钱看作人生的究极意义去加以追求。他劝人每天少睡三小时以便加强自己事业的努力，正是追求这种人生究极意义的说明。但当他的独生子在一九七三年一月坐飞机遇难后，他的态度大大地改变了，他的八亿金元，此时对他来说，已不再成为人生的意义。因为他失掉了他心里的最根源的爱。当这种最根源的爱不发生问题时，平淡无奇，不感到它在人生中所占的分量。一旦这种爱破灭了，才知道这是自己究极的人生意义的破灭。一生所追求的亿万金元，在此究极的人生意义之前，变成一无意义。

三

从另一方面说，假定他的儿子死了，而他和美故总统甘乃迪的遗孀贾桂莲的夫妇之间，有真正的爱，也未尝不可给他以精神上的若干补偿。但他以在非洲猎奇的心理与贾桂莲结婚，正如美国某记者的报导，这是"光辉灿烂的结合"，而不是爱情的结合。所谓光辉灿烂，是在猎奇、虚荣与实利的错综心理上，涂上黄金和珠宝的产物。在人生没有遇到真正考验时，也会以这种结合来当作一种人生的意义。但当他独子死后，贾桂莲不能给他半点安慰；当他缠绵病榻时，贾桂莲却还在纽约逍遥。结果，只有自己的女儿陪在病房，死后只有挨着自己儿子的坟边埋骨。"木落归根"，他的根只是活着的女儿和死了的儿子，因为这是他的一点根源之爱。当他要死未死之际，想到在大量金钱上建筑起的光辉灿烂的结婚，会感到这是人生最无聊的一幕自欺欺人的丑剧。何以故？因为他不是凭爱去得到贾桂莲，而是凭金钱去得到她。但再多的金钱也买不到一滴半滴的爱，又谁知人生到最后时候所需要的却是爱而不是金钱呢？

从报上看，奥纳西斯死后，贾桂莲的表演，实在有些单调而茫然。死了一位彼此没有爱的丈夫，到底是解脱还是悲伤，恐怕连贾桂莲自己也弄不大清楚。所以她奔丧的表演，将是她这一生中最乏味的表演。她今后成为更加富有的寡妇，更成为上流社会中超级的名女人。但她似乎平生没有给任何人以爱，也不会从任何人得到爱。她的结果会和奥纳西斯一模一样。孟子说"仁者人也"。仁（爱）就是人。仁的消失，也即是人的消失。这意义太深远了。

一九七五年三月二十五日《华侨日报》

论智识分子

五十年来的中国

——为《华侨日报》创办五十周年纪念而作

一

人类的历史，是不断地在变。但在变的速度与幅度上，有缓和与剧烈、轻微与巨大之分。由现在上追到一九二五年，在这五十年中，中国发生了亘古无伦的剧烈而巨大的变化；这是名副其实的，剧变巨变的时代。

手创中华民国的巨人孙中山先生，于民国十四年（一九二五年）三月十二日上午九时三十分，在北京协和医院逝世，引发了全国的悲哀和激动。自此之后，全国便加剧了各方面的许多变化。在各方面的许多变化中，实以三大变化为总的关键。一是民国十五年七月一日的誓师北伐，以迄全国的统一。二是民国二十六年七月七日的卢沟桥事变，经过八年抗战，获得胜利。三是抗战胜利后爆发大规模内战，到一九四九年十月一日，中共在北京正式成立统治大陆的政权。由我们亲身经历着这三大变化的人，对这三大变化，略加回顾、反省，或可对人类历史的把握，提供若干意义。

二

　　在上述一连串的巨大变化中，当然有其内在因素。但若把帝国主义的因素，尤其是若把日本帝国主义，对我们作疯狂侵略的因素置之不论，便对许多问题，无法加以解释。

　　中山先生联俄容共政策的是非得失，此处不必论究。但有一点必须指出的是，在联俄以后，国民党的对外政策，实际是受苏联国际战略的支配。最先侵入中国的固然是英国，但在第一次世界大战期间及结束以后，英国的帝国主义已开始退潮；他在远东的势力，已由攻势转为守势。利用第一次世界大战的机会，疯狂向中国侵略，存心要灭亡中国的，是日本而不复是英国乃至其他西方国家。站在当时中国国民革命的立场，选定的第一个应打倒的帝国主义，应当是日本而不是英国。但在民国十五年北伐中所提出的打倒帝国主义的口号，却是指向英国而不是指向日本，这只能站在当时苏联世界革命的战略立场，才能作适当的解释。此一被苏联利用了的错误的国际政治路线，对国民党而言，发生了难以估计的影响。

　　虽然当时的革命，并没有直接指向日本，但日本决不因此而丝毫放松破坏中国国民革命，以达到灭亡中国的计划。民国十六年三月二十四日，国民革命军进入南京，四月十八日成立与武汉相抵抗的国民政府；五月二十九日，日本出兵山东，公开支持残余的军阀，阻止革命军的北进。由此一挫折，而引发出八月十二日蒋总司令的下野，三十日，孙传芳残部七万人由浦口大举渡江的反扑，此即有名的龙潭战役。精锐的第七军，以三分之一的巨大牺牲，作为胜利的代价。民国十七年四月七日，蒋总司令誓师

　　　　　　　　　　　　　　　　　　　　　　　论智识分子

继续北伐，日军公开向攻近济南的革命军开火，并于五月三日杀害我交涉专员蔡公时，以期达到阻挠革命军北进的目的。同时为了制造东北混乱，以便乘机夺取，便于是年六月四日，在皇姑屯炸死张作霖于津奉车中。民国二十年，全国的统一已告巩固，中央政府的政制亦经完成；并于五月五日在南京开国民会议，正向建国之途迈进。日本根据中日不能并存，日本必以灭亡中国为其立国条件的认定，悍然在同年九月十八日，突袭沈阳，进攻北大营，此即世界有名的"九一八事件"，由此而悍拒国际联盟一切的决议案，并吞东北三省，制造伪满洲国，这是鸦片战争以来，所有西方帝国主义所未曾加到中国的最大侵略行动。

但九一八事件，只是日本决心灭亡中国的一个步骤。在民国廿一年一月廿八日，上海日本驻军突向我军袭击，攻占上海闸北。其用心在直接摧毁国民政府的中枢，制造全中国的混乱，以作全面灭亡中国的重大步骤。国民政府于事变发生的第二天，即是一月三十日，宣言迁往洛阳办公，不难由此推见日人此举对我国政府打击之大。幸赖我十九路军奋起抵抗，及全国民心奋励，国际舆论激昂，日军乃因铩羽而暂敛其凶焰。但同年八月廿一日，日军大举进攻热河，不久全省沦陷。由二十年的九月十八日起，到廿一年八月止，一年之中，日本公开侵占了我们廿八省中的四个省。

三

日本侵占四省后，它的第二个步骤，便是要并吞华北五省。所以在二十二年一月三日，发动海陆空三军攻陷山海关，击毁了华北最后的门户，迫使国民政府在五月卅一日签订塘沽协定，以作为华北五省特殊化的第一步。

在塘沽协定后，日本特务以各种卑鄙无耻的手段，在华北进行威胁、挑拨、分化等工作，欲使华北脱离中央政府，为东北伪满之续。二十四年六月十日的"何梅协定"，乃塘沽协定进一步的发展。十一月廿五日，河北省滦榆区行政督察专员殷逆汝耕，在日本特务操纵之下，宣布公开叛国。此即所谓"冀北特区"的出现。由冀北特区而河北特区，而整个华北特区，是日人蚕食、鲸吞、互相运用的蓝图。为了达到此种目的，必须制造汉奸、傀儡。它们当时把最大的希望，寄托在有军权而又不是中央嫡系的宋哲元将军身上。没有想到，宋哲元将军及其部下，可以暂时忍辱负重，但决不投降叛国，这便使日本并吞华北的步骤落空。在这中间，二十五年日本外相广田，提出对华三原则，把日本由军部、特务所执行的灭亡中国的计划，正式上升为它们政府向国际公开宣布的灭亡中国的计划。更于是年六月二十八日，制造以德王为首的内蒙军政府，使内蒙脱离中国。因宋哲元将军及其部下的忠勇坚贞，阻遏了日本人在华北的计划，日本人便于二十六年七月七日，发动卢沟桥事变，突袭宋将军的部队，遂揭开我国八年抗战之幕，而使这五十年的中国变化，进入到第二阶段。

世界上任何一个国家，任何一个政府，在建国之初，面对着这样一个如狼似虎的近邻，一开始便以灭亡他国为其基本国策，所谓外交，都是配合其灭亡的步骤而活动，而能按部就班，实现自己的建国计划的几乎是不可能之事。所以谈中国五十年的变化，不先把此一魔力放在念头的上位，便是中国人的无耻与无知。

　　　　　　　　　　　　　　　　　　　　　论智识分子

四

五十年来的中国政治，先总括地说一句，是民主政治的挫折。中国历史上最大的祸害，是长达两千年的专制政治，这是斫丧民族生命，阻遏历史进化的总根源。孙中山先生最大的贡献，首在推翻此一专制政体，建立中华民国，并提倡大规模的交通、港口工业等的建设。但专制的遗毒太深了，中山先生此一伟大的理想，首先由袁世凯的无耻无知，作了根本的破坏。袁世凯死后，由他在小站所练的没有灵魂的兵，继续扩散到全国成为军阀割据的时代。进入到二十世纪的二十年代，中国却变成了由最无知识最无人格，甚至除了霸地盘、括金钱、玩女人戏子以外，连值得称为"政治野心"也没有的这群昏天黑地的军阀的统治。此时若没有中山先生所倡导的国民革命的努力，并由这种努力而出现民国十五年的北伐，将这些军阀加以铲除，中华民族，真将沦于永劫不复之地。

民国十五年的北伐，决不仅是一种军事行动，决不仅是一种军事胜利，而是全国民的新的跃起，是政治社会的全面胜利。这只有把北伐以前及北伐以后的许多具体情形作比较，才能把握到此一进步的巨大意义，而不容在历史上加以抹煞。试以具体的事情作例证吧。北伐以前，县政府的内部，并没有正规的组织，而是采取县长（知事）包办制。由县府派出催粮的差人，真是如狼似虎，老百姓一看到，简直失魂落魄。而社会上，全被土豪劣绅控制，老百姓经常在他们的凶焰下过苟且屈辱的生活。民国十五年北伐军所到之处，及国民政府政权成立以后，虽然没有完全解决上述的政治社会的黑暗的问题，但前后相较，实已向前突破了一大步；尤其是对自唐宋以来的"胥吏"政治，给与以摧毁性的打击。这是从我亲身经历所得出的结论，不是从什么官方资料、宣传资料中所得出的结论。只有抗战发生后，在敌人统治之下，才又恢复了地方政治社会的旧时黑暗，不应以此为例，一概写在国民政府的身上。

五

北伐及领导抗战，这是国民党在政治上所尽的历史性的责任。同时，在国民党的政府领导之下，政治、社会、经济、文化各方面，和军阀时代比较起来，有了很大的进步，这是不应加以抹煞的。假定在这中间，没有日本永无止境的侵略，没有由日本的侵略不断打击国民党、国民政府的威望，我想，中国的政治，会缓慢地建立起民主的基础，走上建国的坦途。中国的历史，会完全为之改写。但若说国民党在大陆的迅速崩溃，他自身完全没有责任，这既不合历史事实，也不合于我所信奉的孔孟之道，对问题分析处理的原则。孔孟之道，一直告诉人，成功和失败，主要的因素，应当首先在担当责任者的自身找出答案。

国民党的政治任务，在消极方面，是要彻底清洗历史积累的专制，封建的遗毒，孙中山先生也正是向这一方面前进。可惜，这一遗毒，有如人身上的痼疾，非常不容易根治；并且稍一大意，它又会复发出来。这可由国民党的几次内战，及许多国民党员到后来自私到无知无耻的程度加以印证。

我是民国十七年三月拿胡宗铎、陶钧两位先生经手的钱留日，当时日本对中国的决策表现得惶惑、焦躁，少数人认为中国已经统一了，由此会走上富强之路，日本对中国的政策应改弦易辙。以田中义一为中心的军阀财阀，则认为中国的统一只是暂时的，不久还会分裂；并且日本应强力破坏中国的统一，助成中国的分裂。民国十八年三月，因学费用完，我暂时回到武汉，知道武汉的军事当局正忙于准备和南京作战，我便向当时负军事责任之一的乡前辈陶钧先生，痛陈国家必须统一，不可为日本人所笑等等，希望能悬崖勒马。他当时说我"受了蒋介石的宣传、利用"，拒绝继续帮助我的学费。不久他们退到沙市，才又给我一笔继续留日的钱。实则我当时不仅与蒋先生的势力圈无丝毫关联，内心并存有若干莫名其妙的强烈反感。我当时以一个学生的身份反对桂系及胡、陶对南京的反抗，完全是站在国家必需统一的立场，不了解他们抗兵相加的儿戏举动。

在以武力建国之初，要求军权的统一及军队的裁减，以巩固中央政权的统一，并在军权统一中要求以直属中央政权的军队为主干，民国十八年初，蒋先生在这方面所作的努力，在原则上不能说不对。但在国民党内的军人中，不少人缺乏真正的国家观念与爱国精神，在国家统一后，还要继续保持军队与私人的特殊关系，要把持军队以占领地盘形成个人的势力范围。由专制封建的遗毒而来的军阀意识，在国民革命军中有取北洋军阀而代之之势，于是由蒋先生所努力的裁军及统一军权运动引起了桂系的反抗，唐生智的反抗，冯玉祥、阎锡山的反抗，陈济棠的反抗。北伐中军队的精华，在一连贯的内战中消耗殆尽，并破坏了军人的品德，这是国民党自身对外对内的致命伤。

陈布雷先生自杀的前几天，和我讲了些他平日所不肯讲的话。其中有一点，他指出助成内战的不是戴季陶而是×××。不知他如何听到×××说话的口气，模仿给我们听："介石呀，你要小心啦！一个笼里决不能容两只鸡。某某某某，是不可信任的。"一九四九、五○年，吴忠信先生也住在台中，和我相与甚厚。在聊天中几次向我表示，他过去一直是反对内战的。并说，当要他去当贵州主席时，他首先说明，如对桂系用兵，便不接受。得到不对桂系用兵的保证，他才接受。从陈、吴两先生和我谈天的情形推测，蒋先生把握的裁军及统一军权的原则是没有错的。但在实行的技术上，大概有不少的问题。

由专制、封建的遗毒而产生军阀。军阀的残余意识，不仅流毒于打倒了北洋军阀以后的国民党中，也流毒于打倒了国民党后的共产党里面。"枪杆子出政权"，是军阀意识；林彪以一吃三，是军阀行为。现在由二野压倒四野，一样是军阀余习。只有把军队安放于党争政争之外，专对国防负责，军阀的遗毒才可以去尽。

六

国民党，是知识分子的党。中国历史上的知识分子，出现于春秋末期，至战国而大盛。秦始皇末年，开始对知识分子加以镇压。进入西汉，知识分子感到大一统专制的压迫，常常想到可以自由驰骋的战国时代。到东汉，则在反外戚宦官的黑暗政治之下，主持清议，特以节义见称。简单地总结一句，到东汉为止，知识分子中，还有许多追求人生、社会、政治的理想，不为黑暗势力所屈之士。但接着出现了党锢之祸，"善类少有全者"。再接着便是刘、曹之争，曹氏与司马之争，又紧接着来一个"八王之乱"，在上述三次政治大斗争中，每一次都要牺牲比较佼佼者知识分子，把一般知识分子的骨头都杀软了，于是只好借玄学以逃避现实，为保存性命之计，这是知识分子的性格，由刚变柔的一大关键，及隋唐以科举取士，由诗赋、制义、八股，一直延续千余年之久，歪曲了知识分子求知的方向，局限了知识分子立身出世的范围，揉碎揉化了知识分子的骨气与志气，于是科名得意的知识分子，等于是专制者餐桌上的酥香鸡。科名失意的，则恰是鲁迅所描写的孔乙己。在长期磨折之下，除了少数以圣贤自期的名臣和理学家，及真能岩栖涧饮的隐士外，都成为以《诗》云子曰，掩护沦肌入髓的自私自利的无耻的动物。科举废了，但由长期科举养成的知识分子的特性并不曾改变。附和中山先生革命的知识分子，多激于异族统治之辱，及国亡无日的危机，应算是一群特出之士。然熊十力先生曾对我说，他也曾到广州住在旅馆里，想参加革命。但眼看言革命者，多是群居终日，言不及义之人，乃愤而离去，发愤读书。则当时的组成分子，已有不堪闻问的在里面。但一直到抗战首期，大家还没完全失掉建国立国的大理想，私利私害的追逐斗争还有相当的抑制。及抗战胜利，大家都以为八年的苦已经吃够了，追求的理想，已随抗日的胜利而完成了。勉强抑制在某一限度下的人欲，便如骤决的提防，挟滔天之势，由西向东，倾江倒海而下。先抢汉奸的财产，继抢敌人留下的物资，把一切可以继续运转开工的工厂，都抢得七零八落。这批“劫收”的闯将，从工厂、交通机关等抢入私囊者不过百分之二三，但工厂、交通机关的百分之九十七八皆随百分之二三的抽筋折骨而残废。劫收的另一表面，则各为私党抢从中央以至地方的党政职位。抢的时候，只问其人是否与我有关，更不问他的贤愚得失。凡是与己有关的，非为他拼命一抢不可。把中央、地方的党政职位抢完后，接着便抢选举。所谓抢选举者，是指各派各系，在南京，在各省市政府内部，抢名额分配而言，决不是在选区争选民对各党各派候选人投票。名额分配就绪，把选票由省市政府分配给获得名额分配之人，怎样填写法，悉听尊便，接着便宣布当选了。民青两党，争到了名额而台面上的党员不够，便以名额临时去拉。青年党中有位"领袖"，一家便抢到五个中央民意代表。其有抢而未决或抢而未到手的，便一群一群地跑进南京，向他们的头头，尽赖缠赖哭赖死之能事。"我当了你这多年的走狗，连这样的名义都不给我，我今天使死在你家里。"若再不为所动，便抬棺材游行，约集流氓打架。我曾见到一位女英雄，额上有个大疤痕，便是为抢国大代表而打架获得成功的光荣标志。当时风云已经非常紧急，全国抢选举，却如醉如狂，自中央以至地方，各种实际工作皆废弃一旁，使全国成瘫痪虚脱状态。我曾为此写信与当时的内政部长（已故）及组织部长，请他们设法使大家转向到实际工作上去；并明白宣布，凡无实际工作成效者，皆不分配民意代表名额。最好把选举暂时停止一年，以待大局稍稍安定。当时的内政部长，回了我一封很客气的信；组织部长则见到我嘻嘻哈哈了一阵。难说这种情形，还不足以说明国共斗争的结果吗？

由上所述，我对毛泽东所发动的知识分子的改造运动，逼使知识分子承认体力劳动的价值，揭穿知识分子的虚伪面目与地位，逼使他们向工农学习，与贫苦大众过同样的生活，认为这是科举制度实行以来对知识分子的总报应。研究历史的人，多少有点相信因果报应之说。中共的罪过，在于把学问知识的本身和堕落的知识分子，等同起来。而在文化大革命中，以各种残暴手段剥夺知识分子的人格，使稍有志节之士，受到最大的打击，发生反淘汰的作用。

论智识分子

七

中共之所以能取得大陆统治权，乃抗战时期他们得到大发展的结果。抗战时期，他们所以能得到大发展，一是在国民政府直接统治下的统战工作的成功，而达到孤立国民党的目的。一是他们以贫雇农为骨干的组织路线，能把沦陷地区彻底武装起来，使他们党的活动成为彻底的武装活动。

他们统战的口号，归纳起来，是团结与民主。讲团结，政府应当扩大组成分子的范围；讲民主，各党派便应有同等的机会，并且便应有言论的自由。这都是一般知识分子所欢迎，而为国民党在现实上所不能完全做到的口号，也等于在中共统治下所完全不能容许的口号。受一般知识分子的欢迎，而又为国民党所做不到，这便收到统战的效果了。加以财经措施的失败，财经集团生活的特殊化，一天一天地暴露出来，更增加了他们统战的力量。至于国民党在武装斗争中的失败，若深入地分析下去，只能归结到国民党有意无意所代表的社会阶层的失败。

中共取得政权后，在具体的作法上，中共作了许多我所能了解，也非常值得赞叹的事情；也作了许多我所不能赞成，但能加以了解的事情；也作了许多我所反对，并且也不能了解的事情。他们一贯的问题，都出自毛泽东的过分左倾的路线，左倾到把八亿人民，不当作具体的存在，而只当作是毛思想中的抽象的影子。他们的前途，决定于他们能否定位于八亿人民的具体生命生活之上。

八

老子的思想，形成于春秋的末期，当时政治社会已经在变，但还是渐进的变。所以老子在渐变中想找出一个不变之"常"，以为自己的安全立足点。庄子的思想，形成于战国的中期，这是政治社会剧烈变动的时代，在现实上不可能找出一个不变的常，庄子便想出随变化而变化的"物化"哲学，以作为生存及精神解放之道。他常说"之人也，物莫之伤，大浸稽天而不溺，大旱，金石流，土山焦而不热"这类的话，以表示他的"物化"哲学的伟大效果。我们所遭逢的五十年来的时代之变化，又远超过于庄周的时代。然则庄周的物化哲学，到底可以算是人生的一种导引呢，还只是他在无可奈何中的一种荒唐之言呢？这是每一知识分子内心所不能不再一次遭遇到的窘境。

一九七五年六月五日《华侨日报》

辩证法下的人类前途

一

　　四十年以前，我曾热心追求辩证法。三十年以前，我把它冷冻在一旁。二十年以前，一见到这三个字便忍不住咨嗟叹息。因为它已经被人利用作朝三暮四、变乱是非的工具了。但在现有存在的本身会培育出否定现有存在的因素，因而把人类推向更高的阶段，这种辩证法的发展，依然是不能不加以承认的。

　　自由平等，是人类永恒的天国，但似乎也永远得不到谐和。

　　在自由社会中，最需要自由并享受自由最多的莫如白领阶级。但今日轻视自由，甚至宁愿牺牲自由，以追求另外一种社会体制的，也常多出于白领阶级。这即足证明仅有了自由，并不能完全满足人类的需要，而必须通过某种形式，以满足平等的要求。社会主义的兴起，苏联革命的成功，正是这一要求的结果。由自由而来的副作用，有如独占资本的出现，排斥了平等，也污染了自由，于是培育出要求平等的力量，以否定由自由而来的副作用，希望在更高的阶段，把自由与平等结合在一起。由平等而来的副作用，有如独裁政治的出现，窒息了自由，也取消了平等，于是培育出要求自由的力量，以否定由平等而来的副作用，也是希望在更高的阶段，把平等与自由，结合在一起。这大概便是人类历史远程的大纲维、大法则。最近我看了索忍尼津在美国的两次讲演的讲辞及沙卡诺夫一篇文章的要点。他们对自由要求的热烈，对因没有自由而来的罪恶所流露出的痛愤，远超出于自由世界中任何自由主义者之上。这正是辩证法的爆破点（突变）之一例。由这一例而可确信平等与自由的必需，也必然地重新结合，这正是人类前途的保证。

二

索忍尼津受美国劳工团体之邀，在六月三十日，及七月十七日，作了两次公开讲演。日本《朝日新闻》七月二十一日的《座标》刊出参加过纽约劳工联盟晚餐会上讲演的一位特派员，"以个人的尊严"为题的通信。通信中说，"二千五百余听众，有时是疯狂的鼓掌，有时则一片静寂无声。像醉了样地，听了一小时半的战后最高的冷战演说"。

这位特派员也认索氏"为了把自由拿进苏联，美国应积极地干涉"的主张，过于粗率，过于单纯，忽略了其他重大因素，"尽管如此，他的演说，能给听者以如此深切的感动，是基于他所受的惨绝人寰的苦难的体验，由此种体验所发出的'道德应在法律之上，应在国家之上'，'个人的自由与尊严，应较任何东西为优先'的真切的呼唤。他说'对于住在没有独立的报纸，没有独立的审判，以跟踪、盗听为家常便饭之国'的人民，不寄以任何同情，却把这说是紧张缓和，这是道德的堕落。他这样的呼唤，出自他深刻的具体的体验，由此而有非常的震撼力"。

据这位特派员说，《纽约时报》认为紧张缓和，可以减少核战争的危险。促进贸易、旅行，对于变更苏联体制，也是有作用的。但评论索氏极端反对紧张缓和的言论时，承认"美国人由索氏所作的道德的忠告，真是受益不少"。据说，美国人的性格，除"现实的"一面外，本也带有理想主义的一面。善与恶，敌与友，常要辨别清楚。不得已而接受了缓和政策，"几乎每一个美国人的深层心理中，都宿留着难言的不满。索氏的演说，正触到了这种地方"。尤其是在"尝到越南的苦酒后，更震撼着美国人的精神。报纸的投书栏，塞满了礼赞索氏的书信"。这位特派员更叹息日本因战败而得到自由，便不知自由之可贵。"自己享受着言论自由，但对自由主义的退潮，并不关心，且大为称快的人们，试与拼命守护个人尊严的索氏，作一对决，倒是值得看的场面"。

三

索氏和沙卡诺夫所讲的话，乃是把史达林体制下对内残酷，对外欺诈，把本是人道主义下的事物，彻底转变为反人道的情形，因看得多，想得透，所以便截得穿，说得切；这在西方世界，不能不发生影响。要反驳他两人的说法，必须把他两人所举出的真情实事，作理论性的解释，而估计自己的解释，能被人类的基本认知能力所接受。在这两人所说的中间，特别引起我注意的是对道德的强烈要求。沙氏说"唯有迈向改革，提高科学，并且恢复个人与社会道德，这个国家（苏联）才有前途"。索氏说"一人或一国，不能只想低级的政治计谋。也得想一想，什么是高贵，什么是诚实，什么是荣誉"。"法律是一种人类意图，借某些方法，注入较高境界的道德成分于其中。换句话说，我们力求对道德之了解，化为法律的形式而出现……道德永远在法律之上，这是我们应始终牢记的"。这类话，与中国儒家的观点，不谋而合。

一切为人民的政治，必不能是极权政治。极权政治，必以摧毁人民的道德意识，使人民成为没有是非善恶价值判断能力的动物，为主要的手段。中国古典的法西斯主义者商鞅，首先否定作为价值判断的十项公认的行为标准，李斯继之以焚书坑儒，都是极权政治的必然结果。当中共说"一切为人民"，尚有实质的意义时，他们虽然对孔子、对儒家，相当的疏离，但这只是沉浸在五四反传统的余波中而不能自拔，他们并没有认真地批孔反儒尊法。毛泽东本人也是如此。到了毛泽东"及其老也，血气既衰，戒之在得"的时候，以"一切为人民"其名，"一切为毛主席"其实，便正式打出批孔反儒尊法的旗帜，由科举余毒下的新八股家摇旗呐喊，这也可以说是事有必至，理有固然的。

最滑稽可笑的是，数十年来以胡适为首的中国自由主义者，认定必先打倒孔子的道德之教，才可获得真正的自由。他们把道德与自由，彻底对立起来。胡氏地下有知，听到沙、索两氏的呼号，不知作何感想。

一九七五年八月二十日《华侨日报》

　　　　　　　　　　　　　　　　　论智识分子

汤恩比对中国的待望

一

当我从报上看到英国史学家汤恩比，以九十六岁的高龄，于十月二十二日逝世的消息时，首先涌上心头的，不是他在史学上的业绩，而是他晚年对中国的待望。

对时代的危机感，对西方文明的危机感，是汤氏向历史探求的重大动机之一。他把古代文明，当作现代的文明来看待；把各文明圈的文明，当作一个有机的整体来看待；所以他的十二卷的《历史的研究》，乃是把人类文明，作整体的研究；在此一研究中，以"挑战"与"反应"的规律，解释人类文明的发生、发展及挫折。他的这一研究，不仅是为了把握过去，而是面对当前文明的危机，来解救人类面临的厄运。他的解救的蓝图，是以"世界政府"，来代替目前分立互斗的各国的敌对；这本是康德所提出的理想，不过汤氏以史学的背景，面对核子大战的危机，在今日加以提倡，更有迫切而真实之感，也可以说，对世界政府的鼓吹，是他的史学工作的要求与结论。

他对世界政府的待望，大体上说，经过了三个阶段。在美国独占核子武器时代，他内心希望美国能担当这种责任。及苏联急起直追，在核子武器上，互相竞争，他更感到世界统一的迫切需要。到了东西关系有和解之兆时，他认为核兵器的使用，可以暂时抑止，美苏联合建立世界政府，或有其可能。后来他觉得假如美苏组织联合政府若归失败，则中国可成为有力的候补者。一九七二年，他出版了《图说·历史的研究》一卷，是由他过去所出的十二卷《历史的研究》精缩而成。在此书中，他完全舍弃了由美苏等先进工业国家统一世界的预想，认为以中国为枢轴，率领日本、朝鲜、南越等国成立世界政府，才是解救人类危机的一条道路。这不仅是他一时的感想，在他的其他著作中，也不断阐明此一旨趣；可以说，这是他毕生在危机意识下，研究世界文明史所得出的最后结论。

二

他对中国作很高的评价，开始于五十年代。一九五六年他第二次访日时，有一天，几位日本人士陪他到箱根去休息。他突然问，今后哪一国将支配世界？有的说，可能是美国；有的说，可能是苏联；他认为都不对，未来支配世界的是中国；因为由一个政府统治着六七亿人口的，只有中国。他此言一出，不仅使陪他的几位日本人士震动；传开了以后，也使许多日本人为之震动。我一九六〇年在日本旅行时，还有人这样地转告诉我。

进入到七〇年代，他把世界政府的希望，由美苏转到中国，这比一九五六年的想法，更前进了一步。他的这一想法，是出于下面四种理由。

第一，还是人口的理由。一个政府，统率由文化团结为一体的八亿多优秀的人口，再过十年、二十年，又有比率上的增加；这种庞大力量，是举世无匹的。我想，此一理由，应可以成立。

第二，从"汉帝国"（他不说"秦帝国"）以来，有继续二千年的"世界国家"的实绩，在这伟大的实绩中，妊育了"世界精神"。今日要建立世界政府，必须以这种"世界精神"为动力，为原则。此一理由，也未尝不可以成立。

第三，儒释道三教的文化遗产，培养了高度的人文主义，及与自然相调和的生活感情，可以缓和犹太教系统下对自然过分略夺的危险。此一理由，在文化上有更大的意义。

第四，汤氏认为先进工业国的过度工业化，扩大了南北贫富的差距，增加了环境的污染，使人的劳动彻底机械化，使资源迅速的枯竭，这是把人类导向破灭之路。为了避免这种破灭，势必要"脱工业化"。在"脱工业化"中，先进工业国家，将陷于空前的混乱。所以美苏等国家的自身，危机重重，还有什么领导世界政府的资格。汤氏觉得中国却与此不同。目前工业的落后，对将来而言，反是有利的条件。假定中国把今日的工农均衡发展保持下去，则既不是过度的工业化，也不是停滞的农业社会，而是选择出第三的创造性的道路，在最近的将来，便会掌握世界的主导权，以东亚为枢轴，来统一世界，这种可能性是很大的。汤氏的这一理由，就中共目前经济建设的蓝图看，也似乎很相符合。

三

我对汤氏在七十年代对世界前途的看法，有两点感想。首先是，汤氏在《历史的研究》及《我的历史观》一文中，提到中国文化时，空疏而近于幼稚。进入七十年代，对中国文化的了解，似乎有了进步。在这里，可以看出一个学人不断的努力。其次，他所提出的以中国为枢轴来统一世界的四个理由，纵然都是事实，依然不过是"天真的善意"。中共目前把外交活动的重心，放在第三世界；同时，反对苏美的霸权主义，而又自己宣言"不称霸"，这似乎都是在国际上要开辟出一条协调之路。但对内而言，他彻底摒除了儒家思想，而以继承法家自居。法家完全是霸权主义的思想。对外而言，不仅对苏联的死结无法打开，对资本主义国家，只限于暂时的利用；即以远东而论，与日共已水火不容，与越共也同床异梦；金日成为了防止中国文化的影响，很早便把汉文加以消灭。形势是，今后共党世界内部的生死对决，将压倒对资本主义国家的矛盾。连远东都团结不起来，还说什么世界政府。我的想法，人类只有在第三次大战后，互相竞争的能力已十九归于消灭；有战斗意志与能力的人们，也消灭得差不多；残存的人，缩于穷乡僻壤之中，过着自给自足的半原始生活。此时有世界政府也好，没有世界政府也好，大概可以过着百十年相安无事的生活；此外，恐怕都是纸上的空谈。但汤氏临死前对中国的一番待望，虽然是出于过分的天真，也是值得每一个中国人引以自勉的。

一九七五年十月廿八日《华侨日报》

论智识分子

知识良心的归结
——以汤恩比为例

一

知识的自身，除了真假是非的判断以外，应当是没有颜色的，亦即是没有国家、民族乃至其他人伦关系的界限的。此时人的良心对知识的关系，在提供不被知识以外的权势、邪恶所歪曲、所干扰的求真的勇气。也可以说一个知识分子的良心，常在追求知识中，以间接的方式，表现出来。

但知识分子是人。知识的成就，也可以看作为一个人的人格自身的充实。知识分子的良心，既可以通过他对知识的追求而间接地表现出来，也可以通过由知识所充实的人格，而直接地表现出来。当他以热情与勇气，去追求知识之真的时候，常常忘记了国家民族这类人伦关系的界限。但当他以充实的人格来直接显露他的良心时，他的良心必然自觉地或不自觉地，归结在与自己血肉相连的国家民族之上。一个知识分子忘记了自己的国家民族，甚至为了一时的恩怨、利害，而走上了与自己的国家民族为仇之路，这种知识分子的良心固然成问题，他所得到的知识，也必然成问题。

今年十月二十二日，以九十多岁的高龄死去的英国历史学家汤恩比，他是突破"英国本位"，坚持"世界史观"，把古今中外的历史文化，都安放在平等的地位来加以处理的非常突出的知识分子。但十月二十六日，伦敦《观察者周报》，刊出他最后的长约一千三百字的文章，他的良心却依然是归结到英国的前途之上。他在这篇《国家中的国家》的短文中，指出现在的英国，"即使是得到过半数投票率的政府，也无法有力地行使他的主权"。他说英国"存在有政府与工会的两个主权，乃至两个以上的主权"。因此，"英国的政治，后退到亨利七世统治以前的时代。可以说，比那时还要坏"。为了克服这种困难，他提出了罗马及列宁所用的两种不同的方式，而希望英国能走罗马的方式。罗马在推翻专制君主后，平民用和平的手段抑压了当时的贵族，使自身（平民）进入到罗马政治的核心。俄罗斯推翻沙皇后，反列宁的工会，以暴力向列宁挑战，列宁也以暴力将反对者打倒。他认为"英国人民恐怕不会使用物理的力"，而会由罗马型的方式前进，以解决"国家中的国家的问题"，并希望能提出更好的第三条道路。

二

引起我注意的，不是汤氏在他的最后这篇文章中所表达的意见，而是一位"精骛八极，心游万仞"的世界史学家，他的良心的表现，毕竟由"八极"、"万仞"收回来，归结到自己祖国的前途之上，成为知识良心归结的典型。

然则对苏联的索忍尼津及沙卡诺夫，反对苏联政府，反对到不愿西方实行对苏的缓和政策，希望西方国家团结起来，加强对

　　　　　　　　　　　　　　　　　论智识分子

苏联的压力，这又作何解释呢？若站在西方民主政治的立场，国家是以人民为主体。反政府，并不等于反人民，并不等于是反国家。而索、沙两氏正是为了苏联的人民而反史达林的统治体制，所以他们之反，正是出于对国家之爱。其良心的归结，不仅与汤恩比完全相同，且较之汤恩比的良心，有更大的勇气与责任感，这是在特殊情势之下，知识良心的归结的表现的最突出的形态。

然则东方的国家，许多还没有受过民主的洗礼，因而"朕即国家"的观念，普遍流行，根深蒂固。效忠国家，必须通过效忠皇帝的形式表达出来，则对索、沙两氏的情形，很难加以解释吧！但实际并非如此。中国几千年的历史，对于人臣的或忠或奸，早建立了一个共许的标准。此共许的标准的出发点，先看为人臣的，是否系"公而忘私"。公而忘私的表现，必然一方面是尽忠职守，另一方面是"直言极谏"。而"阿谀逢迎"与"直言极谏"，尤其是自有历史以来，判决对皇帝的忠与奸的大分水岭。专制之主，必定以阿谀逢迎为忠，但历史则反复证明，皇帝皇室的悲惨收场，都是由阿谀逢迎之臣所一步一步为他安排好的。所以几千年来，言"君道"的必以能"纳谏"为重要的君道之一，言"臣道"的必以能"进谏"为重要的臣道之一。愈是专制，此种君道、臣道的意义，愈是明显。索氏、沙氏，站在中国历史文化的立场，乃是直言极谏的忠君爱国之士，其他阿谀逢迎之徒，有什么资格和他两人争长较短呢？

三

中国历史上的知识分子，与近代的知识分子不同之处，在于中国是把德行、人格，安放在知识的上位，并不以追求知识为唯一的目标，但真正有德行、人格的人，其良心的归结，更明显地会表现在对国家的眷恋、对乡土的眷恋之上。

东汉末年，中原大乱，邴原、管宁，皆避地辽东，所居成聚，教化大行。然曹操为司空时，邴原应征为司空椽，旅进旅退以卒。这是和他的平时的志节不合的。管宁应曹丕之征，将家属浮海还郡。但一而再，再而三地，拒绝了魏室所给与他的官职，这又与他应征的事实相矛盾。两人之所以如此，乃出于一种共同的心情，怀念乡土的心情；有一种共同的目的，想借政治力量，使自己的骸骨归瘗故土的目的。叶落归根，归根之念，也正是知识分子良心的自然归结。

人世间，若有一种学说，若有一种信仰，使人厌离自己的祖国，仇视自己的乡土，对自己祖国、乡土的苦乐利害漠不关心，甚至以"谓他人父"、"谓他人母"为一己的莫大光荣，则这种学说、信仰的本身，即是一种莫大的阴毒与欺诈。所以我从报纸上看到死于莫斯科的王明，在临死时说出站在苏联立场的言论时，立刻悲悯他的良心被他所信仰的学说，完全泯灭掉了。

一九七五年十二月廿四日《华侨日报》

论智识分子

读顾亭林《生员论》及其他

一

因为最近读到有关台北的几段社会新闻，忽然想到顾亭林的《生员论》，由顾亭林的《生员论》，而又联想到不知谁人所著的《纪事略》，为之彷徨绕室，感叹唏嘘，觉得天意天命，殆非谰言，历史的发展，果然在天意天命之下，可能是有一定的法则的。

据法新社、美联社及某港报的专讯，台北于四月二十三日在杏花阁酒家里，王羽的一伙，与另外的一伙，为了一名酒女而发生殴打放枪伤人的事件，这在自由社会中，本是一件寻常小事。事发后，主管警署为了"尊重"王羽的"人权"，开始是对他不闻不问。但台湾毕竟是社会有舆论，而政府又是重视舆论的，所以警方在舆论有些起哄的情形之下，过了二十六天，终于使王羽的人权，于五月十九日，在警署及地方法院，受了两三个钟头的委屈，接受询问后，以五万元台币保释外出，问题只落在被追缉的邓国沣身上，而邓国沣大概一下子是追缉不到的。

五月二十日台北某大报出现了《从法律观点谈王羽被指控的三项罪嫌》的大文，其内容与二十一日警方所公布的情形，及台北地方法院检察官对王羽罪嫌所作的解释，大体上是一致的，即是"教唆杀人嫌武断，伪造文书难成立"，而王羽"教用枪法"之枪，到底是真枪还是玩具枪，警局及法院都看不出来，正交"军事机关鉴定"。证以过去"人血"、"狗血"之争，最后拿到日本去变成"酱油"的先例，开始指明是某国制造的手枪，经检验后，一定是玩具枪无疑。这样，王羽的三项罪名皆可不成立，他的"人权"，自然能尊重得"武林至尊"的地位。

可惜的是，问题的起源，是为了争一名酒女，而这名酒女，在二十日也公开露面讲了话。据这位酒女的话，逼着她在酒局正忙时要她出去"消夜"的是王羽。她因很多酒局未散，不能早去，便"突然把大酒杯一摔，哗啦一阵之后，问到底去是不去的"是王羽。她因此躲进洗手间痛哭，因此引起另一批客人的同情，因此王羽一帮对表同情的一帮大打出手，并当众开枪，因此而一人重伤几乎致死。在警方的声明中，在检察官开庭的问案中，及某大报的文章中，皆不涉及事件起源的只字，也不传讯有关的证人，却已把结论说出了，于此可以窥见他们曾为此案而"奔走骇汗"，以致"苦块昏迷"，实在是值得同情的。

二

他们对这样寻常的案件，而弄得这样"苦块昏迷"，将怎样解释呢？据某报的台北长途电话："由于有若干有力人士从中斡旋，影响了侦查王羽涉嫌的杏花阁血案，进度延缓。"延缓到无可再延缓时，只好大家来一套苦块昏迷了。

这种案件与"若干有力人士"有何相关，而要由他们"出面斡旋呢"？因为这些有力人士，自己经常是生存在法律之外的，所以他们心目中根本没有法律的观念，不承认法律对政治社会的重大作用，只是由他们拿在手上随意玩弄的"玩具枪"，所以，这些人是地地道道的"无法无天"的毛泽东的同志。但在他们视法律如无物的内心里，却又由空虚而积蓄着深厚的自卑感，觉得有机会能向一位明星卖乖取好，便可填补自卑感的空虚，他由此可得到一份无比的荣耀，这些有力人士，根本只觉得自由中国是以他们的情绪为"本"的，法律、职守，算得上老几！

我写这篇文章，不是想责备这种"有力人士"，而是想为这种有力人士，找出历史的根源，指出他们只是这种根源的产物，他们自身是可以原谅的。所以我便想到顾亭林的《生员论》。

顾氏的所谓生员，指的是当时在府县学"给廪膳"的学生，即今日的公费生。但当时当了这种生员，可以"免于编氓之役，不受侵于里胥，齿于衣冠，得以礼见官长，而无笞捶之辱"。简言之，这是对于所谓读书人的一种身份上的优待。在旧日黑暗政治下，生员利用这种优待，为非作歹，成了吃禾稼的一批蝗虫。所以顾亭林说"废天下之生员而官府之政清，废天下之生员而百姓之困苏，废天下之生员而门户之习除，废天下之生员而用世之材出。今天下之出入公门以挠官府之政者生员也；倚势以武断于乡里者生员也；与胥吏为缘，甚有身自为胥吏者生员也；官府一拂其意，则群起而哄者生员也；把持官府之阴事，而与之为市者生员也。前者噪，后者和，前者奔，后者随。上之人欲治之而不可治也，欲锄之而不可锄也。小有所加，则曰：是杀士也，坑儒也。百年以来，以此为大患"。今日的"有力者"，其地位不是生员可比配于万一。但其本质，是由这种生员演进而来，与这种生员，有源流的关系。所以顾氏之言，以之与今日的情形参照，依然会使今日之"有力者"，会痛恨顾氏在三百年前，已经想动摇今日的"国本"了。

三

顾氏说"上之人欲治之而不可治也"云云，这真是无可奈何之事。但历史上每有巨变，这种生员，除极少数投机特快以外，必首遭巨劫，以证明天网的疏而不漏，此在明季流寇之祸中，尤为酷烈。上海图书馆旧钞本的《纪事略》，前十多年影印了出来，所记的是张献忠入川残杀人民，惨绝人寰的许多故事。献忠于甲申八月十五日在成都僭国称大西，改元大顺后，即展开史无前例的血腥统治，成都内的士民残杀略尽后，设计以科举的方法，把"四道"的"乡绅"、"生员"们诱到成都来，一网打尽。在乙酉年九月诱到成都来的"主仆约莫为数十万有奇"。到了次年春初，把这些人，一队一队地由住宿的寺中引出，两面"众贼执刃"，"中留一道，与诸生疾驰，由东门而出，方至月城外，两贼共缚一人，牵至濯锦桥边，斩首推尸江中，从寅至申，方行戮尽"。谁人对张贼这种行为，能不悲伤恸愤？但若肯从顾亭林的《生员论》中，发现出两者间有若干历史的关连，我便不能不恳切期待台湾的"若干有力人士"，冷下来仔细想一想了。这是台湾"有作为"与无作为的真正考验，也是我三十多年来在政治上所不断思考的一个基本问题。其他一切，都是次要的，甚至是不相干的。

一九七六年五月廿六日《华侨日报》

一段往事

一

我没有记日记的习惯，对这一段往事的年月日，完全忘记了。但参加这段往事的，大概有一千多人；继续参加相类的往事的，数年来大概有数万之众。希望由我对这一段往事的回忆，能引起凡是曾参加过与此同类往事的人们的共同回忆。因为大家都自称或被称为知识分子乃至高级知识分子。

当时大陆上正展开批孔批林运动。批孔运动，集中在孔子"克己复礼"的一句话，说这句话是孔子主张恢复奴隶制度的。在林彪书房里搜出了"悠悠万事，唯此唯大，克己复礼"，所以林彪所犯的滔天罪恶是想恢复孔老二所主张的奴隶制度。林彪的滔天罪恶既是来自孔老二，自然可以推断批孔批林运动的重点，是在批孔而不在批林。

林彪事件发生后，我从中共的十全代表大会的经过与结果看，认为毛的箭头已指向周恩来。这是为了保证他的三面红旗路线，在人事上一步一步地摧毁老干部，培养以江青为首的新接班人的必然步骤，这是由刘少奇——林彪——周恩来的预定的系列行动。并且我当时以为邓小平的复出，是毛要以邓打周的策略，因此，我常想到柳宗元的《河间传》而写了《邓小平的咀脸》的文章。后来发现我对邓的推测完全错误，时引以为愧。

当时已传出批孔即是批周的说法。四人帮垮台后，此说已完全得到证实。但我当时只当作毛在思想与人事上的两个平行运动。批周隐而批孔显，所以在香港的左派，也只把批孔当作一种独立的运动，策动与大陆相呼应。

开始我听说，香港某大学首先作消极的反应，把由某社团赠送给"中国文化研究所"的一尊孔子像，怆惶地送往地窖。另一位开《论语》课的讲师，急忙拒绝再开。我认为批孔也是一种寻常事情，胡适们便经常批孔。但把"克己复礼"解释为恢复奴隶制度，这是以斗争刘少奇、林彪的手段，转用在文化学术上，要把中国文化的首脑、骨干，一杠子打死，使八亿人民，成为没有历史文化的人民，可以说是我们国家的莫大羞辱、莫大灾害。所以发表过几篇反抗的文章。于是这里所说的"一段往事"便发生了。

二

有一天，接到某大学的两位学生的电话，说要来看我。两位学生来后，说他们要开一个批孔运动讨论会，想请我出席参加。这种讨论会的性质，和约我去是为了当作一个"反动者的典型"来加以围攻，以助长他们批孔的声势，我当时非常了解。但这些年来，香港的知识青年，开始关心大陆问题，总是一种好现象。同时，来请我的两位学生，天真纯朴，我认为他们并不知道幕后策动者的用心。由这两点，我就答应了。

届时有位学生来接我，到时大堂上已挤满了人。宣布开会后，

　　　　　　　　　　　　　　　　　　　论智识分子

要我首先作十五分钟的讲话。因为我首先讲，便只会有反驳我的机会，而没有我反驳的机会。我讲话指出了四点：第一点指出，人的大脑不同于机器：机器可由他人按钮，大脑不能由他人按钮。由他人按钮所说的话，没有讨论的价值。第二点指出，讨论必须有最低限度的客观精神。批评孔子，要建立在对孔子的语言，作客观的文字了解之上。第三点指出，周代是奴隶社会，或封建社会是对历史的认识问题，与中共的现实利害无关。根据我的研究，周代绝对不是奴隶社会，而由礼所规范的人与人的关系，根本不是奴隶主与奴隶的关系。第四点指出，孔子把礼的"让"与"敬"的精神提出来作为士的修养方法，在《论语》中随处可以指证。"克己复礼"，也是这种意思，所以归结到"非礼勿视，非礼勿听，非礼勿言，非礼勿动"。把"克己复礼"说成是恢复奴隶制度，这完全是采用凶横黑暗的方法来诬赖我们自己的文化，为人类的良心理性所不容，对中共自身也没有好处。

三

我讲完后，由一位"专家"拿出预备好的稿子，庄严地展开了由马列主义到批孔运动的必然发展的高论，以此奠定批孔运动的理论基础。对这类的八股，我早有闻一知十的训练，所以听了几句，便起身走了。后来有位参加过的学生告诉我，那位"专家"奠定了批孔运动的理论基础后，由若干学生站起来，以歪曲我的语意的方法，大大批评了我一番，这都是应有之义。以后香港有许多同类性质的集会，但感谢他们，没有再照顾到我。

我所以提出这段往事，是出自我廿多年来对中国知识分子所感到的困惑。"克己复礼"之不能解释为恢复奴隶制度，高中程度的学生便可了解。以凶横黑暗的手段对待与自己利害无直接关系的古人，便必然以同样手段，对待与自己利害有直接关系的今人，因而会造成循环砍杀的大乱之局，这只要稍有点历史常识的人，也可以了解的。若身为共党党员，有组织和纪律的约束，除了服从上级外，不敢作独立思考，是可以原谅的。即使不是共党党员，但若住在大陆，不随风转舵，便立刻受到侮辱乃至生存的威胁，因而唯唯诺诺一番，也是可以原谅的。住在海外的有生活保障、有自由保障的黄面孔的知识分子，对与自己国家的利害，关连密切的大问题，连起码的知识也不能运用，然则中国知识分子所掌握的"知识"，到底指的是什么呢？

　　可以这样地解释，他们认为只有这样无条件地追随，才算是"热爱祖国"。不错，这正是中共的统治者所要求于一切知识分子的。所以过去不少人把知识分子比作睡在床上帮老爷调大烟泡的小老婆，但从中国几千年的历史看，凡是不论是非曲直，一意以逢君之恶、长君之恶为事的，必然是祸国殃民的宵小。即以"批孔"而论，现在可以判明，完全是四人帮用作斗争周恩来的卑鄙无耻的手段。在海外为批孔而扬波逐流的人，实际是四人帮的帮凶，实际参与四人帮的祸国殃民的勾当。大陆今日所遭遇的困难，都有海外这类知识分子的影子在里面。这是值得中共的领导层及所谓知识分子，从头加以反省的大问题。

　　　　　　　　　　　　一九七七年三月十九日《华侨日报》

中共文化界中的"风派人物"

一

从左派报纸上看到《解放军报》上《风派人物脸谱初析》一文的节要，指出风派人物的脸谱是"脑袋尖，骨头软，鼻子灵，脸皮厚"，这当然说的是中共领导层中的某些人物。因为感到这类人物的危害性很大，所以才"奉劝总结教训，痛改前非"。经过毛泽东在政协大会上痛骂梁漱溟，侮辱到梁的人格；并继之以反右，而终之以批孔，中共里面的文化人，都成为风派人物。但应想到，这些文化人，无权无勇，一切处于被动，不当风派人物，便无生存之道；所以他们的"风派"及因风派而不能尽到文化上的责任，是可以原谅的。郭沫若由歌颂江青而痛骂江青，也是可以原谅的。不过，中共目前在文化界中平反了许多人与事，对文艺的尺度也渐渐放宽，好像要在文化上有所作为。这应当是风派人物安静下来，用自己的头脑追求文化上的成绩的时候。但由郭沫若纪念毛泽东诞辰七律中的"形象思维第一流"这句诗看，可以推断像郭这种风派，已经沦肌浃髓，不可救药，因而中共的文化前途，不论站在哪一角度看，很难有真正成就的。

郭沫若上面的诗句是以毛泽东写给陈毅论诗的一封信为根据

的。毛的这封信，写得相当坦率。他不是专门研究文学的人，也没有要把他在信中所说的话当作经典；这只可视为他个人的轶事，反对他的人，不必从这种地方去反对；歌颂他的人，也不必从这种地方去歌颂，因为毛泽东之所以为毛泽东，并不在此。信中表明他很喜欢李贺的诗，这便证明了一九六六年十二月，有位从北京出来的青年学人向我所说的"毛本是称赞李贺，但郭沫若听成是李白，所以赶快写《李白与杜甫》一书来拍马屁，而不知拍到马大腿上去了"的话。信中又说"诗要用形象思维，不能如散文一样直说"。若把这话当作泛泛之谈，也无伤大雅。又说"宋人多数不懂诗是要用形象思维的，一反唐人规律，所以味同嚼蜡"。这话是受了《沧浪诗话》的影响，当然不足以知宋诗；但过去对此点出现过不少争论，他所说的，也算是论点之一，依然可以算是无伤大雅。但经过郭沫若的尖脑袋、灵鼻子一运用，而写出"形象思维第一流"的妙句，把"形象思维"作为诗的实质，作为诗的代名词。于是大陆的诗人们，你来一个形象思维，我来一个形象思维，认定诗的创作与欣赏，非形象思维不可。这便把通向诗的一条路塞死了，风派人物的为害于文化，此其一例。

二

科学是发现自然的法则，而艺术则是发现自然的形象（figure）。狭义的艺术形象，指的是绘画、雕刻等造形艺术。广义的艺术形象，也可把诗的直喻、隐喻包括在内。不论何种形象，必然是由观照（intuition）、想象（imagination）而得，不能由思维（thinking）而得。思维是一种抽象的过程，也可以说是摆脱形象的过程。艺术家、诗人，将自己所把握到的形象加以表现时，需要经营构造之功，此时自然要用上思维；但此时的思维活动，须抑制它的抽象的本性，挟带着观照或想象在一起来思维，这可以说是"非纯粹性的思维"。假定思维而脱离了观照想象，即是形象的消失。所以西方的美学，偶然（只是偶然）用到"形象思维"一词时，上下文必加以限定。例如在汶雪的《关于形象思维》一文中，引用了黑格尔的形象思维一词后，必须加上黑格尔所说的"真正的创造，就是艺术想象的活动"，艺术家的思维活动"同时具有感性和直接性的因素"，是把"内容放在感性形式里"。二十世纪以来的美学，便很少看到把"形象"与"思维"连在一起，以避免混乱。郭截取毛信中的"形象思维"四字，作孤立的处理，便使人误会到形象是由思维而得，或者以为在抽象思维之外，另有一种形象思维；这完全违反了艺术经验的事实，而成为不通的名词，怎么可以当作"经典"来使用呢？

三

假定不计较概念的矛盾含糊，而仅注重在"形象"一词的上面，则以形象说明诗，是以偏概全，乃至把诗与其他造形艺术，混同了起来，反而埋没了诗的特性。诗是以语言为表现工具的。诗的语言，不同于一般的语言，在于它有其由感情而来的音乐性。所以黑格尔认为诗的位置，是在音乐与造形艺术之间。并且从诗原来是与舞蹈结合在一起的情形看，从诗是以感情为动力，而感情的自身即要求有种节律的情形看，则诗在表现中的音乐性是第一义的，形象性是第二义的。诗人通过语言的音乐性，将自己的感情，流注于形象之中，使飘荡的感情，凭形象而得以明朗、把捉，感情因此而由主观取得客观的位置，以发挥"共感"的作用，此时，诗中的形象，才是有生命的形象。毛泽东的信中，说到新诗弄了几十年，还不能算成功，我认为这是事实。但新诗的所以尚未成功，不是没有解决诗中的形象问题，连近来当笑话说的一首新诗，也把女人的禁地赋予以"吐鲁番"的形象。新诗的尚未成功，必须追到有无真正的感情，及将感情在语言上加以音乐化的能力。有感情和这种能力，即使没有比兴，不采形象，依然是诗。陆放翁"造物无情吾辈老，古人不死此心传"难说没有感叹的气氛而可说不算是诗吗？仅仅以"形象语言"为诗，而把诗的动力——感情及诗在表现上的第一义忘掉了，便会变成打哑谜。毛随手拈来的话，经过风派人物这样的一"风"，便把诗堵塞死了。从中国长期一人专制的历史看，学问的成就，绝对多数与一个人的人格不可分。中共目前，正受到这种考验。

一九七八年一月廿四日《华侨日报》

多为国家学术前途着想

一

　　台北的中央研究院（以下简称中研院），经过两大风浪后，依然恢复了相当的规模，在今年六月初，举行了它的五十周年纪念，这在中国学术史上，应当有值得珍贵的意义。中研院的历史语言研究所（以下简称史语所）在中研院中占有特殊的地位，它实际代表了中研院的学术精神和治学方向，对学术界的影响，也不是其他研究所所能比配。我在南京创办《学原》时，稿源上，便得到史语所许多先生的帮助。现时南洋大学的王叔岷教授和一直在史语所辛勤垦殖的黄彰健先生都是当时重要的撰稿人。历任所长，由傅斯年、董作宾、李济之以至现任的屈翼鹏诸先生，都和我有或深或浅的友谊。李济之先生，在考古学上，有他卓立的地位。而他健朗的气概，清亮的声调，也能在他所写的谨严的文章中流露出来，即以文章而论，在当代也可推为第一流。所以这次纪念会中，由他代表中研院讲话，可以说是唯一的适当人物。但我不能不因此劝勉中研院的诸先生，应多为国家学术前途着想。

　　中研院有两重任务，一重任务，是代表国家选出学术各方面最有成就的学人作院士，代表国家在学术上的成就。另一重任务，是设立各研究所，直接从事纯学术的研究。两重任务合在一起也可说在行政系统之外，总领了国家的学术工作。

除了纯自然科学以外，社会学科、人文学科，没有不形成派别的。同时，因自然科学的发达，所有学术部门，没有不受到此种发达的影响的，因此，一般人批评史语所只不过是学术上的一个派系，这并不算是坏的批评。李先生说中研院的贡献，在提倡了科学方法，这说法也有他的意义。但从胡适之先生起，对于科学方法，始终未曾脱离"估计"的性质；中研院实际负责的先生们，没有一个人切实地研究过科学方法。尤其是自十九世纪末期以来，西方的思想家，对于人文方面，如何运用自然科学的方法，以及自然科学的方法，在人文方面受到了些什么限制，作过不断的反省、开辟，这更非中研院，尤其是史语所的诸先生所曾与闻。于是由胡适之先生起，一直到屈翼鹏先生的这一代，对于科学方法，只不过是朦胧中的口号。再由这种口号的应用，说"我这一派是科学的，不属我这一派的是非科学的"，想由此以垄断国家的学术市场。这便成为抹煞学术良心的派系毒素化。派系毒素化的影响是今日台湾每一个文史系，都成为童山濯濯的独立山头，作反淘汰的竞赛。而中研院所能发生的学术影响，也就微乎其微了。

二

我和胡先生及李先生都当面"抬杠"过几次，他两位先生对学问的态度，我相当清楚，而李先生尤为狭隘岂高。凡是有价值性的东西，凡是有思想性的东西，在他们看来，都不能成为学问的对象。李先生甚至认为书本上写的历史皆不可信，要用地下材料来代替书本上所写的历史。上面两点我都曾冒犯他的权威，在口头上及书信上向他提出过抗辩。即以考古而论，史语所手上所保持的地下材料，和大陆二十多年来所发现的材料比较起来，可以说是小巫见大巫。

一九七六年十二月十五日在陕西扶风白家庄所发现的保存完好的西周青铜器窖，便出土了西周铜器一百零三件。因为地下的大量出现，大陆上的考古学，表现了两个倾向：一是地下材料，常常可为书本上的说法提供证明，补充缺失，几乎可以说，两者是互相为用，不是背道而驰的。另一是新的发掘，常要从书本上找线索，而且多数是有效的。至于正式文字纪录发达以后的历史内容，例如中国自《春秋》及《左氏传》出现以后的历史内容，岂是地下材料所能比拟于万一。尤其是，世界上只要有文化的集团，便必然有思想，有价值观念，否则不能称为文化。隐藏在地下材料后面的，还是有思想，有价值观念。没有思想，没有价值观念的，只有中研院的史语所。这是虚伪的科学方法口号所得的相当可悲的结果。

三

李先生说"只要是地下所挖到的……全是研究的资料"（六月十四日《中央日报》，下同），这话是很对的。但为什么在流传的典籍中，能分出"没有价值的"而不值得研究呢？宋明理学的书，尤为史语所的大禁，到底为了什么？"拿证据来"，这是应当的。但有地下的证据，有书本上的证据，有个体生活中的证据，有群体生活中的证据，有由眼睛可以看得到的证据，有由推理而来，由体验而来，不能由眼睛看得到的证据。有在片断中，以为它可成为证据，但在全局中便不能成为证据。有未经精细分析以前被认为是甲方的证据，但一经精细分析便会转为乙方的证据。我觉得就"拿证据来"这一点而论，史语所的有些先生是颇有余愧的。

做学问的过程，可以说是"发现问题"的过程。而怀疑是发现问题的起点，所以宋儒说"大疑则大进，小疑则小进"。李先生们提倡怀疑精神，这是对的。但怀疑应当建立在理解的基础之上，而理解的条件首先是要求研究者服从研究的对象，随对象的条理、曲折，而将其加以把握。有意义的疑问是在把握到对象以后，再加以反省时所产生的。李先生对学生说"读书必须保持着存疑的态度"。试问学生先横着一个"存疑"的心理来读书，他的书如何能读进去。这是最不科学的态度。由此一态度来读书，产生两种结果：一种结果是有的人自己以为读过很多书，但实际一部书也未曾读通过。在李先生的朋友中，便有这种"国学大师"。另一种结果是以顾颉刚为首的疑古派。幸而由大量考古材料的出现，把疑古派的虚伪考证，一层一层地揭穿了。否则谁要批评疑古派，谁便是反科学，对于他们所干的腰斩历史抹煞典籍的勾当，谁也奈何不得。疑古派正是史语所学风的特殊产物，所以他的阴魂，还憧憧往来于现时史语所之中。再加上史语所有种特殊传统，凡是走在前面的人说错了的，随在后面的人必谨守不失，一代一代地传下去。此处不遑举例。凡此种种，难道就是科学的治学方法吗？"学术尊严"，只有在时代巨流中真正把握到学术的人才能亲切感受到；仅凭一点虚矫之气，受到一点考验时便只有在世故、势力中讨生活了，还谈什么学术。

一九七八年六月廿一日、廿二日《华侨日报》

面对我们国家若干问题的思考

一

据台北六月十二日法新社电：美国华裔的马里兰大学教授丘宏达，主张台湾和苏联解冻，宣布台湾海峡是中立地区。电文简略，丘教授详细的论证无法明了。但几年以来台湾有一部分人士，主张万一美国弃台湾于不顾，国民政府便应与苏联拉拢关系，以抵抗中共的威胁；这种论调，在若断若续中，我也曾听到过。丘教授这次同若干美籍学人回到台北参加有关大陆问题的中美会议，正式提出此一意见，可能对台湾社会中抱有相同意见的人士，发生鼓励的作用。假定这种意见的提出，只不过是出于牵制美国的外交决策，而不是当做自己外交上最后的一张底牌，那是无所谓的。假定认定与苏联解冻，是外交上最后的一张底牌，事先便应从各方面作慎重的思考。

在我的记忆中，中共取得大陆政权，首先与国府断绝外交关系，转而承认中共的，是以苏联为首的集团。今日中（共）苏的磨擦，虽然正在加强，但苏联肯撤消对北京的外交承认，回头来派大使驻台北吗？我推测，他不会如此，然则所谓解冻，大概只能做到"非正式"的交往。然则这种非正式的交往，对于国府有何意义呢？当然有个基本假定，为了抵抗中共的渡海攻台，否则何必多此一举。但我的观察，中共在十年左右，没有攻台的能力，也没有攻台的必要。这一时间只会拉长，不会缩短。则在十年左右或更长的时间与苏联的解冻，除了加深民主阵营的疑虑中，用不到上面的基本假定。在变动的世局中，十年以后出现什么形势，任何人也不能断定。

丘教授们也可以说，不能不为十年以后作打算。若果如此，则普通意味的解冻，不能与前面的基本假定发生关连。要发生关连，便须把解冻深入到军事联盟或军事联系的程度。这便遇到一个更严重的问题。美国即使正式与中共建交，也决不愿台湾在现状下，落入中共的统治。不论他（美国）以何方式继续维持台湾的现状，也或许他所提出的方式是并无实效的；但最低限度，他对台湾的现状，只会有好意而不会有恶意。但若台湾与苏联发生军事联系，情形便急剧转变了，转变为中共与美国对台湾的利害是一致的，其后果应不言而喻。

二

和苏联由解冻而深入到军事的联系，站在苏联的立场，只有一个可能性，把台湾拉入到他包围大陆的伙伴中去，以作为时机成熟时围攻大陆的一支军事力量。国府一直都要反攻大陆，这样一来，岂不是火乘风势，宿愿得偿吗。但我们应冷静地想想：苏联今日由他的野心所造成的形势，使他已成为世界的共同敌人。他正在努力包围中共，世界也正在努力包围他。他比希特勒更凶，但他的处境也比希特勒更险。国府为什么会背弃自己的政治立场，加入到这样一个阵营中去。

尤其是，"敌人的敌人，就是我的朋友"的观点，对苏联是不能适用的。中共、苏联意识形态的冲突，是表面的，民族利益的冲突，才是最基本的。假定苏联只想打倒中共的统治阶层，而不侵占我国的领土，及其他的广大利益，则"敌人的敌人，就是我的朋友"的观点，或者可作某一程度上的适用。但由苏联一贯的行为看，这是绝无可能的。因此，假定我们和他站在一起，等于是我们帮着敌人对自己国家的侵略，这在现代和将来的历史上，是怎样也不能得到自己民族原谅的。民族主义，是国民党最基本的立足点，谁损伤了民族主义，谁便是国民党的叛徒。这不是年少气盛的青年才俊们可以玩桥牌的地方。并且即使这样做了，苏联也只会扶植与他同类型的傀儡，不会扶植到国民党。

三

我认为，不论斗争如何激烈，但在下列三点上，国共两党，今后应当是相同的。第一点是对抗外来的侵略，第二点是确立民主法治，提高人民生活水准，第三点是实现国家的统一。

关于第一点，中共是担当着正面的任务。在中共强调"解放台湾"口号情形之下，提出团结御外的要求，也是枉然的。但国民党在这一方面，我认为应当保持坚定而沉默的态度，最低限度，不站在民族敌人的立场报导新闻，不在对外的关系上采取幸灾乐祸的态度，这是政治上的大节大体。我的这种看法，记得在中印发生边境战争时，曾写过一封信告诉蒋经国先生。这是我作为一个中国人的始终一贯的态度。

关于第二点，我不认为台湾已经完全实现了民主法治，但台湾人民有了较大陆人民更多的自由，较大陆人民能更大地发挥出主动的创意，也不致像大陆的人民那样需要看执政党员的颜色来决定日常生活的吉凶祸福，这是铁的事实。台湾的上层社会荒淫，贫富的差距很大。但多数人民的生活水准，较大陆人民的生活水准，尤其是较大陆大多数农民的生活水准为高，这也是铁的事实。台湾有家汽车公司，二十多年来，受到政府大力的利润保障，但始终不曾自力制造出一辆汽车。大陆方面，则大概不会有这类的笑话。但台湾的西瓜，在香港能以每磅高出大陆西瓜五角左右的价钱出售，台湾的柳橙、椪柑，居然压倒了大陆同类的水果。在这类眼面前的小事中，难道说没有蕴涵着严肃的政治经济意义吗？毛泽东"无法无天"的作法，造成如何惨痛的结果，我想共产党员，应当比我们有更亲切的感受。邓小平复出后，似乎也注意到这方面的问题；似乎也了解到，民主法治，是与提高人民生活及四个现代化是不可分的。只要邓的"落实"路线不再受到大反复，大陆应当也是向好的方面前进。国共两党，可不可以在有关第二点上展开竞赛？

关于第三点，我首先要说明"统一"与"解放"是两个不同的观念。统一是国家民族的由分裂而团结，解放是一个人被枷锁在监狱里，我去为他解开枷锁，放出监狱。我不了解，中共凭什么要把这两个字用在台湾身上，也或许是我太敏感，感到国际局势已经相当的紧迫，为什么中共为了应付目前紧迫的局势，一定要把目前做不到，并且使人起反感的观念——"解放台湾"的观念，一定要夹杂在里面。解放即不是和平，所以没有"和平解放"，只有"和平统一"。此一问题，应当先从培养大家正确的观念着手。迟二十年、三十年实现，或许更符合于人民的利益，符合于国家的利益。

一九七八年六月廿八日《华侨日报》

国族无穷愿无极，江山辽阔立多时

——答翟君志成书

一

志成同学：

你九月二日给我的信中说："大陆今天的政局变得慢慢恢复了一点点信心。十多年来的相砍，尸横遍地，血流成河，才换回这么一点进步，中国人的命真苦。"你又认为中国现在是处于思想真空的时代，邓小平的白猫黑猫，"只能作一时的修修补补"，不能奠定千百年长治久安的法制。这种法制的奠定，需要有大政治家而又兼大思想家者出来担当；但这种人"必然不会出现在被马、毛教条僵化了思考能力的中共统治阶层内部"。以你在文革中的亲身体验，及在海外爱国之深，谋生之苦，和学问上荡决无前的勇气，是够资格说出这些话，够资格提出这类问题的。

你认为国内没有大思想家，在海外华人中"够得上称为思想家的，恐怕还不到五位。唐师（唐君毅先生）博大，牟师（牟宗三先生）精深。可惜其思想是关在象牙塔之内，与社会甚少发生关系；而真能了解其真义的，又能有几人？"更说："老师（指本人）与唐、牟师之学，有同有异；又有参与最高决策的经验，是住在象牙塔内，又日日走出塔外的人……请老师试为大陆的千百年法制，规划一幅蓝图。这些年来，在老师笔下，集中刻划了陆贾、贾谊、董仲舒等以宏大气魄创制的大思想家、大政治家，其中有一股要为今人创制的勃郁之气，常在字里行间，喷薄而出……当然，老师的蓝图……可能在中国大兴土木时，老师已经不能亲眼看见了；然而，成功不必在我，使他们能在摸索中，少走些冤枉路，让中华民族子子孙孙能受其泽，岂不也是老师的抱负吗？"

上面有关我的期待，是你在四顾苍茫，无可奈何中所讲出来的，不知不觉地把我作了过当的评价，只增加我内心的惭疚。但你的话，也未尝不增加我的一番感慨。

二

梁任公先生，是真正中国启蒙运动中的一位伟人；他品格之高，性情之笃，学养之深，胸怀之大，实在五四运动中特起的一批人物之上。中山先生早年有意与他合作，卒为国民党中狷狭之士所阻。他有首自述怀抱的七律，首联是"置身甘作万矢的，立论常期百世师"，末联是"世界无穷愿无极，海天辽阔立多时"；这是我三十年前，常常吟讽不置的一首诗。唐先生死后，从印出的墨迹中，我才知道他也爱此诗；但不知他是爱此诗的全首，还是只爱此诗的最后两句。我的品位，没有他两位先生的高大；站在海滨一角，不是面对海洋，望向整个的世界，而常是回首四顾，望向故国的江山。我的气格，不能昂首望天，而只能低头望地，望看地上辛苦生活的袍泽。所以我大胆把任公的两句诗改写"国

国族无穷愿无极，江山辽阔立多时

族无穷愿无极，江山辽阔立多时"；这样一改，有损于原作由浩气玄思而来的美感。并且我也意识到我们的国族，与整个的世界是不可分的；但是自己国族长期所遭遇的不幸，不能自已的悲悯之情，自然较之对其他国际问题，远为迫切。儒家的"爱有差等"，这是顺乎人情的自然。所以，我不嫌假任公先生笔墨之灵，点金成铁，以表达我难以名言的情感。

长期受儒家思想熏陶的人，他的起心动念，自然直接落在国家人民的身上，而不能被一党之私所束缚，这在把"党"压在"国"的头上而称为"党国"的今天，是无法使人理解的。儒家的理想，是通过现实，涵融现实的理想；所以凡是对国家人民，只要在比较上有点好处，便不惜寄与以同情，而不愿以国家的危机，人民的痛苦，作为渺茫的政治资本；这一点，也难得到掌握权势，依附权势者的了解。前年春，我正不断发表文章，猛烈批评江青集团的时候，有一次我和牟宗三先生在聊天中说："我写这些文章，有两个心愿：一是要使孔子恢复文化中应有的地位，二是要使中共走上以狄托为代表的修正主义路线。我虽然没有这种力，但不能没有这种心。"当时牟先生笑了笑说："你两个心愿很不错。"这两个心愿，现在似乎有了点端绪；但只是端绪而已，前途还相当辽远。

三

你提到法制问题，这的确是一个根本问题，同时又是一个迫切问题。法制的纲维是宪法，这里便有一道关卡住。到底是宪法领导共产党，规范共产党呢？还是共产党领导宪法，规范宪法？五届人代会通过的宪法，较之四届人代会所通过的，有了一些进步；但共产党领导宪法，规范宪法的情形，依然未变。这样一来，便根本失掉了宪法的客观性、独立性。中共虽也表现了若干要加以贯彻、实行的意欲，实际上只能有政治局决议案的功能，而不能有宪法的功能。

客观而独立的司法体制，这是保障人民安全，发挥人民生存意欲，抑制农村广大干部欺压农民的起码而必需的条件；中共似乎也注意到这一点。但要他真正做到，便不知要到何年何月。试举共产党用作对外宣传的两个例子：

一个例子是上海今年有了第一次的法庭审判。有位工人偷了一吨多的工厂物资，被发现后交法庭审判。审判属实，经过陪审团的会议，认为（一）此工人系贫农出身，（二）他坦白承认，（三）又愿意悔改；所以让他继续工作，将功赎罪，不与判刑。在这一宣传资料中，能发现中共党人，有半丝半毫的近代法律观念吗？

另一个例是济南的一处旅馆，不讲求卫生，并反抗卫生机关的劝告；经过国务院某位副总理的亲自处理，关门三天，算是纠正过来了。像这样的一个旅馆经理，可以在几小时内处理好的事情，而必需由省报告到中央，再由中央的副总理亲自处理，才得到解决；在时间上，大概要一个月；在职位上，大概要突破三级以上；准此以推，中国之大，问题之多，增设百位副总理，恐怕也解决不完。即使都能解决完了，在建国大业上，又算得什么？此无他，因为没有法制，没有体制的原故。其他不能用作宣传的，又该有多少？

四

法制，固然是当前的基本问题、紧迫问题，但民主政治，已有约略三百年的经验，它的不能出现，不在法制本身创制的困难，而在一切政治落后地区的专制者，都不愿有客观的独立性的法制的存在。对中共来说，则更有由僵化教条而获得特殊利益的人，常拿教条来阻挠合理法制的成立，或使其完全失效。你认为中共目前思想空虚，急于需要一种思想来填补，在这一点上，我和你的看法稍有不同。"实事求是"四个字，对解决问题，已有很大的概括性、实效性、开创性；在思想大泛滥、大混淆之余，活用二千年前汉河间献王的四个字，有破伪显真，一面澄清，一面推进的意义。目前不在缺乏什么伟大思想的架构，而在如何涤荡你所说的僵化了的马、列、毛教条。仅就此而论，便不知需要多少岁月才可以实现？

四人帮一被捕，我便指出，中共在长期偶像崇拜之后，首先需肯定、突出人民在政治中真正当家作主的地位。人民身受的利害，人民看到的是非，是考验一切思想，检定一切思想的最高准绳。决定中共一切施为的，应当都是为了人民。凡是人民不敢讲真话，没有方法讲真话，讲了真话而怕遭到迫害，或养成跟干部说假话的地区，都是来自反动性的领导，都要加以彻底摧毁。在人民意志之前，任何偶像都要扫进垃圾堆里去；这样才能"实事求是"。但一直到现在，中共里面，还有人表现为他们的一切，都是为了毛泽东，人民不过是为毛泽东而存在的。二千多年前，儒、道、墨三家的政治思想，都以不同的语言，表现出人民的"好恶"，是政治上的最高原理。毛思想在二十多年来，对国家人民，造成这样大的灾害，却还是闭目不看，满口不认，逼着大家继续作落后的麻木的偶像崇拜，这便把许多人的大脑机能，都给卡死了。有位从天津出来的人士告诉我：天津因大地震受到大破坏而未完全倒塌的住宅，所有什物，都随着住者的迁移而搬空了，留下的只有墙壁上的毛像。又有好几位告诉我，北京如饥如渴，在几家书局寻求可读性书刊的人们，决不向陈列得最堂皇的马、列、史、毛的书橱望上一眼。北京知识分子十多年来，心目中最没价值的报刊是《人民日报》和《红旗》；认为比较有价值的是《光明日报》，及《历史研究》这类的报刊。把人民与毛泽东的相关地位弄颠倒了，这是实事求是吗？

五

马克思因为工人是无产的，工厂的生产工具需共同使用的，但被资本家一手把持，他便在这里发现了实行共产主义的社会基础，因而自称为"科学的社会主义"。在此一构想之下，革命只有由工人阶级领导，工人当然是革命的主体。若果信守此说，则中国是"中间大，两头小"，工人阶级，更是小而又小的社会，根本不应出现共产式的革命运动。毛泽东以农运起家，以农村包围城市的战略取得胜利，则农民应在中共政权中，居于主体的地位，农民比工人更为辛苦，农民在内战中流出了最多的血，依常情来说，农民、工人的人格应当是平等的，在政权结构中的分量也应当是平等的。但中共现时宪法第一条，依然规定"中华人民共和国，是工人阶级领导的以工农联盟为基础的无产阶级专政的社会主义国家"。农民阶级何以不能与工人阶级居于"一字并肩王"的平等领导地位？何况他们早已没有私人的生产工具了。由此可知，农民的人格，是次于工人一等。

国家既是由工人阶级领导的，则各级政府人员，应当由工人自己选出。但工人阶级不能通过自己的选举来领导国家，必需交给共产党来领导，所以工人的人格，又次于共产党员一等。

由这种身份制的三级构造，同时即成为权利享受上的三级构造；于是权利的基本分配是来自于身份；在同样身份之下，才讲到劳绩，才讲到按劳分配；这和中国古代封建社会中贵族、士、农民的身份三级构造，完全没有分别。但中共手上有古代封建社会所没有的组织控制能力，却没有古代封建社会中的"礼"在三级中所发生的节制作用；于是中国今日的人民，在身份上隔了一级，便是隔了"无所逃于天地之间"的一重天。难怪今日的农民，第一志愿是想当共产党员，第二志愿是想当工人。一当到工人，便成为身份的世袭；整个社会的血脉，都给这种身份制冻结了。苏联新宪法，在形式上分明比中共合理，但中共不知反省，却要在这种地方去骂它。人格平等，是制定合理法制的大动力、大准绳；这种大动力、大准绳没有了，如何能出现合理的法制？

六

在原始部落中，语言与咒语是没有大分别的。对于某些语言，觉得含有神奇的力量，需要一直虔诚地念了下去，有如"观世音菩萨"、"主基督耶稣之名"一样。它的好处，使念的人毫不费力，即可当下获得安心感。坏处是阻挠了理性对客观真实的认识，阻挠了人类知识的进步。谁知中共今日，还保留了许多咒语。

　　　　　　　　　　　　　　　论智识分子

从《毛选》五集看，他认为左也不好，右也不对，这应当是对的。但他的性格，是扶左而抑右。在国外，无不说四人帮是极左派，但中共今日却说他们是"名左实右"。这种说法的自身，是认为左一定是好而右一定是坏的。假定政治上左、右之分，是来自法国大革命时代议席的座次，则这只是偶然性的名称；三百年来法国的政局，左、右迭兴，在法国人民心目中，只问政策，不问左、右。若就中国传统说，汉以前尚左，汉以后尚右；左好右坏，违反了"约定俗成"的语意。其实左与右，都是政治上的一种符号。符号本身是无所谓好与坏的；好与坏，由人所给与符号的内容而定。现时认为左便是好，右便是坏，这是把左与右当作咒语了。

任何主义，要在现实中实现时，必然随空间时间的不同而有所不同；这种不同，说是"发展"或说是"修正"，在实质上并无分别。列宁修正了马克思，史达林修正了列宁，毛泽东也修正了史达林。任何主义的修正是必然的，只看修正得好不好。当一九六七年，中共正大骂刘少奇是修正主义，把修正主义和工贼、卖国贼连在一起时，我便觉得这是莫大的荒谬；便写了一篇《论修正主义》的文章，在《华侨日报》上刊出。四人帮骂他们政治敌人是修正主义，今日又骂四人帮是修正主义，这是把"修正主义"咒语化了。

最近左派报纸刊出胡乔木《必须按照经济规律加速现代化》的文章，这应当是一剂救时的良药。但他引用马、列、毛的几句话作开场白，由此以作为"必须按照经济规律"的前提，但我相信，经济规律，是由经济学家不断总结三百年来经济发展的经验，所逐渐提出，所逐渐证明的。马克思写了《资本论》，只在指出资本家对工人剥削的规律，这不是中共目前所需要的。"生产力决定生产关系",这是他所提出的大规律。中共目前接受了这一大规律。但目前中共需要的是发展生产力的规律。列宁由战时共产主义回到新经济政策,只能说他是受到了不按经济规律的教训。毛泽东由人民公社、大跃进,到文化大革命"打破洋框框",都是不信经济规律的铁的证明。胡乔木不顾事实上的矛盾,要借重列、毛的权威以增加文章的说服力。可以推想到,反对此一政策的人,更容易借重列、毛的权威以达到反对的目的。为什么不从三百年的经验来直接了当地谈经济规律,而须先陈列一套富有扰乱性的权威面具出来呢?因为中共内部有许多人把《毛语录》当作了咒语,等于和尚念经,不先念"净口咒",所念的经,便没有灵验。

中共现在也提出了"思想解放"的口号。要思想解放,便必需由咒语进到以理性面对客观的观察、试验、思考之上。而解脱咒语的方法,中共自己也提出来了,"以实践检证真理"。我相信中共党内的"咒语派",终究敌不过理性的阳光。

志成同学:上面我所说的,只不过是老生常谈,但这是经过我深思熟虑后所提出的老生常谈。唯一的目的,是要中共面对国家人民,把由教条而来的僵局救活。观念中的僵局救活了,合理的法制便容易出现。他们假定认为我说错了,不妨把教条暂时放下,把"共产党员高人一等"的念头暂时放下,作公开的讨论。

你认为大陆难于出现思想家,把希望寄托在海外。这一点,我并不同意。海外的知识分子,不得意的中共瞧不起;得意的多带有纨绔气、洋翰林气,他们只想沾上点中共关系为自己的名位增加一点光采。到现在为止,我还没有发现真正关切自己的国家人民,站在国家人民的立场,讲几句恳切的话的人。有位台湾中央研究院的院士,到大陆去走一趟,路经香港时,再三向我说:"自由算得什么？"另一位院士，在北京只受到二等待遇，便以一切求情的方法，争取第一等待遇；这种学无根柢，及胸怀鄙恶的人，能从他们的一点浮薄知识中转出"为生民立命"的思想吗？当然我不应抹煞香港有位王延芝先生的存在，虽然他是智慧有余，悲情不足，但在今日的海外，要算是擎天一柱了。大陆的知识分子，假定把二十九年亲身亲闻亲历的情形加以反省，反省出所以出现"大乱"的原因，则一反掌之间，去伪崇真，为国家人民思考问题的思想家便大批出来了。解决人自身问题的思想家，本是从忧患中产生的。现时他们认为局势尚未稳定，可能又有一个大反复，所以大家还不敢把心中的话讲出来，以致引来反复后的杀身之祸。十月一日《人民日报》的社论，是一篇有意义的文章。在这篇文章中，表现出他们恳切求治之心，提出了思想解放的要求；并认为共产党员若不把国家的事做好，便是国家人民的罪人；这里面含有并非一当上共产党员，尤其是一当上了领导干部，在作为人的价值上，会超人一等的意义在里面。这应当算是一种转机。

记得在文革闹得最凶时，我曾向一位好友说："不管怎样骂，刘少奇在共党内的荣誉，终将恢复。我老了，可能不会看到。你年纪比我轻，你一定会看到的。"我在这里所表达的对国族无穷之愿，我自身当然看不到结论，但希望你及身能看到。当四人帮未被捕以前，有诚实可信的朋友告诉我，大陆知识分子，认为他们即将身遭亡国之痛。但我觉得不论如何，只是人民吃苦的多少长短问题，没有人能亡我们国家的。我这封公开信，也只算向你提出问题，供你思考的参照而已。

一九七八年十月十日、廿日、廿一日《华侨日报》

国族无穷愿无极，江山辽阔立多时　　　　　　　　　389

良知的迷惘
——钱穆先生的史学

一

《明报月刊》一九七八年十二月号刊出了《钱穆伉俪访问记》，纪录了钱先生对史学的见解。这是他一贯的见解，但此时此地，他又加强地重复出来，使我的良知感到万分迷惘。

钱先生此次以高年重到香港来作短期讲学，虽因他坚拒新亚研究所的邀请，以致无缘见面，但每听到朋友说他的精神矍铄、风采依旧的情形，总是私衷为他庆幸。我所不能了解的是，大陆经"封建专制"（这是北京大字报所提出的名称）统治二十多年，民不聊生，国几不国。现正当北京许多良心血性之士，在"四五运动"口号之下，发出了强烈的对民主自由要求的时候，当然每一以国家人民为念的人，无不凝神屏息，祝祷他们能得到某一程度的结果。而钱先生却依然发表假史学之名，以期达到维护专制之实的言论，对在生死边缘挣扎的十亿人民所发出的沉痛的呼声，泼上一盆冷水。这未免太不应当了，所以我再不能把我良知上的迷惘沉默下去。

二

我首先要指出，从史学的基础在史料的立场来说，钱先生的史学著作，是不宜作一般读者之用的。钱先生天资太高，个性太强，成见太深，而又喜新好异，随便使用新名词，所以他对史料，很少由分析性的关连性的把握，以追求历史中的因果关系，解释历史现象的所以然；而常作直感的、片段的、望文生义的判定，更附益以略不相干的新名词，济之以流畅清新的文笔，这是很容易给后学以误导的。例如钱先生在一九五五年出版的《中国历代政治得失》，主要是从"历代中国政治制度"，以证明"秦以后政治传统，不是用专制黑暗四字一笔抹煞"的。政治制度应以丞相为骨干。钱先生首先从三公九卿谈起，根本不知道三公九卿，在汉成帝以前，只不过是观念上的官制，这是他研究所未及，可以原谅的。他"依照文字学原义"所作的"丞相"一词的解释是"丞是副，相也是副。丞相正名定义，就是一个副官。是什么人的副官呢？他该就是皇帝的副官"。若据《说文》以言"丞"的原义，则"丞，翊也……山高奉承之义"，所以应劭对《汉书·百官表》丞相的解释是"丞者承也，相者助也"，即是《百官表》所说的"掌承天子，助理万机"。"副"的原义在《说文》是"判也"，转注而有"副贰"之义。"丞相"二字之义，与"副"之义，渺不相涉。把"丞相"二字皆释为"副"，更由"副"字联想到今日军中的副官，因而把丞相说成是皇帝的副官。钱先生根本不知道军中的副官是处理杂务的，与作战、训练等重要业务无关。若是"随从副官"，则是为长官处理生活上的杂务，实际是勤务兵头儿。准此以推，则汉代官制中的光禄勋、卫尉、太仆、少府四大官署里面，倒有许多官职，可称为皇帝的副官。把丞相说成是皇帝的副官，未免把丞相的地位，糟蹋得太不像样子了。

丞相又称宰相，钱先生的解释是："在封建时代，贵族家庭最重要的事在祭祀。祭祀时最重要的事在宰杀牲牛，象征这一意义。"是钱先生把"宰相"之"宰"，当"杀"字解，却不知先秦使用"宰"字，都取治、主、制三义，决没有作"杀"字用的。"宰"解作"杀"，今日可以查到的，最早是《汉书·宣帝纪》的"损膳省宰"注"宰，屠杀也"。若是"宰相"之"宰"，是象征屠杀的意义，未免太可怕了。这里所举的不是特例，而在钱先生大著的《国史大纲》中所犯的这类错误，更为严重。

三

钱先生并不认为专制是好的，而是说中国历史上并没有专制，不可以用专制的名称；所以由秦所建立的专制政治，钱先生在《国史大纲》中称为"第一次统一政府之出现"。然则周初"礼乐征伐自天子出"的封建政治，不是"统一政府"吗？他用这个笼统的名称，便把秦是中央集权、个人专制的政治特性，隐瞒过去。不过这个名称虽然笼统，但还可以沾到一点边。钱先生对汉代所继承的大一统的专制政治，却赋与以"平民政府"的名称，因为刘邦及其功臣，多系平民出身的原故。对宣、元、成三帝时代的政府称为"士人政府"，因为有许多士人加入到政府里面的原故。并总结说"自此汉高祖以来，一个代表一般平民社会的素朴的农民政府，现在转变为代表一般平民社会的有教育有智识的士人政府，不可谓非当时的又一进步"。从钱先生看，这都不是专制政府。

　　　　　　　　　　　　　　　　　　　论智识分子

钱先生的说法中有两个问题须先提出讨论：第一个问题是他认为由平民出身取得政权的，便是平民政府；等于说本是由摆地摊而后来发大财的人，只能算是地摊之家，而不可称为豪富之家，是同样的可笑。陈涉以雇农起兵称王，六月而亡，但他的雇农老友去看他时，尚惊叹为"涉之为王沉沉者"。钱先生想没想到叔孙通制的朝仪第一次应用时，"自诸侯王以下，莫不振恐肃敬"；在"置法酒"时，"诸侍坐殿上皆伏抑首"。想没想到汉继承二十等爵，二十等爵的最高爵是列侯，列侯之上还有"诸侯王"，诸侯王之上才是皇帝，所以皇帝与平民的等差是二十三级。想没想到刘邦何以要屠戮同样平民出身的有能力的功臣如屠戮犬羊，连萧何以"相国"之尊，要把他下狱便下狱，要放出来便放出来，不需要任何理由。何以要把政权交给吕后手上，而吕后便能大王诸吕。何以他死后要郡国为他立庙，而在长安的庙每月要奉衣冠出来巡游两次。更想没想到与贾谊约略同时的贾山向文帝上书中述皇帝的威势是"雷霆之所击，无不摧折者。万钧之所压，无不糜灭者。今人主之威，非特雷霆也。势重，非特万钧也"。大陆上幼稚的史学家，以为李自成们起自雇贫农，假定他们取得政权，便会以阶级成分改变政权的本质。这实是与钱先生的史学，同一血脉。

　　其次，是所谓代表一般平民的问题。不错，汉高祖、文帝们的确是重农抑商，他们有程度不同的爱民观念，后世开国之君，也多数只如此。但一个史学家应了解这种爱民观念，系通过何种政治机构去实行，随政治机构的好坏，而自然受到制约。提倡爱民观念最强烈的莫过于周初，它是通过封建制度去实行的，其效果自然受到封建制度的制约。秦所建立的一人专制，本是要以自耕农及小手工业者为政权基础的；但专制这套机构的本身，因皇帝与人民的地位悬绝太远，要保护也保护不了。何况它必然很快地腐败堕落，并使皇帝自然会骄奢昏暴，小人宦戚自然会得志，成为一切残毒人民的根源。所以黄梨洲在《明夷待访录》的《原君》中，对"以为天下利害之权，皆出于我"的专制之君，指出"敲剥天下之骨髓，离散天下之子女，以奉我一人之淫乐，视为当然，然则为天下之大害者，君而已矣"。这里最值得重视的，是"视为当然"四字。这类的话，西汉儒生不断用"反秦"的方式向当时的皇帝说了出来。钱先生何以都闭目不睹。毛泽东不断说"一切为人民"，不应认为他讲的全出于虚伪。但他的"封建专制"的体制，使他得到恰恰相反的结果。这在今日中共的内部，也不能不沉痛地加以承认，因而发出民主自由的要求。这就是为什么史学家必须在政治社会制度之内来讲人与故事的原因。

四

西汉到了宣帝时代，儒生渐渐得势；元帝、成帝两代，儒生进入到朝廷重要地位的人也更多，他们在各方面都发生了良好的作用。但因此而可将此时的政府，称为"士人政府"吗？我们称政府的性质，必须就权力根原之地是由谁来运用而言，这应当是一种常识。通过二十四史一直到现代，都证明凡是站在平民的立场进入到仕途的人，地位愈高，与皇帝愈接近，他命运性的困扰、艰难，必定来自专制的机构与专制的观念。宣帝起自民间，精明练达，他的权力是由自己运用。而帮助他的是宦官弘恭、石显。元帝好儒，但他以"中人无他肠"，弘恭、石显得到加倍信用。即位后年余之间，与元帝有特别关系的萧望之、刘向、周堪等大儒，俱因弘恭、石显们的谗害，萧下狱自杀，刘向免为庶人，终元帝之世未尝复起，周堪的弟子张猛被迫自杀于车中，周堪终"因显（石显）白事，事决显口"，"疾喑不能言而卒"。武帝破坏宰相制度，开以后由大司马（内朝臣）秉政之局。成帝时，外戚王氏以大司马秉政，绳绳不绝，直至王莽之篡。这是非常明显的事实。所以这是专制皇帝下的宦官外戚政府，如何可称为"士人政府"。钱先生书中也叙述到外戚宦官之祸，但他决不肯指出外戚宦官，是专制下的必然产物。西汉的政治社会，影响到以后的两千多年。对西汉的真切了解，是了解以后历史的基础。我们读钱先生《国史大纲》有关秦汉的叙述，只能看到一片紫褐色的浓雾，此时代中最严重最基本的政治社会问题，都在浓雾中隐去。这对初学而言，是非常有害的。

五

钱先生在《明报月刊》的访问记中反对用封建社会、专制政治这类"空洞的名词"，认为"我们要批评历史，不能单用空洞的名词名称来概括，何况还是由西洋翻译过来的名词。全部二十四史，没有用过帝王专制四个字，不要人家说中国是封建社会，是专制政治，我们就相信，就接受了"。钱先生这段话，包涵了许多纠结。首先，钱先生之所谓"空洞名词"，是指抽象名词，亦即是荀子之所谓"大共名"而言。像有些历史哲学家，常根据一小部分事实，加以推演，以推演出一个抽象名词出来，以为这个名词可以概括整个历史。或者有如中共许多人滥用"封建"一词，以否定历史的一切，这都是应当反对的。但由具体向抽象，由"单名"向"兼名"，由"兼名"向"大共名"的演进，是人类认识客观事物，把握客观事物，所必然经过的历程。否则有系统的知识不能成立，人面对客观世界，只能感到一团混乱。问题只在这类大共名，是否系由许多具象事物中抽象而得。抽象的过程，是否周密谨严？及由抽象建立大共名后，是否能回过头来对相关的事物作适切的解释？不考虑这种实质问题，而对于大共名用"空洞"两字加以否定，这等于否定了认识自身的功能，否定了由饾饤性的认知，向知识系统、思想系统的演进。并且这种不加分疏的否定，是不能成功的。所以在钱先生的著作中，也用了不少的"空洞名词"。

其次，钱先生承认中国有"封建政治"，并常用"封建时代"一词，所反对的是"封建社会"四字。我年来研究所得，周代封建，是和井田制度连在一起；而井田制度规定了农民的生产方式和生活方式，所以对周代而言，可以称为"封建政治与社会"。在封建政治中的身份制度，为专制政体所拥抱，这是专制政体自身所不能缺少的一部分，并非有意继承周代的。周代封建政治中的"亲亲"精神，却由春秋之末转移到社会，成为二千年中国"家族社会"团结的纽带，对我们民族的保存发生了非常大的意义。而在周代封建政治中主要由周公所提出的许多有价值的观念，我曾概略地举出，只要是稍有良知的人，即使在今天，也应当承认。我研究的结论是，在周代封建中有可取的东西，在汉代专制中则只有毒害。毛的专制思想，与传统的"人道的人文思想"不相容，所以他公开说"决不行仁政"，他是"无法无天"，他承认做了较秦始皇不知大多少倍的焚书坑儒工作。他们所实行的阶级专制，必然发展为一人专制，与历史上的专制自然同符合契。于是中共们避讳两千年来的专制政治的实质，舍专制一名而不敢用，只好泛滥地使用"封建社会"四字，不辨别具体内容，一切视为罪恶，一切加以否定。这一方面由于"专制"本质的必然反对学术，尤其是必然反对"真史学"。另一方面也是由知识分子对历史的认识不足，或为避祸，或为偷懒，轻易加以附和雷同。我们面对这种情形，只能以自己具体而深入的研究，把历史的真实摆出来，以破其愚惑。岂能因噎废食，连周代的"封建社会"一词，也不敢使用。至于中国封建、专制与西方封建、专制的异同，这在具体深入研究中自然会解决的。

六

实际钱先生所最反对的是把秦始皇以后的政治，称为专制政治的这一点。这里先应澄清的：第一是历史上或社会上，常常是"事实"出现在先，事实发展到某种程度时，才有人提出某种名词来加以概括。第二是某种名词出现以后，假定有更恰当的名词出现，便会发生名词的交替作用。第三是百多年来，连我们日常使用的名词中，也有许多是因外国名词的引发，由我们自己或由日人用中文加以意译，少数加以音译，这并不限于新鲜事物。我们对此，只问其名实是否相符或约定俗成的效果。若因其为二十四史中所无而即不用，钱先生首先便做不到。中国在先秦已有"专制"一词，但没有用到帝王身上，对帝王专制，只像黄梨洲的《原君》样，把"视天下为莫大之产业，传之子孙"的帝王，袭用孟子的"独夫"一词来加以概括。及严复、梁任公们从西方知识中，知道当代的政体有三，中国由始皇以后的政体，恰当于三种政体中可译为"君主专制"的一体，此名一出，以之解释秦以后的政治实况，无不怡然理顺，便大大流行起来。光绪三十年五月五日《中外日报》社论即谓"专制不与蒙蔽期而蒙蔽至，蒙蔽不与腐败期而腐败至"。讨袁之役，"帝制自为"一语，腾播于公私文书之中，"帝制"即"帝王专制"之省称。岂能因叶德辉们的狂吠，毛的禁制，便可涂饰由此名所涵盖的两千年的铁的历史事实，因而迷惑十亿中国人民对民主的迫切期待。

七

钱先生把历史中成千成万的残酷的帝王专制的实例置之不顾，特举出不三不四的事例来，以证明汉代不是专制，这不是做学问的态度。第一个例钱先生认为"汉文帝一生最佩服的是贾谊"。因绛、灌之徒反对，只好两次用他到诸侯王处当太傅。"从这故事看来，又哪能算专制呢？"从钱先生大著《朱子新学案》提纲中提到汉儒思想性格的说法，钱先生并不了解汉儒，当然也不了解贾谊。贾谊最先主张削弱诸侯王，与文帝要求进一步中央集权的意旨相合，因此得到文帝的重视。但贾谊的真正政治思想是要求以礼来严格规范皇帝太子的生活行为，并通过他所构想的官制，使皇帝处于"虚君"的地位，这便不能为文帝所接受，限制了他在现实政治中的前途。钱先生所夸张的"文帝自以为不及"，乃是文帝在"宣室"中与贾谊谈鬼神之事，并不是谈什么其他学问。所以李商隐叹息地说"可怜夜半虚前席，不问苍生问鬼神"。钱先生以为绛、灌可以反对文帝重用贾谊，因而不是专制；钱先生应想到贾谊死年三十三，假使他不短命，他的政治前途，还在未知之

论智识分子

数。其次，景帝一下子提拔晁错为御史大夫，一下子斩之于东市，突起突落，景帝未尝受任何牵制。若文帝真要重用贾谊，绛、灌之徒能反对得了吗？绛、灌中的绛侯周勃，是最老实而又手诛诸吕、迎立文帝的大功臣。文帝即位，两年多，位子坐稳了，即捏词说周勃要造反，逮捕下狱。周勃以千金与狱吏，狱吏"书牍背"教他把儿子所尚的公主（文帝之女）牵在里面，使文帝不便遽下毒手。勃更把他所得的"益封"及"受赐"，完全转赠给薄太后的弟弟薄昭，薄昭为他在太后面前求情，得太后之力，乃能赦出狱，保全了性命。像周勃这种老实人，因皇帝一念窃嫌之私，便平地风雷，性命几乎不保，他有资格反对文帝用人吗？文帝更陷害亲弟淮南厉王，置之死地，再把责任转嫁给他人，这不用专制者的心态，是不能解释的。

　　司马迁因李陵而得的无头冤案的经过，幸而在《报任安书》中叙述得很清楚。稍有点中国历史常识的人，都应当了解，凡是皇帝亲自交下与皇帝自己有关的案子，承办的官吏，便决不敢问是非，一律从重拟刑。司马迁的死罪，由此而来。景帝对"死罪欲腐（宫刑）者许之"，史公之受腐刑由此而来。武帝因不信任宰相，晚年又游宴后庭，需要有才学的宦官为他处理公文，史公便以宦官的资格为中书令，所以史公自称为"身直为闺阁之臣"。他所以忍受"最下腐刑极矣"的耻辱而不死，是为了完成《史记》的著作。而他在著作中尽量运用"微言"的技巧以求避祸。但据西汉末卫宏的纪录，当武帝看到《景帝本纪》及《今上本纪》时，大发雷霆，除把两篇毁掉外，史公终于被杀。史公受刑以后的心情是"何面目复上父母之丘墓乎"，"肠一日而九回"，"每念斯耻，汗未尝不发背沾衣也"。钱先生却能在这段悲惨故事中，用加油加醋的手法，以此证明武帝并非专制，岂非滑稽。凡是读过了《史记》《汉书》的人，对武帝如何破坏宰相制度，如何重用酷吏以涂毒天下的人民，并无原无故地残杀天下的强宗大族，如何以裙带之私来选用统帅，以致所得远不能偿其所失，如何屠戮宰相如豕羊，如何制造淮南王安冤狱而屠戮三万多人，如何以侈泰之心，穷兵黩武，使天下户口消耗了一半，以致山东群盗并起，以及西汉儒生，对他作何评价，都应当有个清楚印象。要在汉武身上洗涤专制的罪恶，似乎要困难得多。钱先生的史学，可谓独为其难了。

钱先生又引帝王死后有褒贬性的谥法，以作中国不能出现专制政治之证。但钱先生有没有想到，自汉代起，凡不是被杀亡国的皇帝，不论是怎样坏法，都是谥以佳名。连汉代的桓、灵，也不例外，这是为了什么呢？

至于不谈制度，不谈时代背景，不谈群体生活状况，而仅谈有故事可谈之人，这是把人从时间空间中提空，把人与社会的关系切断，把历史变成幼稚园的连环图画，然则中国到底有没有"史学"？

我和钱先生有相同之处，都是要把历史中好的一面发掘出来。但钱先生所发掘的是两千年的专制并不是专制，因而我们应当安住于历史传统政制之中，不必妄想什么民主。而我所发掘的却是以各种方式反抗专制，缓和专制，在专制中注入若干开明因素，在专制下如何多保持一线民族生机的圣贤之心、隐逸之节，伟大史学家、文学家面对人民的呜咽呻吟，及志士仁人、忠臣义士，在专制中所流的血与泪。因而认为在专制下的血河泪海，不激荡出民主自由来，便永不会停止。"述往事，思来者"，史公作史之心，应当是一切史学家之心，面对大陆人民，正进行专制与民主的生死之争，"历史的良知"，该是如何的重要。

一九七八年十二月十六日至廿日《华侨日报》

文化卖国贼
——看上海四人帮余孽

　　这篇文章在报纸刊出后，有不少朋友告诉我：批评的内容，都可以站住脚，只是标题太火爆，恐因此引起反感，不如改一个和缓点的标题。这都是出于朋友的好意。但仔细想过后，觉得当时所以借用"文化卖国贼"五字作标题，乃出于平日不断积累下来的愤慨。假定没有这种愤慨，我便不会很辛苦地为报纸写这种文章。以孔子这些年来在中国所受的反理性遭遇，如果在九亿人口中，竟没有一个人发出这种愤慨的真情，则这九亿民族到底还有没有历史文化意识，还有没有由历史文化意识凝结而成的坚强生命，可能是值得怀疑的。所以我宁愿因此标题而受到他人骂我"太没有涵养"，不愿把它改动。

一九七九年三月十五日补志

一

　　二月一日，伊朗回教什叶派领袖科米尼，结束十五年的流亡生活，在盛大欢迎中由巴黎返到首都德黑兰。下机后，谴责巴列维国王为卖国贼，把国家的文化卖给殖民主义者。由此可知，在科米尼心目中，巴列维国王所犯的最大罪是"文化卖国贼"。科米尼的这种指责，只能煽起信徒更趋于狂热，并没有把握伊朗的真正问题。假定科米尼建立纯回教国家的理想成功，会把伊朗带进更黑暗悲惨的境地，所以我对此并不同情。但未尝不可因此而反映出了一个新问题，并对"文化卖国贼"的新名词，也感到相当兴趣。

反映出的新问题，是政治上对传统文化的态度问题。我以为巴列维失败的原因，是他对人民及反对者的残暴和王室及高级官吏的贪污。他所指向的现代化，除了野心太大，调配失宜以外，不应成为被攻击的目标。但由科米尼的攻击，巴列维对伊朗传统文化的回教，因处理失当，以致引起许多信徒的愤怒，终于和残暴贪污等连在一起，成为今日混乱局面的主因，这是值得深刻反省的。

每个人皆妊育于自己民族历史之中，也即是皆妊育于自己民族文化传统之中。传统文化，概略地可分三部分：一是到现在还有意义的部分；二是阻碍现在进步的部分；三是既非有意义，也不阻碍进步，而只形成一种风俗习惯，有如中西的若干节日，带有生活情调的部分。宗教是一种盘结性很强的传统文化。因为盘结性很强，所以第二部分的作用也特别大。基督教（包括新、旧教）进入到近代，一方面由民主政治之力，政教分离。另一方面，基督教自身，也作了许多适应性的努力，在西方先进国家中，才把第二部分的作用减至最低限度。回教到现在为止，还缺少上述的历程，可以想象到，他与现代化有不少的抵触。在此情形下，只有发挥第一部分，不触犯第三部分，让第二部分能随现代化的成果而缓慢地蜕化，并把现代化的基本动力，安放于民主政治之上，安放在人道主义之上，这或许是一条比较可行之路。而巴列维国王却没有这样作。

二

把"文化卖国贼"的名词加在巴列维身上，我认为有些太过。但若将此名词加在四人帮及今日尚盘踞在文教界中的若干四人帮余孽身上，大概是相当恰切的。

以孔子为中心的先秦儒家之教，是从原始宗教中摆脱出来的人道之教、人格之教。虽然在长期专制压迫下，受到了歪曲、污染，但通过一部廿四史，证明它始终是维护人民、维护民族的一股力量。并且流传下来的儒家典籍，有如《论语》、《孟子》、《荀子》、《吕氏春秋》中的大部分、《淮南子》中的《主术训》、《泰族训》，《新语》、《新书》、《春秋繁露》中的大部分，《新序》、《说苑》、《法言》，以下迄《潜夫论》，直通到明末清初诸儒的著作，及《汉书》、《后汉书》及以后各史中所载儒家的奏议，皆语意明白。只要稍稍有点文字训诂的基础，一句一句地读下去，作文从字顺的解释，连结各句以通一章，连结各章以通一篇，连结各篇以把握一书一人的立言的纲维，脉络，采用这种"实事求是"的读书态度，则孔子是代表没落奴隶主利益及以后儒家是代表大地主阶级利益的，这类完全失掉了起码理性的黑话，可以说得出来吗？

周初"天视自我民视，天听自我民听"的观点，是儒家所秉承的政治思想的大纲维。若套用中共的思想格套来表达，应当是"马、列是通过中国人民的眼睛来看，是通过中国人民的耳朵来听"。因此中国人民的视听，即是马列的视听，中共应当以中国人民所视所听的结果为政治最高决策的准绳。中共自反右、人民公社、大跃进以后，人民是用泪眼来看自己的生活，用侧耳来听

404   论智识分子

干部的叫嚣，用掩耳来逃避自己儿女的悲叹。这是人类良心所不能接受，亦即是儒家精神所不能允许的。也是中共内部许多干部，有如彭德怀之流，所难于坐视的。毛泽东却认为他所遇的困难，是来自干部不听话，干部之所以不听话，是不知不觉地受了传统儒家思想的影响。他要肃清不听话的干部，以便把人民放在手术台上，作进一步的实验，便需要把人道主义、人格主义的儒家思想，彻底加以铲除，而在传统中，找出一向以人民为工具，以严刑峻罚为手段的法家来作精神上的支持力量。于是嗾使四人帮炮制出孔老二是代表奴隶主利益的，法家是代表新地主阶级，是较儒家为进步的胡说。法家以严刑峻罚来压迫人民的一套想法和制度，都集中在专制皇帝手上。

四人帮把历史中儒家向专制皇帝为人民乞命的许多沉痛的语言，都说成这是历史中反动的儒家和进步的法家的斗争。所以文革期间，人民及中共较好干部所受的荼毒，是与毛的反四旧，尤其是与毛所嗾使（毛自己没公开这样说）的对孔子的诬辱，是密切关连在一起而不可分的。这才是名符其实的文化卖国贼。假使孔子是出生于俄国及其他共产国家，决不致有这种卑贱愚蠢的文化卖国贼的出现。

三

一年以来，我注意到北京与上海的文化活动气氛并不完全相同。北京文化活动的气氛，虽然还没有完全从四人帮的流毒中摆脱出来，但由对孔子诛少正卯故事的再论定，及对"克己复礼"的再解释（因为解释者对《周礼》的演变还不明了，所以解释得还不够确切）等现象来看，他们已表现出若干转机。上海的情形，则表面反四人帮，而实际完全是四人帮的余孽在"贼喊捉贼"。后面，试举若干例证。

上海古籍出版社，把汪继培笺注的王符《潜夫论》印了出来，这是一件好事。但在（一九七八年二月写的）《出版说明》中说："王符的作品中，还存在着宣扬仁义孝悌德化等封建性的糟粕，应予批判。"试问：王符若不是相信仁义、孝悌、德化等，他凭什么去"讥评时政，反对贵族官僚的虚伪，揭露豪强地主的贪婪和残暴"（《出版说明》中语）呢？从政治上谈仁义，消极方面，仁是对残暴而言，义是对骄妄而言。积极方面，仁是"天下有溺者，犹己溺之也；天下有饥者，犹己饥之也"（《孟子》）的统治者及知识分子，对人民的不幸，负有绝对责任的精神而言。义是根据人民大众的利益（"与民同乐"，"与民同之"）以树立政治行为的标准而言。仁义是在专制封建的黑暗政治下为人民乞命，为国族存生机所揭出的大标志。文革期间，毛泽东把自己的干部及较好的知识分子，整得连猪狗都不如，所以四人帮要反仁；你们经此苦厄，为什么还要反仁？毛泽东的"无法无天"，使政治、经济、社会陷于大混乱、大破坏，所以四人帮要反义；你们面对这种惨痛，为什么还要反义？"德化"是两汉知识分子提出来反对汉代所承秦代严酷刑治的口号，上海劫后余生的知识分子，还想要求法家的刑治吗？至于孝悌，这是发乎人性的自然，有时在动物中也表现出来。赖它而团结家庭，安定社会。平时由此而扩充为人类之爱，乱世常发而为冒险犯难，为骨肉作死亡中的挣扎。这种意义，在促使家庭中的父母兄弟夫妇要互相斗争的共产党，当然不能了解，不肯承认。但由陶铸的女儿写的一篇文章中所流露出的陶铸折磨到快死时，夫妻之间、父女之间的悲痛彻骨的深厚感情，我一面看，一面流眼泪。刘少奇折磨死，王光美下狱后，受到非人待遇的大女儿，拦车向周恩来求救，得到周的照顾，把流浪在街头的弟妹，招集在一起，负起教养之责，这不也是一个非常感人的故事吗？在悲惨境遇中，由骨肉之情所发出的维持人道于不坠，维持民族生命于不绝的人性光辉故事，在历史中，尤其是在现代大陆中该有多少？你们经过这样大的劫难，还要否定由人性之自然所流出的孝悌的意义，对于你们同志中这样的故事，完全无动于衷，然则你们不是江青的化身是甚么呢？

从报纸上，知道上海古籍出版社又要重新开始印行古籍，这当然是好消息。但选印的第一部是为康熙皇帝在江南当文化特务的曹寅的集子。曹寅诗文的成就非常平庸。他是曹雪芹的祖父，在"《红楼梦》热"中，凡是曹寅集中可以找到曹雪芹家庭背景的材料，早被一些红学专家们搜用无遗了。古籍印行社为甚么在重印古籍时以曹寅的集子为首选？因为毛泽东认为几千年的中国文化，只有一部《红楼梦》可以见得人（见《论十大关系》）于是《红楼梦》的作者曹雪芹，便和鲁迅一样，成为文化中的两大贵族人物。封建的基本特性之一，是由血统关系来决定人的地位与价值。中共内部这种封建思想，沦肌浃髓，不知不觉地传染到文化上，便感到凡是与曹雪芹拉得上血统关系的，便认为特别有价值。何况曹寅为康熙皇帝作文化特务工作，实质便是文化卖国贼，与上海四人帮的余孽，臭味相同，于是特选定曹寅集为首选，丝毫不感到羞耻。

四

《大公报》在香港复刊卅周年，出了上下两集的纪念文集，其中除了为统战关系而羼入若干无聊的作品外，有不少好文章。但第一篇上海复旦大学教授郭绍虞所写的《兴观群怨说剖析》，却十足证明他是四人帮的余孽。

郭绍虞专治中国文学批评史。从他的著作看，可以了解他用功很勤，读书很多。可惜凡是文学批评史中的重要观念，他都不能把握。而他自己所写的疏导性、发挥性的文字，东扯西拉，没有方法可为他清出一条理路。我不相信有人从他的文章中可以得到对问题的清楚印象。现在讨论的这篇文章即是例证。所以我常从他的著作中剌取他所援引的材料，一看到他所作的疏导、发挥时，便无法看下去。其原因大概：一、他是很用功而头脑则非常糊涂的人。二、因为文学理论，皆由作者的体验而出。郭氏只勤于搜集材料，缺少直接对文学体验之功，所以接不上古人的体验，始终只能在材料的周遭绕圈子，无法进入到材料的核心里去。三、古人的体验只用简单一两句话表达出来。要把一两句简单的体验语言，作理论性的疏导，使其成为有系统的结构，是很困难的事情。郭氏缺乏这种训练，所以一离开材料便错。但只要他安分守己于自己学术工作的分位上，就不应当完全抹煞他的缀辑之劳。可惜因他的头脑糊涂而名利心切，终于堕在四人帮的泥沼中去。

郭氏文章一开始说："有两种兴观群怨说，一种是孔丘所讲的兴观群怨说，一种是孔丘以前，被压迫阶级的群众所体会到的兴观群怨说。孔丘之说见于《论语》。"按《论语》"子曰，小子何莫学夫《诗》。《诗》可以兴，可以观，可以群，可以怨……"孔子所说的《诗》对读者在人生上所发生的作用，在孔子以前乃至旧时的贤士大夫，大体已经有此体验，否则春秋时代朝聘会盟时，不会"赋《诗》""以微言相感"。尤其是吴季札观乐所表现出的对各国《国风》体认之深，可以说这是中国文学批评史上第一次出现的有系统的批评。而孔子既与季札时代相接，季札又为孔子所倾倒之人。以孔子"三人行，必有我师焉"的好学精神，他的《诗》教，是前有所承，再加以自己平日不断地歌咏（《论语》"子于是日哭则不歌"，是孔子平日不断歌咏的），所加深扩大的体验，便把他人和自己体验所得，用"兴、观、群、怨"四个概念，明白表达出来以立教（把体验用概念表达出来，这中间还有一番理论反省的工夫，两者常隔有很长的一段时间）。这对孔子说，也可算是"述而不作"。但郭氏不顺着这种历史上显明的事实去把握问题，却模仿四人帮虚构历史的办法，凭空建立一个"孔丘以前被压迫阶级所体会到的兴观群怨说"。以列宁的"每一种民族文化都有两种文化"，即是"有剥削阶级的文化，必然有被剥削阶级的文化"作证明，而"孔丘是站在当时奴隶主阶级立场来论《诗》的"。由郭氏之说，孔丘以前的兴观群怨是属于奴隶的，而孔丘的兴观群怨是属于奴隶主的。顺着一般文章的条理，郭氏应首先提出奴隶的兴观群怨的事实。他在"兴观群怨说的来源"一段中，文字搅绕，似乎在说明来自奴隶的兴观群怨，即是"诗人的思想"，"诗人大部分是来自民间，而这些关于诗的理论，也很可能是早已产生在民间的"。并引用了《陈风》的《墓门》，《小雅》的《节南山》、《巷伯》，《魏风》的《葛屦》，《大雅》的《崧高》、《烝民》等诗，以作证明。我们可以承认诗人有其兴观群怨，但引发诗人兴观群怨的对象是他所遭遇的问题，而兴观群怨的结果是表现为作品。孔子所说的由学《诗》而来的兴观群怨的对象，是诗人的作品，兴观群怨的结果是读者的精神状态及生活行为。郭对这两个不同的层次，完全弄不清楚，不仅胡猜乱想，牵强附会，而且除《葛屦》的作者身份不能断定外，其余都是出于统治阶层，绝对不是被压迫的平民。《国风》中有出自平民的诗，郭氏为什么不引？因为不论如何，连牵强附会也办不到。于是他一开始"一种是孔丘以前被压迫阶级的群众所体会到的兴观群怨说"的肯定判断完全成为虚构，只好在作结论时，变成了"推知古代民间诗人也会产生这种看法的可能"，"这些关于诗的理论，也很可能是早已产生在民间的"，"可能是一种比较早的模糊概念"的迷离扑朔之词。而与孔丘所代表奴隶主相对的奴隶，全文中一次也不曾出现，致使有奴隶主而无奴隶。

接着上一个问题，自然要说明被压迫群众手上的兴观群怨，如何会被一个"站在当时奴隶主的立场来论《诗》"的孔丘所接受？郭的解答是"孔丘之所谓兴观群怨，可以根据以前诗人之旧说，也可以从古的诗作中或再从以前的旧说中成为自己亲切体会得来的知识"。这里姑且不问他凭空捏造出一种"旧说"，而只指出，他开始所强调的两种对立阶级的兴观群怨，到此突然把阶级性消失得无影无踪了。

孔子的兴观群怨，既是从旧说而来，并且"也可以肯定孔丘的聪明，能够利用这些旧有的概念，作为他的新的认识、新的发明"。所谓"旧说"、"旧有的概念"，郭氏并没有在文章中指证出来，而只是在"推知"的"可能"中，加上"孔丘对此四字究竟作何解释，我们固然没法考知"。则两种兴观群怨的内容，郭氏并不知道。但郭氏却有本领能断定"二者虽有联系，但是还有本质上的区别"。于是又在架空中乱打一顿胡说。郭氏屡次攻击孔子不应把《诗》作为教育的工具,我不知世界各国大学的文学院中,有谁不把诗当作教育工具。

郭氏的文章,不是顺着上述的条理写下来的。中间横插入"较为落后"的温柔敦厚说,又插入"诗和礼的关系"。他不仅不懂礼发展到《论语》中作为人生修养之用的内容是什么,并且连《礼记经解》之所谓温柔敦厚的本来意义,及后来以此作为一种对《诗》的评鉴,中间是经过了什么转折?作为对《诗》的评鉴后,对哪类的《诗》是有效的,对哪类的《诗》是无效的?温柔敦厚,何以会受到王船山们批评,他一概不知,一概不懂。因为他还没有懂与不懂的分界线的自觉,所以便可随意胡扯一顿。一面批评朱熹以"考见得失"解释"观","不是诗人之所谓观",一面在引《节南山》"以究王讻"之句,而谓"究有穷究之义,诗可以穷究王政昏乱之所由,体会到诗之认识作用,这即朱注所谓考见得失,这就是所谓观",他不感到在他的前后语言中,含有什么矛盾。

批评一篇有条理的文章容易,批评郭氏这种毫无条理的文章,却非常费力,因为要帮他在混乱中清理出条理,这或许就是郭先生的自我保护的一种方法。

五

上海出刊的《中华文史论丛》,是一份很有分量的学术性刊物,去年以第七期复刊,值得欣慰。第七期中有很好的文章,例如陈毓罴、刘世德合写的《曹雪芹佚著辨伪》,考证精详,条理清晰,使作伪者无置喙余地,也有很坏的文章,例如周谷城的《奴隶主与经古今》，毫无历史根据，向壁虚造，可谓荒谬绝伦。此外瑕瑜互见，还能维持过去的水准。最近第八期到港，中有吴文祺的《一本荒谬的中国文学史》一文，是批评投靠四人帮的刘大杰修订本《中国文学发展史》第二册的。在文化水准上远不及刘大杰，而刘大杰的文化水平本来不高，在论点上，可以算作四人帮余孽的文化卖国贼的典型之作。

四人帮文化卖国贼的总纲领，由吴文祺忠实传承地说："总的说来，儒家、法家在春秋战国时是两个重要的学派。儒家代表没落的奴隶主阶级，法家代表新兴的地主阶级。儒家要维护奴隶主的政治制度，法家反对奴隶主的政治制度，并为新兴的地主阶级建立专政制度大造舆论……"凡在这种无耻无知的谎言导引之下的，必然会虚构历史、隐瞒历史、歪曲历史，以达到文化卖国贼所担承的任务，吴氏正是如此。

大概在两年前，余英时教授在《明报月刊》上刊出一篇通论性的谈中国文化思想史的文章（题目已忘记），文字写得很漂亮，内容主要说明自西汉起所谓儒家，是儒其名而法其实。承他客气，一再要我批评，我便复他一封长信，历举历史事实，证明余先生许多说法在大纲维上把真相弄颠倒了，并劝他不要轻易写通论性的文章。到了一个多月，余先生回了我一封信，说我的批评十之八九，"击中了要害"，并为其余的十之二三作辩解，如礼的问题。余先生对礼的问题，还未能突破五四以来的见解。但以他的天资之高、学植之厚，而仍肯虚心求教，则他在几年以后，自己会纠正今日不太正确的见解，所以我把余先生的复信转给胡菊人先生一阅后，不再提意见。过去我不愿公开批评余先生，此时却提到此事，是因为一位年轻的外国人，称余先生的说法为权威的说法，而吴文祺全文的主要论点是"在西汉以后儒家、法家，已经融合为一了"，可能也是受了余先生说法的影响。

吴文的历史论证，是"从西汉说起"。他说："刘邦得天下后，起初是反对儒家的。他说，乃公居马上而得之，安事《诗》、《书》？后来叔孙通为他定朝仪，他才认识了儒家的妙用，他却得意地说，吾乃今知皇帝之贵也。"

现在我指出吴文祺是如何隐瞒、伪造摆在眼面前的历史，以完成他的文化卖国贼的目的。刘邦的"乃公居马上而得之，安事《诗》、《书》"，见于《史记·陆贾列传》，可知吴文祺是看了《陆贾列传》的。

《陆贾列传》叙述刘邦受儒家影响的情形是，陆贾听了刘邦上面的话后，答复说："'居马上得之，宁可以马上治之乎……乡使秦已并天下，行仁义，法先圣，陛下安得而有之？'高帝不怿而有惭色，乃谓陆生曰：'试为我著秦所以失天下，吾所以得之者何，及古成败之国。'陆生乃粗著存亡之征，凡十二篇。每奏一篇，高帝未尝不称善，左右呼万岁，号其书曰《新语》。"吴文祺把这样明白的材料，完全隐瞒掉，乃横扯到叔孙通制朝仪上。据《史记·叔孙通列传》，他制朝仪的原则是"臣愿颇采古礼，与秦仪杂成之"。他说"颇采古礼"，这是为自己遮羞。"与秦仪杂成之"，实际即是采用秦的朝仪。秦的朝仪，是根据法家尊君卑臣的原则所制定的，把皇帝抬得至高无上，把人臣压得至卑微，刘邦的"吾乃今日知皇帝之贵也"的话，乃由此而来。与儒家以礼定上下之分，同时即以礼通上下之情的原则，完全相反。所以汉代儒生，都不承认孙叔通所制的礼。由贾谊，淮南王安的门客、董仲舒、司马迁、刘向、扬雄，以至王莽，都要另外制礼。这是古今所共同承认的事实。吴文祺把由法家思想而来的"秦仪"的明显事实隐瞒掉，把刘邦因陆贾《新语》而受儒家的影响，伪造成是因叔孙制朝仪而受儒家的影响，并把叔孙制朝仪，扯到孔子的因革损益的历史观上去？

　　吴文祺的文化卖国，决不止于此。他还要进一步诬辱孔子的人格，叔孙通因为没有人格承担自己所学的知识，于是为了谋求自己和弟子们的功名富贵，便出卖自己的灵魂，把秦代的朝仪为汉代的朝仪，以满足刘邦自尊自大的潜意识，对一人专制的政体，提供了法度上的基础，其祸延及两千余年，至毛泽东而愈烈。他的所作所为，皆出于人格上的问题，这经太史公的微言侧笔，暴露得淋漓尽致，两千多年，从无异说。吴文祺则用"叔孙通继承了孔丘的衣钵，善于随机应变"的方式，把叔孙通的无人格，轻轻地转嫁到孔子身上。这是四人帮说孔子思想是代表奴隶主利益以后的进一步的诬辱，对中国文化作一步的出卖。

　　孔子的人格是"智者不惑，仁者不忧，勇者不惧"（《论语》）的人格。他由此人格而修《春秋》，以"贬天子，退诸侯，讨大夫"（《史记·自序》），不让天下的是非，被权力所摧覆，以保证人类生存的大方向。他在与当时人君及贵族的问答中，虽语气有婉与直的不同，但无不针对他们所加于人民的罪过，从多方面指斥出来，决没有一点含糊将就。这在《论语》中随处可见。他对学生的要求是"不得中行而与之，必也狂狷乎"。他说"刚毅木讷近仁"，而叹息于"吾未见刚者"（以上皆见《论语》），他勉励子路"中立而不倚（用现在语言表达，即是不偏于左，不偏于右），强哉矫"（《中庸》），并教以事君之道是"勿欺也，而犯之"（《论语》）。他认为人各有所长，所以"三人行，必有我师焉"（《论语》），但对于今日之所谓风派人物的乡愿，却痛斥为"德之贼也"
（《论语》）。汉代儒术，至元帝时而始盛。所以《后汉书》中所述
节义之士，实际是从西汉末的士人开始，节义遂为东汉士人的特
色。这与孔子的人格之教，有不可分的关系。但这在专制下是不
能容许的。专制者所要求的是没有人格的知识分子，这到毛泽东
而发展到高峰。所以东汉特出的有节义的士人，除受到各个的屠
戮，与毛泽东反右以来的所为，先后辉映。

　　历代有地位的文人，在他的文集中，总有一两篇挽救时弊，
或补遗拾缺的奏议。只有中共取得政权后，毛泽东先尽量侮辱梁
漱溟，继之以反右，再继之以反三家村，接着便是文革，把稍有
知识良心的知识分子，一扫而光。剩下的只有郭沫若、冯友兰及
四人帮下的打手，和今日尚盘踞在上海的最无人格的余孽。这些
人，只有在大专制者面前，自己蹂躏自己，谁还敢对毛泽东说出
半句批评的意见？当他们出卖孔子，出卖中国文化主流时，必须
先出卖自己的良知，出卖自己的人格。这中间，天分最高，反应
最灵敏，遭遇最隆，而似乎不愿完全出卖孔子的是郭沫若。但他
当江青得志时，抢先写诗加以歌颂。及江青被捕，乃抢先写词痛
骂白骨精。他原来很佩服杜甫，及窥测到毛泽东不喜欢杜甫，便
赶快写《李白与杜甫》来诬蔑杜甫。《中华文史论丛》第八期，有
周谷城等四人的文章《怀念郭老》。郭老的机灵或者可比叔孙通，
把自己所得的赐金分给他的弟子，并曾为易太子的事力争，这又
是今日的叔孙通所做不到的。娼妇不骂守死抚孤的节妇，便感到
自己无地自容。这是许多人仇视孔子、儒家的潜意识。郭绍虞说
兴观群怨的关键在一个"怨"字，试问郭在昏天黑地的十多年中，
曾怨过什么？从吴文祺通篇打胡说的文章看他的为人，乃是因太

低能而钻不进四人帮的行列，只好今天发扬四人帮的余烈，以补偿当日没有被四人帮看上时的内心欣羡之情。这类文章的刊出，真是中国人的耻辱。

一九七九年二月十一日至十四日《华侨日报》

烈士暮年忧国之心

一

我一贯的观点是，只要是站在自己国家民族大利大害的立场，则一切不同的政治意见，都值得考虑，都值得尊敬。换言之，由个人权位之私所耍出的任何花招，皆不值一顾，由忧国之心所发出的即使是奇谈异论，也会对时代有一定的启发作用。

我有位老友毕生读书、教书、著书，对日本、对苏联，有甚深研究，构成他学问中重要的一部分，独往独来，未尝有意绝俗，但亦决不随俗浮沉；因此，在过去五十年中，他虽受了几次有组织的诬蔑，而他却始终是涅而不缁。二月初，他给我一封信，我正迟疑怎样回复的时候，中共惩罚越共之战发生了，我再度阅读他的来信时，真有烈士暮年，"壮心不已"的感慨。曹操的"壮心不已"是指政治上的事功，这位老友和我一样从来没有这种念头。我所感到他的"壮心不已"，乃烈士忧国之心，虽然到了暮年，依然是不断地涌起于心头，流露于笔下。他在信中说：

> 弟有此观点：苏联于越南布置就绪后，将南北夹攻大陆。如大陆农民生活未大改善，他们似明末样将迎入外族，

苏帝南下到黄河后，将号召各帝国主义瓜分中国。日俄同盟立即出现，日帝取台湾、福建，控制台湾海峡。因此，今日在大陆之敌人为俄，在台之敌人为日本及其走狗台独。

我在《四个现代化以外的问题之一》的文章中，曾悲恸地指出，中共若不改变"封建法西斯"政权的性质，若不改变农村沦为奴隶社会的性质，则他们的四个现代化，可能得到与伊朗王巴拉维一样的结果。中国农民的品德，在两千多年儒家伦理思想熏陶之下，一向比大多数的知识分子为高，所以中苏真正打起来，汉奸集团不会出现在农民身上，而将出现在以知识分子自居乃至以革命者自居的人们身上，这一点，我和我的老友看法，并不相同。但中共若不能改善农民生活，便不可能有持久的战斗力，便有由分崩离析而来的亡国之祸，这是我和我的老友完全相同的看法。

二

当这位老友写此信时，他根本想不到中共会对越共动手。但在他的信中，也可以看出中共不能不动手的壮士断腕的决心。尤其是他的忧国之心，照亮了整个国家民族的形势，迫使大家不能不反躬自问，"我到底是不是中国人？若承认自己是中国人，则在这种形势下，应当怎样想？应当怎样办？"

这位老友的特出智慧，更表现在他看透了日本人性格，提出"日俄同盟"瓜分中国的预言。日本人的性格，为了要想喝尽天下人的血（金钱），不仅"拔一毛而利天下，不为也"，并且把起码的自卫责任，都转嫁到他人身上；还要把他人为他出钱出力流血

论智识分子

流汗的事实，向正在要吞噬他的敌人出卖，以达到嫁祸于他人，他又可喝一口敌人的血的目的。越共吞了柬埔寨后的次一行动必然是泰国、马来西亚，而泰国、马来西亚不被越共吞掉，对日本远为有利，日本人除日共外，是知道得很清楚的。中共此次冒险向越共反击，实际也是为了东南亚，为了美国、日本前途的利益，泰国人知道，美国人知道，日本人当然更知道。但日本人的性格是我不仅不领你的情，还要假此机会向苏共、越共卖好。战事发生后，他们的舆论不仅表示，中共的行动，绝对与《中日和平友好条约》无关，并称中共的军事行动为"侵攻"，为侵略性的进攻，故意把越共鲸吞柬埔寨的情形完全忘掉。他的园田外相，生怕美国有为支持中共而要使用日本基地的一天，在议会中公开表示，《美日协防条约》的"极东周边"一辞，过去是把中越接壤一带，包括在里面，现在则要和美国重新检讨把中越接壤一带，剔除于"极东周边"之外，以免美国可能利用日本基地支援中共。他们不惜运用这种太没有国格的手段以求得经济上能从各方面招财进宝。故总统蒋公，对日本有大恩大德。到台湾后，对日本的委曲求全，远超过于对美国的态度。但当日本要抢在美国先头以猎取大陆的经济利益时，便一脚把国府踢开，较今日的美国，冷酷百倍。假定他日美俄发生战争，我相信日本会在几小时内，解除美国在日本基地的武装，以向俄国换取中立。假定俄寇在中国发展顺利，便会实现这位老友的预言，日俄同盟，瓜分中国。

三

百多年来，中国人太不自立，清末民初，一窝蜂地跑到日本去廉价镀铜（不配称为镀金），返国后自欺欺人地骗取地位，接着每一个军阀，只要占有地盘，便无不与日本人勾结，干各种程度不同的卖国勾当，这便鼓励了日本灭亡中国的大野心，迫使我们进入到艰苦的八年抗战。抗战胜利后，又爆发了国共大战，国府失败迁台，对日本百般迁就，有人说台湾成了日本的经济殖民地，并非完全没有事实根据，所得结果则是抢在美国先头出卖台湾。中共四个现代化为了贪小利，急近功，对日本也有举国以听的趋向，这实在是因为中国人百多年来的不长进，站在日本人面前，太自卑自渎，对国家太缺乏远图深计了，邓小平赴日签订了《中日和平友好条约》后，中共报纸的大吹大擂，日本报纸的木口木面，两相对比之下，使我心里太为中共难过，太为中国人难过。中共领导人应当看透日本人的这种性格，宁愿四个现代化拉后两三年，宁愿国家多花费些财力，应高度保持对日本经济合作的节制和自主性。至于在国际事务的紧要关头，千万不可把所谓《中日和平友好条约》，当作一个筹码来使用，否则大苦头还在后面。我这位老友发于暮年忧国之心的预言，应当受到所有中国人的重视。

一九七九年二月廿五日《华侨日报》

保持这颗"不容自已之心"

——对另一位老友的答复

一

真想不到,我的《国族无穷愿无极,江山辽阔立多时》的拙文,引起了这样大的反应。在反应中,肯定我的看法的朋友、青年,多以感动的心情,觉得自己怎样才可以为国家效点力。有位书画名家,把拙文的标题写成一副对联的形式,从远道寄给我,以表达他阅读此文后的感情。对于这一方面的朋友、青年,除了自己感到惭愧外,不能再说甚么。另一方面,也有不少朋友、青年,对文章的内容感到不满,觉得我还没有认清中共的本质,对中共还存有幻想。翟志成君便约了另外两位朋友,先交换了三天意见,再由两人共同执笔,写了篇长文,大约在四月份可以刊出。还有位学自然科学而很有成就的朋友,二十年来,在某国最高研究机关中作研究工作,最近才退休。因为彼此不同行,长期未通音讯。前年他从某刊物上看到我的文章,觉得由悲愤而来的郁勃之气,不减当年,所以恢复了连络,并约定每年必须相互通信一次。岁尾年头,预约的信来了,不是普通的问候,而是批评这篇文章。经过再三思考后,应当写篇文章答复。他的信是:

"……我们是一群书生。书生的希望是合理合情合法的事，吾兄'江山辽阔立多时'，曾否看到那群同志们作了些什么合理合情合法的事？吾兄在大作内提出实例二则：上海工人盗窃案及济南旅馆卫生案，已足证明此点矣。且兄住香港，弟居××，呼吸自由空气，过人的正常生活。但是那八亿同胞呢？任何国家，于作战紧急情形之下，人民生活必需品，常常是定量配给。但战事一过，即恢复常态。可是大陆中国，数十年来，永久是在配给中，将无限期延长下去。这正如昔者日本侵略中国时，我们天天跑警报，那是甚么味道？现在中国大陆同胞们，正是天天在跑警报，怎么受得了！那不是人的生活……中共的宪法，仍是阶级专政。凡是专政，没有好的。所以法国共产党，毅然把专政字句取消，但是'民主的共产党'，法国人民还是不喜欢……总之民主、自由、平等，才是立国的基本精神及最高原则，我们对共党，还有什么愿望？老朋友诚恳谈话，尚乞海涵。"

二

首先我感到，只有老朋友，才有上述的坦率教训。同时，这位老友，看到我的文章不多，也应有这样的教训。他所教训的我都可以承认。他指摘我的，是认为我并非彻底反共，而是在批评中还想为他们（中共）开路，在批评中对他们还存有期待之心，这我也可以承认。但我之所以如此乃出自自我的不容自已之心。这种不容自已之心，是二千年来儒家对政治社会问题的立足点，所以我依然要保持下去。

我的政治思想，是要把儒家精神，与民主政体，融合为一的。但我写这类的文章，不是为了发挥自己的政治思想。而只是面对九亿人民的灾难，尤其是面对七亿农民的灾难，如何才能使他们稍稍舒一口气。我相信，中国共产党不可能于一夜之间，变成西方式的自由民主国家。但中共有种特殊情况，似为其他共党国家所未有。由于毛泽东的左倾狂妄症，使共党的基本干部，几乎都受到了他们所倡导，所实行的"专政"的惨痛。他们在惨痛中，应当对自己的遭遇，对自己同志的遭遇，推而对自己同胞的遭遇，好好地从头作一番反省。像刘少奇、周恩来、朱德、彭德怀们，他们可能早经反省到，但他们的生命已经没有了。苏联遭史达林毒手的人们都没有留下生命，中共却留下了邓小平。因邓小平能向华国锋委曲求全而三次复出，一步一步地把许多老干部从生死边缘中解放出来，可以说他们得到了死而复生的奇迹，这便使中共有由大反省而来的修改自己错误的可能性。而一年以来，尤其是这五个月以来，他们也是这样做。对一个饿得要死的亲人，有人给他一碗面汤，我知道这是不够的。但自己脑筋里的许多营养品，对于这位亲人，毫无用处，则我心理上对这碗面汤，和这位亲人生理上对这碗面汤，可能有相同的感觉。在这碗面汤后面，要求还有更实际的食物，我和这位亲人也可能相同，这都是发于不容自已之心，不是其他理论可以替代的。自己酒醉饭饱之余，站在远远地喊着："那碗面汤不值得喝，应当忍住等我把脑筋里的东西来祭奠你的白骨呀！"这也和另一种喊声说："那碗面汤是长生不死之药，你喝了赶快爬着喊华主席万岁呀！"同样不是受有儒家思想教养的人所能接受的。

三

共产党有许多问题，真不容易了解。我过去把共党的所谓"专政"，和中国历史上的皇权专制，混同了起来。现在从中共的许多文章中，才了解这完全是不同的两种性格。皇权专制，指的是用人行政的大权，最后都决定于皇帝，而皇帝又是世袭的，便必然会发生许多昏暴的现象；但好的皇帝，也未尝不可运用他的至高无上的权力做些有益于人民的事。"专政"是把"被专政"的人，不仅剥夺他一切的权利，并且必把他不当人来看待，用各种常情想不到的方法去侮辱他、折磨他、摧残他；侮辱、折磨、摧残得连猪狗也不如，连他的上下三代，都沉沦于非人的境地。而这正是中共中许多老干部及许多知识分子所亲身经历的。过去用在地主、政治犯、资本家身上，中共在"革命"掩护之下，认为理所当然。一旦用到自己身上，系应当承认这是亘古未有的野蛮主义。只要有政治，就免不了有斗争，就随时有野蛮主义的复活。一切民主法制，在专政观念之前，在专政体制之前，只不过是刽子手中刀柄上的装饰品。中共今日如不能放弃专政的观念，则结果必然会使今日的努力落空，成为历史上自己对自己的嘲弄。在这一点上，我完全尊重这位老友的意见。

一九七九年三月六日《华侨日报》

来的是哪一位"王先生"

一

大概是一九三五年的夏天吧，杭州车站附近有家戏院，演了两三个星期的话剧，话剧的名称便是"王先生与小陈"。当时我还未结婚，下班后闲得无聊，也去看过几次，楼上楼下，总是稀稀落落地坐着百几十个人。可能流行过这样的漫画，"王先生"想是按照漫画造型的。主要是要以滑稽来偿还票价。但我每次看完后，总感到"苦滑稽"并不比"苦笑"更使人好受。这已经是四十多年前的往事了，现来到香港的"王先生"，决不会是当年杭州的"王先生"。

一九六七年，我到中大新亚书院当半年客座教授，买了些大陆出版的书。其中有一部是八百二十八页的《汉语诗律学》，著者是我以前所不知道的一位王先生。虽然他说这是解放前写的"未定稿"，但我觉得是一部好书（今年才知道此书已经台湾翻印）。另有一部是大陆用作大一国文教材的，现时忘记了他的名称，里面选有"郑子产不毁乡校"及孔子说"苛政猛于虎"的意味深长的故事；整个内容及注解，都远在台湾、香港此类教材之上。编注者中，也有王先生的大名。当时还买了几部王先生写的语文方面的著作，因为我不是弄这一行的，所以印象不深，但对王先生的印象却很深。

一九六九年，我又到中大新亚书院当客座教授，知道文革中与戚本禹、关锋等名字常出现在一起的又有位王先生，使我大吃一惊。因为戚、关们本是由对文化的无知而成为文化暴徒。由文化暴徒转为政治暴徒，只需要"半面转"就行了。以王先生的学养，怎么也成了政治暴徒呢？于是有朋友告诉我"大陆上有姓名完全相同的两个王先生。你所佩服的是一位老教授，你所鄙视的是一个毛头小子"。这我才放了心。

二

去年在报上看到中华书局印有《诗词格律》，著者正是王先生，我赶快去买了一册；这是只有一六四页的大众性读物。一般的情况是：凡对某问题写有专书的人，若再写大众性读物，常能于平易中见精彩；王先生此著，没有什么精彩可言，这是可以了解的。整整十年，在恐怖折磨中作原始性的生存挣扎，任何人的学问也不能不退步，这正是大陆所面对的悲惨问题之一，何能以此责备王先生。但中国诗词创作的时间不可谓不长，诗人词人不可谓不多。在这薄薄的一本书的诗词举例中，毛泽东个人便占了二十一首；而在第四章作诗词节奏及其语法特点的陈述中，主要是以毛的作品为典型来加以分析、吹捧；于是，我又有些茫然了，这到底是哪位王先生的著作呢？最近某学术机构请了"王先生"来作学术讲演，从报上刊出他主张以拼音代替汉字，并认为由此所引起的历史文化的隔绝，及方音的不统一，都不能成为反对的理由等观点看，使我上述的茫然之感更加强了。

中共特点之一，除刘少奇等少数人外，对自己国家的历史文化，一直是采取敌视的态度。文字自身是文化的一部分，同时又是通向整个文化的锁钥。以拼音字取代中国的形意字，便一举而达到了敌视中国历史文化的目的。中共不断通过"行政命令"，来推行拉丁化的最基本原因在此。若谓是为了推行四化，则四化的关键在科学技术，而科学技术要应用国际公认的各种特定符号，连拉丁拼音字也用不上。

三

弄拼音字的人们，常常是不从整个文化、整个社会生活去了解语文问题，而只是从狭隘的技术观点去了解。

人类的社会生活，现实上是古今同在的。要"古"而不要"今"，这是伊朗的科米尼，但他依然要"今"的飞机大炮。要"今"而不要"古"，这是中国的毛泽东，但他对于"今"也是一片荒芜。由传统文字的完全破弃以企图继承毛的伟大事业，是最大的文化暴徒，也是完全脱离现实的虚无主义者。即在技术观点上，他们只看到文字由繁复向简单的要求，却忽视了由混同向分别的要求。文化越进步，观念便越由细致清晰而要求在表现上作相应的分别。例如本来用一个"那"字就觉得可以的，现时大陆上许多人又另外用上一个"哪"字，便是为了适应此一要求。许多字也是这样陆续制造出来的。中共的简体字，有的简得很好，有的则完全抹煞了要求分别的事实，混而同之，例如以"叶"为"葉"，以"肖"为"萧"之类，这只是表示文化的大退步，只要想到战后日本汉字限制的何以不断放宽的原因，便不难了解。文革前印古典时还不用简体字，现在则连考古的东西、考古中的甲文金文，也都用简体字来写定、解说，这便把由字形递嬗而来的了解线索也切断了，未免过分自暴自弃。

中共的简体字，是作为走向拼音字而制造的。中国是一音一字、一字一义的孤立语系；因此，"义"的发展，远超过了"音"的发展，所以同音异义的字特别多。因字形的过分简化，已引起了混乱，再将字形完全废弃，一律改为拼音字，等于把文化的传递效能一笔勾销了，可以说是文化的自杀。这里我引用某报今天（十二月二十六日）刊出的大陆石油学院一位副教授的投书，以证明我的观点。

　　……我是大陆的计算器（原注：国内不用计算机一词）软件教师。由于经常使用电子计算器，遇到汉字的输入输出问题，而考虑改革汉字问题。原来我非常同意搞汉字拉丁字母拼音化方案，因为这样将不需对现有计算器的输入—输出设备，做任何改造，就可以大大提高中文信息处理的速度……于是我在计算器上做了尝试，结果是令人伤心的。我用计算器处理了一份约一百个汉字的拉丁拼音文字的资料，打印出来给人阅读，询及十个不同行业的人，结果没有一个人能正确理解，甚至有人完全不解其意。我又处理了一份字数不多的报表。在三个月之后，我自己也竟然看不懂这份报表的标题……

上面实践的情形，不是习惯不习惯的问题，而是来自一音多

　　　　　　　　　　　　　　　　　　论智识分子

义的最根源的问题。由此我们不难了解这批主张拼音字的人们，在小学、中学教育中毒害之大。至于这位副教授在信中惊呼"汉字拉丁文，何止是行不通的一个技术问题，乃是毁掉中国文明啊"！这正是中共里面许多人所要达到的目标，没有什么可讲的。至于香港的"英语教学派"，另有大力支持，似乎不会借助于"王先生"们拼音字的高论吧！

一九八〇年十二月三十一日《华侨日报》

来的是哪一位"王先生"

"精神参与者"之声

一

在加拿大读书及工作共有二十年之久的一位中年朋友，特别把他平日观察思考所得的，坐飞机来这里，向我提出来，作共同的讨论。用中共的名词说，他是"加籍华人"。他的话，都出自对祖国的关注。所以我便以"'精神参与者'之声"为标题，刊出一部分，错误的地方，应由我负责。

他很佩服加拿大的英国人对魁北克独立运动所采取的忍耐精神。魁北克的法国人说"我们为什么要挂英国旗"？英国人便另制国旗。法国人说"为什么英语是法定语言"？英国人便提出英语法语，都是法定语言，政府中较重要的位置，必须懂两种语言。法国人说，为什么"我们要唱爱护英女皇的国歌"？英国现正另制一种可以共同唱的国歌。法国人说他们过去受了英国人太多的不平等待遇，英国人便"唾面自干"地承认自己过去的错误。进到中央政府机构的法国人，一天多一天，并且态度有些傲慢，英国人心里很不痛快；但在公共场所，决不露一句怨言。他认为台湾统一不统一，决不会构成中国的危机。因为本是一个民族，一个文化，彼此了解很容易，只要政治民主了，便自然会统一。中国的危机在西藏，在新疆，大家对少数民族的心理缺乏了解，缺乏忍耐。我告诉他：中国以儒家为主的文化，对少数民族，本是一视同仁的；历史上的问题常出在地方政治的黑暗。中共的民族政策，本来也是以平等为出发点，并说要提高少数民族地位的；问题是出在他们的政治路线，及地方干部的横蛮。可以说，都是由政治问题激发出民族间的恶感。

他从越南学生口中了解他们的所谓"国难"，都认为是来自中国；所以他同情萧君欣义应抛弃大中华大汉族思想的主张。我也赞成这种主张。但苏联正以包围的手段，瓦解的策略，要灭亡中国；被灭亡的不止是共产党。苏联说，长城以北，本来不是中国的。但当长城以北，不是中国的历史年代，俄国还是丛林中的狩猎民族。他们不仅并吞了许多少数民族而成为一个大帝国，并且要以东欧各国为附庸，还出兵侵占阿富汗；美国也不能不加强海外的军事部署。在这种情形之下，我不愿看到越共制造历史仇恨来做苏联的走狗，更不愿看到以少数民族为分裂中国的口实。这位朋友听了也相当同意我的观点。

二

这位朋友又提出：政治口号，不要"对极化"的问题。他认为美国共和党的高华德与里根的政治观点，是完全相同的；为什么高华德在一九六四年一败涂地，而里根在去年却能大获全胜？原因之一，高华德在竞选时，把自己不同于民主党的政治主张，用斩钉截铁的口气表达出来，使其"对极化"；这样一来，赞成者固然彻底赞成，反对者也彻底反对，更重要的是使多数的中立者发生反感，望而却步。里根在竞选的讲话中，便避免这种对极化的方式，使拥护他的人不能感到完全满意，但使多数的中立者感到可以亲近，反对者也不至于非绝对反对不可。中国人似乎缺少这种技巧。中共把一切问题加以对极化，因而夸张化，固不待说；国民党也同样有这种情形。例如台湾当局不接受中共所提出的三通，何必因此而便说出要"武力解决"呢？美丽岛事件所以在海外发生这样大的冲击，主要是来自对极化的宣传和对极化的处置；这样循环下去，总不是好事。我对这一点，不能提出简单的解答。

他又提出：日本大地震时代，许多房子都倒塌了，只有由美国人设计的帝国大饭店无恙。事后有人问原设计人，原设计人说，因为东京的地层不坚固，所以在设计时，采用了可以经得起摆动的"船的观念"。不知道这种说法的来源可靠不可靠？但为什么不可以把"船的观念"，应用到大陆与台湾的关系之上呢？我认为这是一种很新的构想，但也不能作任何解答。

三

这位朋友又提到加拿大与北美，在人际关系上，比中国好。去年加拿大接受了越南一批难民，提倡每十家加拿大人照顾一家初来的越南人的生活，由照顾所用的金钱可以免税。他留心观察，承担这种义务的加拿大人，做得很热心、很周到、很耐烦，使他非常感动。这在中国顶多出现在同宗同族之间。由此可知基督教的精神，比中国文化伟大。我听了以后，一方面很高兴，一方面也很难过。一九七七年我在美国走了一趟后，也发现美国的人际关系，比中国好得多，这是安定繁荣的基点。世界上只要有地方出现比较理想的人际关系，都值得庆幸。基督教能发生这种作用，自然值得钦佩。但我告诉这位朋友，这不是文化基本理念的问题。中国文化的基本理念是"老吾老，以及人之老。幼吾幼，以及人之幼"。进一步是"思天下有溺者，犹己溺之也。天下有饥者，犹己饥之也"。这种理念的要求，较《新约》说得更为显著。但问题是发生在两方面。一方面是文化理念担当者的读书人在长期专制威胁利诱之下，人格破产，良知泯没，成为最自私自利的人。他们的同情心，比乡下农民差得很远。过去山东人挑一担行李到东北去闯世界，一上岸便受到当地村民无条件的照顾，所以前往的这样多而皆能立足，即是一个例子。知识分子的自私自利，在中国基督教徒中，何尝不是一样？另一方面是经济穷困的问题。管仲说"衣食足而知礼节"。中国过去的乡下人多能知礼节，但苦于生活的困穷，不能实现。现在不知道被毛泽东的斗争为纲，毒化完了没有？说到这里，两人只有发出共同的叹息。

一天半的时间谈了很多，我得到很多启发，这里只纪录出一小部分。

一九八一年五月十七日《华侨日报》

答邓文先生"论国是"书

一

邓文先生：

五月十二日来教，早已收到，裁复稽迟，幸见原恕。来教说年来在《华侨日报》上看了我不少的文章，并把您年来思考国家问题所得的观点，提出来向我"求正"。您所提出的都是大问题，也可以说是根源性的问题，不是我的学识所能解答的。我之所以采用公开复信的方式，决不是觉得我的话有什么意义，而是觉得作为一个国民，肯放下个人现实利害，为国家思考问题，不论思考的结论是否正确，这种思考的本身即有重大意义。因为这是出自对国家深切的关怀。中国的极权主义者们，只要求人民作出卖劳力的奉献，作出卖灵魂的歌颂，决不愿人民以思考来关怀国家问题。而极权主义之所以能肆行无忌的原因之一，也是因为人民中的知识分子，除了以私人利害作趋吉避凶的选择外，肯以思考来关怀国家问题的人太少。

您提出的第一个问题，认为中国工业之所以落后，"除了在满族统治之下，精英分子，埋首于民族复国问题"，未能从事实际建设工作以外，应归咎于科举制度。

我在二十七年前，曾写过一篇《中国知识分子的历史性格及其历史的命运》的文章，其中特别指出，由唐宋以来的科举制度，把中国知识分子的性格，变成盗贼（这是朱熹说的）与奴才合一的性格。这是社会的"蛀虫"，怎能有建设作用？这一性格，在废除科举后，转换为以"革命者"的姿态出现。最近我看了陈公博的《苦笑录》，他很得意地叙述了他的"革命"活动，但对他当了三年左右的实业部长，究竟干了一点什么，几无一字提到。我更恍然大悟，不论任何口号的革命，凡是把革命挂在嘴上不肯放下的人，绝对多数，是不做实事，以搞风搞雨来满足私人欲望的盗贼与奴才合一的人。科举废了将近一百年，今日的急务便在争民主而"废除革命"；以"职业道德"的观念，代替"职业革命家"的观念；知识分子必重视职业，必以把自己的职业做好为人生的价值，则我们的国运才有转机。

二

　　我还要补充一点：戊戌变法，没有种族问题。假定戊戌变法成功，便不会有辛亥革命。假定以"天下为公"作基柢的民权主义能实现，更没有日本帝国主义的侵略，便不会有共产党的崛起。假定共产党能树立民主法制，则不会有今日的乱局。所以民族问题，只有在受到外族压迫时才发生作用。中国最深刻的政治问题，是专制与民主对决的问题。

　　您提出的第二个问题是中国一向以农立国。科举制度可以使穷乡僻壤的子弟也能得到上进的机会。学校制度，能给与都市及富有者子弟的机会，远大于农村子弟，致使"中国知识分子出路失却均衡"，这"也是中国历次革命不成功的原因"。

您这里所提出的，确实是一个问题。但我以为在民主法制之下，可以通过合理的社会政策作相对的解决。要绝对解决此问题是很困难的，因为这牵连到许多问题。

您提出的第三个问题是日本明治维新之所以成功，是因为能"解决其作为立国精神之武士及浪人的出路，而成军国主义"。中日"两国成败的差异，全在于有无破坏民族精神出路这一点上"。

三

二十年前，台湾也有和你近似的想法，所以曾请日本人来教武士道；但我觉得这是种可笑的想法。日本明治维新的政治统一，是高举《春秋》之教。出了一批大教育家实业家，多受到王阳明知行合一的启发。他们的军队力量，是得力于征兵制度。他们的科技进度，是得力于向西方的刻苦学习。他们与中国最大不同之点，在于天皇不能专制，所以能建立起由选举而来的国会制度。中国则专制之毒，浃肌入髓，从来没有建立过真正的议会制度。中国人的怕死偷生，是长期专制的结果，我将另有专文论及。

你提出的第四个问题，是中国"绝对人理观念太深"，"对自己所服膺的社会制度、哲学思想，都深信不疑，而拖延了对民主政治的认识"，"也是中国的致命伤。……"

你这里提出的问题很复杂。简答如下：

（一）"人理"一词，程伊川已经提出过，即是所谓"义理之学"。乾嘉以来，尤其是五四以后，很少人讲这一套；胡适之和共产党，均以此为大禁。您能在任何大学的文学院中，找出对"人

　　　　　　　　　　　　　　　　论智识分子

理"深信不疑的人吗？假定能找出一个两个，则不仅在政治上无地位，在学术上也一定无地位；没有资格担负起拖延民主的责任。并且真正了解中国"人理"的，一定比任何人更追求民主。

（二）真正明了人理的人所追求的社会，是"礼以别异"、"乐以和同"的"礼乐社会"。程伊川说程明道"穷神知化，由通于礼乐"；他们要把礼乐的精神普及于社会，使社会既因"别异"而有秩序，复因"和同"而有谐和；这与现实社会制度相去太远了。有什么人对现实的社会制度，全盘肯定而深信不疑呢？

（三）香港、台湾的基督教势力，大陆上马、列、毛势力，都远大于讲中国文化者的势力，可以说大得不成比例。您不必着急讲中国文化的人，"使一切失了时间效能的过时思想，都发生过犹不及的反作用。"

承您关心我的病，最近检查结果，尚无复发现象。借此转达关心我的朋友、读者。

一九八一年六月廿一日《华侨日报》

答邓文先生"论国是"书

思辨、实践、良心等问题

——答×××博士书

一

什么是思辨体系，什么是实践体系？我感到中西哲学史有通识的人，不应对这种划分，提出根本性的怀疑，这里暂不作进一步的讨论，只稍稍讨论你所举的事例。你说"美国现通货膨胀，及失业率的问题很大。经济学家及政客们想出各种方法来对付它们……但这些经济学家与政客们，基本上仍是接受资本主义的基本原则，如市场、私有财产等，你认为他们的解决办法是属于实践体系的。但假如有人认为资本主义制度本身就是不人道的，而想出另外一套办法，如马克思主义或嬉皮的一些想法，则你认为是属于思辨体系。但我觉得中国今天面临的问题，不是可以头痛医头、脚痛医脚的办法来解决的，我们觉得它的问题是整个体系无法适应现代社会的问题……要在理论上提出一套新的东西，让我们中国社会有一个彻底的改变，像洛克、卢骚等人，在他们的时代所做的工作一样"。

这里，我简单提出三点供你参考。第一点，人道不人道，是一个对比的问题。目前只有"在马克思主义旗下"的人民逃往资本主义的国家，却还没有在资本主义旗下的人民逃往共产主义的国家。因为人民是血肉之躯，他们不能以观念的漂浮，代替血肉之躯的基本希望。

第二点，你似乎忘记了中国已经在马列主义之下，作过"翻天覆地"底"彻底的改变"。现在出现的问题，是"彻底的改变"以后所出现的问题。私有财产制被取消了，结果出现了更不人道的大量事实。市场被完全否定了，结果生产更停滞不前。我尚不知道你所要提出的"理论上一套新的东西"，指的是什么；十亿人民不能"望天打卦"样地等待哲学家为他们创造出一套什么来以后才清白，但提出洛克、卢骚们是有意义的，我们应加以吸收陶铸。

第三点，头痛医头、脚痛医脚有什么不对？头痛不医头，脚痛不医脚，难说去医不痛的地方吗？头痛、脚痛都有它直接间接的原因；要治头痛、脚痛，一定要把原因检查出来，作有计划的治标治本，这便是一个小小的实践体系。中国经济落后，可以推向科技落后；科技落后，可以推向教育制度，更推向政治社会结构有问题，而最后会归向到四个坚持中解放出来，实行真正的民主法制等等，这不是一套实践体系吗？

二

你对我《正常即伟大》一文的批评，是认为没有"正常"与"反常"的标准，并举古希腊认为奴隶制度是正常，而现在觉得"极为不人道及野蛮的。但是，我们有甚么基础说我们是对的，而他们是错的。他们这种政治制度背后有一套形而上学的基础，而

思辨、实践、良心等问题 439

我们现代的政治理论，也有一套形而上学的基础（如天赋人权、个人主义等），我们如何说我们的看法比他们的进步"？

你这种提法，不是相对主义的提法，而是虚无主义的提法。拙文中并特别说到社会性的考验，历史性的考验，是决定"正常"与"反常"的基准。人人可以做而无公众损害的事，是正常的事。"施诸己而不愿，亦勿施于人"，这即是社会性的考验。希腊人认定奴隶制是正常。假定这种认定者自己也愿做奴隶，他们便取得了认定的基础，否则他们便没有认定的基础。共党在以斗争手段解决政治社会问题时，斗争被认为是正常的，但等到把斗争应用在许多高干身上，难说此时被斗者还认为斗争是正常的吗？这都是受不起社会性的考验。至于重视历史性的考验，更是中国文化特征之一，此处不进一层去涉及。但我根据中国文化所提出的判定正常与反正常的基准，都是经验性、实践性的。从形而上学看人类的现实生存问题，有如在缺乏观测仪器的宇宙飞船上看地球一样，我不相信这种基准。现代的民主政治，就我所了解，是生活实践中所逼出，是经验主义所催生的。"天赋人权"，是把生活实践中的愿望、要求作了带有形而上意味的基本假定，很难说它就是形上学。

三

你对我所谈到的"良心论"，认为"中外古今的这种讲法，都有它的困难……如果一个认为 A 是对的，另一个认为是错的时候怎么办？我们认为还是要靠一个客观的理……"

首先我应指出，一般提到良心问题时，主要是涉及善恶的价

　　　　　　　　　　　　　论智识分子

值判断问题，就我所了解，把价值的根源，追溯到每个人的生命之内的心，因而从心开出一套价值体系，以贯彻于文化的各方面，只有中国文化才是如此。其他文化圈只是偶然的触机性的提到，所以不是你心目中的"古今中外"，都是同层次、同程度的提出。其次，中国文化中提到心的问题时是在"恻隐之心，人皆有之"的"皆"字上认定，是在"人同此心"的"同"字上认定。尽管"皆"字、"同"字现实上只能是大多数。若按照你的说法，则一切公共性的规范将无由成立，除非是奴隶主拿着鞭子强迫奴隶。最重要的是，我不了解你为什么把良心与客观之理，对立起来。纯科学的理，是无颜色的，不涉及价值判断，但还是由心去认取。涉及价值判断之理，就中国文化说，是在良心照察之下，才能呈现出来的。而良心的照察，必同时照管到客观之理，或由客观之理所引发。所以孔子是仁知并重；孟子四端之心是仁义礼"知"；程朱以格物致知为诚意正心的下手处；王阳明一定要说出"德性之知，不关闻见，亦不离闻见"（大意如此）。因此，他的致良知于事事物物之上，同时即是致闻见之知于事事物物之上。闻见之知，乃是经验性的知识。这里涉及的问题，都应深入研究，而不应作感想式的断定；这点很值得大家深思。

一九八一年八月九日《华侨日报》

听其"衔"而观其言

一

我这个标题，是仿照孔子的话拟出的。

《论语》："子曰，始吾于人也，听其言而信其行。今吾于人也，听其言而观其行。于予（孔子的学生宰予）与改是。"意思是说我以前对于人的态度，听到他说的合理之言，便相信他会作出合理之行。现在我对于人，听了他合理之言，还要观察他的行为是否合理。这是因宰予言行不一致所引起的改变。

孔子"言行一致"的要求是人格上的要求。我现改在学问、知识的层次来加以运用。首先我应指出，官与学问、知识，不仅两不相干，而且必然地作反比例的发展。因为在政治落后地区，做官的必需条件是讲假话，而学问知识的起码条件是求真，是讲真话。因此，标题上的所谓"衔"，不是指的官位，而是指的学术上的头衔。学士、硕士、博士、院士、讲师、副教授、教授等，都是学术上的头衔。

把我说的"衔"的内容界划清楚了，便可以套用孔子的话："始吾于人也，听其衔而信其言。今吾于人也，听其衔而观其言。吾于有的博士教授们改是。"

论智识分子

哈佛大学的博士，又以中国人而在美国当教授，这种衔是令人肃然起敬的。我的朋友中，我的老学生中，可以令人肃然起敬的也确实不少。但十月二日，本港某报刊出有上述头衔的一位谢教授的谈话，使我感到他的"言"与他的衔，实在相去太远了。他在《大陆考察后抵港谈感想》中有几句话是：

以往江青所提出的以粮为纲的口号……这种政策背后的理想是平均主义。中国俗语说：不患寡，而患不均。但事实上，就是这种思想，使中国贫穷了四千年。

在他的说话中，不必追问他对中共情形的无知，而只稍稍指出，作为一个中国人，在台湾大学受完大学教育后才出国，他的起码常识到什么地方去了？

二

仅修个博士学位，不能要求它代表什么学问；但像哈佛这种有名大学，在修博士学位过程中，应当得到做学问的方法和态度。方法、态度的起点，是说话必有根据；根据不清楚时，便应当查资料。由博士学位而经过副教授升到教授，这便应当增加了学术上的常识；并积累为某方面的专门学问。"不患寡，而患不均"这句话竟会"使中国贫穷了四千年"，可见这在中国历史文化中不是其他的话可以比拟的第一重要的一句话；而谢教授所下的判断，必是对中国四千年的历史，经过长期研究后才可以作出的。然则谢教授对发生了这样严重后果的第一重要的一句话，为什么先不查查他的出处，而认为是"俗语说"呢？这句俗语既发生了四千年的严重后果，则它一定是四千年以前的俗语，也一定会是有出处可查的。查出处的目的不在炫耀自己的博学，而是在由它出现的背景的了解，以把握它的确凿意义。这是治学方法上必然有的要求。假定谢教授肯这样做，会毫不费力地发现"不患寡而患不均"，是出于《论语》上孔子之口。由孔子到现在，是二千五百多年，他的话再没有道理，也不可能把历史倒转一千五百年而发生如谢教授所说的"使中国贫穷了四千年"的严重后果。并且"贫穷"与"富有"，都是由比较而见。在约略四百年前，谢教授能在世界史中指出某一国家，曾比中国更为富有吗？然则谢教授是作过什么比较，而得出"中国贫穷了四千年"的结论？

孔子的话，是针对鲁国贵族季氏想吞灭作为鲁国附庸的颛臾而发的。鲁国三个贵族，把鲁国分为四分，季氏独得二分，其余各得一分，仅有作为附庸的颛臾还直属于鲁君。季氏又要把此一历史久远的颛臾灭掉并归己有，此时孔子的学生冉有、季路仕于季氏，特别把此事来问孔子的意见，孔子便说出"不患寡，而患不均；不患贫，而患不安"的话来。清人俞樾根据这两句话的下文（此处省掉）及董仲舒所引，认为应作"不患贫，而患不均；不患寡，而患不安"。上一句就财富说，下一句就人口说。后来引用上句时，都是就财富说。所以俞樾的意见可以成立。当时生产工具的土地，都集中在贵族手上，尤其此时的鲁国，一半集中在季氏的手上，大多数人民都过着牛马的生活，所以孔子便提出"而患不均"的原则性的要求。他更从另一面要门人鸣鼓来攻击冉有，因为冉有苛敛于民，以增加季氏的财富。此一要求，到了孟子，进一步以"井田"及十一之税的方式提了出来。事实上都未能实现。我不知道谢教授从甚么地方看到孔孟时代，因为实行了孔子或孟子的话以致社会贫穷的事实。

三

这种合理的要求在文化上提出以后，虽然现实政治上未能实现，但毕竟它标示出了一个大问题，并给此问题以解决的大方向。继承孔子的这种要求而在现实政治上首先提出的是董仲舒。他提出的背景是他向武帝所说的"富者田连阡陌，贫者无立锥之地"，"耕豪民之田，见（现）税什伍（十分取五）。故贫民常衣牛马之衣，而食犬彘之食"的社会实况。董仲舒提出的办法是"限民名田（私人名下之田），以赡不足。塞并兼之路，盐铁皆归于民，去奴婢，除专杀之威。薄赋敛，省徭役，以宽民力"。莫说董氏的主张，当时也并未实行；后来师丹又再提出，被董贤这个贵幸的人妖破坏了。所以对于社会的贫穷，没有资格担负责任。假使当时已付之实行，让人民能得到生产所应有的报酬，让生活能由生产得到保障，谢教授便可由此断定它是四千年贫穷的根源吗？

"不患贫而患不均"的原则性的要求，在两千年的历史中，不断经知识分子或起义的农民提出，到了孙中山先生，便把"平均地权"，作为四句革命口号之一。国民党到了台湾，作了部分的实现，为经济发展开出一条路。中共的土改，也是顺从这条线索下来的。他们的问题是出在残酷的斗争，及人民公社，使农民在创巨痛深中，失掉了生产工具的一切；这并非土改所应有的结果。孔子的话，和毛泽东所反对的平均主义，发生不了关系。谢教授不妨向人请教一下吧！

一九八一年十一月廿一日《华侨日报》

　　　　　　　　　　　　　　　　　　论智识分子

辛亥革命成功的两大要素及其伟大的精神传统

辛亥革命的伟大历史意义，一在推翻满清二百六十余年的种族压迫统治，开各民族平等、合作建国的宏基。一在推翻二千零二十年的皇权专制，首先提出"中华民国"的国号，并以黄帝为纪元，奠定国家政治应当遵循的康庄大道。我们的国家不论经过任何挫折，只要认真回顾辛亥革命的历史意义，便应当迷途知返，不致长久迷失方向。

但辛亥革命，乃成功于两大挫折之后。一为此年三月二十九日（农历月日，以后同）广州之役的失败。一为八月十八日（八月十九日即十月十日）正式下达举义命令时各机关被破获，许多重要人物被捕被杀。前一挫折，全国志士无不为之丧气，黄克强（兴）潜居香港，亦心灰意冷。后一挫折，使革命计划紊乱，预定之指挥系统消灭，革命志士，陷于彷徨迷惘，手足无措。然终于在无可奈何情况之下，由熊秉坤的一枪，而掀起了此一惊天动地的大事业，这决非偶然的事情。我们稍稍回顾此一历史，便可发现辛亥革命的得以成功，实具备有两大要素，更加上一种伟大的精神传统，贯注于两大要素之中。以下试作简单的陈述。

一、农村知识分子，在军队中生根

辛亥革命成功的第一大要素，是湖北农村知识分子在军队中生根，由此而农村知识分子，取代了孙中山、黄克强乃至唐才常们所倚赖的会党的地位。这种组成分子的改变，在革命中是一件大事。为了说明此一问题，首先应澄清中共由"套架史学"而来的中山先生所领导的革命是资产阶级民主革命之说。

最近中共出版，共分上、中、下三册，尚未看到下册的《辛亥革命史》，一开始便费很多篇幅，叙述中国到辛亥年（一九一一年）为止，资本主义的发生与发展的情形，意在证明辛亥革命，乃资产阶级民主革命的一部分。这是套用西方的民主运动，与商业资本的兴起，市民阶级的产生有不可分的关系的历史架子而来的。这种套架史学的盛行，常来自不深入于历史具体情况之中，作完整的把握，只在历史的表层，撷拾片段材料，运用想象能力，以与外人研究的外国史所得结论相附会。这不仅歪曲了历史，而且也常常引起政治方向的误导，造成现实上的巨大灾祸。毛泽东思想，主要即是来自这种套架史学的呓语。这套呓语的实践，便是由反右到文化大革命。

西方各国的王权，要在僧侣贵族等对立中取得支持，常须得到市民的合作或同意，最显著的如税收问题。因而市民阶级，在各种权力对立中，取得了政治上独立自主的地位；并且随工业革命的进展，这种独立自主的地位不断加强，因而先促成民族国家的出现，接着便促成民主政治的实现。

把"士农工商"组合在一起，称为"四民"，这即意味着"工商"在社会组成中，已经有了重要的地位，大概是在战国时代才渐渐形成的。"工商"多依附于都市，为都市中主要的成员，也未尝不可称为"市民阶级"。尤其是商人常凭借财富，影响于农民土地的所有权及工人产品的支配权。但中国商人，只有官商勾结，以助成政治的腐化。在政治变动中，也从未发生过积极的影响。这一方面是来自"土著商业资本家"，经常抱有"千金之子，坐不垂堂"的观念，决不轻冒政治变动中的危险；这与欧洲近代商业发展之初，常带有海盗性格的情形不同。尤其是中国大一统的专制力量，是社会上其他一切力量皆不能与他抗衡的绝对性的专制力量。社会任何力量，一旦与他碰上，便立刻为之粉碎。这不是欧洲的王权可与之相比的。都市与专制力量最接近，这种危险性来得更速而更大。所以结果只有由较为僻远的农民，以蜂起的暴力加以推翻。农民暴动成为中国历史变动的主力，其原因在此。

中山先生革命，是以知识分子领导"会党"。庚子（一九〇〇年）夏秋之交，唐才常、傅慈祥等汉口创设"自立军"，声势浩大，分五路分布于鄂、皖、赣、湘各要地，其组成分子，也是会党十余万人。辛亥革命主力之一的共进会，丁未年（一九〇七年）秋季在东京成立时，依然是想以会党为基础。所以第一任会长张伯祥（四川人），即系会党中很有声望的人物。共进会以同盟会所揭示的"驱除鞑虏，恢复中华，创立民国，平均地权"四句口号为宗旨，但将"平均地权"改为"平均人权"。其所以如此，据第三任会长刘公的解释，这是张伯祥认为社会对会党人物，常加以鄙视。张改"平均地权"为"平均人权"，是要会党争取社会平等地位。这里我首先提醒一句，除广东中山先生等少数人，因地理关系或可称市民阶级以外，其同盟会中的知识分子，绝大多数，皆来自农村；而会党则不论如何，也不能称为市民阶级。

但辛亥革命的成功，与革命组成分子的改变，有不可分的关系。当张难先、曹埃布尔等于甲辰年（一九〇四年）春，组织革命团体"科学补习所"时，他们即以会党发难易，成功难，万一成功则嚣悍难制，不成则徒滋骚扰，遂主张从运动军队入手。他们运动军队是首先自己投身军队，所以张难先、胡瑛投工程营为兵，刘敬庵则已在马队营入伍。此外，则朱子龙、范腾霄、曹进㧑，也纷纷入伍。后来刘尧徵也于庚戌（一九一〇年）秋入伍，革命主力之一的文学社领导人蒋翊武、王宪章毅然投入四十一标三营入伍，又推章裕昆往马队营入伍。这些人，皆来自农村的知识分子。而未经团体计划，各别投入新军，加入革命的人数更多，例如哲学大师熊十力先生，即其中之一（当时名熊子贞）。可谓新军中加入革命者，皆系来自农村的知识分子。亦惟农村破产，农村知识分子无出路，乃凭其农村生活的质朴刻苦精神，纷纷投入"新军"，纷纷加入革命。这不仅与同盟会以会党为行动的主要组成分子，大异其趣；且系历史中所出现的特异局面。他们在军队中生根，改变了军队的盲目服从性，也改变了知识分子的飘浮动摇性。于是此一革命之根，是理想、组织、训练、武装结合为一体的不容易拔掉的革命之根。由这种根发出的力量，不同于历史上破坏性太大的农民暴动的力量，而是以国家建设为目的的力量。所以他便成为受到两次大挫折，而辛亥革命依然能成功的最重大的基本因素。武汉三镇，有的是仅次于上海的广大市民阶级或资产阶级，不仅在这一巨大革命行列中，没有一个真正市民阶级分子参加，并且在革命团体经济最困难时，也没有得到市民阶级一丝一粟之助。武汉商民伸出同情之手，为革命筹划一部分经费，

论智识分子

乃在汉口光复、革命军秋毫无犯之后。把这种实际情形与西方十七、十八世纪英、法市民阶级民主革命活动的情形相比傅，完全是挂空不实之论。

二、自发自主，改变了同盟会革命的策略

辛亥革命得以成功的另一重大要素，因为这是出于以鄂人为主的自发自主的革命。并且以其自发自主的努力，改变了同盟会当时的革命策略。

辛亥革命，毫无疑义地受到中山先生提倡革命的巨大影响，并且也拥戴中山先生为精神上的领袖。革命两大团体之一的东京共进会会员，亦多为同盟会中的会员。但他们是在自发自主的精神之下所结成的团体，而非由同盟会所直接领导的团体。正因为如此，所以他们的工作，才能植根深而谋事密，不曾因同盟会三月二十九日广州的重大挫折而停顿瓦解。也正因为如此，可以证明中山先生所倡导的革命，乃出于人心之所同然，声应气求，并不专依赖一个组织的纲维，不专依赖一个领袖的意志。乃今日言辛亥革命的人们，过分强调同盟会的直接领导的作用，此不仅不足以说明历史的真相，而且也掩蔽了当时无数仁人志士，自发自主的坚强刚大的精神。此种坚强刚大的精神，正是辛亥革命得以成功的两大要素之一。

担当辛亥革命任务的是共进会及文学社两大团体。但在此两大团体未成立之前，为革命作播种、宣传工作的有壬寅年（一九〇二年）由湖北留日学生刘成禺、蓝天蔚、李廉方等所办的《湖北学生界》月刊及《汉声》。有癸卯年（一九〇三年）由湖北留日

学生所发起的昌明公司，有由黄公徽捐款，在武昌水陆街设立名为"武库"的集会所。有甲辰年（一九〇四年）春由刘敬庵、曹埃布尔、胡瑛、张难先、吕大森、朱子龙、何季达、欧阳瑞骅等所创办之"科学补习所"，此为农村知识分子投入新军，以新军为组成骨干，以代替会党势力的关键性团体。旋因黄克强预定十月西太后寿辰发难之谋，在长沙泄露，遂于是年九月二十日被鄂督派队围捕而解散，遂由刘敬庵得武昌圣公会之掩护，将教会阅览书报之日知会在乙巳年（一九〇五年）逐渐改变为宣传革命之日知会；并进而招集会员，于丙午年（一九〇六年）正月，开成立大会，到会者百余人，孙武、朱子龙等咸在。他们继承了科学补习所的新军工作，并由会员梁瀛洲等设群治社及明新公学；熊子贞（熊十力先生）、何子达等设黄冈讲习社，彭养光、赵鹏飞等设安郡公益社，以与日知会相呼应。此时同盟会派余诚为湖北分会会长，余到武昌后与刘敬庵合作无间，即以日知会的活动，作为同盟会的活动，不更另立旗帜，而决非以日知会为同盟会的外围。及是年湖南浏阳萍乡之事败，连累及日知会，遂于十一月二十九日遭围捕，日知会因之封闭。其他自动组织之革命团体计有种族研究会、将校研究团、文学研究社、武德自治社、数学研究馆、振武尊心会、竞存社、黄汉光复党、柳营诗社、集贤学社、神州学社、兰友社、群治社、益智社、义谱社、铁血军、自治团、德育会、辅仁会、忠汉团、群英会等，后皆为共进会及文学社两大团体所吸收。由这些团体的此仆彼兴、愈压愈盛的情形，实已奠定辛亥革命的主动性，并蓄积了主动的力量。

湖北新军中革命之士，于戊申年（一九〇八年）六月二十八日成立军队同盟会，经过长期酝酿工作已有成就，此为湖北革命

　　　　　　　　　　　　　　　　　　论智识分子

军人自动组织革命团体之始。旋于是年十一月二十日，改为群治学社，社员更有发展。四十一标左队队官潘康时亦因特别介绍，得以加入，此为组织中吸收官佐之始。及群治学社之名，渐为外间所注目，遂改为振武学社，于庚戌（一九一○年）八月中秋日开成立大会，共得社员二百四十余人，分布于新军各部中。及杨王鹏等以革命嫌疑撤差（时杨为司书），李抱良、钟作宾两人杖责一百，开除军籍后，振武学社之名又不适用，遂将振武学社改为文学社，于辛亥（一九一一年）正月元旦在黄鹤楼开成立大会，推蒋翊武为会长。一个月间加入者四百余人，多为来自农村的知识分子，可谓为辛亥革命中的主力。由上面的简单叙述，可以了解他们都受到中山先生间接的影响，但并未与同盟会发生直接关系，这完全是以自发自主的精神而奋起的。

丁未年（一九○七年）秋间成立于东京的共进会与文学社的情况不完全相同。其会员多为同盟会的会员，同时也拥戴中山先生为领袖。但它既不是同盟会的外围团体，也不是同盟会的分会。所以成立之初，黄克强曾向发起人提出质问，恐同盟会因此分化。经焦达峰详为解释后，黄克强始得到了解。了解什么？了解到共进会的成立，乃代表同盟会中有一部分人士主张革命策略的大转换。中山先生所领导的革命，因为两种原因，一是想得到海口以运进军火，一是想避实击虚，想在清廷防卫薄弱的边区取得立足地。所以革命策略一直是注重南方及边徼之地。由乙未（一八九五年）九月广州之役起，至辛亥三月二十九日广州之役止，武装起义或计划武装起义者凡十四次；其中除丙午（一九○六年）浏阳萍乡醴陵一役，系在内省发动外，余皆系以广州及粤、桂、滇等偏僻地为目标。一九○五年同盟会成立后，因中山先生不能常在东京，由黄克强、胡汉民负实际领导责任，但他们所注意经营的目标依然是在南方，所以黄克强曾托居正带给汉口刘绍襄的信说"吾人举事，须取得海岸交通线，以供武器输入之便"。但长江一带的许多人士，并不以此策略为然。庚戌（一九一〇年）谭人凤邀集十一省区同盟会分会会长开会于东京小石川区左仲远寓所时，宋教仁谓"在中央革命为上策，然运动不易。其次为长江流域。边地实为下策"。这年暑假，刘公及杨时杰回鄂，杨曾向杨玉如说："革命潮流，一日千里。但是这几年，孙总理、黄克强等专在沿海几省靠几处会党，携少数器械，东突西击，总是难达到目的。我们长江几省的党人，都想从腹地入手。尤其是我们湖北人，就想在湖北干起来，孙、黄总不大相信。我们这次自告奋勇，总要做点事业给孙、黄看看。"东京共进会的成立，是同盟会内外的志士，主张革命策略，由边地转向腹地的大结合。所以东京共进会，是由川、鄂、湘、赣、皖人士组成的。及鄂人刘公为第三任会长回鄂，而武汉一群农村知识分子在新军中已生了根，早为腹地革命打好了基础，使此一策略的大转变成为可能；使湖北的革命，在全局中变被动为主动，承认并加强了这批农村知识分子独立自主的努力与意义，才在辛亥一役开花结果。不仅武汉居全国中心，绾南北东西交通的枢纽，可以震撼全局，提挈全局，武昌的枪声一响，清廷迅速为之瓦解。即以武器而论，除所得于楚望台军库的大量武器以外，汉阳兵工厂库存步枪七千余枝，枪弹约五百万发，山炮一百五十余门，炮弹六千余颗。光复后三千余工人，日夜工作，继续生产，不仅供给鄂军使用，且以此供应湘赣及各路援军。这一数字，岂是当时由海路向国外购入者所能办到。更以财源而论，在藩库实存银一百二十余万两。铜币局存银元七十余万元，银八十万两，铜元四十万串。官钱局存铜元二百万串，官票八百万张，未盖印者二千万张，银元票二百四十万张，库银二十万两，银元三十万元，总计存款约四千万元。这不是南部任何都会所能具有的财力，何况边区？但若非湖北农村知识分子作了自发自主的长期努力，并得到同盟会中一部分人作了策略的转换，则何能于辛亥三月二十九日广州之役，全国精英被歼灭于一旦的创巨痛深之后，武汉革命机关，又受到事变日大破坏之时，能以一夜血战之力，夺取武昌，奠定全局胜利基础？

三、伟大的精神传统

上述两大成功因素，若没有伟大的精神传统贯注于其中，则两大要素不仅不易汇集为巨大的力量，并且也不可能作持久坚苦的努力。所谓伟大的精神传统，指的是这批农村知识分子所流露出的大公无私的精神，及清严高尚的品德，我之所以用上"传统"两字，意在指明这种精神品德，乃根生于中国文化之中；并经这批农村知识分子实现后，成为新传统，为后人所承继。

大公无私的精神，首先表现在东京同盟会与东京共进会一经解释后的和谐共处，及同盟会湖北分会会长余诚，与日知会的合作无间。但最大的大公无私的精神，则表现为下列数事：

一、共进会会员除投身军队，在军队中发展外，尚有海内外学生参加。文学社则纯为军人组织，实行所谓"抬营主义"。两者平行发展，为了争取会员，有时也难免发生摩擦。但情势要求两团体应当统一时，即由两团体推出代表，于辛亥四月十三日在长湖西街八号开会，决定由过去之"殊途同归"，改为"同归不必殊途"的原则，双方不可互争党员。到了七月二十二日，双方在雄楚楼开联席会议，共进会的领导人刘仲文（公）、刘尧徵提议，将两团体的名称，一律搁置不用，都以"武昌革命党人"的身份与满清拼个死活。文学社正社长蒋翊武、副社长王宪章，立即赞成，取消文学社的名义。但统一以后，必须预选一个主帅，或称都督，或称总司令，以便起事时负指挥之责。许多人主张就居正、刘公、孙武、蒋翊武四人中推选，四人皆谦让不肯接受。最后由居正提议，两湖本是一家，我们可否向中部同盟会找黄克强、宋遯初（教仁）、谭石屏（人凤）三人来此主持，做我们的主帅。大家一致赞成，遂公推居正、杨玉如两人专赴上海邀请。惜居正到上海后，宋遯初得胡瑛狱中来信，谓湖北不能发难，遂迟迟其行。此时两团体皆系由湖北人士所奋斗组成发展起来的，两团体统一后，竟甘心请三位湖南人士来领导，这种大公无私的精神真可使以后不择手段，纯以争权夺利为目的，而依然挂上革命招牌的人愧死无地。

二、八月十八日（即革命之前一日），革命机关被全面破获，多人被捕，彭楚藩、刘尧徵、杨宏胜三烈士被杀。到了八月十九日（即双十）晚七时左右，工程第八营在危急状况下，熊秉坤放枪为号，各营兵闻枪声响应集合，向楚望台军械库进攻，里应外合，迅速占领。时队官吴兆麟（原为文学社社员）亦守楚望台，熊秉坤以吴的资望与学识皆在自己之上，遂推举吴为临时总指挥，自己服从他的命令。

三、八月二十日（十月十一日）黎明，革命军已攻下督署，占领武昌全城，但军队编制散乱，加以孙武受伤，蒋翊武逃避，居正尚未返武昌，出现群龙无首现象。吴兆麟乃寻获黎元洪于黄

　　　　　　　　　　　　论智识分子

土坡刘文吉（黎之参谋）住宅，再三推戴他为湖北都督；并推前咨议局议长汤化龙为湖北民政总长。一般革命党人亦皆接受，愿与之合作。虽因黎日后投向袁世凯，出卖了革命，致使辛亥革命的直接成果化为乌有，但就当时情势言，黎在稳定局势，号召全国中，实发生了重大作用。而一时向全省全国所发的一批电文，皆痛陈满人毒害之酷，革命目标之正，情意恳笃，文采彰著，在当时实发生巨大感召作用，成为历史中极有价值的文献，这也是以大公无私之心，汇聚党内外人才所得的结果之一。即使因此而革命后来受了损失，但这种大公无私的精神，终为克服国家重大困难、担当国家重大责任者所必不可缺少的精神。即此一端，当时许多默默无闻的革命党人，也应当共日月以不朽。

所谓清严高尚的品德，是表现在他们的生活操守与纪律方面。文学社前身的群治学社社员皆为军人，其经费皆扣自每人十分之一的军饷，直迄起义，未曾中断，所以文学社的经费，始终自给自足，未受外来丝毫帮助。共进会虽曾由同盟会资助八百元，但因活动较文学社为繁多，此八百元仅系点缀性质。其经常活动费或来自干部的自筹，或来自教书、卖文所得，实皆微不足道。所以焦达峰于辛亥春间住在武昌胭脂巷二十四号杨玉如家中时，与杨之眷属，常日不再食。邓玉麟、孙尧卿典质已尽，仅余蓝布长衫一袭，外出时交互服用。八月十八日下午五时发出革命行动命令后，彭楚藩、蒋翊武等多人，在小朝街机关部等候各部发动情况，彭楚藩取身边所存钞票数十元，分给在座同志，每人七元，以作喂粮之资。此机关于晚十二时被破获，被捕者皆慷慨激昂，没有一人说一句屈辱的话。八月十九日晚（即十月十日晚）首义后，至二十日正午，大家皆枵腹战斗，疲困已极，但皆严守纪律，无一兵入民家之房，无一卒夺民家之食。戎马仓皇，又无法归营用膳。吴兆麟乃命工程营伙夫，陆续为大家做饭，分送各队食用，伙夫不以为劳，各队得到激励。胡廷佐率队占领藩署，见一人私劫库银一锭，立斩以徇，所以一切财政机关皆未受丝毫损失。二十日赵承武在夏口起义时，约法三章：一挟私报仇者斩。二争权夺利者斩。三扰害商民者斩。二十六日（十月十七日）军政府召集会议，议决自都督以下，每人月支洋二十元。又共同议定，军官及各部办事一切人员，一律对军政府尽义务。每月皆支车马费二十元，兵士每月支十元，头目（班长）十二元。武汉公私有丰富的储积，又有官办纱布丝麻四局及与军糈有关各工厂。在革命中对商店秋毫无犯，对公款公共事业，无一丝的沾染，无一厂一局被霸占或破坏。凡此具体事实，若与日后许多情形相对照，则这批农村知识分子品德之高，真可许之为圣贤而无愧。这种大公无私的精神，清严高贵的品德，正是纪念它的人们的一面伟大镜子。每一个人应在这面伟大镜子前好好照照自己，想想问题。

一九八二年一月十日《华侨日报》

论智识分子

从"哈哈亭"向"真人"的呼唤
——读韩道诚先生《儒林新传》

一

二十岁左右初到上海，和朋友逛"新世界"游乐场，给我印象最深的是进门不远的"哈哈亭"。

亭壁上安放好几面镜子，有的把人照成特别长，长得像一根电线柱；有的把人照得特别矮，矮得像一个矮冬瓜；有的把头照得特别大，身特别小；有的又把头照得特别小，身特别大；总之，人一进到里面，变得面目全非，引起大家哈哈一笑，所以便称为"哈哈亭"。但这哈哈一笑，只能是暂时的。任何人在这种地方呆久了，便会由哈哈变为厌恶，甚至感到难以忍受。因为每个人，毕竟想保持自己的本来面目，并希望他人也是如此，然后才能有正常安定的家庭生活、社会生活。所以人日常只会使用正常的镜子，决不会使用"哈哈镜"。

但仔细一想，多数的知识分子，常常不知不觉地把自己变成一面小哈哈镜，尤其是在没有政治自由的地区，统治者必然运用哈哈镜，把自己变得非常伟大，把他人变得非常矮小。他们为了要大家承认这种由变形而来的伟大和矮小，便须利用大批甘心于变形的知识分子，运用各种手段和技巧，形成一个古今中外无所不包的哈哈亭。使人所能看到的古今中外，都是哈哈亭中的古今中外；再由哈哈亭中的古今中外，投影到每一个人身上，使每一个人感到哈哈亭中的伟大与矮小，乃古今中外所同，只好认命地接受。所以，统治者最大的努力，便是创造哈哈亭的世界；知识分子为了生存或私利，首先要接受自己的变形，并进一步为哈哈亭的主人翁制造哈哈镜，操作哈哈镜。因此，极权统治下的所谓人生，是哈哈亭里的人生；所谓知识，是哈哈亭里的知识；所谓言论，是哈哈亭里的言论。没有一样是真的，真的便要被整掉。

二

若承认被变形了的假人，是一种非常可悲的命运，则不能不惊叹于约两千四百年前，即提出"真人"要求的庄子所具有的伟大智慧。庄子生于战国中期，极权专制的局面还未出现；但他已注意到许多知识分子，因个人的趋利避害而渐渐汨没了自己的灵性，成为"假人"，便在他亲著的《大宗师》中，强烈表达了应做一个"真人"的愿望。所谓"真人"，不是后来道教所说的神仙，而是未被变形以前的"真正的人"，亦即是在哈哈亭以外的人。当时追求知识，发为言论的风气很盛，他却当头一棒地说："且有真人，而后有真知。"在庄子心目中，许多知识分子都是"假人"，这些知识分子的知识是"假知识"，他们所说的话是"假话"。庄子的这一揭破，对两千四百年后的中国许多知识分子而言，是如何地一针见血！

他对真人的解释是"何谓真人？古之真人，不逆寡（不逆侮寡弱的人），不雄成（不崇拜在权势上成功的人）；不谟士（不结党营私）。若然者（若能如此），过而无悔（世俗以为错的亦无所悔），当而不自得也（世俗以为是的也不引以自得，即不随世俗浮沉）。若然者，登高不栗，入水不濡，入火不热（不以险夷利害动其心）。是知之能登假（至）于道（能把握事物根源之道）者也若此"。庄子对于真人，有许多描述，但都是由上面几句话发挥出来的。把上面几句话用现代语言表达出来，即是不势利、不结党营私、不同流合污。不因危险死生改其操，这才是一个"真人"。儒家提出"忠信"、提出"诚"，并说，"不诚无物"，虽内容的规范与庄子有出入，但要求知识分子做一个诚实的人、求诚实的知、说诚实的话，与庄子所期待的真人，并无二致。

三

由反民主、非民主，走向民主的过程，也可以说是争言论自由的过程。争言论自由的过程，即是争说真话的过程。争说真话的过程，必然要迫进到庄子所要求的做一个"真人"的立场。据庄子"其嗜欲深者天机浅"的说法，与"真人"相反的"假人"，也即是"世故之人"。知识分子，为了眼前小利小害，抑压自己的良知良能以顺随世故，使自己由真人而渐变为假人，久而久之，也会把自己变为一个小哈哈镜；再向前一步，便会顺此趋向乐于在哈哈亭中安心立命；机运好的，就会担当或大或小的制造哈哈镜工作。所以解决问题的起点，应当从知识分子做一个真人开始。戳穿知识分子在自己制造的哈哈镜前面貌的丑恶，戳穿知识分子安住在哈哈亭中面貌的丑恶，乃是想把知识分子从哈哈亭中呼唤出来的苦口婆心，此吴敬梓《儒林外史》之所以作。韩道诚先生以寒爵的笔名，不断在报刊上刊出《儒林新传》，去岁并将其汇印为八大册，他的用心与意义，应当是与吴敬梓同符合契的。

我与韩先生到台湾后始相知相闻，但交往的机会甚少。一九六九年六月，东海大学行政当局与某组织勾结，突然迫我退休。当时有得过我帮助的人，乘机落井下石。东海大学的同事不敢来看我；台北过去的许多好友，生怕麻烦惹到他们身上。王云五先生当朋友面前宣称要聘我当商务印书馆的编审，于斌校长来函要聘我到辅仁大学教书，后来也都缩回去了。其实我所犯的天条，只不过是以真人说极有限的真话而已。想不到当时突然接到韩先生七月十二日的来信，信中说："是非不明，正义荡然，人情如此，夫复何言。先生之遭遇乃必然之下场，使人感慨万千。"此外还接到程沧波先生同样性质的一封信，更有罗刚先生抱不平的奔走。真人与世故之人的分际，在我心目中太显然了。我当时闭门深深地领会到太史公写游侠列传的心境。读者以此读韩先生的《儒林新传》，等于站在平原广泽上看哈哈亭中的人物，必定另有一番滋味在心头了。

一九八二年一月廿日《华侨日报》

论智识分子

独立舆论的待望

　　《北美日报》的负责先生，要我为海外论坛"沙上"写点文章，以我的年龄和教书写书的工作负担，恐怕会辜负这位先生的好意。但愿借此机会，申述我对独立舆论的待望。

　　三十年来，对于自己国家的遭遇，我曾不断地从各种角度加以思考。思考的结论，认为一切问题的总根源，都来自我们没有好好地经历过真正民主的阶段。我国有世界上规模最大、时间最久的专制政治，困扼了民族生命力的拓展。由这种专制政治所积累下的痼疾，只有凭民主之力，始能加以治疗。缺少这种治疗之功，则它（痼疾）必在任何政党、任何主义里，借尸还魂，继续对国家人民肆虐。三十年来，我写的千言万语，都集中在如何才能为自己国家开辟出一条民主之路。三十年来，我对中国思想史的研究，主要是想把中国文化中所蕴蓄的深厚的民主精神，疏导发挥出来，使民主能在自己国家中生根，并为已经露出疲态病态的民主注入新生命。中国传统知识分子的态度，只问是否尽到自己的心，不必太注意自己的力。

　　十多年前，我曾看过一位日本人士所写的一部《日本民主政治发展史》。他在序言中特别指出，根据他们的经验，言论自由，在实现民主、保障民主中，实担当了非常重大的任务。因为有言论自由，才能不被现实势力所役使，出现直接对国家人民负责的独立舆论。独立舆论，是真假民主的试金石，也是民主的催生者、保护者。因此我想到，"书生报国在文章"，只能限于这种性质的文章。

我深切体验到，在自己国土上出现独立舆论的艰辛；这正是我们国家悲剧的结果与反映。海外人士，保有较多的生存自由。假定连海外也不能出现独立舆论，这等于说明我们国家的绝望。

我的印象，海外爱国人士，太被或左或右的捆仙绳捆紧了，仿佛离开了左、右，便感到心魂无主。实则左、右，只是现实权势者的符号，与国家兴亡、人民苦乐，并没有必然性的关系。大家应当把这条绳子丢到垃圾堆去，直接从国家人民的遭遇与前途着眼；好的便赞成，坏的便反对。并且在国家总要求之下，凡接近民主一步的便赞成，凡远离民主一步的便反对。使人民通过我们的笔去审判左、右，不让左、右通过我们的笔去欺侮人民。这样一来，常常会受到左与右的夹攻。但若不想假借左或右来捞点残羹冷饭，一切皆可交付历史去论定。三十年的短短历史，不是已不断地作出了论定吗？

本文是徐先生病逝前应邀为纽约《北美日报》而写的短论，《九十年代》依据原手稿副本重刊，作为开设新专栏"议论纵横"的标志。

一九八六年四月《九十年代》第一九五期

　　　　　　　　　　　　　　　　　　　论智识分子